Future Generation & Christian Education
미래세대와 기독교교육

머리말

　본 저서가 세상에 나오게 된 과정을 언급하는 것이 본 저서를 이해하는 데 도움이 될 것 같다. 저자가 한국에서 올림픽이 열리던 해인 1988년 신학대학원을 졸업하고 교회 현장에서 전임전도사로 사역하는 중에 성령의 임재하심에 따라 종교개혁자 칼뱅의 기독교강요 제4권 유아세례 부분을 읽다가 칼뱅의 신학과 가정교육과의 연계에 대해 의문을 가지게 되면서 대학원에 진학하여 기독교교육학을 좀 더 공부해야겠다고 결심하게 되었다.

　석사과정을 마치면서 연이어 박사과정 시험에 통과하여 계속 공부할 수 있는 기회를 갖게 되었다. 가정교육과 부모교육의 연장선상에서 성인기독교교육을 뛰는 가슴으로 공부하였고, 성인기독교교육과 기독교교육과정이 밀접하게 연관됨을 확인한 후에는 기독교교육과정으로 연구하기 시작하였고, 결국 관련 분야로 박사 학위를 받게 되었다.

　2000년 2월 박사학위를 취득하면서 같은 해 3월에 영남신학대학교 기독교교육학과 전임교수로 임용되어 기독교교육현장에 대한 이해의 필요성으로 관련 논문을 쓰게 되었고, 이를 정리하여 저서로 출판하게 되었다. 기독교교육학을 평생 업으로 삼는 데 중요한 동기를 심어 준 성인기독교교육에 대해서도 대학원에서 수강한 수업 자료들과 교수로 임용 후 쓰게 된 논문들을 정리하여 관련 저서로 출판하게 되었다. 성인기독교교육학을 저서로 내면서 성인을 제대로 이해하기 위해서는 영유아를 비롯한 아동과 청소년 등의 미래세대에 대한 이해가 필요하기에 이와 관련하여 논문을 쓰게 되었고, 때가 되어 이를 모아서 본 저서로 출판하게 된 것이다.

　칼뱅 신학에서 하나님을 이해하기 위해서는 인간을 이해해야 하고, 인간을 이해하기 위해서는 하나님을 이해해야 한다는 것과 유사한 맥락에서 미래세대를 이해하기 위해서는 성인세대를 이해해야 하고, 성인세대를 이해하기 위해서는 미래세대를 이해해야 한다는 관점에서 미래세대와 관련된 논문들을 수정 및 보완하여 본 저서로 정리하여 출판하고자 한다.

본 저서에는 영유아에서부터 시작해서 아동, 청소년, 그리고 청년에 해당하는 대학생 등과 관련한 내용들을 정리해 보았다. 저자가 가지고 있는 핵심적인 교육사상은 영 교육과정에 의해 통합성을 추구하는 교육목회이다. 통합성, 생태적 통합성, 소명적 통합성, 변혁적 통합성 등이 저서들의 핵심개념이었고, 본 저서도 같은 맥락에서 가상적 통합성을 염두에 두면서 다양한 주제들에 대하여 내용을 정리하였다.

인공지능시대를 비롯하여 인공감정시대를 맞이하고 있는 시대에 미래세대를 하나님의 자녀로 양육하고자 하는 주제들은 후속 연구를 위해 무한하게 열려 있는 미래지향적 학문이다. 미래세대 대신에 다음세대라는 용어를 사용하고자 하는 생각을 가지기도 하였으나, 다음세대라는 용어는 이미 너무 많이 사용하였기 때문에 차별화를 위해서 미래세대라는 용어를 사용하였으며, 다음세대라는 말과 그 의미에서는 차이가 없음을 밝혀 둔다.

오랜 세월 동안 숙고와 학계의 토론을 거치면서 본 저서를 출판하게 되지만, 막상 저서로 세상에 내놓으려고 하니 저자의 천학비재함을 재차 통감하면서 본 저서에서 부족한 부분들에 대한 고언들은 달게 여기며 발전의 기회로 삼고자 한다.

영적 순례의 길을 믿음으로 동고동락해 온 가족 박영숙, 이민예, 이상우에게 고마움을 전하고 싶다. 결혼을 앞두고 있는 딸 민예에게 이 책을 선물로 전하고 싶다. 본 저서가 나오기까지 여러 모양으로 많은 협조를 해 주신 원근 각처의 제현(諸賢)에게와 출판을 허락해 주신 한국장로교출판사 사장 박창원 장로님, 정현선 편집국장님, 오원택 차장님, 그리고 수고해 주신 출판사 모든 관계자 분들에게 감사드린다.

차 례

머리말　　2

I부. 영유아 및 아동기와 기독교교육

1장. 애착형성과 영아부 교육목회　　08
2장. 유아세례와 유아부 교육목회　　31
3장. 교회학교 아동부와 성령이해　　56
4장. 남성 한부모 아동과 영적 회복탄력성　　79
5장. 주일학교의 발전과정과 정체성　　108
6장. 칼뱅주의와 기독교 인성교육　　144
7장. 발도르프 대안학교의 이론적 기초　　172

II부. 청소년기와 기독교교육

8장. 교회학교 청소년과 인성　　200
9장. 교회학교 청소년과 성령　　226

10장. 교단별 청소년 교육과정　　　　　　　　　　252
11장. 남강 이승훈과 인성교육　　　　　　　　　　284
12장. 디지털 세대와 가상성　　　　　　　　　　　312
13장. 포스트 디지털 세대와 교육목회 유형　　　　337

Ⅲ부. 부록
14장. 기독교교육(학)과의 커리큘럼 분석　　　　　360
15장. 기독교교육과정 논문 분석 및 전망　　　　　385

참고문헌　　　407

I 부 영유아 및 아동기와 기독교교육

1장. 애착형성과 영아부 교육목회
2장. 유아세례와 유아부 교육목회
3장. 교회학교 아동부와 성령이해
4장. 남성 한부모 아동과 영적 회복탄력성
5장. 주일학교의 발전과정과 정체성
6장. 칼뱅주의와 기독교 인성교육
7장. 발도르프 대안학교의 이론적 기초

1장   애착형성과 영아부 교육목회

인간은 다양한 존재들과 관계 가운데 살아가는 관계적 존재이다. 인간이 삶의 과정에서 하나님을 비롯하여 다양한 피조물들과 형성하는 관계성은 영아기 또는 영유아기에 형성된 양육자와의 애착(attachment)에 기초한다.[1] 애착은 양육자와 가까워진다는 결과를 예상하고 이루어진 수많은 행동 체계들의 결과물이다. 가까워진다는 것은 단순하게 지리적 접근을 말하는 것이 아니라 정서적인 관계를 말한다.[2] 따라서 애착은 양육자 또는 특별한 사회적 대상과 형성하는 친밀한 정서적 관계이다.

양육자와의 친밀한 정서적 애착관계가 형성되면 영유아는 정서적 안정감을 갖게 되고, 이는 다른 사람들을 신뢰하도록 하며, 안정된 대인관계를 맺을 수 있는 기초가 된다. 이는 영유아기에 애착이 왜 필요하며 중요한지를 말해 준다.

---

* 본 내용은 세계선교연구원, "하나님과의 안정적 애착형성을 위한 영유아부 교육목회," 『선교와 신학』 49 (2019), 437-465에 게재된 논문을 수정 보완한 것임.

1) Tim Clinton and Joshua Straub, *God Attachment* (New York: Howard Books, 2010), 67.

2) John Bowlby, *Attachment*, 김창대 옮김, 『애착: 인간애착행동에 대한 과학적 탐구』 (파주: 나남, 2009), 570, 571; 홍종우, "'애착'은 언제나 중요합니다" 정신의학신문 (2018. 10. 09). http://www.psychiatricnews.net/news/articlePrint.html?idxno=11038 (접속. 2019. 2. 10).

애착은 자기의 성장을 제한하는 것으로 부정적 의미로 사용되는 의존, 심리적 혹은 정서적 에너지가 특정 대상이나 생각에 지나치게 집중해 있는 상태를 말하는 고착(cathexis), 우호성을 나타내는 결연(affiliation), 도움이 필요하거나 위급한 상황에 처한 사람을 돕는다는 원조(succorance) 등과 다른 의미이다.[3] 애착은 영유아와 주 양육자와의 정서적 관계성, 상호관계성, 그리고 필연적 관계성 등을 말한다.

영아와 엄마 또는 주 양육자와의 애착관계에 대한 이론으로는 대표적으로 정신분석이론, 사회학습이론, 그리고 동물행동학적 이론 등이 있다.[4] 정신분석이론에 의하면 영아와 엄마와의 애착을 성적 본능 에너지인 리비도의 관점으로 이해하며, 추후의 모든 사랑의 원형으로 이해한다. 사회학습이론에 의하면 영아와 엄마의 애착은 후천적이며, 고전적 조건화에 의해서 형성된다. 양육자에 의한 자극과 반응으로 애착관계가 형성되고 강화된다.

동물행동학적 이론은 볼비(John Bowlby)에 의한 것으로 애착은 영아가 태어날 때부터 타고난 선천적 본능이며, 부차적인 것이 아닌 일차적인 선천적 기제이다. 영아의 선천적 기제로 인하여 영아와 엄마(또는 주 양육자) 사이에는 애착이 형성된다. 영아가 엄마와의 관계에서 경험한 것이 내면화되어 내적실행모델(internal working model)[5]이 되며, 이는 성인기까지도 타인과의 상호작용에 영향을 준다. 내적실행모델은 인지적, 정서적, 그리고 행동적 구조로서 이후의 개인이 지각하고 해석하며 세계관을 형성하는 데 기

---

3) John Bowlby, *Attachment*, 김창대 옮김, 『애착: 인간애착행동에 대한 과학적 탐구』, 347-349.
4) 권미란, "영아기 타인 양육 경험과 모자 애착 안정성 정도," 『나사렛논총』 (2005), Issue 10: 98, 197.
5) *Ibid.*, 188. 영유아와 양육자 사이의 관계성은 다음을 참조. 유선희, "기독교교육을 위한 어린이 영성론 연구," 『선교와 신학』 제30집 (2012. 8); 박재필, "교회(敎會)에서 교회(交會)로," 『선교와 신학』 제39집 (2016. 6); 김명실, "유아세례자의 성찬참여의 권리," 『선교와 신학』 제39집 (2016. 6).

여한다. 애착을 형성하는 선천적 기제인 내적실행모델을 행동제어체계라고도 한다.

내적실행모델은 데로스(Simone A. De Roos)에 의하면 영유아와 주 양육자와의 다양한 경험으로 말미암아 영유아에게 형성되는 정신적 표상(mental representation)이라고 하는 이미지이다.[6] 이러한 정신적 표상으로서의 이미지는 영유아의 지각과 행동을 지배하게 된다. 그랜퀴스트와 딕키(Granqvist & Dickie)는 볼비의 이론에 기초하여 양육자가 애착이 필요한 상황에서 영유아에게 어떻게 반응하느냐에 따라 영유아의 내적실행모델의 속성은 결정된다고 말한다.[7] 이미지로서의 내적실행모델 형성을 위해서는 양육자의 반응이 중요하다.

본 저서에서 말하는 영유아의 연령은 0-5세까지를 말하며, 중심 질문은 '영유아에게 애착의 필요성과 중요성은 무엇인가?' '영유아의 애착과정과 애착유형들은 어떤 것들이 있는가?' '영유아의 애착유형에 따른 하나님 이해의 특징은 무엇인가?' '영유아의 애착유형에 따른 하나님과의 안정적 애착형성을 위한 교육목회의 방안은 무엇인가?' 등이다.

I. 영유아 애착유형

영유아의 애착유형을 언급하기 전에 영유아기에 애착형성 과정은 어떻

---

[6] Simone A. De Roos, "Young Children's God Concepts: Influences of Attachment and Religious Socialization in a Family and School Context," *Religious Education* Vol. 101 No. 1 Winter 2006: 85, 86.

[7] Pehr Granqvist and Jane R. Dickie, "Attachment and Spiritual Development in Childhood and Adolescence," *The Handbook of Spiritual Development in Childhood and Adolescence*, ed., Eugene C. Roehlkepartain, et. al. (California: Sage Pub. Inc., 2006), 198.

게 되는지를 우선 언급하고자 한다. 이는 애착과정을 통하여 애착유형이라고 하는 애착의 특성들이 형성되어지기 때문이다.

1. 영유아의 애착과정

애착발달 단계들 사이에 분명한 경계가 있는 것은 아니지만, 애착발달을 몇 단계로 나누어서 이해하고자 한다.[8]

1) 대상 구별 없는 지향 및 신호(1단계): 출생 후 2개월까지 또는 생후 3개월까지 지속되며, 환경이 좋지 않은 경우 더 오래 지속되기도 한다. 이 단계의 영아는 후각과 청각으로 사람을 구분한다. 영아가 자신과 가까이 있는 사람들에게 행동하는 방식은 대상의 사람에게 "몸을 향하기, 눈의 움직임으로 추적하기, 붙잡기와 손 뻗기, 미소 짓기와 옹알이"[9] 등으로 근접성(proximity)의 초기 형태이다. 영아는 사람의 소리를 듣거나 얼굴을 보면 울음을 그치는 등으로 영아와 함께 있는 사람의 행동에 영향을 줌으로써, 함께 있는 사람과 가까이 있는 시간을 확대해 나간다. 생후 3개월이 지나면 이러한 우호적인 반응의 강도는 증가한다.

2) 한 사람 혹은 그 이상의 낯익은 사람에게 지향성을 갖고 신호함(2단계): 일반적인 사람들에게 계속 우호적으로 행동하지만, 이런 태도는 다른 사람들보다 엄마에게 더 두드러진다. 생후 1개월 이전에 청각 자극에 대한 차별적인 반응을 하거나, 생후 2개월 중반(10주) 이전에 시각 자극에 대한 차별적인 반응을 하는 것은 쉽지 않다.[10] 그러나 생후 3개월 이후부터는 청각, 시각 자극에 대한 감각적 차별 반응이 나타나기 시작한다.

---

[8] John Bowlby, *Attachment*, 김창대 옮김, 『애착: 인간애착행동에 대한 과학적 탐구』, 400-404.

[9] *Ibid.*, 401.

[10] *Ibid.*

생후 3개월부터 대부분의 영아들은 인식적 분별력을 갖게 된다. 이는 다른 사람들과 비교했을 때 이미 엄마에게 달리 반응한다는 것에서도 알 수 있다. 이 시기의 영아들은 자신의 엄마를 볼 때 미소 지으며 더 즉각적으로 옹알거리며 다른 사람들보다 더 오래 응시한다. 그러나 보다 분명하게 개별 얼굴을 구별하는 능력은 생후 3개월 중반(14주) 이후부터 6개월까지이다.[11] 3개월 중반 이후는 엄마의 얼굴을 인식하는 능력이 가정에서 자란 영아에게 분명하게 나타난다. 다른 사람을 대할 때보다 엄마를 더 반기는 데서 드러난다.

3) 이동과 신호들을 통해 구별된 대상에게 근접성을 유지하고자 함(3단계): 애착형성이 본격화되는 시기로서 생후 6, 7개월부터 36개월까지에 해당한다. 주요 인물과 접촉할 기회가 거의 없는 영아의 경우 3단계의 시작 시기가 12개월 이후까지 지연되기도 한다. 근접성 유지를 중요하게 여기며, 엄마는 탐색을 위한 안전기지(secure base, safe base)이다.[12] 기어 다닐 수 있게 된 영아는 엄마를 안전기지로 삼아 새로운 환경을 탐색하는 행동을 한다. 엄마가 안전기지 역할을 잘할수록 영아는 자신감을 가지고 탐색 행동을 많이 하게 된다.

생후 6개월에서 9개월이 되는 시기에 엄마에 대한 애착행동은 보다 규칙적이다. 볼비에 의하면 영아가 생후 9개월이 될 때까지는 비록 아빠를 반기기는 하지만 따라가지는 않는다.[13] 다른 낯익은 성인에 대해서도 영아는 반기기는 할지라도 따라가지는 않는다. 애착 형성에 가장 결정적인 시기는 생후 18개월에서 24개월이다. 이 시기에 소수의 영아를 제외하고 대부분의 영아들은 엄마 이외의 다른 몇 사람들과 애착관계를 형성한다. 이 시기에는 아빠 및 형제자매 등과의 애착행동도 나타나기 시작한다. 다른 사람에

---

11) *Ibid.*, 406.
12) *Ibid.*, 401, 402.
13) *Ibid.*, 68, 307, 309.

게 애착행동이 나타나고 빈도가 높아진다고 해서 엄마와의 애착이 약화되지 않는다. 오히려 영아의 애착행동이 시작되는 초기에 영아의 엄마가 교회 등에 참석과 활동을 통해 애착관계의 대상이 많을수록 엄마에 대한 애착은 더 강화된다.

유아가 24-36개월(2-3세) 되면 낯선 장소에서 하위 애착 인물들인 친척 혹은 어린이집 또는 유치원 교사와 점차적으로 안정감을 느끼게 된다. 그러나 이러한 안성감도 조건적이다.[14] 안정감을 갖기 위해서는 하위 애착인물들이 친숙한 사람들이어야 한다. 더군다나 유아는 엄마와 함께 있을 때 알게 된 사람일수록 더 안정감을 가진다. 그러나 여전히 유아는 자기 엄마와의 근접성을 중요하게 여긴다. 엄마가 어디에 있는지 알고 있어야 하며, 자기가 엄마를 부르면 빠른 시간 안에 엄마와 만날 수 있다는 자신감이 있어야 한다. 엄마로 말미암는 안정감이 만족되지 않을 때 유아는 하위 애착인물들과 애착관계에서 생기를 잃게 되거나, 생기가 없는 상태로 지속하게 되거나 행동장애를 보이기도 한다.

4) 목표수정적 동반자 관계(goal-corrected partnership)를 형성함(4단계): 생후 3년째의 중반에 본격적으로 시작하는 단계로서 유아는 엄마의 느낌과 동기에 대하여 유아 나름대로의 통찰력을 갖는다. 무엇이 엄마의 행동에 영향을 주는지를 관찰함으로써, 유아는 엄마의 설정 목표와 이 설정 목표를 달성하기 위해 엄마와의 관계를 형성하려고 한다.[15] 유아의 설정 목표가 양육자의 설정 목표와 차이가 날 때는 수정해 나가면서 애착관계를 형성해 나가려고 한다. 이런 과정을 통하여 유아와 엄마는 더 정교한 애착관계로 발전해 나간다. 이러한 관계를 동반자 관계라고 한다.

5) 목표수정적 동반자 관계 형성을 확대해 나감(5단계): 아동과 부모의

---

14) *Ibid.*, 313, 314.

15) *Ibid.*, 403.

확대된 동반자의 관계성을 '감독 동반자 관계'(supervision partnership)라고도 한다.[16] 4, 5세의 유아는 낯선 사람과 놀이 모임에 같이 가자고 하면 홀로 나서는 경향을 지니지만, 그럼에도 안전기지인 엄마의 격려에 근거하여 나서려고 한다. 애착행동은 여전히 행동의 주요한 부분을 차지하고 있다. 유아가 5, 6세 되었을 때도 엄마 또는 아빠의 손을 붙잡거나 꼭 쥐는 것을 좋아한다. 만약 엄마 또는 아빠가 거절하면 아이는 화를 내기도 하며, 다른 아이와 놀다가 무언가 잘못되면, 아이들은 즉각 부모나 부모를 대신할 만한 사람에게 돌아오게 된다.

2. 영유아의 애착유형

영유아는 신체발달 과정을 지나면서 애착관계를 크게 4종류의 유형으로 형성해 나간다. 이를 애착유형(attachment pattern)이라고 하며, B, A, C, D 유형으로 구분한다. B 유형은 안정적 애착(secure attachment)유형, A 유형은 회피적 애착(avoidant attachment)유형, C 유형은 양가 저항적 애착(resistant or ambivalent attachment)유형, 그리고 D 유형은 혼동적 애착(disturbed or disorganized attachment)유형이다.[17] 4종류의 애착유형을 구체적으로 언급하자면 다음과 같다.

1) B 유형: 안정적 애착유형이다. 대부분의 표본에서 다수를 차지하며, 영유아의 애착에 대한 요구에 대하여 양육자의 따뜻하고 일관된 양육태도에 의해 형성된다.[18] 안정적으로 애착이 형성된 12개월 정도의 영아는 엄마

---

16) *Ibid.*, 314-316.

17) *Ibid.*, 505, 506. Dan P. McAdams, *The Stories We Live By: Personal Myths and The Making of the Self* (New York: William Morrow And Company, Inc., 1993), 42-43.

18) John Bowlby, *Attachment*, 김창대 옮김, 『애착: 인간애착행동에 대한 과학적 탐구』, 505.

와 분리될 때 격렬하게 저항하지만, 엄마가 3, 4분 후에 돌아오면 영아는 따뜻하고 열렬하게 엄마를 반기며 안정을 되찾고 곧 놀이에 몰두한다. 이 유형의 영아에게 엄마는 세상을 탐색하기 위한 '안전기지'(secure base)[19]이다. 엄마를 안전기지로 하여 주위의 낯선 환경들을 하나씩 탐색하여 알아 가고자 하며, 위험이 감지되면 다시 엄마에게로 돌아온다.

그리고 엄마로 말미암아 세상에 대하여 기본적인 신뢰감(basic trust)을 가진다. 영유아가 12개월까지 안정적 애착을 형성한 경우 주 양육자인 애착인물에 대하여 영유아가 신체적으로나 정신적으로 어려움을 겪을 때는 '안전한 피난처'(safe haven)와 같게 여긴다.[20] 안전한 피난처는 심리적 안정감을 말한다. 정리하자면 안정적 애착유형은 애착과 탐색 사이에 균형이 있다.[21] 영유아 자신이 당한 당장의 문제가 해소되면 즉시 주위 환경을 탐색하려고 한다. 양육자와 안정애착 형성을 한 영유아는 또래와의 관계가 원만하며, 자신감이 있고 호기심이 많아 탐색에 적극적이며, 문제해결 능력이 높다.

2) A 유형: 회피적 애착유형이다. 대부분의 표본에서 약 20%를 차지하며, 영유아의 울음 등의 애착행동에 양육자가 지속적으로 무관심, 무시, 무반응하거나, 돕지 않거나, 거리를 두거나, 과도하게 화를 내며 꾸중을 하거

---

19) 안전기지(secure base)는 영유아 및 아동이 바깥세상에 대한 호기심과 탐색을 위한 발판(springboard)의 역할을 함. 부모가 자녀의 안전기지가 되어 줄 때 심리적 안정감으로 자녀는 자신감을 가지고 바깥세상을 탐험하게 됨. 현상규, "애착이론에 대한 성경적 비평과 목회적 돌봄을 위한 적용," 『국제신학』 (2014), Issue 16: 297.

20) D. A. Cohen, "Child-mother attachment of six-year-olds and social competence at school," *Child Development* 61(1) (1990): 152-162. Pehr Granqvist and Jane R. Dickie, "Attachment and Spiritual Development in Childhood and Adolescence," *The Handbook of Spiritual Development in Childhood and Adolescence*, 198.

21) Simone A. De Roos, "Young Children's God Concepts: Influences of Attachment and Religious Socialization in a Family and School Context," *Religious Education*: 85.

나, 과잉보호를 하게 되면 회피적 애착이 형성된다. 안전기지인 엄마가 옆에 없으면 B 유형의 영아처럼 자신감을 가지고 세상을 탐색하지 않으려고 하는 방어적 탐색(defensive exploration)을 한다.[22]

또한 엄마와 분리되었을 때에도 울지 않거나 분리된 사실을 무시하려고 하며, 엄마가 짧은 시간 동안의 외출 후 다시 돌아오면 A 유형의 영유아는 엄마에게 가까이 가다가 갑자기 엄마에게서 돌아서거나 엄마를 무시하면서 회피한다. 이들 중 다수는 엄마를 회피하는 반면에, 낯선 사람을 친근하게 대하며 잘 따르기도 한다. 따라서 A 유형의 영아 및 유아들은 다른 유형에 비해 분노 또는 애착의 표출 대상이 엄마에게보다는 인형, 장난감 등의 다른 어떤 물리적 대상인 경우가 더 많다.

3) C 유형: 양가 저항적 애착유형이다. 대부분의 표본에서 약 10%를 차지하며, 영유아의 애착행동에 대해 양육자가 영유아에 대하여 따뜻한 마음을 가지고 있지만, 영유아에 대한 양육태도가 오락가락하며, 일관성이 결여되어 있을 때 형성되는 애착유형이다. 양육자가 자기 일에 집중하여 영유아의 애착행동에 무관심하다가, 양육자가 기분이 좋을 때는 영유아를 귀여워해 주고 반기는 등의 일관성이 결여된 양가적 양육태도를 지니고 있다.[23] 양육자의 일관성 없는 양육방식에 대하여 영아는 불안해하거나 저항적이다.

이중적 불안의 모습을 보이기도 한다. 이중적 불안이란 엄마와 가까이 있고 싶어 하고 접촉하려고 시도하는 것과 엄마와의 접촉을 꺼려하는 것 사이에 동요하며 불안해하는 것을 말한다. C 유형의 영유아들은 엄마가 자신을 따로 떨어져 놀도록 유도할 때 특히 저항하고 화를 내며 징징 짜증을 내면서 엄마에게 매달리고 떨어지지 않으려고 하고 보채는 경향이 있다. C

---

[22] John Bowlby, *Attachment*, 김창대 옮김, 『애착: 인간애착행동에 대한 과학적 탐구』, 505.

[23] *Ibid.*, 506.

유형의 영아 및 유아는 다른 집단의 또래들이 활발하게 놀이를 즐기는 상황에서도 두드러지게 수동적인 경향이 있다. 자신감의 결여로 탐색에 대한 수동적 경향이 회피적 유형에 비해 더 심하게 나타난다.

4) D 유형: 혼동적 애착유형이다. 혼동적 애착은 영유아가 양육자의 이혼, 죽음 등의 이유로 따뜻한 관심을 받지 못하고 성장한 경우이거나, 또는 양육자가 트라우마가 있는 경우 어떤 계기에 갑자기 화를 내는 등으로 인하여 영유아는 양육자에게 다가가고 싶지만 심각할 정도로 두려워하며, 망설이고, 양육자에게 쉽게 다가가지 못하고 뒤돌아서는 유형이다.[24] 엄마가 나갈 때에 따라가지만, 엄마를 다시 만났을 때 어리둥절해 하는 행동을 보이거나, 얼어붙은 자세로 있기도 하며, 쉽게 엄마에게 다가가지 않으려 한다.

반복된 신체적 학대를 겪은 영유아의 특징이기도 하다. 영유아는 엄마 앞에서 혼란스러워하고 방향 감각을 잃은 것처럼 보인다. 영유아는 엄마가 옆에 있어도 외부 세계를 거의 탐색하지 않는다. D 유형 영유아의 엄마는 아기가 괴로워할 때 영아의 마음을 진정시키지 못한다. 영아의 경우도 엄마에게서 애착을 형성하지 못하고 혼란스러워한다. 뇌 손상을 입은 경우도 D 유형에 해당한다. 이 경우 두 가지 증후군을 보여 준다.[25] 신체 움직임이 적고 감정표현이 없는 경우로서 상호작용이 적고 엄마에 대한 애착도 적은 경우이다. 그리고 쉽게 흥분하며 약한 자극에도 과도한 반응을 보이고, 쉽게 울며, 진정시키기 어려울 뿐 아니라 예측 불가능한 정서를 보여 주는 경우이다. 엄마는 영아에 대하여 과도하게 걱정하거나, 아니면 자포자기하고 양육을 거부하기도 한다.

위의 4가지 유형을 크게 두 종류의 유형으로 구분하면 B 유형은 안정적

---

24) Tim Clinton and Joshua Straub, *God Attachment*, 73, 74.
25) *op. cit.*, 10, 511.

애착유형인 반면에, A, C, D 유형은 불안정적 애착유형으로 구분된다. 따라서 4가지의 애착유형을 크게 구분하자면 안정적 애착유형과 불안정적 애착유형 등이다.

맥카담스에 의하면 애착유형은 사회적 계층과도 연관이 있다. 중류층 가정 영유아의 2/3는 안정적 애착유형인 B 유형의 영아인 반면에, 불안정적 애착유형인 A 유형과 C 유형의 영아는 25-30%이며, D 유형은 상대적으로 소수이다.[26] 중상류 계층 영유아의 경우 안정적 애착유형이 다수인 반면에, 중하 계층의 경우는 불안정적 애착형성 가능성이 높다.

또한 맥카담스에 의하면 애착유형은 내러티브와 관련을 갖고 있다. 안정적 애착유형은 긍정적이며 낙관적인 이야기 분위기(optimistic narrative tone)에 영향을 받는다. 이는 무언가를 하고자 할 때 궁극적으로 성공할 것이라는 무의식적 믿음을 갖게 한다. 반면에 불안정적 애착은 부정적인 이야기 분위기에 영향을 받는다.[27] 무의식적으로 좌절과 실패를 전망하는 경향을 갖게 한다. 또한 맥카담스에 의하면 안정적 애착은 영유아의 언어와 이야기가 희극(comedy), 낭만(romance)의 방향으로 나아가게 하는 반면에, 불안정적 애착은 영유아의 언어와 이야기가 비극(tragedy), 풍자(irony)의 방향으로 나아가게 한다.

더 나아가 맥카담스는 애착과 이야기를 이미지와 관련하고 있다. 영유아를 포함한 학령 전기 아동의 경우 이야기 자체보다 더 중요한 것은 그들이 갖고 있는 내적실행모델이라고 하는 '이미지'이다.[28] 사람은 일반적으로 이야기 자체를 기억하고 있기보다는 '이미지'를 기억하고 이를 이야기로 나타낸다. 따라서 영아의 첫 시기에 양육자에 대해 어떤 '이미지'를 갖게 해 주느냐는 것은 영아의 삶의 방향과 유형을 결정짓는다.

---

26) Dan P. McAdams, *The Stories We Live By*, 43.
27) *Ibid.*, 50-53.
28) *Ibid.*, 55.

II. 영유아의 애착유형에 따른 하나님 이미지

내러티브 신학자인 고든 카우프만에 의하면 인간은 죄악성, 연약함, 죽음 등의 가변성으로 인하여 완전한 애착대상으로는 한계가 있는 반면에, 영원성을 지닌 하나님만이 완전한 애착대상이 될 수 있다. 유한한 존재와의 애착은 우상적, 파괴적, 맹목적, 그리고 광적이 될 수 있다. 따라서 인간의 완진한 애착대상은 하나님이어야 한다.[29] 그러나 하나님과의 애착과 다른 인간과의 애착은 서로 분리할 수 없으며, 밀접하게 연관되어 있다(마 22: 37-40). 그리고 하나님과의 애착은 다른 사람과의 애착에 의해서 가능하다.

유사한 맥락에서 함영주는 하나님에 대한 이해는 하나님, 자신, 가족, 그리고 공동체 등과의 관계에 의해서 가능함을 말한다. 좀 더 구체적으로 언급하자면 영유아가 하나님 개념을 형성하는 데 영향을 주는 요소들은 부모, 대상관계, 인지적 발달, 사회적 학습이론, 자아개념 등이다.[30] 이 중에서 영유아가 하나님 개념을 형성하는 데 있어서 일차적인 요소는 부모이다. 부모는 영유아의 하나님 개념 형성에 밀접하게 관련되어 있으며, 영적 생활에 절대적인 영향을 끼친다.[31] 영유아가 지니고 있는 하나님 이미지도

---

[29] Gordon D. Kaufman, *The Theological Imagination: Constructing the Concept of God* (Philadelphia: The Westminster Press, 1981), 61, 77, 78. Tim Clinton and Joshua Straub, *God Attachment*, 16, 85. 현상규, "애착이론에 대한 성경적 비평과 목회적 돌봄을 위한 적용," 『국제신학』 (2014), Issue 16, 305. 내러티브 신학은 하나님의 초월성과 내재성의 통합성을 강조함.

[30] M. Hwang, "Understanding Korean-American Children's Christian Identity Development in Relation to Their Concept of God," (Ph. D. dissertation, Biola University, 2003), 67. 함영주, "어린이의 하나님 개념 형성에 있어서 아동기 애착관계의 역할과 기독교교육적 함의," 『성경과 신학』 65(2013), 332에서 재인용.

[31] Pehr Granqvist and Jane R. Dickie, "Attachment and Spiritual Development in Childhood and Adolescence," *The Handbook of Spiritual Development in Childhood and Adolescence*, 201. 그랜퀴스트와 딕키는 하나님을 부모와 같이 여길 수 있는 시기는 청소년기부터라고 말함.

주 양육자인 부모를 대신할 정도의 일차적인 애착대상이 아직 아니다. 영유아기는 아동기보다 하나님을 부모와 같은 일차적인 양육자의 이미지로 받아들이는 것은 더 어려운 일이다. 이는 영유아가 하나님에 대한 이미지를 형성하는 데 있어서 주 양육자인 부모의 내적실행모델이 일차적이기 때문이다.

이와 관련하여 영유아가 형성하는 하나님에 대한 이미지에 영향을 끼치는 양육자와의 관계성에 대한 이론은 상응가설(correspondence hypotheses)과 수정된 상응가설(revised correspondence hypotheses)이 있다.[32] 상응가설에 의하면 한 사람의 하나님에 대한 이해는 그 사람의 영유아기 때에 자기 자신과 엄마(또는 부모로 대표되는 주 양육자)와의 이미지와 상관된다고 말한다. 데로쓰(Simone A. De Roos)와 그의 동료들에 의하면 사랑의 하나님에 대한 이해는 부모 중에서 특히 엄마와의 안정적 애착에 영향을 받는다고 말한다. 이는 영유아의 경우 안정적 애착관계를 형성하고 있는 자신의 부모가 지니고 있는 신앙을 더 쉽게 받아들이고자 하는 종교적 사회화에 의해서이다.

상응가설에 의하면 영유아가 주 양육자인 부모와 친밀한 관계를 지속하고 있거나, 영유아가 놀랐을 때 도움을 구하는 등의 부모와 안정적인 애착관계를 형성한 영유아는 사랑의 하나님(loving God)(B 유형)에 대한 이미지를 갖게 된다. 사랑의 하나님에 대한 이미지는 긍정적이며, 사랑이 풍부하며, 위로의 하나님, 보호해 주시며, 돌보아 주시며, 가까이 다가갈 수 있으며, 따뜻한 마음을 지닌 피난처 되시는 하나님, 나를 항상 기다리시는 하나님 등의 이미지를 포함한다.[33] 달리 말하자면 "하나님은 나를 사랑한다, 하

---

32) Simone A. De Roos, "Young Children's God Concepts: Influences of Attachment and Religious Socialization in a Family and School Context," *Religious Education*, 84-103.
33) Tim Clinton and Joshua Straub, *God Attachment*, 62.

나님은 나의 친구이다, 하나님은 나의 얘기를 들으신다, 내가 요구하는 모든 것을 하나님에게 요구할 수 있다"[34]는 등의 이미지이다.

반면에 주 양육자가 영유아와 자주 다투거나, 화를 내거나, 짜증을 내는 등의 불안정적으로 애착이 형성된 경우는 안정적 애착관계를 형성한 경우보다는 벌을 내리시는 하나님(punishing God)(A, C, D 유형)에 대한 이미지를 더 많이 갖게 된다. 벌을 내리시는 하나님 이미지는 자신과 상관이 없는 거리감을 느끼며, 부정적이며, 엄격하며(이상 A 유형), 분노하고 화를 내시는 하나님(C 유형), 징벌적인 하나님(D 유형) 등의 이미지를 포함한다. 구체적으로 언급하자면 "하나님은 가까이하기 어려운 엄하신 분이시다(A 유형), 내가 나쁜 일을 하면 하나님은 화를 내신다(C 유형), 하나님은 개구쟁이에게 벌을 주신다(C 유형), 하나님은 나를 두렵게 한다(D 유형)"[35]는 등의 이미지를 형성하게 된다.

그러나 수정된 상응가설에 의하면 모든 영유아들이 반드시 부모의 하나님 이미지와 상응하는 것은 아니다. 고든 카우프만에 의하면 부모의 하나님 이미지는 영유아가 하나님을 이상적인 애착 인물로 여기기에는 충분하지 않다.[36] 수정된 상응가설은 한 사람의 하나님에 대한 이해는 영유아의 종교 사회화(religious socialization) 과정을 거치면서 형성될 수 있음을 말한다. 따라서 안정적 하나님 이미지를 위해서는 영유아기의 부모와의 안정적 애착관계 못지않게 부모 이외의 다른 양육자의 신앙교육으로 말미암는 사회화 과정을 필요로 한다.[37] 애착관계를 형성하고 있는 부모 이외의 양육

---

34) Simone A. De Roos, "Young Children's God Concepts: Influences of Attachment and Religious Socialization in a Family and School Context," *Religious Education*, 89.

35) *Ibid.*, 89.

36) Gordon D. Kaufman, *The Theological Imagination*, 67.

37) Simone A. De Roos, "Young Children's God Concepts: Influences of Attachment and Religious Socialization in a Family and School Context,"

자의 하나님 이미지도 영유아에게 신앙교육의 한 형태인 양육(nurture)에 의해 하나님 이미지가 사회화되어질 수 있다.

데로스에 의하면 영유아들이 부모와의 애착관계가 부정적일지라도 다른 양육자에 의해 사랑의 하나님에 대한 이해를 가질 수 있다.[38] 부모와의 애착관계가 불안정한 영유아의 경우에 비록 안정적으로 애착된 영유아에 비해 자상하지 않거나, 화를 잘 내거나, 호의적이지 않은 부모의 이미지를 가지고 있지만, 그럼에도 불구하고 자상하거나 친밀한 하나님에 대한 이미지를 가질 수 있다. 오히려 하나님에 대한 다양한 이미지들을 가질 수 있다.

이는 영유아와 부모와의 애착관계 못지않게 영유아와 교회학교 교사(이하 교사) 사이의 애착관계가 영유아의 하나님 이해에 중요하게 영향을 끼칠 수 있음을 말한다. 더 나아가 그랜퀴스트(Pehr Granqvist)와 딕키(Jane R. Dickie)에 의하면 영유아가 부모와의 애착관계에 의해 하나님 이미지 형성에 영향을 끼치는 것보다, 교사와 영유아의 안정적 애착관계가 하나님 이미지 형성에 더 영향을 끼칠 수 있다.[39] 교회학교 교사가 영유아와 안정적이며 자존감을 높여 주는 애착관계를 형성할 때, 영유아로 하여금 사랑의 하나님에 대한 이미지를 갖게 하는 데 부모보다 더 큰 영향을 끼칠 수 있다.

그랜퀴스트와 딕키에 의하면 수정된 상응가설은 보상가설(compensation hypothesis)에 근거한다. 보상가설에 의하면 양육자와의 불안정한 애착을 경험할 때 피 양육자는 스트레스를 조절하고 안정감을 얻기 위해 대안적인 애착대상을 찾게 된다. 따라서 교사의 신앙교육에 의해 하나님은 대안적인

Religious Education, 86, 87.
38) *Ibid.*, 92, 93.
39) Pehr Granqvist and Jane R. Dickie, "Attachment and Spiritual Development in Childhood and Adolescence," *The Handbook of Spiritual Development in Childhood and Adolescence*, 201.

애착 인물(perfect attachment substitute)이 될 수 있다.[40] 비록 주 양육자와의 애착관계는 불안정하지만, 피 양육자는 대안으로 학습된 하나님과의 애착을 안정되게 하려고 한다. 수정된 상응가설은 교사 등에 의한 신앙교육이 미치는 영향을 고려하여 사회화된 상응가설(socialized correspondence)이라고도 한다.

수정된 상응가설에 의하면 영유아는 교사와의 관계 차원을 넘어서 환경으로부터도 교육적 영향을 받는다. 부모와 가정이라고 하는 환경에 의해 영향을 받듯이, 유치원이나 교회학교 등의 환경에도 안정적 애착을 위한 영향을 받는다.[41] 영유아의 하나님과의 안정적 애착형성은 영유아들이 성장하는 주된 환경인 가정뿐만 아니라 유치원이나 교회학교라고 하는 환경에서도 가능하다.

더 나아가 데로스는 영유아로 하여금 하나님과의 친밀한 관계성 형성을 위해서는 엄마와 아빠 이외에 교회학교 교사의 상호보완적 관계가 중요함을 말한다.[42] 교회학교 교사가 영유아에게 끼치는 영향은 자연적 상황에서는 부모의 영향보다 약할지라도, 수정된 상응가설에 의하면 잠재적으로 오히려 더 큰 영향을 끼친다. 이는 영유아가 부모와 부정적인 애착관계를 지니고 있어도, 교사의 안정적 애착관계에 의한 양육으로 사랑의 하나님 및 친구와 같은 하나님 등의 이미지 형성을 위해서 긍정적인 영향을 주기 때문이다.

따라서 데로스가 말하는 수정된 상응가설에 의하면 영유아는 교회학교 교사와의 관계로 말미암아 하나님에 대한 다양한 이미지를 가진다.[43] 애착

---

40) *Ibid.*, 198, 203.

41) Simone A. De Roos, "Young Children's God Concepts: Influences of Attachment and Religious Socialization in a Family and School Context," *Religious Education*, 87.

42) *Ibid.*, 100, 101.

43) *Ibid.*, 100.

관계로 말미암는 B 유형의 사랑의 하나님, 좋으신 하나님, 따뜻한 하나님, 부모와 같은 하나님 등과 함께, 괴롭히는 친구와 같은 하나님(A 유형), 갑자기 화를 내시고 벌을 내리시는 하나님(C 유형), 두려우신 하나님(D 유형) 등의 이미지를 지니기도 한다. 그러나 다양한 이미지 가운데 안정적 애착관계를 형성하고 있는 양육자의 하나님 이미지가 일차적 이미지이며, 불안정적 애착관계를 형성하고 있는 양육자의 하나님 이미지는 이차적 이미지이다.

III. 영유아의 애착유형에 따른 교육목회

하나님과의 안정적 애착관계를 위해 영유아부 목회자와 교사에 의한 교육목회는 애착 이론에서 말하는 다음의 기본 개념들에 기초한다.[44] 근접성 유지(proximity maintenance), 안전한 안식처(safe haven), 안전기지(secure base), 그리고 부모교육 등이다. 이 중에서 부모교육은 교회와 가정의 생태적 통합성을 위해서 필요하다.

1. 근접성 유지

애착이론에서 근접성은 영유아가 생존을 위해 엄마에게 가까이 가려고 하는 근접성을 가지며, 엄마도 생존을 돕기 위해 영유아에게 가까이 가려

---

44) Tim Clinton and Joshua Straub, *God Attachment*, 91, 92. 함영주, "어린이의 하나님 개념 형성에 있어서 아동기 애착관계의 역할과 기독교교육적 함의," 『성경과 신학』 65 (2013), 336. Pehr Granqvist and Jane R. Dickie, "Attachment and Spiritual Development in Childhood and Adolescence," *The Handbook of Spiritual Development in Childhood and Adolescence*, 186-194.

고 하는 근접성을 갖는다.[45] 근접성을 유지하려는 영유아의 대표적인 애착 행동은 엄마가 방을 나갈 때 울거나 혹은 울면서 엄마를 따라가려고 시도하며, 엄마가 되돌아올 때 미소를 짓고 팔을 들어올리며, 기뻐서 소리를 지르는 등으로 엄마를 반긴다. 정리하자면 근접성을 유지하려고 하는 애착 행동으로는 울기, 따라가기, 미소 짓기, 옹알이, 부르기, 특정 몸짓 등이 있다.[46] 근접성은 생후 6개월 무렵에 보편적으로 나타나기 시작하며, 9개월이 되는 시기부터는 더욱 강하게 나타난다.

스트레스를 받는 상황에 놓일 때 부모 또는 교사에게 가까이 가려고 하는 것과 같이 영유아로 하여금 힘든 상황에서 무엇보다 하나님을 찾도록 하는 것이 근접성 유지 교육목회이다. 하나님과의 근접성 유지의 유형을 분별하기 위한 대표적인 물음은 다음과 같다.[47] 재미있는 놀이를 하고 있거나 보고 있을 때 부모님이 예배드리러 가자고 하면 약간 망설이다 선뜻 나서는가? (B 유형), 가기 싫다고 계속해서 떼를 쓰는가? (A 유형), 계속해서 망설이고만 있는가? (C 유형), 꾸중 들을 것이 무서워서 따라나서려고 하는가? (D 유형)

하나님을 향한 근접성 추구를 위해 필요한 교육내용들은 다음과 같다. B 유형의 경우 부모 또는 교사보다 더 가까이해야 할 궁극적인 사랑과 권위자로서의 하나님에 대한 이미지(눅 2:41-52)이다.[48] 엄격하여 자기와는 거리감이 느껴지는 하나님에 대한 이미지를 가지고 있는 A 유형의 경우 가까이 가면 친절하게 맞아 주시는 하나님에 대한 이미지(막 10:13-16)이다. 감정 기복이 심하여 가까이하기에는 망설여지고 불안하게 느껴지는 하나님에 대한 이미지를 갖고 있는 C 유형의 경우 하나님은 변함없이 기다리시는 하나

---

45) John Bowlby, *Attachment*, 368, 369.
46) *Ibid.*, 305, 317.
47) Tim Clinton and Joshua Straub, *God Attachment*, 91, 93, 152.
48) *Ibid.*, 171, 172.

님에 대한 이미지(눅 15:20)를 갖도록 해야 한다. D 유형의 경우 두려움의 대상으로 가까이 가기 꺼려지는 하나님에 대하여 반복해서 강조해야 할 하나님 이미지는 무엇보다 인내하시며 온유하신 하나님(마 11:29) 등이다.

2. 안전한 안식처

영유아에게 안전한 안식처는 영유아가 놀랐을 때 가능한 한 빨리 자극으로부터 벗어나서 달래 주기를 바라면서 다른 사람보다는 엄마에게 안기는 것을 말한다.[49] 영유아는 놀라거나 위협을 느낄 때 자신을 달래 주고 보호해 주기를 기대하면서 엄마를 바라보거나, 엄마에게로 향하며 엄마에게 매달리기도 한다. 이는 심리적 안정감인 평안함을 주기 때문이다.

영유아로 하여금 어떤 상황 가운데서도 하나님으로 말미암아 정서적 안정을 갖도록 하기 위한 영유아 교육목회이다. 안전한 안식처로서 하나님과의 애착유형을 분별하기 위한 주된 물음은 다음과 같다.[50] 어떤 일로 놀라거나 당황할 때 부모 또는 교사의 품에 안기거나(B 유형), 부모 또는 교사보다 주로 인형이나 장난감을 갖고 놀거나(A 유형), 짜증을 부리며 울기만 하거나(C 유형), 그저 우두커니 서 있기만 하거나(D 유형) 하는가?

영유아는 무관심, 불만(이상 A 유형), 불안(C 유형), 위협, 놀람(이상 D 유형) 등을 느낄 때 하나님에게 사랑을 받을 가치가 없는 존재로 느낄 수 있으며, 하나님은 자기를 돌볼 수 있는 능력이 없다고 생각하기도 한다.[51] 그러나 그런 상황 속에서도 교육목회로 말미암아 하나님은 내 이름을 알고 계시며(요 10:3), 하나님이 나와 함께 하신다는 것을 느낄 때 영유아는 하나님을 보

---

49) John Bowlby, *Attachment*, 455.
50) Tim Clinton and Joshua Straub, *God Attachment*, 89, 90, 91, 152.
51) *Ibid.*, 93.

호해 주고 안정감을 주는 안전한 안식처(행 27:13-26, 39-44)로 여긴다.[52] 불안정적 애착유형인 A, C, D 유형과는 달리 안정적 애착유형인 B 유형의 경우 안전한 안식처로서 부모와 같은 하나님에 대한 이미지를 가지고 있지만, 모든 문제를 해결해 주면서 과잉보호하려는 부모와 달리 하나님만이 온전하시며 안전한 안식처임을 알게 해야 한다(마 5:48).

3. 안전기지

안전기지는 영유아의 호기심과 탐색을 위한 기지 역할을 하며 탐색을 위한 기지를 의미한다. 영유아는 부모와 교사가 안전기지가 될 때 자신감을 가지고 바깥 세계를 탐색한다.[53] 영유아가 탐색 중에 어려운 상황을 맞이하거나, 양육자와의 거리감으로 인하여 두려움을 느끼게 되면 되돌아가 격려와 도움을 확인하고 새로운 자신감과 자율성으로 탐색을 모색하는 곳이 안전기지이다. 안전한 안식처와의 차이점은 격려에 의한 탐색을 강조한다는 점이다.

영유아로 하여금 하나님 나라로서의 낯선 환경을 탐색하도록 하고, 탐색을 위한 능력을 부여하도록 하기 위한 안전기지로서의 하나님과의 애착유형을 분별하기 위한 주된 물음은 다음과 같다.[54] 내가 어떤 잘못을 하거나 실패를 했을 때 하나님께 그대로 인정하거나(B 유형), 오히려 거짓말하며 부인하거나(A 유형), 그것을 수치심으로 감추려고 하거나(C 유형), 그것으로 의기소침하거나 또는 오히려 반항하거나(D 유형) 하는가?

---

52) 대한예수교장로회총회교육자원부 편, 『하람빛의 두 번째 성경이야기 영아부 교사 II-2』 (서울: 한국장로교출판사, 2016), 47, 48.

53) Jeremy Holmes, *John Bowlby & Attachment Theory*, 이경숙 역, 『존 볼비와 애착이론』 (서울: 학지사, 2013), 120-121.

54) Tim Clinton and Joshua Straub, *God Attachment*, 92, 152, 176, 187.

회피적 유형(A 유형)은 부모와의 친밀함에 대한 의심으로 혼자서 하는 자기의 놀이에 빠져들게 되므로 관계적인 놀이에 제한적이 된다.[55] 따라서 함께하는 관계적 탐색을 추구하도록 하기 위해 친밀한 하나님(눅 10:38-42)에 대한 이해를 하도록 해야 한다. 양육자에게 인정받는 것을 중요하게 여기며 수치심이 많아 탐색을 꺼리며 양육자에게 붙어서 떨어지지 않으려고 하는 C 유형은 낯선 대상자와도 대화를 나누시는 하나님(요 4:7-10)을 이해하도록 해야 한다. B 유형의 경우 안전기지로 여기는 부모와 관련하여 안전기지로서의 하나님 이해에 대한 탐색을 위해 다양한 대상자를 만나시는 하나님(마 10:2-4)을 이해하도록 해야 하며, 의기소침하여 불안 가운데 탐색에 대한 의지가 없는 D 유형의 경우 요구되는 하나님 이해는 격려하시는 하나님(요 21:5-14) 등이다.

4. 부모교육

이스라엘의 키부츠에서는 탄생 후 나흘째 되는 날부터 영아들을 일주일 중에 6일간은 키부츠 공동체 보육원에서 보모와 교사가 양육한다. 영아의 엄마는 일주일 가운데 안식일은 가정에서 영아와 함께 있지만, 나머지 6일 동안 하루에 반나절만 일을 하며, 하루 6회(1회당 1-2시간) 보육원에서 모유를 준다. 젖을 떼는 8개월까지 지속하며, 영아를 돌보는 데 주력하여 안정적 애착을 형성하도록 한다(B 유형).[56]

반면에 영아에게 음식 주기를 비롯한 다른 일상적인 양육 활동의 많은

---

55) *Ibid.*, 105.
56) John Bowlby, *Attachment*, 473; Aharon Yadlin, "The Principles of Kibutz Education," 김태건 역, "키부츠의 교육의 원칙," 『농촌과 목회』 2003년 Vol. 17 Issue 1 통권 17, 122-127; Melford E. Spiro, *Kibutz: Venture in Utopia*, 이효재 역, 『유토피아로의 모험: 이스라엘 협동촌』 (서울: 대한기독교서회, 1985), 124-134.

시간을 키부츠 보육원 보모와 교사가 담당하며, 8개월 이후에도 1년이 될 때까지 키부츠의 보육원에서 주로 생활하고, 12년까지 공동 기숙사에서 키부츠 교사와 더 많은 시간을 보낸다. 그럼에도 하루의 저녁 무렵 부모의 가정에서 2시간 동안 부모와 함께하는 시간을 가짐으로 부모와 영유아들 및 어린이들은 안정적 애착을 형성해 나가도록 하고 있다.

키부츠 교육은 영유아의 애착관계 형성을 위해서는 시간의 양보다는 질적인 상호작용이 중요함을 말해 주며, 심리적이며 정서적인 안정적 애착의 대상은 기본적으로 부모임을 말해 준다. 따라서 영아부 교역자 및 교사는 영유아의 하나님과 안정적 애착관계 형성을 위해 부모와의 애착관계를 지원해야 하며, 부모 및 가정과의 협력관계를 유지해야 한다.

교육목회의 차원에서 하나님과 애착관계를 형성하도록 영유아를 양육하기 위한 부모교육의 특징은 다음과 같다.[57]

첫째, 부모 자신은 하나님에 대하여 어떤 내적실행모델을 가지고 있는지에 대하여 성찰하도록 해야 한다. 궁극적으로는 부모가 근접성 유지, 안전한 안식처, 그리고 안전기지 등의 영성으로 말미암아 하나님과의 안정적 애착유형(B 유형)을 지니도록 해야 한다.[58]

둘째, 부모는 영유아로서의 자기 자녀가 어떤 애착유형에 지니고 있으며, 또한 하나님에 대한 어떤 내적실행모델을 가지고 있는지 파악함으로 말미암아 궁극적으로는 하나님과의 안정적 애착형성을 목적으로 양육해야 한다.

셋째, 부모는 영유아에게 다양한 미소, 울음, 안기기, 따라다님, 그리고 빨기 등의 애착행동들에 대하여 민감하고 융통성 있게 반응하는 하나님 이

---

[57] 이순형 외, 『보육교사론』(서울: 양서원, 2016), 145-150; Tim Clinton and Joshua Straub, *God Attachment*, 192-194.
[58] Tim Clinton and Joshua Straub, *God Attachment*, 109, 120, 121, 128, 182, 196.

미지를 갖도록 해야 한다. 민감하고 융통성 있게 반응하는 하나님 이미지는 영유아에게 신뢰감, 자신감 등으로 탐색을 즐기게 된다(B 유형).

넷째, 부모가 영유아를 대할 때 기분에 따라 무시하고, 화내고, 학대하거나, 또 어떨 땐 지나칠 정도로 관심을 갖거나, 귀여워하거나, 껴안는 등의 일관성 없이 불규칙하게 양육함으로 말미암는 불안정 애착(C, A, D 유형)을 피해야 한다. 반면에 일관성 있게 돌보아 주고, 같이 놀아 주면서, 기분 좋은 신체 접촉을 하시는 하나님 이미지를 반복해서 가르침과 부모 자신이 하나님과의 정서적 안정감(B 유형)을 갖도록 해야 한다.

다섯째, 부모는 영유아의 양육을 위해 교육 생태계를 적극 활용하게 한다.[59] 영유아 양육을 위한 미디어, 모임, 기관 등의 사회적 교육자원에 참여하며, 특히 하나님과의 애착형성을 위해 교회학교와의 상호작용에 적극적이어야 한다.

<주요토론내용>

1. 영유아가 형성해야 할 애착의 필요성과 중요성은 무엇인가?
2. 자신에게 형성되어 있는 애착유형은 어떤 유형에 가깝다고 생각하는가?
3. 자신에게 형성되어 있는 하나님과의 애착유형은 어떤 유형이며 그 원인은 무엇인가?
4. 하나님과의 안정적 애착관계를 위한 자신의 영유아 교육목회 방안을 소개해 보자.

---

59) 이원일, 『성인기독교교육의 내러티브』 (서울: 한들출판사, 2017), 192-194.

2장   유아세례와 유아부 교육목회

어린이에 대한 관점은 대체적으로 중세시대까지는 이성적인 측면에서 '열등한 작은 성인'(defective adult)으로 여겨졌다. 실제로 6, 7세 이하의 어린이는 사람으로 여겨지지 않았을 정도였다. 유아를 비롯한 어린이에 대한 관심이 본격화된 것은 근대시대부터이다.[1] 이성적 사고의 결과로 말미암는 과학발달이 본격화되기 시작한 17, 18세기에 이르러 비로소 어린이들이 영국을 비롯한 서방 문학에서 부각되기 시작했다. 어린이는 성인과는 차이가 있는 존재이며, 어린이의 관점에서 어린이를 이해하고자 한 것이다. 어린이에 대한 연구가 본격화되기 시작한 것은 20세기에 이르러서이다.

그러나 성경에는 이미 언약을 통하여 유아를 비롯한 어린이의 중요성을 말하고 있다. 이는 유아에 대한 할례와 할례의 전통 위에 있는 유아세례에서 나타나고 있다. 유아들에 대한 신앙 공동체 교육의 중요성을 말하고 있는 언약신학은 유아기의 중요성을 말하고 있다. 언약신학의 맥락에서 유아세례와 유아세례 이후의 신앙교육을 내러티브 해석학의 관점에서 살펴보

---

*본 내용은 영남신학대학교, "유아세례 교육에 대한 비판적 성찰," 『신학과 목회』 50 (2018), 161-186에 게재된 논문을 수정 및 보완한 것임.

1) Maxwell E. Johnson, "Introduction to "Infant Baptism Reconsidered"," *Vision: The Scholarly Contributions of Mark Searle to Liturgical Renewal*, ed., Anne Y. Koester, Barbara Searle (Minnesota: Liturgical Press, 2004), 160.

고자 한다.[2)]

이를 위해 우선 유아세례에 대한 역사적 이해와 유아세례 교육에 대한 이해 등을 살펴보고자 한다. 특히 신비적이며 과정적인 신앙의 속성을 고려하는 차원에서 유아세례를 받고 난 이후의 교육을 중요하게 여기며 이를 비중 있게 다루고자 한다. 용어에 있어서 연령에 따른 구분이 필요한 경우는 영아(2세), 유아(6세), 그리고 아동(12세) 등으로 표기하고자 하며, 어린이라는 용어는 영아, 유아, 그리고 아동 등을 포괄하고자 할 때 사용하고자 한다.

I. 유아세례에 대한 역사적 이해

1. 초대교회

속사도 시대(subapostolic age)를 비롯한 초대교회 시대에 유아세례는 성경에 기초하여 행해졌다. 성경에서 하나님 나라와 관련하여 어린이에 대한

---

2) 이원일, 『해석학과 기독교교육현장』(서울: 한국장로교출판사, 2008), 203, 204. 칼뱅은 기독교강요 4권 16장에서 고린도전서 11장 28절에 기초하여 유아 성찬은 유아들이 성장하여 자기성찰을 할 수 있을 때까지 기다려야 함을 말함. 그러나 본 저서에서는 전인적 차원의 내러티브 해석학의 관점에서 유아는 자기성찰을 할 수 있는 존재로 이해함. 내러티브 해석학에 대해서는 본인의 졸저인 다음을 참고하라. 『해석학적 상상력과 기독교교육과정』(서울: 한국장로교출판사, 2004), 제5장; 정웅섭, "어린이의 신학: 어린이에 대한 교육신학적인 한 이해," 『신학연구』 19집 (1977), 130. 이 논문에서는 어린이를 미완성의 존재가 아닌 완전한 존재(마 18:1-5)로 이해해야 할 것과 칼뱅의 개혁교회 관점에서 어린이 성례전 등의 어린이 신학을 다루고 있음. James Moudry, "The Reform of Christian Initiation: An Introduction," Catechesis and Mystagogy, Paul Covino, et. al. (Chicago: Tabor Pub. Co., 1996), 5. 유아세례와 관련된 이 저서에서는 오늘날 발달심리학에 의해 한 인간의 가치관, 도덕적 행위, 습관 등은 5세까지의 경험에 의해 좌우된다고 함으로 유아세례와 교육의 중요성을 강조하고 있음.

예수의 다양한 언급에 기초해서이다(마 18:1-5; 19:13-15; 막 10:14-15; 눅 9:47-48; 18:15-17).[3] 어린이는 구원과 관련하여 그 가능성을 지닌 긍정적인 존재로 이해되었다.

초대교회 교부 가운데 한 명인 터툴리안(Tertullian, North Africa, 150-220)은 유아세례에 대하여 처음으로 체계적인 글을 남긴 저술가이다. 유아세례에 대한 정당성이나 사도적 전통으로서의 진정성에 의문을 품지 않았다. 이 세상에 태어난 모든 어린이들은 아담의 후손으로 태어나고 사탄의 지배 아래에 있는 존재로 이해한 것이다. 그러나 실제적으로는 유아에 대한 세례를 지혜롭지 못한 것으로 판단했다. 그 이유는 다음과 같다.[4]

첫째, 유아세례를 받은 그들 자신이 자신의 세례와 상응하지 못하는 불충실한 삶을 살 가능성이다. 세례는 하나님과의 언약적인 관계에 대한 상징이다. 세례는 언약 당사자 간의 상호 책임감을 전제로 한다. 세례 이후의 죄악을 행하는 것에 대한 위험성이 있다.

둘째, 후견자에 대한 위험이다. 후견자가 일찍 죽음으로써 후견자로서의 사명을 다하지 못할 수 있는 가능성이 있다. 유아세례를 받은 아이가 '악한 성향'(an evil disposition)으로 성장함으로 말미암아 후견인의 역할이 제대로 행사되지 못할 가능성도 있다.

이상의 두 가지의 이유를 놓고 볼 때 터툴리안이 제시한 방안은 유아들이 그리스도를 알 정도의 능력이 될 때에 세례를 받고 기독교인이 되도록 하는 것이다. 이러한 터툴리안의 입장은 4세기까지 수용되었다.

---

3) Maxwell E. Johnson, "Introduction to "Infant Baptism Reconsidered"," *Vision: The Scholarly Contributions of Mark Searle to Liturgical Renewal*, 147, 148; Jeon, Chan Hee, "Infant Baptism and Korean Methodism," *Theology and Praxis*, Volume 55, Issue 3 (2017), 121-124.

4) Maxwell E. Johnson, "Introduction to "Infant Baptism Reconsidered"," *Vision: The Scholarly Contributions of Mark Searle to Liturgical Renewal*, 148.

유아세례와 관련하여 다른 관점을 가진 신학자는 어거스틴이다. 어거스틴(Augustine, North Africa, 354-430)은 성례신학(theology of sacraments)의 주요한 공헌자이다. 특히 유아세례에 대해 많은 공헌을 한 것으로 평가받고 있다. 어거스틴 시대의 분위기는 부모들은 자녀들을 세례교육 후보자(catechumens)로 등록해 놓고 자녀들이 건강하게 성장하도록 기다리며, 세례받는 것을 연기하는 시대였다. 그러나 구원에 대한 펠라기우스의 인간의 책임에 대한 강조와는 대조적으로 어거스틴은 그의 신학에서 그리스도의 절대적이며 필수적인 은혜를 강조하고 있다.

어거스틴에 의하면 갓 태어난 영아라고 할지라도 그들은 원죄를 지닌 죄인이며, 그리스도의 구원의 은혜를 필요로 하는 존재이다. 이를 위한 증거로서 할례와 같은 맥락에서 탄생 이후 8일 이내에 죄의 용서를 위한 유아세례를 강조했다. 유아세례 이후에는 유월절 식사와 유비적 관계를 지닌 유아성찬이 뒤따랐다.[5] 그의 고백록에 의하면 죄의 뿌리는 어린이에게도 있으며, 이에 대한 죄의 용서가 필요하다는 것이다. 어거스틴 이후 인간의 원죄 교리(the doctrine of original sin)에 기초하여 유아세례는 정당화되어져 나갔다. 원죄에 대한 강조로 말미암아 어린이에 대한 부정적인 견해와 엄한 교육을 해야 한다는 관점은 근대시대까지 이어져 오게 되었다.

2. 중세교회

중세에 이르러 어거스틴의 관점에 대한 비판은 중세 후기 11-13세기에 영의 세계와 악령에 의한 물질세계로 분리하는 엄격한 이원론의 부활(resurgence of manichean dualism)에 의해서이다. 중세 후기의 이원론에서는

---

5) *Ibid.*, 148; 김명실, "유아세례자의 성찬참여의 권리," 11-45; Jeon, Chan Hee, "Infant Baptism and Korean Methodism," *Theology and Praxis*, Volume 55, Issue 3 (2017), 125.

성경에 대한 문자적 해석이 강조되었다. 복음의 단순성과 순수성의 회복을 강조한 것이다. 이들은 "믿고 세례를 받는 사람은 구원을 얻을 것이요"(막 16:16)의 "믿고"라는 말씀에서 믿음에 대한 능력과 가능성을 이성적이며 문자적으로 해석하여 유아세례에 대한 반대의 입장을 가졌다.[6] 유아들이 어떻게 믿음을 가질 수 있느냐는 생각에 의한 비판이다.

그러나 이러한 이론에 대한 반론은 신뢰(belief)의 행위로서의 믿음과 그러한 행위를 만들기 위한 습관적인 능력으로서의 믿음을 구분함으로써 이다. 신뢰의 행위로서의 믿음을 강조하는 입장과 유사한 맥락에서 포이티어의 피터(Peter of Poitiers, 1130-1215)는 유아의 경우 믿음, 소망, 사랑과 같은 행위를 할 수 없지만 믿음, 소망, 그리고 사랑을 할 수 있는 능력은 가지고 있다고 말한다. 마치 사유(reason)할 수는 없지만 사유하기 위한 능력을 부여 받은 것과 같다. 아직 웃을 줄 모르지만 웃을 수 있는 능력을 가지고 있는 것과 같다. 신앙과 사유에서 가능성의 능력을 잠재적으로 가지고 있다고 함으로 유아세례를 옹호하고 있다.

또한 토마스 아퀴나스(St. Thomas Aquinas, 1225-1274)도 이와 유사한 관점을 보여 주고 있다. 아퀴나스는 플래토(Plato)의 비유를 가지고 설명한다. 행하기 위한 어린이의 불능(inability)은 무의식적 습관(habitus)의 능력이 결핍되어서 초래되는 것이 아니라, 신체적인 무능(bodily incapacity)으로부터 초래되는 것이다. 마치 잠자고 있는 사람이 미덕들의 습관(habitus of the virtues)을 가지고 있다고 할지라도 그 미덕들을 행사하지 못하고 있는 것과 같다.

따라서 유아는 신앙의 성례인 세례 받기에 적합한 대상이다.[7] 왜냐하면

---

6) Maxwell E. Johnson, "Introduction to "Infant Baptism Reconsidered"," *Vision: The Scholarly Contributions of Mark Searle to Liturgical Renewal*, 150.

7) *Ibid.*, 150. 토마스 아퀴나스는 유아세례를 강조했으나, 유아성찬은 이성과 신앙의 부

유아들이 행하기 위한 불능(natural incapacity)에도 불구하고 유아는 성례 그 자체를 통하여 신앙, 소망, 사랑의 미덕이 주입(infused)되기 때문이다. 이는 어거스틴이 말한 잠재적 합리성(dormant rationality)을 가지고 있는 어린이에 대한 관점과 유사하다. 따라서 어린이는 적어도 잠재적이며 합리적인 능력이 발달하기 전까지는 어린이가 속한 부모의 사역(ministration)에 수동적인 수용자(passive recipient)로 여겨졌다.

3. 종교개혁

16세기 종교개혁 시대에 재세례파(Anabaptist)들은 유아세례의 정당성을 거부하는 입장을 가지고 있었다. 유아세례를 받았다고 할지라도 성인이 되면 다시 세례를 받도록 한 것이다. 재세례파에 의하면 하나님의 은혜는 하나님의 말씀에 의하며, 그리고 복음에 순종하는 행위로서 받은 세례만이 가치를 지닌다.[8] 이들에 의하면 세례는 하나님의 말씀에 대하여 개인적이며 인격적인 반응에 의해서이다. 세례 받은 개인은 다른 세례 교인들과 언약함으로써 증인 공동체인 교회가 된다. 따라서 어린이는 본래적으로 인격적 반응 또는 교회에 대한 책임감에 대하여 무능(incapable)하기 때문에 세례 받기에는 부적절하다고 이해한다.

또한 재세례파의 관점은 원죄 이해와 관련되어 있다. 재세례파는 원죄에 대한 신학적 고민에 대하여 원죄를 무시하라고 말한다. 왜냐하면 원죄에 대해서는 성경이 명확하게 가르쳐 주지 않기 때문이다. 따라서 이들에 의

족으로 완전한 능력을 가질 때까지 기다려야 할 것을 말함. 그러나 분별할 수 있는 나이에 이르기 전이라도 분별과 신앙의 표징을 보여 준다면 성찬을 받을 수 있다고 함으로 조건부 허용을 말함. 김명실, "유아세례자의 성찬참여의 권리," 24.

8) Maxwell E. Johnson, "Introduction to "Infant Baptism Reconsidered"," *Vision: The Scholarly Contributions of Mark Searle to Liturgical Renewal*, 151.

하면 원죄와 관련한 유아세례는 적절하지 못하다.

그리고 재세례파의 유아세례에 대한 부정적 관점의 이면에는 자율적인 개인으로서의 근대적 인간이해가 전제되어 있다. 근대적 인간 이해에 기초하여 어린이의 지성, 의지, 그리고 양심이 미성숙한 단계이기 때문에 충분한 능력이 될 때까지 세례를 연기하라는 것이다.

그러나 루터와 칼뱅은 이러한 재세례파의 관점에 반대한다. 유아세례에 대하여 어거스틴의 관점에 근거하여 원죄에 대한 입장을 기초로 유아세례의 타당성을 주장한다. 특히 칼뱅은 기독교강요 제4권 16장에서 유아세례를 할례와 연관하여 그 정당성을 입증하고자 했다. 그러나 유아 성찬에 대해서는 "자기를 살피고"(고전 11:28)라는 성경 구절에 근거하여 분별의 연령에 이를 때까지 연기하도록 하고 있다.[9] 또한 종교개혁자들은 견진례(confirmation)는 성례가 아니라 교회적인 차원에서의 교육으로 여겼다. 견진례는 유아세례를 받은 사람을 교육하는 것이다. 이는 신앙에 대한 개인적인 공언(personal profession)으로서의 의식(rite)이며 오늘날 입교에 해당한다.

중세시대 로마 가톨릭은 견진례와 첫 번의 성찬(communion)은 12세까지 연기하거나, 아니면 적어도 어린이가 성찬의 의미를 알 수 있을 정도로 지적이며 또한 자신의 죄를 깨달을 수 있는 도덕적인 분별(discretion)이 있는 연령에 도달할 때까지 연기했다.[10] 이러한 연령은 현대에 이르러 7세

---

9) John Calvin, *Institutes of the Christian Religion*, 김종흡 외 3인 공역, 『기독교강요(하)』(서울: 생명의말씀사, 1988), 제16장. 특히 개혁신학의 기초를 놓은 신학자인 칼뱅의 유아 성찬 연기와 관련한 언급은 '세르베투스의 여러 가지 항의' 부분을 참고할 것.

10) 유아성찬은 13세기 이전까지는 영아 및 유아들에게도 행해져 왔으나, 로마 가톨릭의 제4차 라테란 공의회(1215년)에서 화체설(transubstantiation)을 공인함으로 유아가 '이성의 연령'(age of reason)으로 이해한 12세에 이를 때까지 유아성찬은 거부됨. 1910년 교황 비오 10세는 분별할 수 있는 연령 또는 학령기를 12세에서 7세로 조정하여 유아성찬도 7세부터 가능하도록 했음. 반면에 견진례는 12세에 받도록 함. 김

로 조정이 되었지만 중세시대는 분별의 연령을 아동 후기로 이해했다. 그리고 어린이는 교회의 신앙 안에서 세례를 받을 수 있지만 성례전적 입문(sacramental initiation)도 어린이가 자신의 신앙으로 고백할 정도의 나이가 될 때까지 기다리고자 한 것이다.

이러한 관점에서 나타난 암묵적인 것은 기독교인의 삶은 성인의 삶과 같다고 생각하며 동일시하는 것이다. 어린이다움으로서의 어린이의 삶은 가치 있는 것으로 고려되지 않았다. 기독교인의 삶이란 성인으로서의 기독교인의 삶으로 여겼다. 이러한 관점에 의하면 지성, 의지, 그리고 양심과 같은 성인의 능력이 발달하기까지 교회에서 어린이가 설 자리는 실제로 없었다. 어린이들은 성례의 은혜로부터 차단된 것이다. 아동기는 탄생과 인간다움의 중간기이며, 탄생으로부터 성인기에 이르기까지 하나의 전환기로 여겨져 왔다.

4. 현대교회

20세기에 이르러 유아세례에 대한 중요성은 역설적으로 교부들의 전통을 개정한 성인세례 예식(The Rite of Christian Initiation of Adult, RCIA)이 공식적으로 인정된 이후부터 본격화되기 시작했다. RCIA는 성인을 주 대상으로 하고 있다.[11] 그러나 RCIA(252)에서 부분적으로 언급된 것에 의하면 유아세례는 교육의 연령에 도달한 어린이에 대한 기독교 입교 예식(rite)이

명실, "유아세례자의 성찬참여의 권리," 31. 학령기를 catechetical age라고 하며, 이에 대한 연령을 정확하게 정하기보다 일반적으로 7세 또는 그 이후라고 함. Catherine Dooley, "Mystagogy: Ministry to Parents," Paul Covino et. al., *Cathechesis And Mystagogy: Infant Baptism*, 97.

11) Maxwell E. Johnson, "Introduction to "Infant Baptism Reconsidered"," *Vision: The Scholarly Contributions of Mark Searle to Liturgical Renewal*, 152.

다. 교육의 연령이 언제인지는 정하지 않고 있다. 그러나 전체적인 내용으로 보아 글을 읽고 쓸 줄 아는 연령에 도달한 아동을 주 대상으로 하고 있다. 이보다 더 나이가 어린 유아들은 배제되어질 수 있다.

유사한 맥락에서 20세기에 이르러 유아세례에 대한 신학적 비판은 유아세례가 신약성경에 언급되지 않고 있다는 것과 개인적인 신앙고백에 의한 세례를 주장하는 칼 바르트에 의해 촉발되었다.[12] 유아세례에 대한 칼뱅과 바르트의 상반된 입장은 몰트만에 의해 다소 절충된 것으로 보인다. 몰트만은 종말론적 세례 이해에 근거하여 유아세례의 시기는 부모에게 위임되어 자유롭게 결정되어야 함을 강조한다.[13] 유아세례의 시기를 부모에게 위임하자는 것이다. 그러나 몰트만에 의하면 유아세례는 공동체 예배에서 어린이를 축복하는 것과 어린이를 섬기는 것으로 대체되어야 할 것과 견진교육 이후 교회 공동체 앞에서 자신의 신앙을 고백할 수 있을 때 성인세례를 받을 수 있음을 말함으로써 유아세례보다는 성인세례에 더 비중을 두고 있다.

정리하자면 오늘날까지 유아세례를 옹호하는 입장은 신앙 공동체의 중요성과 그 공동체의 신앙은 개인의 신앙보다 우선시된다는 것이다.[14] 또한

---

12) Karl Barth, *Die Kirchliche Dogmatik*, 이형기 옮김, 『교회교의학IV/4』(서울: 대한기독교서회, 2007), 257; Sung-Yong Jun, "Karl Barth's Controversy over Infant Baptism," *Korea Journal of Theology*, Issue 2 (2000), 132, 140.

13) Jürgen Moltmann, *Kirche in der Kraft des Geistes*, 박봉랑 외 4인 역, 『성령의 능력 안에 있는 교회』(서울: 한국신학연구소, 1984), 262, 263. 이외에도 오늘날에도 재세례파와 메노나이트파에서는 개인적 신앙고백이 어렵다는 이유로 유아세례를 부정하며 성인세례만을 주장하고 있음. Fernando Enns, "The Exclusivity of Adult Baptism and the Inclusivity of Infant Baptism-Dialoguing with Mennonites: Consensus, Convergences and Divergences, Differences, and Desiderata," *The Ecumenical Review*, Vol. 67, Issue 3 (2015), 400.

14) John H. Westerhoff, "Evangelism, Evangelization, and Catechesis: Defining Terms and Making the Case for Evangelization," *The Study of Evangelism: Exploring a Missional Practice of the Church*, ed., Paul W. Chilcote and Laceye C. Warner (Grand Rapids, Michigan: William B. Eerdmans Pub. Co.,

하나님의 은혜는 인간의 믿음보다 더 앞선다. 따라서 신앙은 선물이다. 이러한 선물은 공동체의 성례전적인 삶 가운데 참여함을 통하여 주어진다.

그러나 유아세례를 반대하고 성인세례를 옹호하는 입장은 세례는 한 개인이 이미 가지고 있는 신앙적인 차원을 깨닫게 하는 것이다. 신앙이 우선하고 그다음으로 세례가 있다는 입장이다. 하나님의 행위로서의 은혜는 개인의 수용과 도덕적인 반응으로서의 신앙을 요구한다. 개인의 도덕적인 반응으로서의 신앙은 자신의 삶 가운데서 드러나는 것이어야 한다.

이상의 논의들을 교육적인 관점에서 정리하자면 유아세례를 옹호하는 입장과 성인세례를 옹호하는 입장의 차이점은 유아세례 옹호자는 선포로 말미암는 신앙과 교육이 세례를 뒤따르는 것이다. 그러나 성인세례 옹호자는 선포와 신앙교육이 세례에 선행해야 한다는 점이다. 하지만 성인세례를 옹호한다고 해서 세례 이후의 교육을 등한시하는 것은 아니다. 따라서 세례 이후의 신앙 성숙을 위해 필요한 것으로서 세례 이후 교육을 강조하는 것에는 공통점이 있다.

II. 유아세례 교육

신앙 공동체의 언약에 의한 유아세례를 강조하는 개혁교회의 일원인 미국 장로교는 유아세례 교육과 이와 관련된 질문 문항들을 제시하고 있다. 그러나 가정에서 부모가 주로 영아들을 대상으로 교육하도록 하고 있어 교회에서의 유아세례 이후 교육을 제시하고 있지는 않고 있다.[15]

또는 제인 오스터홀트(Jane Osterholt)는 유아세례 교육을 세례 당일과 관

2008), 238.

15) Carol A. Wehrheim, *The Baptism of Your Child: A Book for Presbyterian Families* (Louisville, Kentucky: Geneva Press, 2006).

런된 내용과 상징들을 중심으로 질문 문항들을 제시하고 있지만, 세례를 비롯한 신앙생활을 과정적인 것으로 이해하기에는 한계가 있어 보인다.[16)]

반면에 신앙 공동체로서 교회에 의한 유아세례 교육을 비교적 체계적으로 제시하고 있는 어린이 세례 예식(The Rite of Christian Initiation of Children, RCIC)에 의하면 어린이 세례는 RCIA에서와 동일한 과정으로 세례 교육이 행해진다. 그 과정들을 살펴보면 다음과 같다.[17)]

첫째 기간	첫째 예식	둘째 기간	둘째 예식
복음화 또는 세례 이전 교육	수용의 예식	세례교육	대상자 선정 및 이름 등록 예식
셋째 기간	셋째 예식	넷째 기간 및 예식	
정화와 깨달음의 기간	세례 및 성찬 (부활전야 또는 주일)	세례 이후 교육 또는 미스타고지	

유아세례 교육은 기본적으로는 회심(conversion)을 목적으로 한다. RCIA에 기초한 RCIC에서 말하는 회심의 이미지는 일종의 신앙 여행이다. 일회적이면서 동시에 과정적인 회심을 말한다. 이러한 일회적이면서 과정적인 회심을 어린이 세례 예식(rite)으로 구체화된다. 어린이 세례 예식에서 유아는 세 가지의 기간들과 예식의 과정을 거쳐서 유아세례 예식을 갖게 된다.[18)] 그리고 마지막 기간에는 유아세례 이후 교육을 하게 된다. 유아세례

---

16) Jane Marie Osterholt, "A Proposed Method of Liturgy and Catechesis," Paul Covino, et. al., *Catechesis and Mystagogy* (Chicago: Tabor Pub. Co., 1996).

17) Jeanette Lucinio, S.P., "From Maintenance to Mission: The Rite of Christian Initiation of Children and Their Families," *Finding Voice to Give God Praise*, ed., Kathleen Hughes (Minnesota: The Liturgical Press, 1998), 262.

18) Frank C. Sokol, "The Catechumenate for Children of Catechetical Age: What, Who How, Why?," *Issues in the Christian Initiation of Children: Catechesis and Liturgy*, ed., Kathy Brown & Frank C. Sokol (Chicago: Liturgy Training Publications, 1989), 5.

와 유아세례 이후 교육을 위한 각각의 기간과 이에 따른 예식에 대하여 서술해 보자면 다음과 같다.

1. 첫째 기간 및 예식

시작의 예식과 함께 탐색의 기간이 시작된다. 서로 알기 위해 인사하는 시간, 유아로 하여금 자신의 가장 기본적인 질문들을 할 수 있는 시간, 그리고 어색함을 벗어나기 위한 아이스 브레이킹 활동 등을 하게 된다. 교사는 유아에게 모범적인 다른 기독교인들에 대한 이야기를 해 줌으로써 '그리스도를 본받음'이 무엇을 의미하는지 배우는 것을 도와준다.

교사에 의해 모델로서 제시된 기독교인의 이야기들(Christian stories)은 학습자인 유아의 가정이나 교회 공동체에 있는 이야기들과 연결이 되도록 하는 것이 중요하다.[19] 교육환경으로는 함께 학습하는 비슷한 연령그룹, 함께 세례 공부를 하는 가정의 부모를 비롯한 대부모 역할을 할 수 있는 성인 그룹 등이다. 입문 과정은 출입구의 문과 같으며 신앙의 출발에서부터 신앙 성장을 위해 기독교 공동체를 소개하는 등의 경험을 하도록 하는 것에 강조를 둔다.

2. 둘째 기간 및 예식

유아세례 교육 대상자(catechumens)의 이름을 등록하는 과정이다. 유아세례 교육 대상자의 신앙이 깊어지도록 하며 자신을 '예수 그리스도를 따르는 사람'(followers of Jesus Christ)으로서 그리스도인의 정체성을 갖도록 하

---

19) *Ibid.*, 6.

는 것을 목적으로 한다.[20]

목회자는 유아세례 교육 대상자의 이름을 등록하기 전에 유아의 부모, 조부모, 또는 대부모에게 네 가지의 질문을 할 수 있다.[21] 유아세례가 무엇이며, 유아세례를 받게 하려는 이유는 무엇인가? 부모로서 자신의 신앙생활의 의도가 신실하다고 생각하는가? 부모로서 말씀을 청종해 왔는가? 부모로서 예수 그리스도를 충실하게 따르며 살고자 노력해 왔는가? 부모로서 자신은 기도와 봉사를 통하여 공동체에 참여해 왔는가?

3. 셋째 기간 및 예식

유아세례 이전에 형성의 시간(formation time)은 사순절 기간에 이루어진다. 이 기간을 정화와 조명(깨달음)의 기간(the period of purification and enlightenment)이라고 한다. 영적 발견(spiritual discovery)의 결과로서 세례 전에 대상자(elect)들은 서약을 한다.

유아세례 받기 전의 서약은 두 가지의 내용이다. 포기(renunciation)와 공언(profession)으로서 유아로 하여금 과거와 현재의 나쁜 것으로부터 돌아서고, 선한 것으로 향하도록 한다. 유아 자신의 삶을 통하여 하나님의 임재와 행동(God's presence and action)이 드러나도록 공언하도록 한다.[22]

유아세례식은 회중 앞에서 세례 문답, 세례, 설교 등의 순서로 진행된

---

20) *Ibid.*, 6-7.
21) Carol A. Wehrheim, *The Baptism of Your Child: A Book for Presbyterian Families* (Louisville, Kentucky: Geneva Press, 2006), 24. 미국 장로교회에서는 대부라는 용어를 사용하지 않으며 대신에 신앙 공동체 자체를 대부로 이해함. 즉, 대부로서의 교회를 말하며 교회 공동체가 어린이의 영적 양육에 책임이 있음.
22) Frank C. Sokol, "The Catechumenate for Children of Catechetical Age: What, Who How, Why?," *Issues in the Christian Initiation of Children: Catechesis and Liturgy*, 8.

다. 전통적으로 세례식은 부활주일 전야에 행해져 왔다(히 6:4; 10:32). 이는 사순절, 고난주간, 그리고 부활절 등으로 이어지는 교회력이 지닌 의미(paschal character)가 죽음과 새 생명을 상징하는 세례와 잘 부합되기 때문이다.[23] 부활절 전야의 유아세례는 무엇보다 전통적인 신앙 공동체에 소속감을 갖도록 하며, 하나님의 자녀로서의 정체성을 확인하는 것이다.

RCIC에서 언급된 유아세례의 시기와 달리 오늘날 주로 부활주일에 유아세례를 베풀며, 이후 유아 성찬에 참여할 수 있도록 하고 있다.[24] 유아 성례(세례와 성찬)를 통하여 유아로 하여금 신앙 공동체에 소속감 및 정체성을 갖도록 하며, 유아의 신앙을 지속하여 발달하도록 촉진하며 격려한다.

4. 유아세례 이후 교육

유아세례 이후의 기간은 유아세례 이후 교육(postbaptismal catechesis) 또는 미스타고지(mystagogy)라고 한다. 미스타고지도 포괄적인 차원에서 유아세례 교육에 포함할 수 있다. 미스타고지는 하나님의 은혜의 신비를 더 체계적으로 알아 가며, 세례 받은 유아로 하여금 예수의 몸 된 신앙 공동체에 완전히 통합되도록 한다. 궁극적으로는 어린이로서 예수의 제자로 살아

---

23) Paul Covino, "Our Roots and Our Rites," Paul Covino, et. al., *Catechesis And Mystagogy* (Chicago: Tabor Pub. Co., 1996), 24.
24) 통합교단의 유아세례자가 입교 전에 성찬 참여가 가능한지에 대한 최종 결의는 2019년 9월 제104회 총회와 같은 해 가을 노회에서 전체 노회의 과반수(투표수) 찬성과 이에 대한 총회장의 공포로 본격적으로 유아 성찬이 시행되었음. 관련 사이트. www.pckworld.com/article.php?aid=7497985290. 유아 성찬 관련 논문은 다음을 참고할 것. 김명실, "유아세례자의 성찬 참여의 권리," 『선교와 신학』 39집 (2016), 11-45. 한국기독교장로회, 기독교대한감리회, 기독교대한성결교 등에서는 이전에 이미 유아 성찬을 시행하고 있음. 참고로 예장통합 교단의 경우 유아세례(세례교인의 자녀)를 받을 수 있는 나이는 만 0-6세이며, 아동세례는 만 7-12세임. 그리고 세례(유아세례교인으로서 '입교' 또는 원입교인은 '세례')는 13세 이상이면 가능함. 이 중에서 유아세례 교인 및 아동세례 교인에게 성찬에 참여할 수 있도록 허용하고 있음.

가는 꿈을 갖도록 하는 것을 목적으로 한다.[25] 어린이로서 예수의 제자가 되어 신앙 공동체와 함께 하나님의 임재(God's presence) 가운데 살아가도록 하는 것에 목적이 있다.

유아세례를 받은 유아는 신앙 공동체와의 관계에 의해 영적인 지원을 받도록 한다. 가족, 함께 교육받는 유아, 신앙 공동체 성인과의 간세대 학습 등의 모임을 계속 유지하도록 함으로써 유아로 하여금 하나님 안에서 자신의 신앙을 의미 있게 하고 삶의 자리에 봉사의 생활을 하도록 한다.[26] 미스타고지는 유아와 부모로 하여금 신비적인 하나님의 은혜로 말미암는 신앙은 영적인 여행으로서 순례의 과정임을 알게 하는 의도를 가지고 있다.

III. 유아세례 이후 교육과정

RCIC는 무엇보다 RCIA에 기초하여 진행하도록 하고 있다. 따라서 유아세례 이후 교육에 대한 성찰의 경우도 성인세례 이후 교육의 내용에 기초하여 살펴보고자 한다. 세례 이후 교육에 대하여 구체적으로 언급하고 있는 바움바흐(Gerard F. Baumbach)는 성인의 경우 세례, 견진례(입교), 그리고 성찬을 받고 난 이후 계속 교육 등으로의 세례 이후 교육을 말하고 있다.[27] 세례 이후 교육은 교회력에 의한 부활주일 이후부터 성령강림주일 이전까지 행해진다.

---

25) James Moudy, "The Reform of Christian Initiation: An Introduction," Paul Covino, et. al., *Catechesis And Mystagogy*, 5.

26) Frank C. Sokol, "The Catechumenate for Children of Catechetical Age: What, Who How, Why?," *Issues in the Christian Initiation of Children: Catechesis and Liturgy*, 9.

27) Gerard F. Baumbach, *Experiencing Mystagogy: The Sacred Pause of Easter* (New York: Paulist Press, 1996).

교회력 절기로는 부활 절기에 해당한다. 주일로 계산하면 총 7주일에 걸쳐 교육이 이루어진다. 7주일에 걸쳐 7가지의 주제를 통하여 예수의 제자로 살아가기 위한 유아세례 이후 교육을 의도하고 있다. 7가지의 주제를 각각 4과정으로 진행하도록 한다. 1) 자신의 경험을 탐색하기 2) 성경을 탐색하기 3) 신앙생활을 갱신하기 4) 일상의 삶에서 갱신된 신앙으로 말미암는 새로운 삶으로서의 도전을 수용하기 등이다.

교육 대상자는 유아세례를 받은 유아와 부모(대부모 또는 주 양육자) 등이다. 유아세례 이후 교육과정에서 신앙교육은 간세대 접근(intergenerational approach)을 특징으로 한다. 간세대 공동체 신앙교육이다. 유아세례가 부모의 신앙을 전제로 주어지듯이, 유아세례 이후의 교육도 부모가 함께 참여해야 한다. 질문 문항들도 주로 유아의 부모를 염두에 두고 있으며, 유아의 부모에 의해 유아와 대화할 수 있도록 하고 있다.

유아와 부모(대부모)가 함께 간세대적이며 통합적인 7가지의 주제와 그 내용들에 참여하여 교육받도록 하는 것을 특징으로 한다. 매주 4단계의 교수학습과정으로 진행된다. 유아세례 받은 유아와 부모에게 열린 질문으로도 알려진 성찰적 질문(reflection question)을 중심으로 문항이 구성되어 있다.

1. 신앙생활의 도전

부활절기 첫째 주일에 신앙생활의 도전(the challenge of your life of faith)은 유아세례 받기까지 하나님의 말씀, 예식(rites), 그리고 예전(liturgy)에 대한 경험들을 4단계 과정으로 성찰해 보도록 한다.[28] '신앙생활의 도전'과 관련한 각 과정에 대한 질문 문항들은 다음과 같다.

1) 자신의 경험을 탐색하기(exploring your experience): 유아세례 교육을

---

28) *Ibid.*, Chap., 1.

위한 기간과 유아세례식에서 자신이 경험한 촛불, 소리, 몸짓, 그리고 성수 등으로 말미암아 경험한 것들을 그림이나 다른 매체로 나타낼 수 있는가? 그것을 그림으로 그려 보거나 또는 글로 쓰는 등의 다양한 방법으로 표현해 보며, 그리고 자신이 표현한 것을 서로 나누어 보도록 하자. 이 밖에 성경에서 언급되고 있는 물, 어둠, 빛 등의 다양한 상징(symbol)들과 그 의미들은 무엇이라고 생각하는가?

2) 성경을 탐색하기(exploring the Scripture): 앞으로 7주 동안 유아세례 이후 교육을 위해 성서일과를 기초로 한 각각의 성경 구절은 유아세례를 받은 유아와 부모에게 어떤 의미가 있는지를 살펴보도록 한다. 첫 주의 성경 내용은 사도행전 10장 34절, 37-43절 등. 나는 고넬료처럼 예수에 대한 가르침을 들으려고 하는 열의를 가지고 있는가? 베드로가 이방인에게 한 설교는 나로 하여금 하나님은 나를 비롯한 모든 백성들의 하나님이신 것으로 이해하는 데 어떤 점에서 도움이 되는가? 골로새서 3장 1-4절. 위엣것을 찾으라는 말씀을 좁은 의미로 해석함으로 때때로 현실로부터 도피하려고 하지는 않는가? 그 이유는? 예수와의 관계성은 다른 사람과의 관계성과 분리되는 문제인가? 요한복음 20장 1-9절. 기독교 신앙의 핵심적인 가르침은 예수의 죽음과 부활이다. 이를 부활절 신비(paschal mystery)라고 한다. 살아오면서 자신으로 하여금 희망을 갖게 한 경험은 어떤 것이 있는가?

3) 신앙생활을 갱신하기(renewing your life of faith): 유아세례식에서 물 부음을 받았을 때를 생각해 보자. 목회자가 물을 자신에게 부었을 때 자신이 가졌던 느낌은 어떠했는가? 물 부음은 자신의 신앙생활에 어떤 도움이 될 것으로 생각하는가?

4) 도전을 수용하기(accepting the challenge): 유아세례 받은 결과로서 자신의 정체성 확립은 되었다고 생각하는가? 자신의 매일의 삶에 나타나는 특징은 무엇인가? 다른 사람이 힘들어하는 것으로부터 자유롭도록 돕기 위해 내가 할 수 있는 것들은 무엇인가?

2. 새로운 신앙생활

부활절기 둘째 주일의 주제는 새로운 신앙생활(your new life of faith)로서 유아세례와 관련된 내용이며, 유아세례 예식 때의 상징들이 나에게 어떤 영향을 끼쳤는지를 탐색하도록 한다. 유아세례에서의 핵심적인 상징인 '물'을 주제로 하는 교육이다.[29]

1) 자신의 경험을 탐색하기: 물과 관계된 시 또는 사진을 보면서 물이 상징하는 힘과 아름다움에 대해서 이야기해 보자. 왜 물이 세례에서 일차적인 상징이라고 생각하는가?

2) 성경을 탐색하기: 사도행전 2장 42-47절. 다음의 문장을 완성해 보자. 내 의견으로는 본문에서의 성도들이 그렇게 행한 이유는 ----- 이다. 다른 사람과의 나눔이 있는 삶이 되기 위한 자신의 방법들이 있다면 어떤 것이 있는가? 베드로전서 1장 3-9절. 본문의 상황에 대한 자신의 느낌은 무엇인가? 왜 그렇게 느끼는가? 그것에 대하여 자신이 할 수 있는 것은 무엇인가? 요한복음 20장 19-31절. 하나님을 신뢰하기 어려운 이유는 무엇인가? 성경 구절과 관련하여 다음의 문장을 채워 보자. 나는 ----- 에 대해서 확신하지 못하고 있다.

3) 신앙생활을 갱신하기: 이 문장을 완성해 보자. 내가 유아세례를 받기 위해 물이 내 머리에 닿을 때, 나는 -----. 그리스도와 자신과의 관계가 다른 사람과의 관계에 어떻게 영향을 끼치는가? 그 이유는 무엇인가?

4) 도전을 수용하기: 물은 일상생활에서 나에게 어떤 유익을 주고 있는가? 환경오염 등을 비롯하여 일상생활에서 물과 관련된 문제에 대하여 더 알 필요가 있는 것은 무엇이며, 이에 대한 자신의 역할은 무엇인가?

---

29) *Ibid.*, Chap., 2.

3. 신앙생활의 중심

부활절기 셋째 주일의 주제는 신앙생활에서 중요한 의미를 지닌 유아 성찬(infant eucharist)에 대해서이다.[30] 유아로 하여금 성찬을 성례의 한 부분으로 여기도록 하며, 부모와 함께 성찰할 수 있는 질문 문항들은 다음과 같다.

1) 자신의 경험을 탐색하기: 다음의 문장을 채워 보자. (한 편의 시를 보면서) 이 시에서 나에게 감동이 되는 구절 또는 단어는 ----- 이다. 그 이유는 ----- 이다.

2) 성경을 탐색하기: 이 장에서의 초점은 성찬에 대한 자신의 경험이며 이를 통하여 다른 사람을 섬기는 것이다. 사도행전 2장 14, 22-28절. 나의 삶, 교구, 국가 등에서 각각 그리스도의 십자가와 함께 죽어야 할 것과 살아나야 할 것을 적어보자. 희망으로 살고자 하는 다른 사람을 돕기 위해 오늘날 내가 할 수 있는 것은 무엇인가? 베드로전서1장 17-21절. 자신의 이웃들을 둘러보자. 이웃들이 자신의 믿음으로 살고 있다는 것을 나타내 주는 증거는 무엇인가? 누가복음 24장 13-35절. 기억에 남는 여행이 있는가? 혼자 간 여행인가? 동료들과 함께 간 여행인가? 그 여행을 간 이유는 무엇인가? 내가 회피하고자 하는 문제들(issues)이 있는가? 회피하고자 하는 이유는? 극복하고자 하는 두려움이 있다면 어떤 것들이 있는가?

3) 신앙생활을 갱신하기: 성찬을 처음 받을 때 어떤 느낌이었는가? 성찬은 감사를 의미한다. 내가 하나님께 감사할 수 있는 것들은 무엇인가?

4) 도전을 수용하기: 성찬 가운데서 예수의 임재는 나로 하여금 긍휼(compassion), 정의(justice), 그리고 자비(mercy)의 사람이 되도록 어떻게 도와주고 있는가? 자신이 살고 있는 지역에서 다른 사람을 섬김으로 도울 수 있는 구체적인 것이 있다면 무엇인가? 무엇으로 이웃과 소통할 수 있는가?

---

30) *Ibid.*, Chap., 3.

4. 신앙생활의 충만함

부활절기 넷째 주일의 주제는 신앙생활의 충만함이다. 유아 및 부모 자신과 하나님의 관계를 더 깊이 이해하도록 한다.[31] 여행에 비유되는 신앙생활이 더 의미 있도록 하는 것에 목적이 있다.

1) 자신의 경험을 탐색하기: 신앙에 관한 시를 한 편 제시하고 그 시에 대하여 자신의 느낌을 말해 보자. 자연 또는 가정에서의 삶과 관련되는 사진을 보면서 자신의 삶에서 연상되는 것은 무엇인가? 자신이 출석하는 교회의 매력이 있다면 어떤 것인가? 교회에서 자신을 당황하게 만드는 것이 있다면 어떤 것이 있는가? 교회에서 변화되어야 할 것이 있다면 어떤 것이 있는가? 그 방법에 대하여 제안하고 싶은 것은 무엇인가? 그것에 관하여 자기가 할 수 있는 일은 무엇인가?

2) 성경을 탐색하기: 사도행전 2장 14, 36-41절. 나에게 성령은 ----- 와 같다. 나에게 세례 안에서의 성령의 선물(행 2:33)은 ----- 을 의미한다. 베드로전서 2장 20-25절. 자신이 경험한 것 중에 가장 고통스러운 것이 있다면 무엇인가? 지금도 고통 가운데 있는가? 만약 그렇다면, 그것에 관하여 무엇을 하고 있는가? 이사야 53장을 읽어 보고 그 본문과 베드로전서 2장 20-25절의 본문과 어떤 연관이 있다고 생각하는가? 요한복음 10장 1-10절. 내가 의사소통하기 어려운 사람이 있는가? 그 이유는? 가능한 방법은 무엇인가?

3) 신앙생활을 갱신하기: 자신의 주위에 힘들고 어렵게 살아가는 친구들이나 이웃들이 있는가? 어려운 상황 가운데 있는 사람을 돕기 위해 내가 할 수 있는 것은 ----- 이다.

4) 도전을 수용하기: 내가 교회에서 사역자로서의 역할을 할 수 있는 것은 어떤 것이 있는가? 유아세례 받은 이후 내가 가장 크게 실망한 것은 -----

---

31) *Ibid.*, Chap., 4.

이다. 유아세례 받은 이후 내가 경험한 가장 큰 기쁨 중에 하나는 ―― 이다.

5. 신앙생활에서의 정체성

부활절기 다섯째 주에는 길, 진리, 그리고 생명이 되시는 예수의 정체성을 더 깊이 알아 가는 것을 주제로 한다.[32] 예수를 따르는 것이 길, 진리, 생명 등이 됨을 알게 한다.

1) 자신의 경험을 탐색하기: 매우 어려운 문제에 직면했을 때 다른 사람에게 도움을 요청한 때를 기억하는가? 어떤 느낌이 들었는가? 다른 사람이 도움을 꺼려했을 때 어떤 생각이 들었는가?

2) 성경을 탐색하기. 사도행전 6장 1-7절. 교회에서 유아들의 신앙생활의 유익을 고려해서 결정해야 할 것은 어떤 것들이 있는가? 중요한 결정을 해야 할 때 무엇을 중요하게 여기는가? 베드로전서 2장 4-9절. 주춧돌 되시는 예수와 나는 어떻게 관련되는지를 생각해 보자. 자신에게 물어보자. 최근에 어떤 상황에서 자신은 주춧돌(cornerstone)로서의 예수를 경험하고 있는가? 요한복음 14장 1-12절. 자신의 삶에서 위기의 시간에 관해서 생각해 보자. 누가 자신을 후원했고 안심할 수 있도록 했는가?

3) 신앙생활을 갱신하기: 가치의 판단을 위한 체크리스트의 항목으로서 독립, 우정, 특권, 돈, 배려, 수용, 안전, 자유, 성취, 희망 등에서 자신이 가치 있다고 여기는 것을 하나 체크하고 그 이유를 말해 보자. 이외에도 자신이 가치 있다고 여기는 것을 나누어 보자.

4) 도전을 수용하기: 다섯째 주의 주제는 길, 진리, 그리고 생명이신 예수이다. 나는 예수님만 따라가려고 하는 믿음이 있는가? 나는 다른 사람을 용서하고 있는가? 가정이나 직장에서 더 배려적인 반면에 덜 비판적이 되려

---

32) *Ibid.*, Chap., 5.

고 하는가?

6. 신앙생활의 영

부활절기 여섯째 주의 주제는 신앙생활의 영(the Spirit of your life of faith)이다. 신앙생활을 가능하게 하는 생명의 영으로서의 성령에 대한 이해를 갖도록 하는 것에 초점이 있다.[33]

1) 자신의 경험을 탐색하기: 유아세례를 준비하는 동안 포기하지 않고 계속 교육을 받을 수 있도록 한 것은 무엇에 의해서라고 생각하는가? 가장 큰 도움을 받은 대상은 누구인가?

2) 성경을 탐색하기: 사도행전 8장 5-8, 14-17절. 기독교인들이 함께 협력하여 사역할 수 있는 것에 관한 어떤 아이디어가 있는가? 베드로전서 3장 15-18절. 자신의 소원은 무엇이며 이를 위해 내가 지금 하고 있는 일은 무엇인가? 요한복음 14장 15-21절. 자신의 친구를 생각하면서 그 친구에게 자신의 사랑을 어떻게 보여 줄 수 있을 것인가? 갈등을 해결하기 위해 나는 ----- 을 할 수 있다. 다른 사람을 나의 관점에서 너무 성급하게 판단하지 않기 위해서 나는 ----- 을 할 수 있다.

3) 신앙생활을 갱신하기: 보혜사가 의미하는 돕는 자, 상담자, 위로자, 그리고 옹호자 등을 비롯하여 성령의 의미를 분명하게 깨닫도록 하는 개념 또는 이미지들은 무엇인가? 갈등을 해결하기 위해 나는 ----- 을 할 수 있다. 다른 사람을 너무 성급하게 판단하지 않기 위해서 나는 ----- 을 할 수 있다.

4) 도전을 수용하기: 성령과 성찬은 밀접한 관계가 있다. 성찬이 가지고 있는 네 가지 의미는 식사, 감사, 그리스도의 임재, 희생 등이다. 식사와

---

33) *Ibid.*, Chap., 6.

관련하여 네 가지의 동사와 관련된다. 취하다(take), 축복하다(bless), 떼다(break), 나누다(share) 등이다. 자신의 삶 가운데 어떤 상황에서 이러한 네 가지의 행동들이 생각나는가? 성찬의 의미는 감사이다. 자신은 무엇을 위해 하나님께 감사하는가? 성찬의 또 다른 의미는 예수의 임재(real presence of Christ)이다. 떡과 잔이 어떻게 예수의 영적 임재가 될 수 있는가? 성찬의 마지막 의미는 희생이다. 성령을 받은 자로서 희생에 참여하도록 부르심에 응답하며 자기 자신이 헌신의 삶을 살고 있는가?

7. 신앙생활을 위한 자신의 사명

부활절기 일곱째 주일로서의 주제는 그리스도인으로서의 정체성과 사명이다. 예수의 정체성과 관련하여 세례 받을 때의 유아와 가족들의 정체성을 재확인하도록 한다. 또한 기독교인으로서의 성례와 사명이 어떻게 연결되는지에 대하여 성찰해 보도록 한다.[34]

1) 자신의 경험을 탐색하기: 여행을 위해서는 시간이 필요한 것과 마찬가지로 회심은 시간을 필요로 한다. 역경을 극복하고 있는 희망의 사람을 알고 있는가? 무엇이 그 사람으로 하여금 역경 가운데서도 계속 앞으로 나아갈 수 있게 한다고 생각하는가? 설교 때나 성경 공부 때 당신이 그리스도인으로서의 사명을 가지고 있다는 말을 들을 때 제일 먼저 생각하는 것은 무엇인가? 그 이유는?

2) 성경을 탐색하기: 부활절기의 일곱째 주일의 주제는 예수의 기도와 교회의 초기 제자들의 사명에 대해서이다. 사도행전 1장 12-14절. 기도는 사명을 분별하게 한다. 언제 기도하는가? 왜 기도하는가? 기도는 나로 하여금 ---- 을 할 수 있도록 한다. 나에게 있어서 기도의 사람으로 예를 들

---

34) Ibid., Chap., 7.

수 있는 사람은 ----- 이다. 그 이유는 ----- 이다. 베드로전서 4장 13-16절. 고통의 종류들은 신체적, 사회적, 감정적, 종교적, 지적, 정신적 고통 등이다. 이러한 고통을 당하고 있는 사람을 알고 있는가? 그 사람을 위해 자신은 무엇을 할 수 있는가? 그렇게 할 것인가? 요한복음 17장 1-11절. 예수의 사명은 하나님을 계시하는 것이다. 자신이 성경 본문에서의 제자라고 상상해 볼 때 예수의 기도를 들으면서 자신을 당황하게 하는 기도의 내용은 무엇인가? 더 잘 이해하기 위해 예수에게 물어볼 내용이 있다면 어떤 것이 있는가?

3) 신앙생활을 갱신하기: 교육, 예배, 기독교 입교, 후원자, 정의와 평화의 일, 사회봉사, 그리고 의사소통 등 교회의 사역들 중에서 참여하기를 원하는 분야는 무엇이며, 어느 곳인가?

4) 도전을 수용하기: 신앙생활을 위한 자신의 사명은 무엇이라고 생각하는가? 유아세례를 받은 유아로서 자신의 꿈을 말해 보자. 부모의 경우 유아와 관련한 자신의 꿈을 말해 보자. 더 나아가 사명 선언문 또는 목적 선언문을 글로 써 보자. 사명 선언문. ----- . 나는 어떻게 나의 사명 선언문을 실천할 수 있을 것인가?

이상의 유아세례 이후 7주 교육을 마친 후에도 계속적인 관련 교육목회가 필요하다. 이를 위해 미국 장로교회와 미국 가톨릭교회 등은 교회 공동체로 하여금 유아와 가족에게 유아세례 기념일에 카드를 보내는 등의 관심을 가질 것을 제안하고 있다.[35] 이외에도 지속적인 신앙 성숙을 위해 양육에 필요한 다양한 자료들을 제공하도록 하고 있다. 이를 통하여 성숙한 신앙으로 나아가도록 목회적 돌봄 차원에서의 교육목회가 있어야 한다.

---

35) Carol A. Wehrheim, *The Baptism of Your Child: A Book for Presbyterian Families*, 18, 19. James S. Musumeci, "Baptismal Preparation: How One Parish Does It," *Catechesis and Mystagogy*, 93.

<주요토론내용>

1. 유아세례에 대한 옹호론자와 비판론자의 입장에 대한 자신의 생각은 무엇인가?
2. 유아에게 제시해 주고 싶은 모범적인 그리스도인은 누구인가? 그 이유는?
3. 유아세례 교육을 위한 교육과정을 그리스도인의 정체성을 주제로 하여 만들어 보자.
4. 유아세례 이후 교육과정에서 가장 특징적인 것은 무엇인지 나누어 보자.

3장 교회학교 아동부와 성령이해

　성령은 신앙교육의 주체이지만 신앙교육에서 왜곡되거나 경시되어 온 내용이다. 아동 교육목회에서 아동으로 하여금 성령을 어떻게 이해하도록 하고 있으며 어떤 방향으로 개선해야 할지에 대하여 아동부 교재를 통하여 살펴보고자 한다. 주요 물음들은 다음과 같다. 아동부 교재에서 성령에 대한 언급들은 주로 어떤 내용들을 다루고 있으며, 그 특징들은 무엇인가? 이러한 내용과 특징들을 개선하기 위한 이론적 기초는 무엇인가? 이론적 기초에 의한 아동부 교재는 어떤 구체적인 개선이 가능한가? 등이다.

I. 아동부 교재 분석

　'하나님의 사람: 세상의 빛' 아동부 교육과정에서 성령과 관련된 대표적인 내용들을 아동부 교재들을 통하여 정리해 보자면 다음과 같다.[1]

---

* 본 내용은 영남신학대학교, "교회학교 아동부교재에서의 성령이해," 『신학과 목회』 46 (2016), 169-190에 게재된 논문을 수정 및 보완한 것임.

1) 총회교육부편, 『저학년 어린이』 (서울: 한국장로교출판사, 2013); 총회교육부편, 『고학년 교사』 (서울: 한국장로교출판사, 2013); 총회교육부편, 『아동부 지도자 가이드북(Ⅱ-1, 2)』 (서울: 한국장로교출판사, 2014); 총회교육부편, 『저학년 어린이』

첫째, 예배와 관련된 성령이해이다. 2015년 저학년 17과 '마음을 다해 예배드려요'(요 4:19-24)에서 언급되고 있다. 성령의 도우심으로 말미암는 예배가 되어야 함을 말한다.

둘째, 전도와 관련된 성령이해이다. 2015년 저학년 28과 '전도란 무엇일까?'(행 8:35)에서 빌립이 성령의 지시를 받아 광야로 가다가 에디오피아 내시를 만난 것에 대하여 언급하고 있다. 성령의 지시로 말미암는 전도를 말하고 있다.

2015년 고학년 30과 '기도로 준비해요!'에서 전도를 한다고 해도 성령이 각 사람의 마음을 열어 깨닫게 하지 않으면, 복음을 알 수 없기 때문에 성령의 개입을 위해 기도로 준비해야 함을 말하고 있다. 2014년 아동부 지도자 가이드북 39과에서 '성령을 받으라!'(요 20:22)를 언급하고 있다. 이는 걱정되고 두려울 때 예수가 보낸 성령을 의지하며 살아가는 어린이가 되도록 하고자 하는 것을 목표로 하는 과이다. 성령으로 말미암아 걱정과 두려움 대신에 평강을 가지게 되며 담대하게 복음을 전하게 됨을 언급하고 있다.

2014년 아동부 지도자 가이드 북 40과 '마가의 다락방으로 올라가라!'(행 1:12-26)에서 전도와 관련하여 예루살렘에서 성령을 기다리라는 내용이 나온다. 또한 41과 '스데반처럼 복음을 전하라!'(행 6:10; 7:54-8: 4)에서 스데반이 지혜와 성령으로 예수에 대해 전함과 이에 영향을 받은 사울도 성령의 충만함을 받아 예수를 하나님의 아들로 전하는 자가 되었음을 말하고 있다.

(서울: 한국장로교출판사, 2015); 총회교육부편, 『저학년 교사』 (서울: 한국장로교출판사, 2015); 총회교육부편, 『고학년 교사』 (서울: 한국장로교출판사, 2015); 총회교육부편, 『아동부 지도자 가이드북』 (서울: 한국장로교출판사, 2015); 총회교육부편, 『저학년 어린이』 (서울: 한국장로교출판사, 2016); 총회교육부편, 『저학년 교사』 (서울: 한국장로교출판사, 2016); 총회교육부편, 『고학년 교사』 (서울: 한국장로교출판사, 2016); 총회교육부편, 『아동부 지도자 가이드북』 (서울: 한국장로교출판사, 2016).

셋째, 성경과 관련된 성령이해이다. 2015년 아동부 지도자 가이드북 9과 '성령에게 이끌리어'(마 4: 1-11)에서 물질이 최고의 우상이 되어 있는 시대에 성령은 우리로 하여금 하나님의 말씀에 관심을 갖기를 원함을 언급하고 있다. 그리고 2013년 저학년 29과, 고학년 29과 등 '아하의 비밀을 밝혀라'(행 8:26-39)에서 성령은 우리가 말씀을 읽을 때 우리로 하여금 말씀을 깨닫도록 인도하시는 분이심을 말하고 있다.

넷째, 인성과 관련된 성령이해이다. 2016년 저학년 및 고학년 3과 '경건 짱! 오래 참은 시므온'(눅 2:25-35)에서 경건을 위해 성령의 감동으로 살아가는 시므온을 말하고 있다. 2016년 저학년 및 고학년 15과 '정직짱! 회개한 다윗'(삼하 12:1-4; 왕상 15:5)에서 다윗의 경우를 예로 들고 있으며, 16과 '정직짱! 거짓말을 미워해요!'(행 5:1-11)에서는 아나니아와 삽비라의 예를 통하여 성령에 의한 정직의 인성 형성이 필요함을 말하고 있다.

다섯째, 개인적 실존과 관련한 성령이해이다. 2014년 아동부 지도자 가이드북 3과 교사 경건회에서 성령에 대하여 언급하고 있다. 가인의 경우(창 4:1-7)를 예로 들면서 분노가 치밀어 오를 때 성령의 다스림을 받게 하여 달라는 기도이다.

여섯째, 성령의 정체성에 대한 이해이다. 2013년 저학년 27과의 '성령님의 정체를 밝혀라!'(요 14:16-17; 요 16:5-7)에서 성령은 보혜사로서 영원토록 우리와 함께하시는 분으로 그 정체성을 언급하고 있다. 또한 2013년 저학년 28과 '구조의 신호를 올려라!'(롬 8:26-27)에서 성령은 우리가 어려운 일이 있을 때 도움을 구하면 항상 우리를 도와주시는 분으로 소개되고 있다. 2013년 저학년 30과 '24시 자동 업그레이드하라!'(요 14:25-29)에서 성령은 매일 말씀을 통해 우리를 업그레이드시켜 주시며, 우리가 기쁘고 즐겁게 살도록 이끄시는 분으로 언급되고 있다.

지금까지 언급한 성령에 대한 내용들을 하나님, 교회, 세계와 관련하여 정리하자면 다음과 같다. 하나님의 영역에는 성령의 정체성에 대한 이해와 성경과 관련한 성령이해를 추구하고 있다. 교회의 영역에는 예배, 교육, 그리고 전도와 관련한 성령이해에 집중하고 있다. 그리고 세계의 영역에는 개인적인 나 자신의 인성과 관련하여 경건, 정직, 분노, 걱정, 두려움 등에 대한 내용을 강조하고 있다.

장점과 단점으로 정리하자면 다음과 같다. '하나님의 사람: 세상의 빛' 아동부 교육과정에서 성령이해는 성령의 정체성을 구체적으로 다루고 있는 점에서 장점이 있다. 성령은 어떤 존재인지를 아동에게 이해하도록 하는 데 강조를 두고 있다. 그러나 교회와 세계의 영역에서 다루고 있는 내용이 제한적이라는 단점도 드러나고 있다. 장점을 극대화하고 단점을 극소화하고자 하는 방향으로 교육과정을 개선하기 위해 우선 성령이해와 관련한 이론적 기초를 살펴보고자 한다.

II. 아동부 교재 개선을 위한 이론적 기초

'하나님의 사람: 세상의 빛' 교육과정에서 성령이해는 복음주의 관점에서 성령을 강조하기 때문에, 우선 복음주의 기독교교육학자에 의한 성령이해를 살펴보고자 한다. 복음주의 기독교교육학자인 로이 주크(Roy B. Zuck)와 로버트 파즈미노(Robert W. Pazmiño) 등은 기독교 교육신학에서 성령이해에 대한 몇 가지의 특징들을 언급하고 있다.

1. 성령의 정체성

성령의 정체성과 관련하여 신학적인 관점에 강조를 두고 기독교교육학을 이해하고 있는 복음주의 기독교교육학자인 파즈미노의 성령이해를 살펴보면 다음과 같다.

1) 파즈미노에게서의 성자는 '우리와 함께하시는 하나님'인 반면에, 성령은 '우리 안에 계시는 하나님'이다. 이는 '우리 안에 거주하시는 성령'(indwelling Spirit)을 말한다. '성령의 임재'(Spirit's presence)이기도 하다.[2] 복음주의 신학자인 클락 피녹(Clark Pinnock)도 성령은 내주하시는 그리스도라며 그리스도의 내주하심을 강조하고 있다. 성령은 믿음에 의해 사람의 마음 안에 내주하시는 그리스도이며, 사람의 마음속에 하나님의 사랑을 부어 주는 존재로 이해한다.[3] 사람은 성령의 거주하심과 임재로 말미암아 영적인 존재가 된다.

파즈미노는 성령의 내주하심을 말하고 있지만, 신약성경에서의 성령에 대한 이해를 사복음서 중에서 요한복음을 제외한 마태복음, 마가복음, 누가복음을 중심으로 하고 있다. 마태복음에서는 '성령으로 잉태된 예수'(마 1:18), 마가복음에서는 '성령에 의해 광야로 이끌림 받은 예수'(막 1:12), 누가복음에서는 '세례 받으실 때 성령이 비둘기 같이 강림하심'(눅 3:22), '세례 이후 성령의 충만함'(눅 4:1), '성령의 권능으로 가르치심'(눅 4:14-15), '성령의 임재'(눅 4:18-19) 등에 대하여 각각 언급하고 있다. 비교적 누가복음에 의한 성령이해를 하고 있다. 누가복음 중심적 성령이해이다.

반면에 또 다른 복음주의 기독교교육학자인 로이 주크(Roy B. Zuck)는 교육과 관련한 성령의 사역에 대하여 창조, 희망, 기쁨 등을 비롯하여 32가지의 종류로 열거하면서 성령이해의 다양성을 강조한다.[4] 이외에 36가지의 성령에 대한 명칭이 있음과 이 중에 교육과 관련하여서는 대표적으로 6

---

2) Robert W. Pazmiño, *God Our Teacher: Theological Basics in Christian Education* (Grand Rapids, MI: Baker Academic, 2001), Chap., 4.
3) Veli-Matti Kärkkäinen, *Pneumatology: The Holy Spirit in Ecumenical, International, and Contextual Perspective* (Michigan: Baker Academic, 2002), 143.
4) Roy B. Zuck, *Spirit-Filled Teaching: The Power of the Holy Spirit in Your Ministry* (Nashville: Thomas Nelson Pub., 1998), 11, 12.

가지의 명칭이 있음을 말한다.

지혜와 이해의 영, 능력과 상담의 영, 지식과 여호와 경외함의 영, 진리의 영, 상담자로서의 영, 지혜와 계시의 영 등이다. 주크는 사복음서 중에서 요한복음에서의 성령이해를 강조하고 있다. 진리의 영(요 14:6; 14:17; 15:26; 16:13), 돕는 자(Paraclete)로서의 영(요 14:16, 26; 15:26; 16:7; 요1서 2:1) 등이다.

2) 성령의 역량강화(empowerment)이다. 역량강화는 예수의 제자들이 지상에서 하나님의 사역을 감당하기 위해 필요한 능력을 의미한다. 그 능력은 인간적인 지능이나 힘을 의미하는 것이 아니라 성령으로 말미암는다. 성령으로 말미암는 권능이다(행 1:8). 성령은 교회의 노력을 좌우하는 존재이며, 그 결실을 맺도록 하는 주체이다. 성령은 세상을 위한 예수의 사명을 성취하고자 하는 교회를 보존하고, 양육하며, 도전 의식을 갖도록 한다.[5]

성령의 역량강화는 무엇보다 성경을 이해하고, 성경을 따라 살아가고, 성경을 가르치는 사람들의 마음과 정신에 깨우침을 주는 주체이다. 성령과 성경의 관계성으로 말미암는 역량강화이다. 하나님의 사역자가 그 사역을 위해 성경에 기초할 때 그 성경에 대한 참된 깨달음을 가능하게 하는 존재는 성령이다. 성령으로 성경에 대한 깨달음에 의해 하나님의 사역자의 역량은 강화된다. 성령으로 말미암는 역량강화는 성령에 의한 하나님의 통치의 관점에서 그리스도인을 이해하게 하고, 섬김의 삶으로 살아갈 수 있도록 한다(고후 10:5).

3) 관계성의 영으로서의 성령이해이다. 달리 표현하면 성령과의 관계성(relationship)이다. 이를 파즈미노는 기독교 영성(Christian spirituality)이라고 일컫고 있다.[6] 기독교 영성은 다름 아닌 성령과의 관계성이다. 파즈미노에

---

5) Robert W. Pazmiño, *God Our Teacher*, 93, 94.
6) *Ibid.*, 103-111.

게 있어서 영성의 본질은 기도이다. 가르침을 위한 준비에 있어서도 영성이 요구된다. 성령으로 말미암아 가르칠 수 있는 용기를 가지게 되는 영성이다(딤후 1:7). 이러한 영성은 가르침에서 인간의 발달 단계를 절대적인 틀로 여기기보다는 성령의 예측하기 어려운 개입의 가능성에 개방적이다. 또한 영성은 특별계시와 일반계시에 의한 진리를 분별하는 일과 관련된다. 그리고 영성은 가르침의 결과에 대하여 그 효과와 진위에 대하여 분별한다.

2. 성경과 관련한 성령이해

성령에 대한 근본주의의 문자주의와 오순절 계통의 은사주의를 극복하는 교육신학은 복음주의 기독교 교육학자인 로이 주크(Roy B. Zuck)에게서 찾아볼 수 있다. 그는 해석학적 관점에서 성경과 관련하여 성령에 대한 관점으로 다음과 같이 언급하고 있다.[7]

1) 성경해석에서 성령은 기록된 하나님의 말씀을 통하여만 계시한다. 이는 성경 이외의 매체를 통해서는 참된 계시가 없음을 말한다.

2) 성령에 의해 성경해석을 하는 사람의 경우 그 사람의 해석에 오류가 없다는 것을 의미하는 것은 아니다. 무오류성은 성경 그 자체에 해당하는 것이며, 성경 해석자의 해석에 해당하는 것은 아니다.

3) 성령에 의해 성경해석을 한다고 해서 어떤 특정한 사람에게만 그 의미를 계시하는 것은 아니다. 계시의 주체는 성령이며, 성령이 원하는 다양한

---

7) Roy B. Zuck, *Spirit-Filled Teaching*, 102-108. 본 저서의 9장에서는 교회학교 청소년과 성령을 다루고 있으며, 성령이해에 대한 교육 신학적 기초로서 근본주의의 문자주의와 오순절 계통의 은사주의 또는 성령주의를 극복하는 의미에서 개혁신학의 기초에 의한 페리코레시스적 관계성의 영으로서의 성령에 대하여 언급하고 있음. 해석학적 관점에서 로이 주크는 성령과 성경과의 관계를 언급하고 있는 점에서 유사한 맥락이 있음. 이원일, "교회학교 청소년 교재에서의 성령이해," 『신학과 목회』 제44집 (2015. 11), 163-165.

사람에게 자신의 뜻을 계시한다.

4) 성령의 역할로 말미암는 성경해석은 거듭나지 못한 사람의 경우 비록 지적인 능력이 높다고 해도 하나님의 진리를 받아들이기 어렵다는 것을 의미한다.

5) 성령의 역할에 의한 성경해석은 해석학적 관점에서 성경학자만이 성경을 이해할 수 있다는 것을 의미하지 않는다.

6) 성경해석에 있어서 성령은 해석자로 하여금 영적인 헌신을 요구한다. 기도와 금식을 요구하기도 한다. 성령을 통해서만이 성경 저자가 원래 의도한 의미에 이를 수 있다.

7) 성경해석에 있어서 성령이 역사한다고 해도 영적인 준비의 결핍은 정확한 해석에 장애가 됨을 의미한다.

8) 성경해석에서 성령의 역할은 성실한 연구를 대신하는 것은 아니다.

9) 성경해석에서 성령의 역사는 주석, 사전 등의 서적의 도움을 배제하지 않는다.

10) 성경해석에 있어서 성령의 사역은 해석자로 하여금 상식과 논리를 무시하도록 하는 것은 아니다. 이는 성령은 "진리의 영"(요 14:17; 15:26; 16:13)이기 때문이다.

11) 성령은 해석자로 하여금 신비적인 통찰에 의해 성령의 의미를 해석하도록 하기보다는 점진적인 노력으로 말미암아 의미를 깨닫게 한다.

12) 성경을 해석하는 데 있어서 성령의 사역은 조명(illumination)과 관련되지만 동일한 것은 아니다. 조명은 삶의 적용까지 나가는 것인 반면, 성령에 의한 성경해석은 진리를 분별하는 것을 말한다.[8]

13) 성경해석에서 성령의 역할은 성경은 부분적으로 이해하기 어려운 부분들이 있음을 알게 하며 따라서 모든 구절들을 명확하게 이해할 수 있다

---

8) *Ibid.*, 40-46.

는 것을 의미하지는 않는다.

14) 성령으로 말미암는 성경해석은 성경의 명확한 해석을 위해서는 계속적인 노력을 평생 기울여 나가야 함을 의미한다.

3. 교회와 관련한 성령이해

교회에 대한 파즈미노의 이해는 '우리를 통한 하나님'(God through us)에서 잘 드러나듯이 하나님이 사역하는 통로이다. 그리고 삼위일체 하나님의 존재 양식은 교회의 존재 양식에 기초가 된다. 다양성 가운데 통일성이 있는 존재 양식으로서의 교회이다.

교회는 하나님의 백성과 그리스도의 몸인 것과 같이 또한 성령의 전이다. 한 개인의 몸이 그 안에 성령의 거주하심으로 말미암아 신앙인으로서 개인이 성령의 전이듯이(고전 6:19, 20), 성령과 관련한 교회이해는 성령의 전으로서의 교회이다.

교회는 성령의 거주하심으로 말미암아 교회가 될 수 있다. 개혁신학의 관점에서 성령을 이해하고 있는 위르겐 몰트만(Jürgen Moltmann)은 성령의 관점에서 교회를 이해하고 있다.[9] 교회는 성령의 능력 안에 있다. 성령의 능력 안에 있는 교회는 무엇보다 성령의 은사로 말미암는 역동적인 교제가 있다. 성직자와 평신도의 이분법이 아닌 하나님의 백성으로서의 교제이다. 열린 교제가 있는 공동체이다.

그리스도의 몸이며 성령의 계속적인 사역으로서 교회의 기능은 선포(케리그마), 교제(코이노니아), 봉사(디아코니아), 예언자적 전통(예언), 그리고 예배(레이투르기아) 등이다. 교회 기능의 강조점에 따라 교회 유형이 분류된

---

9) Veli-Matti Kärkkäinen, *Pneumatology: The Holy Spirit in Ecumenical, International, and Contextual Perspective*, 130-132.

다. 제도로서의 교회(예언), 신비적 교제로서의 교회(코이노니아), 성례전으로서의 교회(레이투르기아), 선포로서의 교회(케리그마), 그리고 종으로서의 교회(디아코니아) 등이다.[10]

또한 성령은 교회가 행해야 하는 삼중직의 관점으로 정의를 추구하는 차원에서 예언자적 사역, 돌봄의 차원에서 제사장적 사역, 섬김의 차원에서 왕적 사역 등을 한다. 이러한 삼중직으로서의 사역은 다섯 종류의 기능에 각각 포함된다. 예를 들면, 선포에서의 예언자적 사역, 제사장적 사역, 왕적 사역 등을 말한다.

4. 세계와 관련한 성령이해

세계에 대한 파즈미노의 성령이해를 인성(humanity)과 관련하여 살펴보면 다음과 같다. 파즈미노에 의하면 기독교 인성은 예수 그리스도 안에서 완전히 드러났다. 그 이전은 죄로 말미암는 타락한 인성이며, 예수 그리스도로 말미암아 참된 인성이 회복된 것이다. 완전한 인성은 바로 예수 그리스도 안에서 발견되어진다.

구속적 인성(redeemed humanity)이다(고전 15:20). 종말론적인 차원과 관련하여서는 '기쁨'과 '즐거움'을 누리는 새로운 인성이다. 종말론적 인성은 바로 '화해'의 인성이며 '겸손'의 인성이다.[11] 예수 그리스도에게서의 신성과 인성은 구분되지만 분리되지 않으며, 따라서 인성의 궁극적인 목적은 삼위일체 하나님과의 관계성을 회복하며 깊이 하는 데 있다.

파즈미노의 교회 중심적인 관점에서의 성령이해와 달리 통전적 관점에

---

10) *Ibid.*, 114, 115. Avery Dulles, *Models of the Church* (New York: Image, 2002).

11) Robert W. Pazmiño, *God Our Teacher: Theological Basics in Christian Education*, 125, 135, 136, 138, 139.

서 성령을 이해하고 있는 개혁주의 신학자는 몰트만이다. 몰트만은 인성에 해당하는 삶의 성화와 관련하여 성령을 이해하고 있다.[12] 성화는 도덕적인 측면과 관련되는 것으로 인성에 해당한다.

성화는 어떤 형태의 폭력에 대한 거부의 입장을 견지해 나가는 것이다. 생명을 위협하는 어떤 종류의 폭력도 생명의 영의 목적에 상치된다. 생명의 영으로 말미암는 성화는 삶에서의 조화를 추구한다.

그러나 인성교육과 관련하여 개혁주의 신학자인 몰트만은 아리스토틀의 관점에 대해 비판적이다.[13] 아리스토틀의 관점은 인간의 덕(virtue)은 거듭되는 실천에 의해서 형성됨을 말한다. 인성은 인간 스스로에 의해 좌우됨을 말하는 것이다.

이에 대해 몰트만은 인간은 믿음으로 말미암아 의롭게 되기 때문에 인간 스스로에 의해 참된 인성이 형성되기보다는 하나님에 의해 참된 인성이 회복되고 형성될 수 있음을 말한다. 자신의 행동에 의해 자신이 근본적으로 변화하기보다 하나님의 역사에 의해 변화될 수 있음을 말하는 것이다. 행함과 존재함에 대해 서로 상반됨을 알 수 있다.

캐르캐이넨(Veli-Matti Kärkkäinen)이 이해하고 있는 몰트만과 미하엘 벨커(Michael Welker)의 성령이해에는 세 가지의 특징이 있다.[14]

1) 내재적 초월성을 지닌 성령이다. 모든 창조물에서 하나님을 지각할 수 있는 가능성을 말한다. 성령의 창조물로 말미암는 모든 경험을 통해 성령 그 자체를 경험할 수 있다.

---

12) Veli-Matti Kärkkäinen, *Pneumatology: The Holy Spirit in Ecumenical, International, and Contextual Perspective*, 129, 130.
13) Jürgen Moltmann, *Die Ersten Freigelassenen Der Schöpfung*, trans. Reinhard Ulrich, *Theology of Play* (New York: Harper & Row, Pub., 1971), 45, 46.
14) Veli-Matti Kärkkäinen, *Pneumatology: The Holy Spirit in Ecumenical, International, and Contextual Perspective*, 127-131.

2) 우주적 성령이다. 몰트만은 구속적, 교회 내적, 그리고 개인의 영혼에 대한 영원한 축복을 강조하는 등의 성령이해는 신체적인 삶을 이해하는 데 한계를 지니고 있음을 비판한다. 우주적 성령이해에 의하면 성령의 사역은 교회의 범위를 넘어선다. 하나님의 영으로서의 성령은 신체, 생태계, 그리고 심지어 정치에 이르기까지 그 영역에 제한을 두지 않는다.

3) 몰트만의 역동적인 교제의 영으로서의 성령이해에서 한 걸음 더 나아간 미하엘 벨커는 성령을 자유롭게 하는 영으로 이해하는 특징을 보여 주고 있다.[15] 벨커가 강조하고 있는 성령의 사역은 자유롭게 하는 사역으로 소수자, 여성, 가난한 자 등을 비롯하여 자유를 갈망하는 모든 자들과 관련하여 자유롭게 하는 사역을 한다.

III. 아동부 교재의 개선

신앙교육의 주체로서 성령에 대한 신학적 이해에 기초하여 아동부 교육목회를 위한 교재개선을 위해서는 우선 성령의 정체성 이해에 대한 재개념화가 요구된다.

1. 성령의 정체성

성령의 정체성에 대하여 총회 아동부 교육과정에서는 '우리와 함께하시는 분'으로 정의하고 있다. 그러나 파즈미노에게서의 성자는 '우리와 함께하시는 하나님'으로 정의한 반면에, 성령은 '우리 안에 계시는 하나님'으로 정의하고 있다. 함께하시는 것과 안에 계시는 것과 굳이 구별할 필요에 대

---

15) *Ibid.*, 136.

하여 의문을 가질 수 있다. 그러나 삼위일체 하나님에 대한 정확한 이해를 위해 성령을 '우리 안에 계시는 하나님'으로 정의하는 것이 필요하다. 이외에 성령은 역량을 강화하는 존재이며, 관계성의 영이다.

'우리 안에 계시는 하나님'으로서의 성령이해를 교육 대상인 아동의 발달적 특성을 고려하여 재개념화하는 것이 필요하다. 아동에 대한 성령 교육을 위한 성령에 대한 재개념화이다.[16] 아동은 놀이에 적극적이다. 놀이에 적극적인 아동들에게 하나님은 어떤 하나님인가? 함께 놀이하는 놀이의 성령으로 이해하는 것은 가능한가? 제롬 베리맨(Jerome W. Berryman)에 의하면 하나님은 웃음의 하나님이시며, 놀이의 하나님이다. 성령을 놀이의 하나님으로 재개념화함에 대하여 구체적으로 살펴보면 다음과 같다.

1) 삼위일체 하나님은 '놀이그룹'(playgroup)이다.[17] 몰트만이 말하는 페리코레시스의 관계성을 지닌 하나님을 베리맨은 놀이그룹이라는 말로 표현하고 있다. 성부 하나님은 즐거움과 기쁨으로 피조물을 창조하였고, 또한 하나님의 창조물과 함께 놀이를 하는 존재이다. 성자 하나님은 복음, 예배, 그리고 교회와 함께 놀이하는 존재이다. 성령 하나님은 인간 내면의 자아와 함께 놀이하는 존재이다.

삼위일체 하나님의 놀이성은 "내가 그 곁에 있어서 창조자가 되어 날마다 그의 기뻐하신 바가 되었으며 항상 그 앞에서 즐거워하였으며"(잠 8:30)에서 잘 나타나고 있다. 여기서 "내가"는 "지혜"를 말하며, "지혜"는 "성령"(행 6:10) 또는 "그리스도"(고전 1:24)를 의미하기도 한다. 아동에 대한 성령 교육을 위해 성령은 놀이그룹인 삼위일체 하나님으로의 재개념화이다. 즉,

---

16) 재개념화에 대한 논의는 다음을 참고하라. 이원일, 『성인기독교교육의 재개념화』 (서울: 한들출판사, 2014), 26-31.

17) Jerome W. Berryman, *Teaching Godly Play: How to Mentor the Spiritual Development of Children* (Denver: Morehouse Education Resources, 2009), 21.

놀이의 성령이다.

2) 하나님의 놀이는 외적인 어떤 결과를 만들어 내는 것보다 놀이 그 자체에 목적이 있다. 하나님은 하나님의 놀이 과정에서 하나님의 임재를 경험하는 그 자체에 목적을 갖는다.[18] 몰트만은 놀이의 하나님을 언급하면서 역사는 어떤 성취 중심의 목표 지향적이 아님을 말한다. 목표 성취에서 자유하면서 오히려 역동적인 교제가 있는 그 자체가 목적이다.

심지어 놀이의 결과는 인간은 말할 것도 없고, 하나님조차도 그 결과는 신비의 대상이다. 하나님이 미래에 대해 알 수 없다는 의미가 아닌 역사의 과정은 어떤 결과를 성취해야 하는 노동이기보다는 궁극적으로는 십자가 다음의 부활로 증명된 즐거움과 기쁨이 있는 놀이라는 것이다.[19] 하나님은 노동자이기보다는 놀이꾼이라는 말이기도 하다.

고통과 괴로움이 아닌 즐거움이 하나님이 섭리하는 역사의 목적이다. 성령 안에서의 즐거움을 위해 삶은 놀이의 하나님과 함께하는 삶이어야 한다. 놀이의 하나님과 함께하는 삶의 특성은 " ... 누구든지 하나님의 나라를 어린아이와 같이 받들지 않는 자는 결단코 그 곳에 들어가지 못하리라"(막 10:15)에서 "어린아이와 같이"(제2의 순진성)에 해당한다.

어린아이와 같은 순진성을 지닌 놀이의 삶이다. 또한 웨스트민스터 교리문답은 사람의 제일 되는 목적에 대한 물음에 대하여 "하나님을 영화롭게 하고 영원토록 그를 즐거워하는 것"[20]이라고 답하고 있다. 하나님을 영원토록 즐거워하는 것이 놀이의 하나님과 함께하는 삶의 특성이다.

3) 베리맨은 하나님의 놀이의 특성은 전달 모델과 다름을 말한다. 전달 모델은 교사가 학생에게 일방적으로 지식을 전달하듯이 하나님이 어린이

---

18) Ibid., 133, 134.
19) Jürgen Moltmann, Die Ersten Freigelassenen Der Schöpfung, 68.
20) 대한예수교장로회총회 헌법개정위원회, 『헌법』 (서울: 한국장로교출판사, 2010), 40.

에게 일방적으로 놀이를 제공하는 것을 말한다. 그러나 하나님은 전달 모델과 달리 교사와 학생이 함께 어울리듯이 하나님과 어린이가 함께 놀이를 통하여 어린이가 지식을 깨닫기를 원하신다.[21] 전달 모델과 대비되는 하나님의 놀이를 변혁 모델이라고 할 수 있다. 변혁 모델에 의한 하나님의 놀이는 상호주관성에 의한 놀이이다. 하나님의 놀이와 웃음은 과정을 중요하게 여기며 그 가운데서 깨달음에 이르게 하는 것을 강조함을 말한다.

2. 성경과 관련한 성령이해

성령은 아동으로 하여금 하나님의 말씀인 성경에 관심을 가지게 하며, 성경을 읽을 때 성령의 도움으로 성경을 깨닫도록 인도하시는 분이다. 성령과 성경과의 관계는 돈독하다. 성령과 성경의 관계는 신앙의 근원적인 권위에 대한 근거를 말하는 것이며, 더불어 해석학적 관점에서 성령과 성경의 순환적인 관계를 말해 주고 있다.

그러나 아동으로 하여금 성령과 성경의 순환적 관계에 대한 이해를 갖도록 하기 위해서 요구되는 것은 성경을 대하는 관점의 변화이다. 아동의 성경이해를 위해 제롬 베리맨은 '~어떨까'(what if)라고 하는 '궁금증의 방법'(wondering method)을 제시하고 있다. 궁금증은 끊임없는 가능성의 세계를 향하는 일종의 개념 놀이(conceptual play)이다.

개념 놀이란 아동들의 계속적인 질문으로 이어지는 삶을 말한다.[22] 성인이 생각할 때는 당연한 것을 특히 유아기를 벗어난 시점부터 상상력이 발달하게 되면서 다른 차원으로 활발하게 질문한다. 이는 영적인 실제로서의

---

21) Jerome W. Berryman, *Teaching Godly Play*, 42, 105.
22) Tobin Hart, "Spiritual Experiences and Capacities of Children and Youth," in *The Handbook of Spiritual Development in Childhood and Adolescence*, eds., Eugene C. Roehlkepartain, et. al.(London: Sage Pub., 2006), 165-170.

질문이기도 하다. 토마스 머튼의 영적 질문, 선문답, 늙은 아이, 부정신학, 해체주의 등에서의 질문과 유사한 맥락을 가지고 있다. '어린아이와 같이'(마 18:4)의 의미는 개념 놀이를 즐길 줄 안다는 의미를 내포하고 있다. 제2의 순진성(second naivety) 그 자체를 의미하기도 한다.

베리맨의 '궁금증의 방법'은 소크라테스의 산파술과 차이가 있다. 소크라테스의 산파술은 산파(midwife)가 산모로 하여금 자녀를 무사히 출산하도록 돕는 것처럼 교사는 학생들로 하여금 진리에 이르도록 계속적인 질문을 통해 자신의 앎에 의문을 갖도록 한다. 산파술은 알아야 할 개념에 대하여 전략적인 질문을 계속해 나가며 학생으로 하여금 이에 따라 움직이게 한다. 마치 법정에서 증인에게 유도성 질문을 하는 것과 유사하다. 산파술에서의 교사는 학생이 무엇을 알아야 할지에 대하여 이미 알고 있다.

그러나 베리맨의 궁금증의 방법은 교사는 학생이 도달해야 할 지점을 함께 궁금하게 여기며 학습을 진행해 나간다. 따라서 궁금증의 방법은 질문의 방법이 아니다.[23] 질문은 답을 암시하고 있지만, 궁금증의 방법에 의하면 하나의 궁금증은 또 다른 궁금증으로 나가게 한다. 교사는 성령과 학생과 함께 진리를 탐구해 나가는 궁금해하는 자이다.

교사가 궁금증을 가진 질문에 대하여 이미 답을 알고 있다면 그것은 궁금한 것이 아니다. 교사는 학생들이 궁금해하는지에 대한 진정성을 구두언어보다 신체언어를 통해서 알 수 있다. 교사의 역할은 궁금증을 촉진하는 것이다. 그 나머지는 하나님에게 맡기는 자세이다. 궁금증의 방법은 인간의 이성으로 완전히 알 수 없는 하나님 존재와 진리의 신비로움을 말하기도 한다.

성경에서 궁금증의 방법을 활용하는 대표적인 경우는 '비유'(parable)이다. 아동으로 하여금 성경에서 비유와 놀이를 갖도록 하는 것이다. 비유에

---

23) Jerome W. Berryman, *Teaching Godly Play*, 47, 53.

는 하나의 답이 있는 것이 아니다. 정답이 여러 개 나올 수 있다. 다양한 정답으로 나가게 할 수 있다. 제롬 베리맨에 의하면 이러한 궁금증에 의한 성경의 다양한 의미 탐구는 삼위일체 하나님의 창의성과 함께하는 아동의 영적이며 창의적 놀이이다.[24] 비유에 대한 이해와 의미를 위해서는 아동의 다양한 감각을 활용하게 해야 한다. 성령의 깨닫게 하심으로 어린 시기부터 다양한 감각을 통해서 비유 안에서 하나님의 뜻을 발견할 수 있는 능력을 개발해 나가게 된다.

성경의 비유에서 궁금증의 질문 형식은 "이것이 정말 무엇을 의미하는지 나는 궁금하다" "이렇게 해 보면 어떨까"[25] 등이다. 겨자씨의 비유(마 13:31, 32)에서 "나는 이 비유에서 새들이 이름을 가지고 있는지 궁금하다" "이 비유에 나타나는 새들의 이름을 지어 주면 어떨까" "나는 새들이 그들의 둥지를 어디에 지을 것인지를 어떻게 알았는지 궁금하다" 등이다. 성령에 의한 아동의 성경적 상상력을 활용하는 성경이해이다.

궁금증의 방법에 의한 또 다른 경우는 성경 이야기에 의한 성경 탐구이다. 이는 아동으로 하여금 성경을 이야기의 관점에서 보도록 하는 것과 관련된다. 성경에 대한 관점을 형성하는 교육적 기회이다. 아동으로 하여금 성경을 내러티브의 관점에서 보도록 함으로써 하나님의 신비로움에 대한 탐구와 자신의 정체성을 확립해 나가도록 한다. 하나님의 신비로움을 향하여 순례의 여행을 하는 순례자로서의 정체성이다. 이는 아동의 경우에도 성경을 통한 성령에 대한 이해를 비롯하여 성령과의 관계성이 가능함을 말한다.

성령과 관계성에 대한 이해는 보편적인 의식 차원에서도 가능함을 데이비드 헤이(David Hay)와 레베카 나이(Rebecca Nye)는 말하고 있다. 이들에

---

24) *Ibid.*, 48.
25) *Ibid.*, 46-48.

의하면 어린이의 영적 깨달음에 대한 사고는 인간의 보편적 속성이다.[26] 이를 관계 의식이라고 말하고 있다. 인간의 보편적인 관계 의식으로 말미암아 아동은 하나님의 신비로움을 알아 갈 수 있다.

관계 의식은 자신의 정체성을 깨달아 갈 수 있게도 한다. 여기에 해당하는 궁금중의 질문들은 "이 성경 이야기에서 네가 가장 좋아하는 부분(단어 또는 구절 등)은 무엇인지 궁금하다" "이 성경 이야기에서 네가 가장 중요하다고 생각하는 부분은 무엇인지 궁금하다" 등이다. 성경을 이야기로 이해하도록 하면서 아동으로 하여금 성경 이야기에 참여하게 함으로 자신의 정체성과 자신이 어디로 향하여 가고 있는지 삶에서의 목적의식을 갖게 한다.

3. 교회와 관련한 성령이해

교회와 관련한 성령이해는 주로 예배와 전도에 집중되어 있다. 이 둘 중에서 전도에 더 강조를 두고 있다. 그러나 파즈미노의 교회이해에서 알 수 있듯이 예배와 전도 이외의 교회 기능인 케리그마, 코이노니아, 그리고 디아코니아 등과 관련한 성령이해로 나아가야 한다. 복음주의 신학의 관점에서 교회는 성령의 전이다. 또한 개혁주의 신학의 관점에서 교회는 열린 교제가 있는 역동적인 공동체이다.

개혁신학의 관점에서 성령의 전으로서 역동적이며 열린 교제가 있는 공동체로서의 교회로 이해한 제롬 베리맨은 아동 신앙 공동체의 모임을 원(circle)이라는 메타포로 제시하고 있다.[27] 원을 놀이가 있는 경이로움, 신비로움, 그리고 완전함을 상징한다고 이해한다. 하늘을 상징하며 계속 이어지는 교회력과 관계되기도 한다.

---

26) David Hay and Rebecca Nye, *The Spirit of the Child*, trans. 유명복 옮김, 『어린이 영적 세계의 탐구』 (서울: 대서, 2011), 140.

27) Jerome W. Berryman, *Teaching Godly Play*, 37-41.

또한 화자의 이야기를 원형으로 듣는 전통적인 의사소통의 형태를 이어나가는 것이다. 원으로 상징되는 아동의 모임의 형태는 권리와 책임감을 공유하는 새로운 공동체를 상징한다. 그리고 놀이의 특징인 깊은 집중력을 가지고 배움에 이르게 하는 특징이 있다. 원으로 상징되는 아동의 모임을 아동 신앙 공동체(community of children)라고 부른다.[28] 아동 신앙 공동체는 하나님, 성인, 그리고 아동 등의 삼차원적 공동체이며 함께 어우러지는 영적 놀이의 공동체이다.

베리맨은 아동 신앙 공동체에서의 예배에 대하여 언급하면서 원형으로 드려지는 예배를 말한다. 아동 신앙 공동체에서 원형으로의 예배는 우선 예배드리는 형태를 말하며, 함께 공동체 의식을 가지며 드려지는 예배이다.[29] 그러나 여기서 한 걸음 더 나아가 교회력(Church year or Liturgical year)을 의미하고 있다.

대림절, 성탄절, 사순절, 부활절, 그리고 성령강림절 등의 요소들이 순환적인 과정으로 이어진다. 전통적인 교회력에 의한 예배이다. 교회력에 따른 색깔도 중요한 교육적인 요소로 작용한다. 교회력의 색깔들 가운데 어떤 색을 좋아하며 그 이유에 대해 어린이에게 말하게 함으로 대화를 가능하게 하고 자신의 정체성을 형성하도록 도울 수 있다.

베리맨은 아동 신앙 공동체의 원형에서 기도의 요소도 강조하고 있다. 성령과 기도는 밀접하게 관련된다(행 1:14). 성령과 관련하여 기도의 요소는 예배와 교육을 위해 고려해야 할 중요한 요소이다. 베리맨은 다양한 기도와 특히 침묵 기도(contemplative silence)를 말하고 있다.[30] 아동에게 침묵 기도를 언급한다고 해서 수도원적인 침묵 기도와 같이 무거운 분위기의 기도를 말하는 것은 아니다.

---

28) *Ibid.*, 149.
29) *Ibid.*, 51, 52.
30) *Ibid.*, 52, 53.

아동의 차원에서 이해할 수 있는 침묵 기도이다. 한국의 경우 기도는 당연히 소리를 내어야 하는 것으로 이해하지만 서양의 경우 침묵 기도가 오히려 주요한 기도의 형태이다. 따라서 여기서 침묵 기도는 아동으로 하여금 항상 소리 내어야만 하는 것은 아니며 하나님은 침묵의 하나님도 되심을 깨닫게 하는 기회이다. 한국에서는 성령의 도움으로 소리를 내어 기도하는 것과 더불어 예배 시간에 침묵의 기도를 포함하는 것이 필요하다.

베리맨에 의하면 예배의 근본적 요소는 감사(thanksgiving)이다. 성찬(Eucharist)은 감사의 의미를 지니고 있다. 성령에 의한 성찬을 아동들에게 나눈다.[31] 무엇보다 중요한 것은 성찬을 통하여 하나님께 감사하는 것이다. 성찬 이후 아동은 함께 음식을 먹으며 친교를 한다. 성령으로 말미암는 축제와 같은 친교(feast)이다.

음식을 나누게 되는 친교를 통하여 기다림, 청결 등을 비롯하여 상대방을 배려할 줄 아는 인성을 배우도록 하는 기회로 삼는다. 인성은 강의실에서 가르쳐지기보다 활동과 체험을 통하여 더 효과적으로 배워지는 특성이 있다. 음식을 먹기 전에 각자에 알맞은 기도를 하게 함으로 단순히 먹는 순서가 아닌 영적 친교임을 깨닫게 한다.

4. 세계와 관련한 성령이해

세계와 관련한 성령이해는 기존에는 주로 개인의 인성 및 개인적 실존과 관련하고 있다. 인성에서는 정직과 관련하고 있고, 개인적 실존에서는 분노, 걱정, 두려움 등과 관련해서 성령을 각각 교육하고 있다. 교육 방법에서는 인성 주입식 방법이다. 활동과 체험에 의한 프로젝트형 인성교육으로

---

31) 제롬 베리맨은 장로교단의 프린스턴 신학교를 졸업했지만, 현재 목회는 회중교회(Episcopal Church)에서 하고 있음. 회중교회는 아동에게도 성찬을 허용하고 있음.

나갈 것을 배리맨은 제안하고 있다. 앞서 베리맨의 음식을 통한 친교에서 언급했듯이 음식을 준비하고 나누고 대화를 나누는 과정을 통하여 인내, 배려, 감사, 절제 등의 인성이 함양될 수 있도록 하는 것이 프로젝트형의 인성교육이다.

베리맨은 이외에도 교실이 개방적인 열린 교실이 됨으로 말미암아, 교실에서 그리스도인들이 함께 생활하는 윤리로서의 인성을 보여 주고 배우는 곳이 되어야 함에 대하여 말한다.[32] 시작 때부터 마칠 때까지의 삶을 통하여 인성이 교육될 수 있도록 해야 한다는 것이다. 프로젝트형의 인성교육에서 성령의 인도와 깨닫게 함을 비롯한 교사의 준비로 말미암아 아동의 관심, 참여, 그리고 활동으로 참된 인성을 깨닫도록 한다.

세계와 관련한 성령이해에서 베리맨의 표현 예술(expressive art)은 성령에 대한 또 다른 이해를 갖게 한다. 표현 예술은 그림, 점토로 만드는 조각, 음악, 그리고 이외의 다양한 매체 등이다. 이 중에서 베리맨은 떼제 음악을 통하여 아동으로 하여금 하나님의 임재를 추구하도록 강조하고 있다. 베리맨은 음악을 하나님 임재의 영성 표현으로 이해하고 있다.[33] 표현 예술은 아동으로 하여금 정서적인 차원의 중요성을 깨닫게 하고, 동양의 아동을 비롯한 한국 아동에게도 취약한 정서에 대한 표현 능력을 함양하도록 한다.

더 나아가 아동들로 하여금 성경이나 신앙적인 차원을 고려하여 작품을 만들게 하며, 아동들은 함께 또는 혼자 만든 작품에 대한 신앙적인 의미를 말하도록 한다. 또한 아동들로 하여금 자신들이 사용한 도구와 환경을 정리하고 청결하게 함으로 섬김의 인성을 함양하는 기회로 삼을 수 있다.

---

32) Jerome W. Berryman, *Teaching Godly Play*, 79.
33) *Ibid.*, 75-91. 본 저서에서 영성에 대한 개념은 하나님과의 관계성, 하나님의 임재, 또는 성령의 이끌림 받는 삶 등으로 정의함. 이 세 가지의 정의는 같은 의미로 이해하고자 함.

환경 정리를 자신 이외에 다른 어떤 사람이 하는 것으로 알고 있는 아동들의 인식에 대한 변화를 추구하게 된다. 제롬 베리맨은 이러한 섬김의 인성은 중요한 영성이 될 수 있으며, 하나님의 임재의 체험을 갖도록 하게 할 수 있음을 말한다. 표현 예술 이외에 아동으로 하여금 현장 탐방을 하게 하는 것은 아동으로 하여금 세계와의 만남이 있도록 하는 교육내용이 된다.

앞서 이론적 기초에서 몰트만이 성화의 의미를 어떤 유형의 폭력이라도 거부하는 것이라고 한 언급은 성령과 관련한 아동교육에 중요한 통찰을 준다. 이와 관련하여 루터 스미스(Luther Smith)에 의하면 오늘날 어린이들은 가정, 학교, 교회 그리고 지역사회 등의 다양한 공동체에서 언어, 정서, 신체적, 종교적 등의 다양한 폭력으로 말미암아 불안, 무기력, 그리고 죽음을 맞이하고 있다.

루터 스미스는 폭력의 환경 가운데 살아가고 있는 어린이를 가리켜 "위기 가운데 있는 어린이"[34]라고 말한다. 오늘날 각종 폭력으로 말미암아 위기 사회에 살아가는 어린이는 언어, 신체, 정서, 성, 가정, 전쟁 등의 다양한 폭력에 의해 위기 사회 가운데 살아가고 있다.

특히 한국에서 점증하고 있는 다문화 가정의 어린이를 비롯한 소외계층의 어린이가 겪는 위기의식은 더 높을 수밖에 없다. 따라서 소외계층의 어린이, 한부모의 어린이 등을 비롯한 이중적인 주변인으로서의 어린이들을 자유하게 하는 성령에 대한 내용이 포함되어야 한다. 또한 교사와 동료 아동들을 비롯한 신앙 공동체에게도 이들에 대하여 성령의 이끌림을 받는 예수의 영성(막 10:16)으로의 돌봄이 요구된다.

---

34) Luther E. Smith Jr., "When Celebrating Children Is Not Enough," in *Children, Youth, and Spirituality in a Troubling World*, eds., Mary E. Moore and Almeda M. Wright (St. Louis, Missouri: Chalice Press, 2008), 15.

5. 성령이해의 한계점과 가능성

이상에서 언급한 아동에 대한 놀이를 통한 성령 교육은 한국의 교회 환경에서는 어려움도 갖고 있다. 우선 시설적인 면에서의 어려움이다. 예배와 교육의 장소가 딱딱한 바닥인 경우가 많으며, 고정식의 의자와 좌석 배치가 앞 방향을 향하도록 하는 경우가 많다.

성인들의 인식에서도 한계가 있다. 성인은 아직도 놀이를 신앙교육으로 연계하는 것에 대하여 부정적인 입장이다. 놀이를 교육의 차원에서 이해하려고 하기보다 시간과 예산의 낭비로 이해하기도 한다. 이외에도 놀이 자체에 대한 부정적인 관점이 있을 수 있다.

그러나 삼위일체 하나님은 놀이그룹이며, 성령은 놀이하시는 하나님으로 재개념화할 때 아동의 발달 단계에 적합한 성령 교육을 하게 되며, 다양한 요소와의 결합으로 시대적 요구인 통합적 성령 교육이 가능하다. 통합적 성령 교육은 전자 매체를 활용한 놀이와도 관련하여 더 다양하고 심도 깊은 논의가 계속되어야 할 것이다.

<주요토론내용>

1. 놀이하시는 성령이라는 재개념화에 대한 자신의 생각은 무엇인가?
2. 성령에 의한 아동 성경 공부를 위해 궁금증의 원리로 질문 문항들을 만들어 보자.
3. 아동에 대한 성령 교육을 교회력 중에 하나를 정하여 계획하여 보자.
4. 자유하게 하시는 성령을 소외계층의 아동이 체험하게 할 수 있는 방안은 무엇인가?

4장

남성 한부모 아동과 영적 회복탄력성

여성가족부에서 실시한 한부모 가족 실태조사에 의하면 한부모 가정 중에서 남성 한부모 가정(또는 부자 가족)의 비율은 2012년 19.1%, 2015년 19.8%, 2018년 21.1%로 증가하는 추세이다.[1] 이는 한부모 가정의 5가구 중에 1가구는 남성 한부모이며, 유자녀 가정 10가구 중 1가구는 한부모 가정임을 말한다.

남성 한부모 가정의 형성 원인은 이혼(79.1%), 사별(15.2%), 기타(5.7%) 등이다.[2] 여기서 기타에 해당하는 경우는 미혼자(사실혼 제외), 생사가 분명하지 않음, 불화 등으로 인하여 가출함, 장기 복역 등으로 배우자가 부재함의 경우이다. 남성 한부모 가정의 자녀 수는 평균 1.5명이며, 초등학생의

---

* 본 내용은 영남신학대학교, "남성 한부모 가정 아동의 영적 회복탄력성," 『신학과 목회』 55 (2021), 175- 202에 게재된 논문을 수정 및 보완한 것임.

[1] 남성 한부모에 대한 연구는 다음을 참고할 것. 이원일, "남성 한부모와 자녀교육사역," 『성인기독교교육의 내러티브』 (서울: 한들출판사, 2017), 7장; 김은지 외, "2018년 한부모가족 실태조사," 『여성가족부』 (2018), 33. www.mogef.go.kr/index.do (최종 접속일, 2021년 8월 4일). 본 글에서 가족은 혈연관계에 의한 구성원을 의미하는 반면, 가정은 가족이 거주하는 장소의 개념으로 사용함. 가정이라는 개념에는 가족을 포함하고 있음. 그리고 아동은 만7세에서 만12세까지의 학령기 초등학생을 말하며, 아동이라는 용어와 어린이라는 용어는 문맥에 따라 유사한 의미로 사용하고자 함.

[2] Ibid., 32.

비율은 30.8%이며, 이 중에 장애를 지니고 있는 경우는 1.5%이다.[3]

남성 한부모 가정에서 아동은 부모의 이혼 또는 사별 등으로 부모와 관련한 상실감을 경험하며 성장하는 관계로 여성 한부모 가정의 아동이나 양부모 가정의 아동에 비해 정서적으로 안정적이지 못할 가능성이 높다.[4] 그러나 남성 한부모 가정의 모든 아동이 양부모 또는 여성 한부모 가정에서 성장하는 아동에 비해 상대적으로 높은 불안과 문제행동을 나타내고 있는 것은 아니다. 상실감 및 역경을 경험하지만 이에 대하여 안정적으로 적응하는 경향을 나타내는 회복탄력성(resilience)에 따라 차이가 있다.

역경에 대한 취약성(vulnerability)의 반대어로서 회복탄력성이란 실패나 어려움이 없는 상태이기보다는 역경을 극복하여 이전으로 회복할 수 있는 힘을 의미한다. 그리고 인간을 일종의 체제(system)로 이해하여, 체제의 역기능으로 인한 어려움을 극복하고, 체제의 순기능을 지속적으로 유지해 나갈 수 있는 능력을 의미한다.[5] 회복탄력성으로 말미암은 결과는 관계성 회복이다. 또한 관계성 회복으로 말미암는 회복탄력성이다.[6] 인간은 사회적 존재로서 다차원적인 관계성 회복이 지속적으로 필요하다. 다차원적 차원 중에서 영적인 차원이 간과되고 있음에 대하여 비판적 성찰이 요구된다.

관계성 회복의 핵심은 하나님과의 관계성 회복이라는 점을 전제로 한다. 인간에게 하나님과의 관계, 인간관계, 그리고 생태계와의 관계 회복 등은

---

3) *Ibid.*, 38.

4) 기경희, 김광수, "부모상실감을 경험한 한부모 가정 아동의 회복탄력성 분석," 『서울교육대학교 한국초등교육』 제27권 제3호(2018), 17.

5) 류금란, 최은실, "아동의 회복탄력성에 영향을 미치는 요인," 『한국가정관리학회 학술대회자료집』 (2016), 224; Brian Walker, David Salt, *Resilience Thinking: Sustaining Ecosystems and People in a Changing World* (Washington: Island Press, 2006), xiii; Erica Joslyn, *Resilience in Childhood: Perspectives, Promises & Practice* (London: Palgrace, 2016), 140.

6) Judith V. Jordan, "Relational Resilience in Girls," in Sam Goldstein, Robert Brooks ed., *Handbook of Resilience in Children* (NY: Springer, 2013), 73-86.

상호 연관되어 있다. 정리하자면 하나님과의 관계성 회복에 기초한 다차원적 관계성 회복을 영적 회복탄력성이라고 하고자 한다. 남성 한부모 가정의 아동으로 하여금 다차원적 관계를 회복하기 위해 어떻게 하면 영적 회복탄력성을 갖게 할 것인가?

남성 한부모 아동으로 하여금 위험이나 역경 가운데서도 하나님과의 관계를 회복하는 능력을 의미하는 영적 회복탄력성으로 긍정적인 인생관을 가지고 살아가도록 하기 위해 제기하고자 하는 물음들은 다음과 같다. 우선 남성 한부모 아동의 특성은 무엇인가? 상실감을 회복할 수 있는 영적인 의미에서의 회복탄력성이란 무엇인가? 영적 회복탄력성을 높이기 위한 아동 교육목회의 방안은 무엇인가?

I. 남성 한부모 아동 이해

아동은 부모 사이의 갈등, 가난, 관계, 주위 환경 등의 요인에 의하여 심리적 상처를 쉽게 입을 수 있는 사회적 존재(social being)이다. 일반적으로 가정 내의 폭력 등을 경험하는 것을 비롯하여 실직, 이혼, 부(아버지)의 낮은 교육 수준 등의 열악한 환경에 놓여 있는 아동(disadvantaged children)은 인지적 및 정서적 능력의 저하를 비롯하여, 신체적 건강도 좋지 않고, 사회적 관계에서 수동적이거나 공격적인 양극단의 경향이 있다.[7] 다양한 상처에 쉽게 노출될 수 있는 남성 한부모 아동의 구체적인 특성은 무엇인가?

1. 인지적 특성

---

7) Erica Joslyn, *Resilience in Childhood*, 23, 124, 125.

남성 한부모 아동의 인지적 특성은 학교생활에 적응 및 통제의 어려움으로 말미암아 학업성취도가 낮은 경향이 있다. 학령기 아동이 다니는 학교의 문화는 중산층의 문화를 반영하고 있으므로 저소득층에 속한 아동은 낯선 문화에 대한 두려움 등으로 학업성취에 어려움을 겪는다. 더 나아가 시간 활용에서 절제의 어려움도 학업성취에 영향을 주며, 이는 인터넷을 사용하는 시간에서 잘 나타나고 있다.

인터넷을 식사와 휴식 없이 4시간 이상 사용하는 비율이 부자 가정의 경우 12.6%이며, 하루 이상 밤을 새면서 인터넷을 이용하는 비율은 10.3%이다. 한부모 전체 평균은 8.8%에 비해서도 높게 나타나고 있다.[8] 인터넷으로 인한 학교 성적 하락의 경우 모자 가정은 11.3%인 반면에 부자 가정의 경우는 14.4%로서 남성 한부모 아동은 학업 성취에 취약함을 보여 주고 있다. 낯선 학교 문화와 시간 활용에 대한 인지적 판단의 혼동은 학업 성취도를 낮게 하고 있다.

2. 정서적 특성

남성 한부모 아동의 정서적 특성은 회피적, 소극적, 양가감정 등으로 혼동적 정서를 지니고 있다. 남성 한부모 가정의 자녀를 포함한 한부모 가정의 자녀는 아무리 친밀한 형제나 주변인들에게도 이혼 등으로 상실한 부모와 관련된 이야기를 하지 않으며, 사진이나 앨범을 거의 보지 않지만, 혼자서 몰래 보곤 한다.[9]

상실한 부모에 대해 이야기하지 않는 이유는 고통스러운 추억으로 인하여 서로에게 상처가 될 것 같기도 하고 암묵적으로 금기시되어 있기 때문

---

[8] 김은지 외, "2018년 한부모가족 실태조사," 124, 128, 129.
[9] 기경희, 김광수, "부모상실감을 경험한 한부모 가정 아동의 회복탄력성 분석," 23.

이다. 친구들과의 대화 가운데서도 부모에 대한 이야기가 나오면 당황하거나, 긴장되어 피하거나, 대충 넘어가거나, 모른다고 한다. 마음속으로는 이런 상황이 속상하고 창피하게 느껴진다. 그러나 같은 상황을 겪고 있는 친구와는 이야기를 털어 놓은 적이 있으며, 심리적으로 위로가 되며, 속이 시원하고 편안하기도 하다는 것이다.

남성 한부모 가정의 자녀를 포함한 한부모 가정의 자녀는 상실한 부모에 대하여 보고 싶기도 하고 때로는 보기 싫기도 하는 등의 양가감정을 지니고 있다.[10] 상실한 부모에 대한 그리움, 걱정, 미움, 슬픔, 분노 등의 양가감정과 무관심한 태도를 지니고 살아가고 있으며, 사별로 인한 부모 상실의 경험을 가지고 있는 아동은 어려서는 상황을 이해하지 못하다가 성장하면서 상실한 부모가 그리울 때가 있음을 말한다.

3. 행동적 특성

남성 한부모 아동의 행동적 특성은 인터넷 등의 사용으로 인하여 부자 가정의 자녀가 폭력적으로 변했다는 비율은 '다소 그렇다'(11.5%), '매우 그렇다'(2%)의 합은 13.5%이다. 이는 '전혀 그렇지 않다'(25.3%), '별로 그렇지 않다'(35.2%)의 합인 60.5%에 비해 낮은 수치이다.[11] 남성 한부모 아동이라고 해서 인터넷 사용 등으로 반드시 폭력적이거나 공격적 등의 부정적 행동 성향을 보이는 것은 아님을 알 수 있다.

그러나 문제 상황에서 어떻게 행동해야 할지 몰라 하는 특성이 있다. 남성 한부모 아동들이 겪는 어려움 중에는 의식주 및 생리적인 변화 등의 일상 생활상의 어려움에 대하여 어떻게 해야 할지 모르는 것이다.[12] 이에 대

---

10) *Ibid.*, 24.
11) 김은지 외, "2018년 한부모가족 실태조사," 121-30.
12) *Ibid.*, 105.

해서 한부모 가정 중에서 부자 가정의 아동들이 겪는 비율(32.6%)이 모자 가정의 아동들이 겪는 비율(23.2%)에 비해 높게 나타나고 있다.

이는 부자 가정의 경우는 자녀와의 대화가 대체로 어렵다는 비율(18.6%)이 모자 가정(14.8%)에 비해 다소 높은 것과 관련된다.[13] 또한 양육 및 교육 관련 정보를 얻는 경우에 대해서도 부자 가정의 경우는 대체로 어려움을 겪는 비율(59.2%)이 높은 것과도 관련된다. 모자 가정에 비해 부자 가정의 경우 사회적 관계의 취약함과 부자 사이의 대화 부족 등으로 인해 문제 상황에서 혼자 있기, 무작정 참기 등으로 혼동적 입장을 나타내는 경향이 있다.

4. 비판적 성찰

앞서 살펴본 남성 한부모 아동이 가지는 인지, 정서, 행동의 특성에서 공통점은 '혼동'이라는 단어이다. 고민, 문제, 갈등 등에 대하여 어쩔 줄을 몰라 하는 혼동적인 관점을 가지고 있다는 점이다. 이로 인하여 회피적이며 소극적으로 상황에 대처하는 경향을 보인다.[14] 남성 한부모 아동으로 하여금 일상을 포함한 문제와 갈등 상황에 대하여 혼동적인 관점으로부터 안정적 관점을 가지고 살아갈 수 있도록 하는 방안은 무엇인가?

문제와 갈등 상황에서 회피적, 수동적, 소극적 등의 혼동적 애착유형으로 가만히 있기, 혼자 있기, 체념하기, 무작정 참기, 또는 저항적 애착유형

---

13) *Ibid.*, 102, 107.
14) 기경희, 김광수, "부모상실감을 경험한 한부모 가정 아동의 회복탄력성 분석," 30. 안정적, 회피적, 저항적, 혼동적 등의 용어는 애착유형과 관련됨. 이에 대해서는 다음을 참고할 것. 이원일, "하나님과의 안정적 애착형성을 위한 영유아부 교육목회," 『선교와 신학』 제49집(2019), 437-65. 안정적 애착은 안정적 관계성으로 회복탄력성을 향상하게 됨에 대하여는 다음 참고. Judith V. Jordan, "Relational Resilience in Girls," in Sam Goldstein, Robert Brooks ed., *Handbook of Resilience in Children*, 73.

으로 공격적 성향 등의 특성을 보이고 있는 남성 한부모 아동으로 하여금 혼동적 애착유형으로부터 안정적 애착유형으로의 변화를 위해 회복탄력성을 높이기 위한 방안으로 '놀이'(play)를 제시하고자 한다.

여기서 제기하는 물음은 다음과 같다. 놀이가 남성 한부모 아동에게 도움을 주는 이유는 무엇인가? 왜 놀이가 남성 한부모 아동에게도 유익한가?

아동과 놀이는 동전의 양면이다. 놀이는 모든 아동들에게 유익을 준다. 더 나아가 남성 한부모 아동들에게도 유익을 준다. 그 이유는 혼동적, 회피적, 저항적 애착유형에서 안정적 애착유형으로 나아가게 할 수 있다는 가설에 의해서이다.

우선 놀이의 종류를 살펴보자면 놀이는 기경희와 김광수가 언급한 운동, 달리기, 전자 게임, 친구들과의 어울리기, 그냥 놀기, 노래 부르기, 그림 그리기, 영상 즐기기, 활동 등을 포괄한다.[15] 이외에도 놀이의 종류는 스포츠 참관 및 참여, 신체적 활동, 스토리텔링, 예술, 영화, 축제, 통과 의례 등이 포함된다.

이들의 종류에 기초하여 놀이를 정의하자면 놀이는 의식 이전 그리고 언어 이전에 행해지는 원초적인 활동이다.[16] 달리 언급하자면 놀이의 가장 기본 속성은 움직임(movement)이다.[17] 움직임이란 격렬한 운동을 의미하기

---

15) 기경희, 김광수, "부모상실감을 경험한 한부모 가정 아동의 회복탄력성 분석," 29; 김은지 외, "2018년 한부모가족 실태조사," 70, 71.

16) Stuart Brown, *Play* (New York: The Penguin Group, 2009), 15-21, 34. 이외에 놀이의 속성에 대해 스콧 이벌리(Scott Eberle)는 다음과 같이 정의함. 기대, 놀라움, 즐거움, 이해, 새로운 지식 획득, 강해짐, 삶에 있어 균형 감각을 가지게 됨. 네덜란드의 역사학자인 요한 호이징하(Johan Huizinga)의 놀이 정의는 '일상생활에서 벗어나 의식적으로 행해지는 자유로운 활동이며, 놀이 참여자는 심각하지 않지만 전적으로 자기도 모르게 몰두하게 되는 것'임.

17) Stuart Brown, *Play*, 84, 214. motion is perhaps the most basic form of play ... for us such movement is fundamentally pleasurable. we are alive when we are physically moving.

보다는 변화가 있는 이동을 의미한다.

행동적인 이동만이 아니라 인지적, 정서적 움직임 등을 포함한다.[18] 전인적인 움직임이다. 움직임으로서의 놀이와 가변성(variability)은 상호보완되는 용어이다. 가변성의 반대어는 획일성, 불변성 등이다. 놀이의 반대어는 일이 아니라 우울함(depression)이다.

놀이, 움직임, 가변성 등은 같이 묶을 수 있는 유사 개념이고, 반면에 우울함, 획일성, 불변성 등도 같이 묶을 수 있는 유사 개념이다. 이 두 집단 개념은 서로 상치된다.

정리하자면 놀이는 가변적인 움직임이 있는 모든 것이다. 전인적 움직임에 의한 놀이는 이해에 이르게 한다.[19] 여기서 놀이는 해석학과 만난다. 가다머(Has-Georg Gadamer)가 그의 해석학에서 놀이를 중요하게 여긴 이유이다. 놀이에 의한 이해로 말미암아 기존의 관점과는 다른 관점을 가지게 된다. 새로운 통찰력으로 창의적이게 된다. 문제해결력을 높이며, 언어 및 사회역할에 대한 학습이 가능하고, 관계성이 회복된다. 토마스 쿤(Thomas Kuhn)에 의하면 심지어 과학적 사실도 놀이 가운데서 깨달음이 일어나기도 한다.[20]

---

18) Stuart Brown, *Play*, 16, 60, 61, 126. 스튜어트 브라운은 놀이의 반대는 일이 아니라 우울함(depression)이라고 함으로 놀이에는 정서 또는 감정이 포함되어 있음을 알 수 있음. 일과 놀이는 상호 지지적임(mutually supportive). Jerome W. Berryman. *Teaching Godly Play: How to Mentor the Spiritual Development of Children* (Nashville, TN: Abingdon Press, 2009), 134.

19) Hans Georg Gadamer, *Truth and Method* (New York: The Seabury Press, 1975), 91-99; Stuart Brown, *Play*, 84, 100. 역할극(role play)에 의한 학습 이해가 대표적인 예임. 또는 단순한 움직임인 걷기를 통해서도 이해에 이르게 될 수 있음. 혼돈적인 마음에서 안정적 마음으로의 회복을 위해서 움직임으로서의 놀이가 중요한 역할을 할 수 있음. 회복탄력성과 관계성에 대해서는 다음을 참고. Judith V. Jordan, "Relational Resilience in Girls," in Sam Goldstein, Robert Brooks ed., *Handbook of Resilience in Children*, 73-86.

20) Thomas S. Kuhn, *The Structure of Scientific Revolutions*, 김명자 역, 『과학혁명의 구조』 (서울: 동아출판사, 1996).

남성 한부모 아동의 내적인 상처를 극복하고 가정환경에서 경험하게 되는 문제 및 갈등 상황에서도 궁극적으로 안정적이며 긍정적인 관점을 가질 수 있는 회복탄력성을 높이기 위한 하나의 방안으로 인지, 정서, 행동적 차원을 포함하고 있는 영적인 차원에서의 놀이를 탐구하고자 한다. 놀이에 대한 영적 차원에 대한 탐구를 위해 우선 아동과 놀이에 대한 신학적 이해를 추구하고자 한다.

II. 남성 한부모 아동의 회복탄력성

프린스턴 신학교를 졸업하고 회중교회에서 아동 또는 어린이 중심의 목회를 한 제롬 베리맨(Jerome W. Berryman)에 의하면 어린이는 구체적이지는 않지만, 어린이의 특성으로 하나님을 알 수 있고, 하나님과 교제를 나눌 수 있으며, 신앙생활이 가능한 존재임을 제시하고 있다.[21] 어린이를 신앙과 관련하여 능동적인 존재로 이해하고 있는 것이다.

베리맨은 예수에게 나아오는 어린아이들에 대해 제자들의 꾸짖음 가운데서도 침묵하고 있는 어린아이를 강조하고 있다(마 19:13-15). 어린이의 침묵은 성인과 달리 비언어적 의사소통에 크게 의존하기 때문에 앎의 다른 형태로서의 인식론과 연관된다.[22]

성인은 언어로 말미암는 앎(knowing)이 중요한 반면에, 어린이는 비언어적인 직관(intuition)에 의한 앎이 더 중요하게 여겨진다. 어린이의 신앙생

---

21) Jerome W. Berryman, *Children and The Theologians: Clearing the Way for Grace* (New York: Morehouse Publishing, 2009), 7. 본 글에서 children에 대한 번역으로 문맥에 따라 어린이 또는 아동이라는 용어를 함께 사용하고자 하며, 이는 같은 의미로 사용하고 있음.

22) *Ibid.*, 17-20.

활이 가능한 주된 원인은 직관적 앎에 의해서이다. 어린이의 직관적 인식론에 근거하여 베리맨은 어린이 신학과 놀이에 대한 중요성을 말한다. 어린이와 놀이의 상관관계에 대한 신학적 이해를 유형으로 분류하여 보면 다음과 같다.

1. 부정적 유형

기독교가 국교화되고 난 이후 서방교회에 비해 동방교회가 어린이에 대해 더 우호적이었던 것은 바로 원죄에 대한 교리의 차이에 있다.[23] 동방교회는 서방교회에 비해 원죄를 덜 강조하고 있다. 동방교회를 대표하는 교부인 이레니우스, 크리소스톰 등은 아담의 타락으로 육체적인 죽음이 있게 되었으나, 죄는 아니라는 관점을 지니고 있다.

그러나 서방교회 교부 어거스틴은 어린이 이해에 있어서 크리소스톰, 펠라기우스 등과는 다른 관점으로 죄인으로서의 어린이를 말한다.[24] 아담의 타락은 육체적인 죽음과 원죄를 말하며, 어린이라고 할지라도 하나님의 은혜가 없으면 여전히 죄인에 불과하다. 죄의 기원은 마니교에서 주장하는 것처럼 악이 아니라, 하나님에게 불순종을 의미하는 선의 결핍이 곧 죄이다.

중세 시대인 11세기에 교회에서 운영하는 학교에서는 장차 성직자가 되기를 원하는 7세에서 18세까지의 소년들을 우선 성가대에서 봉사하도록 하기 위해 음악을 비롯하여 성경과 교부들의 글 등을 가르쳤다. 교회가 운영하는 교구학교에서의 교육목적은 하나님에 대한 '이해'를 추구하는 것인 반면에, 수도원학교에서의 교육목적은 하나님의 '임재'를 추구하는 것이었다.[25] 스콜라주의가 심화되어 가던 14세기경에는 어린이는 이성적이

---

23) *Ibid.*, 39, 51.
24) *Ibid.*, 54-59.
25) *Ibid.*, 70-83.

지 않다는 이유로 주요한 교육대상으로 여기지 않았지만, 쿠사의 니콜라스(Nicholas of Cusa, 1401-1464)는 어린이의 경우도 성인과 마찬가지로 피조물을 통하여 창조자를 알 수 있음을 말하고 있다.

근대화의 여명기인 17세기에 이르러 내적 경건과 루터 신학 사이에서 갈등하던 뵈메(Jacob Boehme, 1575-1624)는 어린이와 놀이에 대해서는 죄인들이 시간을 낭비하는 것이라고 말할 정도로 부정적이었던 반면에, 영적으로 성숙한 성인과 관련하여서는 놀이를 성령으로 말미암는 기쁨의 결과인 것으로서 긍정적으로 이해했다.[26]

국교인 성공회와 갈등하던 천로역정의 존 번연(John Bunyan, 1628-1688)의 경우도 그의 작품에서 어린이에 대한 언급은 찾아보기 어려울 정도이다. 종교와 과학 사이에서 갈등하던 수학자이며 과학자인 파스칼(Blaise Pascal, 1623-1662)도 하나님을 앎에 있어서 이성보다는 감성과 직관을 강조하였다. 그러나 어린이에 대해서는 팡세(Pensées)에서 '아동기의 거짓된 인상(impression)' 등과 같이 대부분 부정적으로 언급하고 있다.[27]

산업혁명 초창기인 18세기는 이성과 과학의 발전으로 말미암아 세속화가 가속되던 시기이지만, 이와 달리 내적인 경건과 감성을 강조한 신학자는 모라비안에게 영향을 받은 존 웨슬리(1703-1791)와 조나단 에드워드(1703-1758) 등이다.

가정교육을 강조한 어머니 수산나의 영향으로 웨슬리는 어린이 교육을 강조하지만, 어린이 양육에 있어 목회자의 역할은 필요 없음을 말한 루소의 에밀에 대해서는 자만심으로 가득찬 이교도의 글로 혹평했다.

웨슬리는 구원을 위해서 어린이도 엄격한 규율이 필요함을 말하고 있다.[28] 그가 세운 학교에서의 어린이 교육은 기상 시간, 취침 시간 등의 규율

---

26) *Ibid.*, 121.
27) *Ibid.*, 127.
28) *Ibid.*, 135, 136.

을 정했고, 자유로운 놀이는 어린이를 규범 있게 양육하지 못하게 한다는 이유로 금지했다. 그가 허용하는 여가 활동은 산책, 노래하기 정도이며, 학문과 경건에 방해가 되지 않도록 했다.

교육목적은 교회에서와 같이 하나님 사랑과 이웃사랑에 있어서 '완전'(perfection)을 추구하는 것이다. 루터와 유사한 맥락에서 어린이는 의인이면서 죄인이라는 관점을 지니고 있다. 따라서 회심을 강조한다. 웨슬리에 의하면 회심이 가능한 연령은 3세부터이다. 3세의 어린아이에 대하여 신앙교육을 조기에 해야 함을 말하고 있다.

어린이의 회심을 강조한 또 다른 인물은 조나단 에드워드이다. 대각성 운동을 주도한 청교도 신학자인 조나단 에드워드는 신학적 의미에서 어린이도 원죄를 지닌 타락한 죄인이라고 보았다. 구원받기 위해 급진적 회심 경험이 필요함을 강조한다. 그리고 설교 대상으로 어린이와 청소년을 포함하고 있다. 어린이도 하나님의 진노에서 벗어나기 위해서는 회심이 있어야 함을 말한다.[29]

에드워드에 의하면 유아세례 그 자체가 구원을 보장하는 것은 아니다. 구원을 위해서는 나이에 관계없이 회심이 있어야 한다. 그는 4세의 유아도 자신이 지은 죄에 대하여 열거하면서 회심하게 된 사례와 그의 딸이 7세에 회심하게 되었음을 말하기도 했다. 에드워드는 극적인 회심을 강조하는 것만큼 어린이의 특성과 놀이에 대해서는 부정적이다.

근대화의 격변기인 20세기에 바르트(Karl Barth, 1886-1968)는 안셀름이 언급한 '알기 위해 믿어야 한다'는 명제에 기초하고 있다. 베리맨에 의하면 바르트는 경험을 강조한 슐라이에르마허와는 달리 이성에 의한 인지적인 신앙을 강조했다. 그리고 이를 위해서는 훈련을 중요하게 여겼다.[30] 아동

---

29) *Ibid.*, 138.
30) *Ibid.*, 155.

기는 이해를 추구하는 신앙을 위한 준비의 시기이며, 미성숙의 단계로 여겨졌다. 더군다나 하나님은 하나님의 피조물인 인간이 이성적으로 이해하기 어려운 초월적인 존재이며, 원죄를 지닌 어린이의 인지적인 능력의 범위 밖에 존재한다.

그러나 비록 바르트는 아동기를 준비의 시기로 여겼지만, 하나님 말씀에 대한 순종의 대표적인 예로서 어린이의 순수성을, 그리고 모차르트가 음악을 놀이로 여김과 관련해서는 놀이를 긍정적으로 각각 언급하고 있다. 그리고 하나님만이 참된 부모이며, 어린이들은 12세의 예수님처럼(눅 2:42) 하나님과의 관계성을 가질 수 있는 존재임을 말하기도 한다.

2. 긍정적 유형

종교개혁 시대에 들어서 종교개혁자 루터, 칼뱅을 비롯한 로마 가톨릭교회 등에서는 어린이에 대한 신앙교육을 어린이용 교리문답(catechism)으로 발전시켜 나갔다. 구두 언어를 통한 어린이 신앙교육을 대량 인쇄로 말미암는 문자언어로의 신앙교육으로 변화시켜 나간 시점이다. 신앙교육 방법은 문답 형식에 의한 암기 중심이다. 담화와 상징보다는 이성 중심의 교육이다.

그러나 종교개혁자 루터는 원죄를 강조함에도 불구하고 성경에 기초하여(창 2:18, 요 1:14) 결혼, 가정, 그리고 놀이와 관련되는 신체성에 대해 긍정적이었다.[31] 루터가 생각하는 부모로서 자녀에 대한 네 가지의 의무는 신앙으로 양육, 유아세례, 직업을 위한 자녀교육을 받게 하는 일, 배우자를 만나게 하는 일 등이다.

칼뱅의 경우 어린이에 대한 관점은 그의 기독교강요를 통하여 언급하고

---

31) *Ibid.*, 95-97.

있다. 특히 기독교강요 4권의 유아세례에 대한 언급에서 어거스틴의 영향으로 원죄를 강조하지만, 언약의 공동체성을 통하여 유아라고 할지라도 하나님의 은혜 가운데서 세례를 받고 언약의 자녀로 양육되어져야 할 것을 말한다.[32] 언약의 자녀로 성장하도록 양육하기 위해서 가정과 학교, 교훈과 훈계, 사랑과 징계 등이 병행되어야 하지만, 성인의 놀이는 인위적이며 가면을 쓰는 등으로 부정적으로 이해했다. 그러나 어린이는 놀이를 통하여 진정성과 자연스러움을 표현할 수 있음으로 인하여 어린이의 놀이에 대해 긍정적인 관점을 지니고 있다.

근대 제국주의 시대인 19세기의 진화론을 비롯한 이념적, 정치적 혼란에도 불구하고 어린이에 관심을 가진 신학자들은 프리드리히 슐라이에르마허(Friedrich Schleiermacher, 1768-1834)와 호레스 부쉬넬(Horace Bushnell, 1802-1876) 등이다.

어린 시절에 모라비안의 기숙학교에서 교육받은 슐라이에르마허는 모라비안의 영향으로 온화한 가정 분위기와 교회 안의 작은 교회 운동 등으로 말미암는 소그룹 중심의 신앙을 교리에 의한 신앙보다 더 우선적으로 여겼다. 가정 및 소그룹에 의한 경건 신앙에 기초하여 어린이는 체벌보다는 놀이와 자기 스스로의 깨우침을 통하여 가르침을 받도록 해야 한다는 관점도 지니고 있다.

특히 놀이에 대한 강조는 모라비안 교도인 친첸도르프의 사상에 영향을 받은 것이며, 학교에서 활동적인 놀이를 금지한 존 웨슬리의 사상과는 상반된다.[33] 해석학의 기초를 놓은 슐라이에르마허는 웨슬리와 달리 루소의

---

32) John Calvin, *Institutes of the Christian Religion(2)*, Trans. Ford Lewis Battles (Philadelphia: The Westminster Press, 1960), 1324-1359; Jerome W. Berryman, *Children and The Theologians: Clearing the Way for Grace,* 100-103.

33) Jerome W. Berryman, *Children and The Theologians: Clearing the Way for Grace,* 147.

에밀에 대해 긍정적이며, 직관적 능력에 의한 어린이의 놀이 교육의 필요성을 중요하게 여긴다.

슐라이에르마허와 동시대인으로서 놀이를 강조한 교육가는 프뢰벨(Friedrich Froebel, 1782-1852)이다. 그는 놀이를 통한 어린이 교육을 위해 유치원을 설립했으며, 그에 의하면 놀이는 어린이의 상상력을 발달시킬 수 있는 최상의 방법이다. 19세기는 유럽과 북미에서 어린이와 관련된 문학, 장난감 등으로 어린이에 대한 관심이 급격히 높아진 시대이다.

더 나아가 놀이와 영적 측면의 관계에 대하여 프뢰벨은 "놀이는 어린이 발달에서 가장 높은 위치를 차지하고 있다 … 놀이는 가장 순수하며, 가장 영적인 인간의 활동"[34]이라고 함으로 놀이는 아동의 영적인 발달에도 중요한 영향을 끼침을 말하고 있다.

1790년대 제2차 대각성 운동 시대에 교회 설교 중심으로 급격한 회심에 의한 어린이 교육을 비판하며 점진적 회심에 의한 어린이 양육에 관심을 가진 신학자는 호레스 부쉬넬이다. 부쉬넬에 의하면 가정에서 경건한 어머니에 의해서 음식을 먹는 것, 목욕을 하는 것, 그리고 놀이 등도 영적인 양육의 차원에서 중요한 요소들이다.[35]

아버지보다는 어린이와 가까이 있는 경건한 어머니에 의해 3세부터 기독교적 양육을 해야 하며, 이를 위해 언어교육을 통하여 선택과 행동을 할 수 있는 사고력을 함양해야 함을 말한다. 어린이의 원죄에 대한 관점은 전적 타락을 주장하는 부흥 운동의 관점이나 인간의 자유의지를 강조하는 자유주의 신학의 관점보다는 양육이라고 하는 교육의 관점에서 죄의 공동체성

---

34) Friedrich Froebel, *The Education of Man*, Trans. W. N. Hailmann, A. M. (New York and London: D. Appleton and Co., 1887), 54-55의 내용으로서 이원일, 『해석학적 상상력과 기독교교육과정』 (서울: 한국장로교출판사, 2004), 47에서 재인용한 것임.

35) Horace Bushnell, *Christian Nurture* (New Haven: Yale University Press, 1960), 291-314; Jerome W. Berryman, *Children and The Theologians*, 152.

을 강조한다. 부쉬넬에 의하면 신앙 공동체로서 가정에서 기독교적 양육에 의해 죄는 극복될 수 있다.

칼 라너(Karl Rahner, 1904-1984)는 식사, 웃음, 취침 등의 평범한 일상생활에서 그리스도인의 삶을 강조하는 신학을 추구한 관계로 어린이에 대한 관심도 높다. 슐라이에르마허와 유사한 관점으로 아동기는 성인기를 위한 준비기간이 아니라, 아동기 그 자체로서 하나님과의 관계가 가능하다고 말한다.[36] 원죄는 인간으로서 정상적이지 못한 상태를 말하며, 구속의 능력으로 회복할 수 있는 상태이기도 하다. 라너는 어린이가 호기심과 모험심으로 놀이를 즐기는 특성에 대해 긍정적이다.

러시아 정교회에 대한 높은 관심을 가지고 있는 현역의 성공회 주교인 로완 윌리엄스(Rowan Williams, 1950-)는 창의성은 놀이를 통해서 발현되며, 놀이를 통한 창의성 함양을 위해 어린이에게 공간이 주어져야 하며, 어린이는 낯선 타자로 여겨져야 하며, 존중되어야 하고 보호되어야 함을 말한다.[37] 무엇보다 로완 윌리엄스는 주일학교 사역에서 어린이에게 설교를 잘함으로 주일학교를 성공적으로 운영한 경험을 가지고 있으며, 특히 런던에서 불우한 어린이(disadvantaged children)에 대한 사역을 하기도 했다.

21세기에 이르러 주로 여성 신학자들에 의해 어린이에 대한 연구는 활발하게 진행되고 있다. 복음주의 루터교단 소속 신학자인 번지(Marcia J. Bunge)는 어린이 신학을 역사적, 성경적인 관점에서 연구하였다. 밀러-맥르모어(Bonnie J. Miller-McLemore)는 교회에서 어린이 교육을 위하여 신학, 심리학, 그리고 여성신학 등의 통합적인 관점에서 연구하고 있다. 밀러-맥르모어는 '성인은 어린이를 어떻게 생각하는가?' 라고 하는 서술적 과업에 의해서뿐만 아니라 '성인은 어린이에 대해 어떻게 생각해야만 하는가?'라고

---

36) Jerome W. Berryman, *Children and The Theologians*, 161.
37) *Ibid.*, 165.

하는 전제적이며 규범적 과업에 의해서도 언급하고 있다.[38]

원죄에 대해서는 오늘날 메노나이트의 창시자이며 중세기 재침례파 지도자인 메노 시몬즈(Menno Simons, 1496-1561)의 영향으로 죄인으로서의 어린이와 순진함의 어린이 사이의 중간 입장을 가지고 있다. 완전한 죄인도 아니고 완전히 무죄하여 순수한 존재도 아닌 이 둘의 결합체이며, 따라서 자신의 삶에 대해 자신이 책임지는 윤리교육이 강조된다.

미국 알렉산드리아의 버지니아 신학교 실천신학 교수인 머셔(Joyce Ann Mercer)는 우선 밀러-맥르모어와 유사한 관점에서 실천신학이 신학의 한 분야로 제한되는 것에 대해 비판적이며, 모든 신학은 실천신학이어야 하며, 목회 현장으로부터의 환류로 인하여 신학내용을 조정해 나가야 함을 말한다. 머셔는 교회가 어린이를 간과할 경우 하나님을 제한되게 이해할 것임을 말한다. 하나님은 어린이의 속성에 해당하는 놀이, 예측할 수 없음, 쉼 없음 등의 속성을 지니고 있음에도 마치 하나님은 성인의 속성에 유비되는 속성만 지니고 있는 것으로 오해하게 된다는 것이다.[39]

머셔에 의하면 어린이를 환영한다고 하는 교회에서도 실제로는 어린이가 예배와 사역에서 소외되고 있으며, 학문과 목회에 있어서도 목회는 학문의 적용 분야로만 생각하는 문제점이 있다. 머셔의 비판은 적용(application) 모델로부터 실천(praxis) 모델로의 변화를 촉구하는 것으로 현대 기독교교육의 흐름을 반영하고 있다. 어린이는 죄인이지만 여백(blanket)이 많은 존재이므로, 이 여백을 하나님의 은혜로 채우기 위해 하나님이 하나님의 백성을 인도하듯이 교회의 지도자들은 어린이들을 교육해야 함을 역설하고 있다.

과정신학의 영향에 의한 구성주의 신학을 추구하고 있는 오스틴 장로교

---

38) *Ibid.*, 175.
39) *Ibid.*, 177.

신학교의 젠센(David H. Jensen)은 원죄를 타락의 개념보다는 일종의 상처로 여기며, 상처 입은 자의 취약성으로 이해한다. 따라서 젠센에 의하면 어린이는 죄로 말미암아 비난받아야 마땅한 존재로 여겨서 부모가 자녀를 돌보아야 할 책임을 회피하는 것을 정당화하지 말아야 한다는 것이다.[40] 그리고 하나님과의 교제를 회복하기 위해 유아세례가 필요하다. 그러나 어거스틴, 칼뱅 등의 영향으로 유아세례는 원죄를 없애는 특효약이 아니라, 언약 공동체에 참여하게 된 표지이며, 이는 양육이 중요함을 말하는 것이다.

헤르조그(Kirstin Herzog)는 루터교에서 성장했지만 특정 교단이나 지역에 얽매이지 않고 미국, 독일, 페루 등의 다양한 지역에서 살았으며, 노스캐롤라이나 대학교에서 어린이와 가족에 대한 연구로 학위를 받았다. 헤르조그에 의하면 인류의 미래는 어린이를 얼마나 배려하느냐에 달려 있으며, 특히 기독교뿐만 아니라 세계 주요 종교에 나타난 어린이에 대하여 연구를 하고 있다.[41]

어린이는 세계 주요 종교가 가질 수 있는 공동 관심사여야 하는 것은 전 세계적으로 하루에 약 삼만 명의 어린이들이 죽어 가고 있지만, 어린이들이 겪는 고통을 쉽게 간과하고 있다는 사실이다. 페루에서 자신의 경험으로 말미암아 어린이에게 가르쳐야 할 내용은 정의(justice), 평화(peace), 창조 보전(integrity of creation) 등이며, 이를 통해 어린이를 해방을 위한 사역자로 양성해야 함을 강조하고 있다.

마티(Martin E. Marty)는 루터교단의 목사로서 시카고 대학의 명예교수로 재직 중이며 신비로운 존재로서의 어린이를 강조하고 있다. 신비로운 존재로서의 어린이에 대한 사상은 가브리엘 마르셀의 영향에 의해서이며, 신비에 대한 의미는 참여하지 않으면 알 수 없는 어떤 것을 말한다. 어린이를 분

---

40) *Ibid.*, 181.
41) *Ibid.*, 183.

석의 객관적 대상으로 대하기보다는 죽을 수 있으며, 쉽게 상처를 입을 수 있는 놀라움(wonder)을 지닌 신비적 존재로 대해야 한다.[42]

그러나 어린이가 비록 신비로운 대상이지만 양육을 위해 통제가 불필요한 존재인 것은 아니다. 어린이의 양육을 위해서는 신비로움과 통제의 균형이 필요하다. 어린이의 가장 분명한 특성으로서의 놀이에 대해서도 신비로움과 통제 사이의 균형을 통해 어린이를 양육해야 함을 말하고 있다.

베리맨(Jerome W. Berryman)은 어린이가 죄로 말미암아 왜곡(distortion)되어 있는 존재지만 동시에 하나님을 계시하는 성례(sacraments)의 속성을 지니고 있는 존재임을 말한다.[43] 어린이는 성례와 같이 보이지 않는 하나님을 볼 수 있도록 하는 존재라는 것이다.

베리맨에 의하면 어린이에게 있어 놀이는 애착과 밀접하게 연관된다. 부모 등의 주 양육자와의 정서적 관계성을 의미하는 애착은 놀이에 의해서 긍정적으로 형성되어 나갈 수 있으며, 사회적 지능 발달 및 하나님과의 관계 형성에도 긍정적임을 베리맨은 언급하고 있다.[44] 안정적 애착일수록 놀이를 통하여 주 양육자와의 인격적 관계가 형성된다. 그러나 불안정적 애착일수록 놀이는 주 양육자에 대해 회피적인 수단으로 활용된다. 놀이를 통하여 외부 환경 탐색을 즐기기보다는 놀이에 집착하는 경향을 보인다.

영아기에 형성된 애착유형은 이후 성인기에도 지속적으로 인간관계 형성에 영향을 준다. 더 나아가 영아기의 애착유형은 하나님 및 교회와의 관계 형성에도 영향을 끼친다. 이는 학교를 비롯한 사회의 다른 기관들과의 관계 형성 유형과 관련된다.[45] 영아기에 교회와의 안정적 애착형성을 위해

---

42) *Ibid.*, 187.
43) *Ibid.*, 237, 244.
44) *Ibid.*, 216-23.
45) *Ibid.*, 219-20.

요구되는 교회 이미지는 어머니로서의 교회(mother Church)이다.[46] 교회에 대하여서 부정적인 말을 반복하거나 또는 교회에서의 분쟁, 험담 대신에 안전하고, 따뜻하며, 피난처 같은 어머니로서의 교회에 대한 이미지이다. 교회와의 안정적 애착은 하나님과의 관계에서도 안정적 애착을 형성하게 된다.

3. 종합적 논의

어린이와 놀이에 대하여 부정적 및 긍정적 관점들을 지닌 신학자들의 유형은 좀 더 정확하게 말하자면 부정적 관점에 가까운 유형과 긍정적 관점에 가까운 유형이다.

부정적 유형은 주로 어린이에 대하여 원죄 강조로 말미암아 양육의 대상이기보다는 회심의 대상으로 여긴다. 그리고 어린이는 이성과 합리성의 관점에서 볼 때 이성이 발달되지 않은 시기이므로 교육 대상으로도 부적절하며, 놀이에 의한 교육보다는 오히려 엄격한 규율이 필요한 존재이다. 어린이의 놀이는 시간의 낭비에 불과한 것으로 여긴다.

긍정적 유형은 주로 어린이의 원죄에 대하여 언약의 공동체성과 같이 죄의 공동체성을 기초한다. 하나님과의 언약은 부모에 의해 자녀들에게 은혜로 말미암아 주어진다. 그러나 언약의 백성으로 살기 위해서는 교육이 중요하다. 어린이에게 하나님의 자녀로 살도록 하기 위한 신앙교육이 없는 곳에 죄는 어린이를 주관하게 된다.

원죄를 부정하는 것이 아니라 죄를 다스릴 수 있도록 신앙 공동체와 신앙교육을 강조하고 있다. 하나님의 은혜는 원죄보다 더 위대하기 때문이다. 어린이의 신앙교육을 위해서는 어린이가 속한 가정 공동체의 소중함,

---

46) *Ibid.*, 252.

어린이의 발달단계 특성에 의한 놀이의 필요성, 어린이에 대하여 이성을 포괄하는 상상력의 관점에서 감성, 직관, 신체성 등의 전인적 양육이 필요함을 강조하고 있다.

III. 남성 한부모 아동의 회복탄력성을 위한 교육목회

남성 한부모 아동의 회복탄력성을 위한 아동 교육목회 방안은 무엇인가? 실천신학으로서 기독교교육 및 아동 교육목회의 기초는 예수 그리스도에 있다. 예수 그리스도의 신성과 인성, 예수 그리스도의 삼중직, 예수 그리스도의 몸 된 교회의 다섯 가지 사역 등이다. 이러한 이론적 기초의 특징은 프락시스 과정이다.

프락시스 과정이란 현재 겪고 있는 삶, 그 삶에 대한 성찰, 성경 텍스트에 대한 이해, 시간이 소요되더라도 스스로 깨닫도록 함, 그리고 변화된 삶 등으로 나갈 수 있도록 하는 과정이다.[47] 그룸에 의하면 프락시스 접근에 의한 신앙교육은 성인뿐만 아니라 언어로 표현이 가능한 유아기부터 가능함을 자신의 경험에 비추어 강조하고 있다. 따라서 학령기에 속하는 남성 한부모 아동의 경우도 프락시스 과정에 의한 회복탄력성 함양이 가능하다.

따라서 남성 한부모 아동의 놀이를 통한 영적 회복탄력성을 위한 놀이에 대하여도 프락시스 과정에서 세 가지 측면을 고려하고자 한다. 아동이라고 하는 발달단계의 특성에 따른 놀이, 남성 한부모라고 하는 사회문화적인 특성을 고려하는 차원에서의 놀이, 그리고 영적인 차원에서 하나님과의 관계 형성을 위한 놀이 등이다.

---

47) Thomas H. Groome, Will There Be Faith?, 조영관·김영이·임숙희 옮김, 『신앙은 지속될 수 있을까?』 (서울: 가톨릭대학교출판부, 2014), 59, 130, 161, 414.

1. 발달단계를 고려한 놀이

놀이에 대한 일반 아동학자 또는 교육학자의 입장은 크게 두 유형으로 구분된다. 두 가지 유형 모두 한부모 또는 남성 한부모 가정의 아동으로 구별해서 언급하고 있지 않지만 아동의 발달 특성에 따르는 관점에서 볼 때 공통적인 특성으로 이해할 수 있다.

첫째 유형은 아동의 인지발달에 있어서 놀이는 인지구조의 발달에 따른 결과로 이해하는 입장이다. 대표적으로 피아제(Jean Piaget)는 감각운동기 중에 마지막의 단계에서는 가상놀이(make-believe play)를 시작하게 되지만, 새로운 인지발달이 이루어지는 것은 환경이 아니라 아동의 선천적이며 내적인 구조(schema)에 의한 것으로 이해한다.[48] 따라서 놀이에 있어서도 아동 발달의 내적 구조를 따라야 한다.

영유아기로서 감각운동기의 마지막 단계인 18개월에서 2세에는 주로 가상놀이(make-believe play or imaginative play)와 자아 중심적 놀이가 행해진다. 그러나 구체적 조작기(7-11세)가 시작되는 7세경에는 약해지게 된다. 반면에 구체적 조작기에는 협동 놀이가 가능해진다. 친구들의 관점이 서로 다를 수 있다는 것을 조금씩 알게 되면서 협동 놀이를 할 수 있게 된다. 그리고 협동 놀이는 구체적 대상을 통하면 더 활발하게 된다.

피아제에 의하면 도덕적 타율성을 넘어서 도덕적 자율성이 시작되는 시기는 10세경이다.[49] 따라서 구체적 조작기의 학령기 아동은 무엇보다 자율적으로 협동 놀이를 할 수 있는 기회를 부여하는 것이 중요하다. 학령기 아동으로서 형식적 조작기(11세)가 시작되는 시점부터는 추상적으로 문제를 다룰 수 있는 가설적 사고력이 발달하는 시기이며 논리적이며 수학적으로

---

48) William Crain, *Theories of Development: Concepts and Application*, 송길연·유봉형 옮김, 『발달의 이론』 (서울: 시그마프레스, 2012), 149-51.

49) William Crain, 『발달의 이론』, 149-51.

사고할 수 있는 시기이기도 하다.⁵⁰⁾ 따라서 자율적으로 친구들과 함께 추리를 할 수 있는 탐정 놀이 등이 가능하다.

둘째 유형은 환경으로서의 놀이에 의해 인지가 발달한다는 입장이다. 환경에 따라 인지 능력이 발달될 수 있음을 말한다. 이 관점에 의하면 인지발달을 위해서는 놀이의 역할이 중요하다. 비고츠키(Lev S. Vygotsky)에 의하면 놀이는 아동으로 하여금 구체적 상황으로부터 벗어나 추상적 사고를 하도록 이끌어 주는 중요한 기호체계임을 말한다.⁵¹⁾

달리 말하면 가장 높은 사고 수준인 추상적인 사고력을 함양하기 위해서는 매개 행동을 의미하는 기호체계로서의 놀이가 중요함을 말함으로 놀이의 역할에 대하여 긍정적인 관점을 지니고 있다. 따라서 비고츠키의 근접발달영역을 가능하게 하며, 내재적 힘과 대비되는 다양한 사회 문화에 의한 놀이가 가능하다.

유사한 맥락에서 에리카 죠슈린(Erica Joslyn)도 사회적 역량(social competence)을 함양하기 위해 놀이 역할의 중요성을 말하고 있다.⁵²⁾ 특히 교사 또는 주 양육자는 어린이로 하여금 사회적 놀이(social play)에 관심을 가지고 참여하도록 놀이에 개입함으로써 정서적 안정감을 높여 주고 사회적 관계 역량을 함양할 수 있다. 둘째 유형에 속하는 사회문화에 의한 놀이는 다음의 사회문화적 차원을 고려한 놀이에서 좀 더 구체적으로 다루고자 한다.

2. 사회문화적 차원을 고려한 놀이

회복탄력성을 높이기 위해서는 개인의 심리적 차원뿐만 아니라 아동의

---

50) *Ibid.*, 172.
51) *Ibid.*, 281-321.
52) Erica Joslyn, *Resilience in Childhood*, 127.

주위 환경을 구성하고 있는 사회문화적 차원을 고려해야 한다. 아동을 교육함에 있어서 환경의 중요성을 강조하는 몬테소리 교육방법에 영향을 받은 베리맨에 의하면 아동을 학습하기 위한 가장 강력한 도구는 환경이다.[53] 아동의 학습을 위해 고려해야 할 사회문화적 차원은 크게 6가지로 구성되어 있다.[54] 각 차원에서 놀이를 통하여 회복탄력성을 함양할 수 있다.

첫째, 소집단 차원(micro level)이다. 아동이 직접적으로 경험하는 가정, 친구의 집 등의 환경이다. 남성 한부모 가정이 신앙으로 말미암는 희망의 삶을 갖는 자체가 아동의 긍정적 회복탄력성에 영향을 끼친다. 이는 회복탄력성을 위해 가정 그 자체가 중요한 역할을 한다.[55] 더 나아가 남성 한부모의 자녀는 아버지와의 대화에 어려움을 겪고 있음으로 부자간의 대화를 촉진할 수 있는 야외 놀이가 요구된다. 아버지의 회복탄력성은 아동의 회복탄력성에 영향을 끼친다. 따라서 부자간에 함께 할 수 있는 놀이가 필요하다.

둘째, 중집단 차원(meso level)이다. 소집단들의 연합으로 구성된 환경인 가정과 학교, 가정과 교회의 협력 관계가 여기에 해당한다. 교회와 학교에서 교사 및 친구들 사이의 관계를 형성할 수 있는 스포츠 게임 및 놀이를 통하여 회복탄력성을 함양할 수 있다.[56] 가난한 가정환경에서 성장하고 있는 학령기 아동의 경우에도 노래와 리듬이 포함된 게임은 아동으로 하여금 어휘력과 자신감을 향상하는 데 긍정적인 영향을 주며, 놀이는 갈등관리, 자

---

53) Jerome Berryman, *Teaching Godly Play: How to Mentor the Spiritual Development of Children* (Abingdon Press, 2009), 150.
54) Erica Joslyn, *Resilience in Childhood*, 81-100.
55) 이선형·문수백, "학령기 아동의 회복탄력성에 영향을 미치는 요인," 『한국가정관리학회 학술대회 자료집』(2017), 209. David A. Crenshaw, "A Resilience Framework for Treating Severe Child Trauma," in Sam Goldstein, Robert Brooks ed., *Handbook of Resilience in Children*, 314.
56) Erica Joslyn, *Resilience in Childhood*, 128.

존감(self-worth), 감정조절 능력 등을 향상하는 데 기여한다.

셋째, 외부 차원(exo level)이다. 아동이 적극적으로 참여하지 않지만 영향을 끼치는 문화, 인종, 이념, 그리고 공동체의 가치관 등의 차원이다. 남성 한부모 아동의 경우는 가난과 학대 등으로 열악한 환경에 노출될 수 있는 가정(disadvantaged families)으로서 문화적 자본이 열악한 지역 공동체(disadvantaged community)에서 생활하기도 한다.[57] 따라서 외부 차원을 활용하는 하나의 방안은 남성 한부모 아동으로 하여금 문화적 자본의 문화예술 활동에 참여하도록 하는 것이다. 또한 앞서 여성가족부의 통계를 볼 때 남성 한부모 아동은 놀이 또는 인터넷 게임 등에 중독되기 쉽다.[58] 그러므로 디지털 문해력(literacy) 함양과 이에 기초하여 영적 함양에 유익한 디지털 매체 및 환경을 놀이로 활용할 수 있다.

넷째, 대집단 차원(macro level)이다. 아동에게 직간접적으로 영향을 끼치는 지역 아동보호 시설 등과 같은 공적 돌봄(public care) 또는 사회복지 기관 등과의 협력 차원이다.[59] 돌봄 시설 및 교회학교에서 아동들과 함께 지역 신앙 문화 유적지 탐방, 지역사회의 박물관 견학하기 등의 다양한 지역사회 자원을 활용하는 놀이를 통하여 회복탄력성의 공동체(resilient communities)를 형성하는 차원이다.

다섯째, 시간 차원(chrono level)이다. 동생 출생, 질병, 학대, 가난, 부모의 이혼, 사별 등 아동이 발달과정에서 충격적인 경험을 하게 되는 것을 말하며 역사적 환경 차원이라고도 한다. 인생의 전환점에 해당하는 관련 경험에 따른 예식 및 상징 만들기 등의 역사적 환경 차원에 대하여 의미를 부여

---

57) *Ibid.*, 95, 152.

58) Stuart Brown, *Play*, 183-189. 아동 및 청소년들이 게임 중독에 빠지는 주요 이유는 학업 성취 및 미래에 대한 불안으로 심적인 고통에서 벗어날 수 있고, 불확실하며 자기 통제를 벗어난 현실에 비해 게임은 승패가 명확해서 자기의 통제력을 명확하게 확인시켜 주기 때문임을 말함.

59) Erica Joslyn, *Resilience in Childhood*, 98, 168.

하기 위한 의식(ritual)을 통하여 회복탄력성을 함양할 수 있다.

여섯째, 생태계 차원(ecological level)이다. 이는 에리카 죠슈린이 언급하지 않는 차원으로서 자연 생태계는 남성 한부모 아동의 영적 회복탄력성을 함양하기 위해서는 생태계를 고려해야 한다.[60] 발도르프 학교 등에서는 아동의 건강한 성장을 위해 자연 및 동물 등의 생태계를 교육환경으로 활용하고 있다.[61] 오늘날 한국에서도 체험학습, 예를 들면 엄마, 할머니, 그리고 아동이 같이 참여하는 딸기 따기 체험이 여기에 속한다. 이는 조부모의 생각으로는 시간 낭비이며 어리석은 행동에 불과한 것일 수 있다. 그러나 아동의 경우 생소함 그 자체가 놀이가 되며, 추억이 되며, 이야기가 된다. 정리하자면 생태계에 대한 아동의 참여로 말미암는 체험은 그 자체로 놀이이며 의미를 낳는다. 놀이는 교육이다.

3. 영적 차원을 고려한 놀이

영적인 차원에서 하나님과의 관계 형성을 위한 놀이에 대하여 베리맨은 기독교적 용어에 익숙해지게 되는 언어발달과 관계됨을 말한다. 그는 아동의 하나님 이해는 미분화되어 비언어적이며 직관적이기 때문에 이를 기독교적 언어로 표현할 수 있도록 돕는 것이 놀이라고 말한다. 영적인 차원에서 놀이는 기독교적 언어 사용을 가능하게 하므로 기독교적 사고를 형성하게 된다.[62] 영적인 관점에서 어린이에게 놀이가 필요한 이유이다.

더 나아가 베리맨에 의하면 20세기에 이르러 신학계는 놀이와 예배의 상관관계에 주목하게 되었고, 예배를 일종의 놀이로 이해하여 '거룩한 게임'

---

60) Brian Walker and David Salt, *Resilience Thinking*, 38.
61) 이원일, "루돌프 슈타이너의 신지학에 대한 이해," 『기독교교육논총』 제62집 (2020), 75-99.
62) Jerome Berryman, *Teaching Godly Play*, 14.

(sacred games)이라고 부르기도 한다.[63] 이는 삼위일체 하나님은 놀이의 공동체인 '놀이그룹'(play group)으로 이해하는 것에 기초한다. 삼위일체 하나님은 창조(잠 8:30, 31), 복음에 기초한 예배, 의미 있는 성령의 삶 등의 놀이에 참여하도록 아동을 비롯한 인간을 초청하고 있다.

베리맨은 놀이의 속성을 신비적 존재로서의 하나님 이해에 근거한다. 하나님은 인간의 이성을 초월한 존재임을 말한다. 따라서 인간은 계속되는 거룩한 의문을 가지고 신비한 하나님의 존재와 섭리에 대하여 물음을 던지며 하나님 이해를 추구해 나가야 하는 존재여야 한다. 이러한 거룩한 의문을 베리맨은 '궁금함'(wondering)이라고 한다.

궁금함이란 교사는 답을 이미 알고 있고, 아동은 답을 모르는 것이 아니라, 함께 하나님의 말씀을 기초로 하여 계속해서 교사와 아동이 서로 묻고 답해 나감으로, 서로 알아 나가는 생성적 대화(generative dialogue)의 유형이다. 따라서 그의 놀이 이론에서의 핵심 개념인 궁금함은 언어적 유희(language play)가 중요하다. 언어와 관련하여 놀이의 속성이기도 한 자유로움, 기쁨, 창의성, 협력성 등을 함양할 수 있기 때문이다.

베리맨에 의하면 기독교 신앙 공동체에서 놀이로서의 궁금함과 관련되는 네 가지 내용은 이야기하기(sacred story or narrative), 비유(parables), 예배(liturgical action), 묵상(contemplative silence) 등이다.[64] 이러한 내용들에 대해 개념에 대한 암기 등의 인지 중심이기보다는 전인적 참여를 통하여 아동 자신의 해석에 의한 놀이로서 아동 자신의 삶에 대한 새로운 의미를 만들어 나가도록 한다.

베리맨이 제시하고 있는 네 가지의 내용들은 상상력을 활용하는 놀이(imaginative play)이다.[65] 이야기, 비유, 예배, 묵상 등이다. 이야기, 비유,

---

63) *Ibid.*, 21.

64) *Ibid.*, Chap. 3.

65) 이원일, 『해석학적 상상력과 기독교교육과정』(서울: 한국장로교출판사, 2004), 제5장.

예배, 묵상 등은 그 의미를 더 풍부하게 해석하기 위해서는 상상력이 필요하다.

첫째, 성경 이야기에서 놀이와의 관련성은 우선 성경에는 아브라함이 이삭을 제물로 바치는 이야기(창 22:11-19)를 비롯하여 다양한 이야기가 있다는 사실에 기초한다. 성경 이야기와 관련하여 아동이 이미 경험한 것을 자신의 언어로 표현한다. 성경 이야기를 통하여 대화를 촉진하기 위한 물음들로는 '이야기에서 아버지로서 아브라함의 어떤 모습이 가장 좋은가?' '이야기에서 이삭의 어떤 모습이 가장 중요하다고 생각하는가?' 등이다. 남성 한부모 아동의 언어발달을 성경 이야기를 통하여 촉진할 수 있다.

둘째, 성경에서 이야기의 한 형태이기도 한 비유는 하나의 답을 추구하기보다는 다양한 답이 있을 수 있음을 알게 한다. 성경에 나타난 다양한 비유에 대하여 각 비유는 무엇을 의미하는지 자신의 생각을 말하게 하고 또 듣게 함으로 아동이 경험하고 있는 삶의 다양성을 보게 한다. 겨자씨 비유(마 13:31, 32)에서 '새들의 가족들 모두가 왔을까?' '새들은 과연 행복할까?' '아빠 새와 자녀 새들은 무슨 대화를 주로 나눌까?' '새들은 고민이 있을 때 누구와 의논할까?' '그렇게 생각하는 이유는 무엇인가?' 등으로 남성 한부모 아동의 눈높이에 맞추어 질문과 대답을 하면서 의미를 새롭게 할 수 있다.

셋째, 예배와 관련한 놀이는 교회력에 기초한 예배로 구체화된다. 베리맨이 제시하고 있는 교회력은 대림절(자주색 또는 푸른색), 성탄절(흰색), 사순절(자주색), 부활절(흰색), 성령강림절(빨간색) 등이다.[66] 교회는 교회력과 관련한 절기를 전인적 차원, 아동의 눈높이를 고려한 환경구성, 사회봉사와 관련하는 차원 등의 통합적으로 계획할 수 있다. '교회는 숫자가 아닌 색깔로 교회력의 의미를 나타내고 있는 이유는 무엇이라고 생각하는가?' '내가 가장 좋아하는 색깔은 무엇이고 그 이유는 무엇인가?' 등에 대하여 개인

---

66) Jerome Berryman, *Teaching Godly Play*, 51-52.

적인 대화를 나눌 수 있다. 이외에도 남성 한부모 아동으로 하여금 교회력의 절기에 따른 교회 및 가정의 환경구성을 위해 그림, 조각, 옷감, 점토, 음악 등의 다양한 표현예술(expressive art)로 참여하게 함으로 능동성을 함양할 수 있다.

넷째, 묵상과 관련한 놀이에 대하여 베리맨은 아동으로 하여금 침묵의 시간을 가질 필요가 있음을 말한다. 침묵은 비언어적 의사소통에 해당하며 아동으로 하여금 창의적 과정에 이르게 하며 즐거움에 참여하도록 한다.[67] 아동과 침묵은 어색한 조합으로 여겨질 수 있지만 무엇보다 기도와 관련하여 가장 많이 활용되고 있다. 다른 아동이 기도할 때나 또는 자신이 기도할 때 침묵을 활용할 수 있다. 침묵 기도를 통하여 하나님과 대화를 할 수 있는 능력을 함양하게 함으로 남성 한부모 아동으로 하여금 문제와 갈등의 궁극적 해결자는 하나님이심을 알게 한다.

<주요토론내용>

1. 놀이가 남성 한부모 아동의 회복탄력성을 갖도록 하는 이유는 무엇인가?
2. 놀이에 대한 자신의 신학적 입장을 정리하여 나누어 보도록 하자.
3. 발달단계와 사회문화적 차원을 고려한 놀이를 실행한 후 소감을 나누어 보자.
4. 남성 한부모 아동을 고려한 영적 차원의 놀이를 만들어 나누어 보도록 하자.

---

67) *Ibid.*, 131.

5장 주일학교의 발전과정과 정체성

주일학교는 교회교육인가? 사회교육인가? 주일학교의 정체성은 무엇인가? 이 물음을 위해 영국, 미국, 한국 등에서 주일학교가 처음 시작된 배경 및 과정을 살펴보고자 한다. 주일학교는 시대에 따라 많은 변화를 겪어 왔기 때문에 초기 주일학교(early Sunday school)의 특징으로 그 정체성을 찾아보는 것은 역사의 연속성과 변화라는 측면에서 볼 때 문제가 될 수 있다. 그러나 세 나라에서 역사적으로 초기라고 하는 공통점으로 주일학교가 어떤 특징을 지니며 어떻게 시작되었는지 그 역사의 뿌리를 살펴봄으로써 정체성을 탐색하는 것도 의미가 있을 것으로 본다.[1] 더 나아가 초기 주일학교 역사에 의한 정체성 모색을 통하여 세계화 시대에 교회학교가 나가야 할 방향을 탐구해 보고자 한다.

---

* 본 내용은 영남신학대학교, "초기 주일학교의 교육과정," 『신학과 목회』 40 (2013), 267-294에 게재된 논문을 수정 및 보완한 것임.

1) 본 글에서 말하는 초기 주일학교(early Sunday school)란 영국의 경우 레이크스가 활동하던 시기를 기점으로 해서 19세기 전후를 말하며, 미국의 경우 주일학교가 시작된 시점으로부터 19세기 중·후반기까지이며, 한국의 경우 20세기 중반기인 해방 전까지를 말한다. 한국 초기 주일학교의 시기 구분은 다음을 참고하라. 정웅섭, 『현대 기독교교육의 과제와 방법』 (서울: 대한기독교서회, 1991), 58-60; 손원영, "한국 초기 주일학교의 특성에 대한 연구," 『기독교교육논총』 제18집 (2008), 153-178.

I. 영국에서의 초기 주일학교

1. 역사적 배경

1) 경제적 측면

영국에서 주일학교(Sunday School)가 시작된 1780년경의 사회는 18세기 후반에 시작된 산업혁명(1760-1830)으로 대표된다. 산업혁명은 농업 중심 사회에서 산업 중심 사회로 전환되는 시기를 말한다. 산업혁명은 공장에서 여성과 아동들의 노동력까지 필요로 하며, 최저 12시간에서 16시간, 심지어 20시간에 이르는 장시간의 노동과 저임금으로 노동자 가정은 정상적인 생활을 유지하기 어려운 시기였다. 노동 계층에 대한 교육적 혜택이 주어지지 않아서 많은 문맹자가 발생하게 되었고, 이로 말미암아 무지한 가운데 있을 수밖에 없었고, 하층계급의 도덕은 퇴폐한 수준이었다.[2] 음주량은 영국 역사상 최고를 기록한 시기이다. 감옥은 무지와 부도덕으로 말미암아 죄수들로 넘쳐나고 있었다. 감옥과 죄수를 줄이는 길은 교육임을 실감하는 시대였지만, 노동자들을 비롯한 교육소외자들에 대하여 교회는 관심을 기울이지 못하고 있던 시대이기도 하다.

2) 사상적 측면

18세기 영국의 사상가들인 흄, 버클리, 그리고 로크 등에 의해 무엇보다 계몽주의 또는 합리주의가 지배하던 시기이다. 근대주의 시대 또는 이성

---

2) Williston Walker, *A History of the Christian Church*, 강근환 외, 『세계기독교회사』(서울: 대한 기독교서회, 1984), 377. 이 당시의 아동과 청소년들은 노동으로 척추 장애가 있을 정도였음. 이는 오늘날 아동들과 청소년들이 인터넷에 매달려서 척추 장애가 일어나는 것과 유사한 정도였음. 또한 이 시대에 영국뿐만 아니라 다른 국가들에서의 서민들의 비참한 삶은 프랑스 혁명과 이를 배경으로 한 레미제라블에서 잘 알 수 있음.

의 시대이다. 이성적인 사고를 중요하게 여기며, 이성적인 사고를 할 수 있는 사람을 중요하게 여기던 시기이다.[3] 학교는 중상위계층을 대상으로 이성적인 사고를 훈련하는 곳이었다. 프랑스와 이탈리아 등의 유럽 대륙으로 선진 교육사상을 배우기 위해 교육 여행에 해당하는 그랜드 투어에 관심을 가진 시대이기도 하다. 그러나 하층계급의 사람들에게는 기초적인 교육에 접근하기도 어려운 시기였다. 하층계급의 사람들과 자녀들은 무지와 이에 따른 가난 그리고 범죄라고 하는 악순환의 삶을 살고 있던 시기였다.

3) 종교적 측면

18세기 영국에서는 이신론(Deism)에 대한 영향 아래 기독교는 도덕적 종교로 여겨지던 시대였다. 그러나 영국에서는 성공회가 지배적인 위치를 차지하고 있는 가운데 18세기에 회심을 강조하는 복음주의 부흥 운동(Evangelical Revival Movement)이 일어난 시기이기도 하다.[4] 영국에서 복음주의 부흥 운동은 존 웨슬리, 찰스 웨슬리, 그리고 휫필드 등에 의해 주도되었으며, Holy Club 등을 통해 성경 연구, 기도 생활, 그리고 감옥 심방 등이 이루어졌다. 이 Holy Club은 나중에 감리교(Methodists)라고 일컫게 되었으며, 이들은 장로교의 하나님 주권성과 예정론을 강조한 조나단 에드워즈가 주도한 미국의 제1차 대각성 운동에 영향을 주었다. 더 나아가 미국의 제1, 2차 대각성 운동은 한국 초기의 교회와 주일학교 형성에 영향을 주었다.

4) 교육적인 측면

---

3) *Ibid.*, 376.
4) *Ibid.*, 376-383. 웨슬리 형제(1703, 1707년에 각각 출생함)가 철저한 회심을 경험한 1738년 5월 21일(동생), 5월 24일(형)을 영국 대부흥 운동의 기점으로 삼을 수 있음. 존 웨슬리보다 11살 어린 조지 휫필드는 1736년에 성공회 신부로 안수받음. 12세 때의 회심 경험을 바탕으로 성공회 소속 부흥사로 활동했음. 선교사로서 미국에서 1738년부터 1770년까지 선교활동을 했고, 1770년 9월 30일에 미국 매사추세츠에서 별세함.

산업혁명의 기운이 감도는 17세기 말 1680년에 영국에서는 가난한 빈민 자녀들의 교육을 위하여 자선 학교(Charity School or Blue Coat School)가 시작되었다. 자선 학교의 설립 목적은 산업혁명으로 도시화 현상이 일어나게 되고, 빈민층이 형성되자 가난의 원인을 무지에서 찾았고, 교육을 통하여 가난의 문제를 해결하기 위해서이다.[5] 자선 학교는 개인 기부금에 의해서 운영되었으며, 무상으로 학생들에게 의복을 제공하였으며, 특히 산업혁명에 영향을 많이 받은 도시지역에서 시작하여 전국적으로 확산되었다. 1698년에는 자선 학교를 발전시키기 위하여 '기독교지식진흥협회'(Society for Promoting Christian Knowledge)가 창립되었다. 1743년에는 협회 소속 자선 학교가 전국적으로 1,461개교, 학생 수는 24,000명에 이를 정도였다. 기독교지식진흥협회는 초기 주일학교에 영향을 끼치고 있었으며, 당시 자선가(philanthropist) 중의 한 명인 한웨이(Jonas Hanway)는 레이크스의 주일학교 운영에 실제로 기여하기도 했다.[6] 그러나 18세기에도 영국에서는 영아를 비롯한 어린이들의 교육에 대한 관심과 제도가 소홀했다.

2. 주일학교의 시작

1) 로버트 레이크스

레이크스(Robert Raikes, 1735-1811)는 그의 부친의 가업을 이어받아 22세에 글로체스터 지역 신문(Gloucester Journal) 발행인이 되었으며, 언론인의 관점으로 지역사회를 관찰하고, 그 결과에 따른 의문들에 대하여 지역민과의 대화를 통해, 평일보다 주일에 가난한 노동 계층의 아동들로 말미암는 문제가 심각함을 알게 되었다.[7]

---

5) 임채식 외 5인 공저, 『교육철학 및 교육사』(경기: 수양재, 2017), 291-294.
6) Alfred Gregory, *Robert Raikes* (London: Forgotten Books, 2012), 62, 116.
7) Elmer Towns, "Robert Raikes," *A History of Religious Educators* (Michigan:

평일에는 공장에 가기 때문에 어느 정도 통제가 되었지만, 주일에 거리는 탈선의 해방구가 되어 주민들에게 심각한 정신적 및 물질적인 피해를 끼쳤다. 레이크스는 초기에는 아동들을 위하여 자선의 차원에서 음식과 의복 등을 제공하기도 했지만, 그것은 일시적인 것에 불과함을 알았다.[8] 아동들의 악, 범죄, 부도덕, 그리고 가난은 교육을 받지 못한 무지의 결과로 이해하고, 레이크스는 범죄를 줄이기 위해 범죄의 원인이 되는 무지에서 해방되고 필요한 지식 함양을 위하여 교육의 중요성을 절감한 것이다.

레이크스는 그가 45세가 되던 1780년 7월에 죄와 가난의 출발점이라고 여긴 무지를 해소하고, 교육을 받지 못한 어린이들에게 범죄 예방의 차원에서 주일학교를 시작했다. 레이크스는 어느 날 아침에 우연히 글로체스터 교외의 빈민 지역에서 누더기 옷을 걸친 채 거리에 방치된 어린아이들을 보게 된다.[9] 이에 대하여 지역민(나중에 최초의 교사로 3년 동안 가르친 Mrs King)과의 대화 가운데, 공장에서 일하지 않는 주일에는 더 무질서한 거리가 된다는 이야기를 듣고, 주일학교에 대한 계획에 대해 지역 목회자인 스톡 목사(Rev. Thomas Stock, 1750)와 의논하고 협력받으면서 주일학교를 시작하게 되었다.

글로체스터에서 초기 주일학교는 읽기, 쓰기 등의 문해교육을 했으며, 더 나아가 도덕, 예절 등의 인성교육을 하기도 했다. 특히 도덕과 예절 등의 인성교육은 성경으로도 가르쳤다. 성경은 주일학교 교육의 수단과 동시에 목적이었다. 성경을 읽을 수 있는 능력을 함양하기 위해서 문해교육을 강조한 것이다.

Baker Book House, 1975), 229-230; Robert W. Lynn And Elliott Wright, *The Big Little School: 200 Years of the Sunday School* (Nashville: Abingdon, 1980), 59-71, 24; Alfred Gregory, Robert Raikes, 13.

8) Alfred Gregory, *Robert Raikes*, 27.
9) *Ibid.*, 49-54.

요약하면 레이크스의 교육과정은 읽기, 쓰기, 도덕, 그리고 교리문답 등이다.[10] 여기서 교리문답은 스톡 목사에 의해 가르쳐졌다. 그러나 중요한 것은 이외의 내용들을 가르치기 위한 교재를 무엇으로 사용했느냐는 것이다. 이는 당시 교구 학교(Parochial School)는 교리문답, 신조, 그리고 신앙고백 등을 강조한 반면, 레이크스의 주일학교에서의 일차적인 교재는 성경을 강조한 점에서 차이가 있다.

레이크스는 주 교재인 성경 이외에 읽기에 대한 부교재를 사용한 것이 또 하나의 특징이다.[11] 부교재로는 *Redinmadesy*(reading made easy)를 사용했고, 이외의 부교재로는 아동들이 사용할 수 있는 알파벳, 철자법, 도덕, 종교적 교훈들, 그리고 이야기들과 기도들 등이 포함된 *A Copious School Book, A Comprehensive Sentimental Book* 등이다.

1794년에 발행된 *Sunday Scholar's Companion*은 120페이지의 분량과 4개의 부분으로 구성된 부교재이다. 1부는 알파벳과 24개의 간단한 문장들로 되어 있다. 간단한 문장들은 '하나님은 한 분이시다' '하나님은 사랑이시다' '주님은 모든 자에게 선하시다' '만군의 주님이 그의 이름이시다' 등과 같이 성경에 나와 있는 구절들이다.[12] 2-4부는 성경에서 언급하고 있는 하나님, 이웃, 그리고 구속의 역사에 대한 인간의 의무를 언급한 내용들이다.

영국에서 초기 주일학교는 남녀 아동들을 분리해서 교육했으며, 한 명의 유급 교사가 6-14세의 연령에 속하는 20여 명의 학생들을 관리하도록 했다. 그리고 학급관리에 있어서는 반장에 해당하는 우수한 학생을 선정하여 교사와 함께 관리하도록 했다.[13]

---

10) W. R. Willis, *200 Years and Still Counting*, 유화자 역, 『주일학교 200년사』(서울: 생명의말씀사, 1981), 26; Alfred Gregory, *Robert Raikes*, 91-93.

11) Elmer L. Towns, "Robert Raikes," *A History of Religious Educators*, 231-232.

12) *Ibid.*, 232.

13) Alfred Gregory, *Robert Raikes*, 110-118.

초기 주일학교 시간 운영은 유동적이었지만 시간대로 구분하여 체계적으로 이루어졌다. 우선 준비 시간으로서 주일 오전 8시에 시작하여 용모 및 위생 검사 등을 하고 난 뒤에, 1교시는 주일 오전 10시에 읽기, 쓰기, 셈하기 등의 문해교육을 한 후 정오에 해산했다. 2교시는 오후 1시에 다시 교회에 모여서 교리교육 등의 교육을 했으며, 3교시에 교회 예배 참석, 4교시는 오후 5시 30분까지 인성교육 등으로 시간을 구성하였다. 이외에도 수업 중간에 노래와 이솝우화를 들려주기도 했다. 오후 5시 30분에 수업을 마치면서 거리에서 놀지 말고 집으로 바로 돌아갈 것에 대한 훈계 등으로 마무리되었다. 준비 시간부터 마지막 시간까지 하루 대부분으로 시간표를 구성하였음을 알 수 있다.

2) 영국 주일학교 운동

레이크스에 의해 시작된 주일학교가 영국 사회에 정착되도록 하고, 그 영향력이 확대되어 지속적인 운동으로 발전되도록 노력한 대표적인 인물들은 존 웨슬리(John Wesley, 1703-1791), 윌리엄 폭스(William Fox, 1736) 등과 같은 복음주의자들이었다.

웨슬리는 주일학교를 처음 인지한 1784년 7월 18일 이후 지속적인 관심을 가졌으며, 특히 포목 상인이며 침례교 소속인 폭스와 복음주의자들의 주도로 주일학교 발전을 위해 1785년 '주일학교 진흥협회'(A Society for Promoting Sunday Schools)가 결성되었다.[14] 그러나 1803년에는 이를 대체하면서 더 포괄적인 '런던 주일학교 연합회'(The Sunday School Union of London)가 결성되었다.

연합회는 주일학교의 발전을 위해 새로운 주일학교를 조직하고 건물확

---

14) Williston Walker, *A History of the Christian Church*, 388; Robert W. Lynn And Elliott Wright, *The Big Little School*, 26; Alfred Gregory, Robert Raikes, 76. Alfred Gregory, *Robert Raikes*, 145.

보를 위해 경제적인 지원을 하였으며 정기간행물을 발간하기도 했다. 연합회가 결성되고 난 후 처음 2년 동안 발행된 자료로는 '주일학교 조직을 위한 계획' '교사들을 위한 지침' '성경에 있어서의 교리문답' 그리고 '독서 입문' 등이다.[15]

이외에 영국 주일학교 운동의 하나로 어린이 찬송도 창작되었다. 1787년에 Psalms and Hymns sung by the Children of S. S. (Sunday School)이라는 이름의 어린이 찬송가가 출판되었다. 이 찬송가에는 104장의 찬송이 실려 있으며, 이 중에 44편이 영국 찬송가의 아버지로 알려진 아이작 왓츠의 작품이다.[16] 이후에도 어린이 찬송가는 계속해서 창작되고 출판되었다. 1790년의 롤랜드 힐의 어린이 찬송가, 1868년 로저의 어린이 찬송가가 각각 출판되었다. 이러한 영국 찬송가는 미국의 무디 부흥운동에 영향을 주었고, 한국에도 영향을 주게 된다.

3) 영국 주일학교 운동의 성장

영국에서 그 당시 자선학교(charity school)의 맥락에서 시작한 주일학교는 시작된 지 4년 만인 1784년에 등록 학생이 25만 명에 이르렀다. 주일학교 운동은 레이크스를 비롯하여 윌리엄 폭스, 존 웨슬리 등에 의해 영국 전역으로 확대되어 나갔다. 레이크스가 사망한 1811년에는 이미 40만 명의 주일학교 학생들이 있었으며, 레이크스의 동상을 세울 때인 1832년에는 매주일 125만 명의 어린이들이 주일학교에 참석하고 있었다.[17]

---

15) W. R. Willis, *200 Years and Still Counting*, 38.
16) 박소연, 『한국교회 주일학교 예배음악에 관한 연구』, 장로회신학대학교 교회음악대학원 (2003. 12), 4. 최초의 찬송가는 알렉산드리아의 클레멘트(Clement of Alexandria)에 의해서이며, 4세기 라오디게아 회의 이후 찬송가는 평신도가 아닌 성직자의 전유물이 되었음. 찬송가를 평신도의 것으로 회복한 것은 종교개혁에 의해서임.
17) Elmer Towns, *The Successful Sunday School and Teachers Guidebook*, 신원

이러한 성장은 레이크스만의 노력이라고 보기는 어렵다. 당시 주일학교에 관심을 가지고 있었던 영국 복음주의자들이 합세한 결과라고 보아야 한다. 영국 주일학교 운동은 영국 교회와 사회에 다음과 같은 영향을 주었다.[18]

첫째, 주일학교로 인하여 노동 계층의 어린이들과 사회가 변화되었다. 노동 계층 어린이들이 문해 능력을 갖추게 되었고, 성경을 읽을 수 있게 되었으며, 언어와 행동에서 교양을 갖추게 되었다. 이로 말미암아 범죄 처벌이 아닌 범죄 예방에 기여하는 등 지역사회가 긍정적인 차원으로 변화에 이르게 되었다.

둘째, 영적 각성에 중요한 역할을 하였다. 주일학교와 웨슬리, 휫필드 등의 복음주의자들에 의한 신앙 부흥운동은 프랑스 혁명과 같이 외적인 혁명에 의해서가 아닌 내면의 영적 각성(내연, 內燃)으로 말미암아 외면적인 변화(외연, 外延)로 나가게 하는 데 일조하였다.

셋째, 사회의 모든 계층에 무상교육을 하고자 하는 자극을 주었다. 소수의 특권층만을 위한 교육에서 모두를 위한 교육이라는 이상을 갖게 하는 계기가 되었다. 이런 점에서 주일학교는 시민교육 또는 국민교육의 전조로서 역할을 하게 된 것으로 보인다.

넷째, 주일학교 운동은 문서선교에도 적극적이었다. 세계선교에 필요한 신앙 서적을 출판하였고, 양질의 성경과 소책자들을 발행하는 데 기여했다.

다섯째, 성인들을 위한 교육에 자극을 주었다. 특히 영국 남서부 지역 웨일즈 등의 빈민가에 있는 성인들을 위한 교육과 선교의 필요성을 갖도록 했다.

여섯째, 평신도가 주도했지만 목회자와의 협력적인 운동이었다. 레이크

삼 역, 『주일학교교육백과』(서울: 국제문서선교회, 1980), 552.
18) W. R. Willis, *200 Years and Still Counting*, 42-44; Alfred Gregory, *Robert Raikes*, 161.

스 자신은 영국 성공회의 평신도였으며, 그를 도와서 주일학교를 발전하는 데 공헌한 사람들도 평신도였다. 그러나 레이크스는 자신의 주일학교에 대한 구상을 자신의 교구 목사인 토마스 스톡(Thomas Stock) 목사와 의논했고, 그 결과 주일학교를 시작하게 된 것이다.

II. 미국에서의 초기 주일학교

미국에서의 사회문화적인 측면에서 그러하듯이 주일학교의 경우도 영국의 주일학교에 많은 영향을 받았다. 미국 주일학교의 기원에 대하여 영국의 존 웨슬리가 초기에 미국의 조지아주 사바나(Savannah)에서 선교사로 사역하던 1736년을 주일학교의 기원으로 삼아야 한다는 주장도 있다. 그러나 사바나에 머문 기간은 약 2년 정도의 단기간이고, 이 기간에 선교의 실패로 다시 영국으로 귀국하는 등으로 그 지속성에 문제가 있다.[19]

또 다른 주일학교의 시작은 1785년 버지니아주 아코맥 카운티에서 농장 주인인 윌리엄 엘리옷에 의해서이다.[20] 처음에는 백인 어린이를 대상으로 하였고, 차츰 흑인 어린이를 대상으로 하였다. 그러나 나중에는 백인 어린이와 흑인 어린이는 분리했고 또 남녀를 분리하여 읽기와 성경을 가르쳤다.

1. 미국 주일학교의 시작

---

19) 존 웨슬리는 사바나에서 오후 2시에 어린이들에게 교리문답을 가르쳤음. 그러나 사바나에서 도착하여(1736. 2. 6) 참된 영적인 회심이 없이 사역한 결과 그는 약 2년 뒤(1737. 12. 2)에 다시 영국으로 돌아가게 됨. 사바나에는 지금도 웨슬리 동상을 비롯한 기념교회를 세워놓고 그 형제의 선교사역을 기념하고 있음.

20) W. R. Willis, *200 Years and Still Counting*, 46, 47.

그러나 미국에서 주일학교의 공식적인 시작은 1791년 항구도시인 필라델피아에서 복음주의자들 중심의 영국계 미국인들에 의해서 '주일회'(First Day Society)가 형성되면서이다.[21] 린과 라이트에 의하면 미국의 주일회는 레이크스와 폭스를 비롯한 영국의 복음주의자들에 의해 시작된 주일학교 진흥회를 모방한 단체이다.[22]

이러한 모방은 런던 선교회(London Missionary Society, 1795)의 흐름과도 유사하게 진행되었다. 런던 선교회의 복음주의자들은 경건주의적 신앙을 그 기초로 하면서 사회 참여나 사회복음을 주장하는 사람들 이상으로 사회 개선과 활동에 헌신적이었고, 선교지역에서 교육, 의료 등의 사회 문화에 많이 기여했다.[23] 복음주의자들의 교육 선교 열정이 미국에서 주일학교 확산으로 나타난 것이다.

1791년에 시작된 주일회는 1810년에는 뉴욕, 보스톤 등의 미국 북동부 중심으로 주일학교연합회가 형성되었으며, 1824년에는 필라델피아에서 전국적인 차원의 '미국주일학교연합회'(The American Sunday School Union, 이하 주일학교연합회)가 결성되었다.[24] 이외에도 1815년에서 1826년 사이에 다섯 개의 초교파적인 주일학교연합회들이 형성되었다. 영국에서 건너온 복음주의자들 중심의 주일학교연합회에 의해 초교파적인 인사들과 후원으로 그 도시 빈민의 자녀들을 위한 주일학교가 구체화되어 나갔다. 주일학교 교육내용은 읽기, 쓰기, 그리고 교양교육 등에 강조를 두었다.[25]

정리하자면, 미국에서 초창기 주일학교는 빈민과 흑인의 자녀들에게 문해교육과 교양교육 중심으로 교육한 점에서 영국의 주일학교의 레이크스

---

21) Williston Walker, *A History of the Christian Church*, 388.
22) Robert W. Lynn & Elliot Wright, *The Big Little School*, 31.
23) Williston Walker, *A History of the Christian Church*, 391.
24) Robert W. Lynn & Elliot Wright, *The Big Little School*, 42, 150.
25) C. B. Eavey, *History of Christian Education* (Chicago: Moody Press, 1964), 230-231.

의 경우와 유사하게 교회 밖의 사회교육적인 측면의 속성을 지닌 주일학교였다.

2. 미국 주일학교의 확산

미국사회에서 호레스 맨(Horace Mann, 1796-1859)이 주도하는 교육개혁에 의해 공립학교가 1840-1860년에 정립되어 나가면서 주일학교는 문해 중심의 교육으로부터 교단 신학 중심의 교육으로 변화해 나갔다.[26] 그러나 주일학교가 교단과 교회 중심의 교회 안 주일학교로 본격적으로 변화된 계기는 미국의 제2차 부흥 운동(1795-1836)에 의해서이다.

부흥 운동을 계기로 본격적으로 교회 밖의 주일학교에서 교회 안의 주일학교가 되었으며, 1859년에는 공식적으로 교회의 한 부서로 자리매김을 해 나갔다.[27] 오늘날 교회 내에서 한 부서로서의 교회학교가 출발한 시점이다. 제2차 부흥운동을 계기로 각 교단에서도 주일학교연합회들을 결성하여 나갔으며, 각 교단 총회 차원의 기독교교육부 또는 교육부로 발전되어 나갔다.

세이모어는 제2차 부흥 운동의 시기부터 1870년대까지를 교회학교(Church School)의 시기라고 하며,[28] 린과 라이트에 의하면 이 시기는 주일교회학교(Sunday Church School or Church School on Sunday)의 시기이다.[29] 교회학교의 일차적 목적은 어린이를 복음화하는 것이다. 1880년대부터는 교회학교에서 교육의 대상이 성인으로까지 확대되었으며, 1900년대까지는

---

26) Robert W. Lynn & Elliot Wright, *The Big Little School*, 43-45.
27) *Ibid.*, 23. 제1차 부흥운동은 1720-1770년경. Jack L. Seymour, From Sunday School To Church School (Washington: University Press of America, 1982), 25.
28) Jack L. Seymour, From Sunday School To Church School, viii, 46.
29) Robert W. Lynn & Elliot Wright, *The Big Little School*, 3.

교회학교로서의 교육체제가 더욱 굳건해진 시기였다.

부흥 운동을 계기로 주일학교는 평신도의 자원봉사에 힘입어 교회학교(Church School)의 속성을 지니게 되었다. 당시 교회에 등록하는 새 신자의 83%가 교회학교 출신이었다.[30] 따라서 교회학교는 교회 부흥의 전위대(vanguard or nursery of the church)로 여겨졌다. 교단 또는 교회에서는 교회 안의 교회학교로 교회학교를 수용해 나갔다.

교회학교로 시작하게 된 두 가지의 원인을 요약하자면 첫째는 미국에서 공립학교의 시작이며, 둘째는 교회가 당시의 부흥 운동으로 나타난 영적 필요를 이해하고 주일학교를 교회 안으로 수용한 것 등에 의해서이다.

주일학교연합회에서는 부흥 운동으로 말미암는 주일교회학교로의 흐름을 수용하여 1830년 전후로 도시뿐만 아니라 시골, 흑인, 인디언 지역 등에도 선교 차원에서 주일학교를 하나씩 세우기로 결의하고 실행함으로 복음주의적 주일학교의 발전을 촉진하게 되었다.[31] 더 나아가 주일학교연합회에서는 1830년대 후반에 가정 문고를 개발했다.[32] 성경, 찬송과 더불어 양서를 선별해서 편집한 100권의 문집을 갖추고 지역에서 책을 읽을 수 있는 모든 사람에게 이용하도록 했다.

1829년에는 첫 흑인 주일학교가 오하이오주에서 시작된 이후 흑인들이 글을 읽고 쓰는 것을 배울 수 있는 교육이 이루어진 유일한 곳은 주일학교

---

30) Jack L. Seymour, From Sunday School To Church School, 158.
31) Elmer Towns, The Successful Sunday School and Teachers Guidebook, 230-241; Williston Walker, A History of the Christian Church, 388. 교회 역사가인 워커에 의하면 미국에서의 초창기 주일학교는 유급교사의 채용이 주일을 성스럽게 지켜야 한다는 것에 위배되므로 주일의 어린이에 대한 일반 교육이 예배를 드리는 날인 주일을 더럽힌다며 저항이 있기도 했음. 유급교사가 무급교사로 대체된 것은 이러한 저항에 대한 반응이기도 함. 워커는 미국에서의 복음주의자들은 교육, 선교, 구제 또는 자선사업 등에서 뚜렷하게 공헌한 것으로 평가하고 있음.
32) Robert W. Lynn & Elliot Wright, The Big Little School, 59-71.

였다.[33] 그러나 남부의 주들은 흑인 노예들이 글을 읽고 쓸 줄 알게 되면 주인에게 저항하게 된다는 등의 이유로 흑인 노예에 대한 주일학교 교육을 불법적인 것으로 여기는 경우도 많았다.

주일학교연합회에서 발행한 100권의 문고는 상당한 정도의 성경 구절을 암기하도록 되어 있으며, 그리고 인성을 개발하도록 하는 성품 서적이라고 할 수 있다. 문고 가운데 잘 알려진 대표적인 것은 『주일학교 소년들에 대한 회상: 열두 소년들의 회심, 체험, 그리고 행복한 임종에 대한 진솔한 이야기』이다.

남북전쟁(1861-1865) 이전의 주일학교는 학생들에게 자연을 통하여 도덕적 성품을 함양하도록 격려한 것으로 보인다.[34] 『재미있는 자연 지식 개론』은 어린이에게 거미를 관찰하도록 하고 거미줄이 완벽하면서도 규칙적으로 짜여지는 것을 관찰함으로 부지런함과 정확함을 지닌 인성교육을 하고 있다. 그러나 19세기 후반에 강조된 인성은 분주한 벌과 정확한 거미들에 대한 교훈과 인성보다는 자연을 통해 하나님의 사랑을 아는 인성을 갖도록 하여 그 강조점에서 차이가 난다.

3. 미국 초기 주일학교의 특징

1) 어린이 교육에 대한 역설: 죽음교육

미국에서의 주일학교는 문서 사역을 통하여 그 영향력을 확대해 나갔다. 주일학교연합회가 발행한 100권의 문고 가운데 『주일학교 소년들에 대한 회상: 열두 소년들의 회심, 체험, 그리고 행복한 임종에 대한 진솔한 이야기』에는 성경 구절 암송과 인성개발 등과 함께 더 나아가 의롭고 행복한 죽

---

33) *Ibid.,* 61, 62.
34) *Ibid.,* 86.

음과 관련된 내용들이 포함되어 있다.[35] 아홉 살의 어린이가 질병으로 인하여 임종을 앞두고 병에 대하여 불평하기보다는 신앙으로 죽음의 두려움을 극복하는 등의 이야기(story)를 통한 죽음교육이다.

죽음교육은 이야기를 통한 교육과 함께 찬송가(hymn)를 통해서도 이루어졌다. 주일학교연합회에서 1835년에 발행한 찬송가에는 '경건한 어린이의 죽음' '한 학생의 죽음' '죽음의 승리' 그리고 '죽어가는 어린이를 위해서' 등과 같은 곡들이 편성되어 있다.[36] 주일학교연합회에서 발행한 찬송가 275장 '사라진 죽음의 공포'에서의 가사는 '예수님은 죽음의 자리를 마련할 수 있지요/ 솜털 베개처럼 부드러운 자리'이다. 1838년에는 무덤이 추가되었다. 4행의 가사는 '섶 같은 이부자리도/ 차갑고 어두운 조그만 방에/ 나의 어린 머리를 뉘어요/ 내게는 그것으로도 충분하지요/ 이 세상에 사는 것보다 훨씬 더 좋지요/ 집을 떠나 또 다른 모습으로!' 등이다.

주일학교에서 어린이에게 이야기와 찬송가를 통한 죽음교육을 한 이유에 대하여 전염병 등으로 삶의 자리에서 죽음을 쉽게 경험할 수 있었던 당시의 환경과 관련된 것으로 여기는 관점과 함께, 린과 라이트는 다음의 네 가지를 말한다.[37]

첫째, 18세기 후반과 19세기 초반에는 죽음을 화제로 삼는 것이 금지되지 않았다. 복음주의 성향의 개신교 사회에서는 죽음을 두려워하기는 했지만 공개적으로 다룰 수 있었던 이유는 그보다 훨씬 더 큰 공포가 존재했기 때문이다. 바로 하나님의 의로운 심판이다. 이를 반영한 어린이 찬송가는 '심판의 날' '심판' 그리고 '심판 받은 사악한 어린이' 등이다. 1835년 발행된 찬송가에는 '주여 그날이 얼마나 두려운지요/ 죽은 자마다 일어나게 될 때/ 불순종을 자랑하던 사람들/ 당신의 날카로운 눈길 피할 길이 없지요' 등의

---

35) *Ibid.,* 57,72.
36) *Ibid.,* 72.
37) *Ibid..* 73.

가사가 있다. 역설적으로 하나님의 심판에 대한 공포는 죽음보다 더 두렵기 때문이다.

둘째, 실제 임종 장면은 요즈음의 폐쇄된 병원에서의 은밀하며 개인적인 죽음과는 대조적으로 공적이지는 않더라도 가족적인 사건들이었다. 죽음은 유언이나 영원함 등에 대한 생각의 기회를 통하여 가정교육의 기회가 되었다. 특히 어린이의 임종을 가까이에서 지켜보는 사람으로 하여금 자신의 신앙을 갱신하고 하나님의 심판을 준비하도록 했다.

셋째, 아동기에 대한 이해와 관련된다.[38] 1880년까지는 주일학교의 자료에 어린이는 옷, 자세, 행동 등에서 어린 성인(little adult)으로 묘사되었으며, 성인과 마찬가지로 원죄를 지닌 존재로 이해되었다. 어린이에게도 죽음은 낯선 것이 아니었으며, 어린이도 죽음을 맞이할 수 있는 존재로 이해된 것과 관련된다.

넷째, 복음주의 신학과 관련되기도 한다.[39] 어린이는 죄가 없는 존재이기보다는 죄악 가운데 살아가는 존재로 이해되었으며, 주일학교는 어린이에게도 회심을 중요하게 여겼으며, 십자가의 삶(마 16:24)을 강조했다. 이 세상에서의 부, 명예, 즐거움, 오락 등에 대한 내용은 거의 다루지 않았다.

2) 찬송가를 통한 성장

미국에서의 초기 주일학교는 찬송가를 통해서도 성장해 나갔다. 죽음이라는 주제만 찬송으로 교육한 것이 아니라 주일학교에서 전반적으로 찬송을 통하여 교육해 나갔다. 찬송은 미국 주일학교의 성공에 큰 기여를 한 것임을 알 수 있다. 주일학교 음악으로서 찬송가 부르기가 활발해진 이유에 대하여 린과 라이트는 아동으로 하여금 유연하면서도 자신감 있는 신앙을

---

38) *Ibid.*, 74.
39) *Ibid.*, 75.

갖도록 하는 것과 관련하고 있다.

그러나 찬송가의 내용과 형식에는 미국 남북전쟁(1861-1865) 전후로 차이가 있다. 1830년대의 '경건한 아동의 죽음'은 느리고 서정적인 박자이지만, 미국 남북전쟁을 거치면서 빠른 박자의 '승리의 날이 찾아오네' 등과 같은 가사로 변화되었다.[40] 주일학교 어린이의 군사적 이미지와 기병대식 박자로의 변화이다.

제목에 있어서도 '주님의 품안에' '나는야 작은 병사' 그리고 '요새를 지키라' 등과 같이 군사적 이미지가 강한 제목들이 등장한 것이다. 내용에 있어서도 '요새를 지키라'의 가사는 '자아, 나의 친구여! 창공에 나부끼는 신호를 보라!/ 이제 원군이 나타났으니/ 승리가 눈앞에 있다/ 요새를 지키라 내가 가리니/ 예수님의 신호는 여전한데/ 창공에 응답할/ 주님의 은혜로 따르오리' 등과 같다.

이외에 19세기 후반기 미국에서는 산업화의 진통을 겪고 있었지만, 그 가운데서도 번영에 대한 확신, 노력, 그리고 인간의 자율성에 대하여 강조하는 가사가 지배적이었다.[41] 대표적으로 화니 크로스비(Fanny Crosby, 1820-1915)의 '주의 친절한 품에'(한국 어린이 찬송가에는 '주 예수 넓은 품에'), 찰리 틸맨(Charlie D. Tillman, 1861-1943)의 '하늘가는 생명의 철로' '나의 사랑하는 책' 등이 있다.

3) 통일공과의 시작 및 개선 운동

주일학교 초기 교육과정에서 특징적인 것 가운데 한 가지는 주일학교 이전에 '교리문답'(catechism)을 암기하는 주입식 또는 교리문답식(catechetical method)으로부터 '성경교육'으로 강조점이 변화된 것이다. 비록 성경을 암

---

40) Ibid.,, 81.
41) Ibid.,, 83.

기하는 것을 강조한 것으로 보아서 교육방법은 이전과 동일하지만, 성경을 중심으로 강조한 것과, 성경을 통하여 개인의 무지와 사회악을 제거하고자 한 점에서 차이가 있다. 이는 성경이 주교재로 회복되었다는 점에서 주일학교 운동은 큰 공헌을 한 것으로 보인다.[42]

그러나 교리문답이나 성경 구절을 이해 없이 단순히 암기하는 것을 중심으로 한 성경 교육에 대한 비판이 거세지게 되자, 이에 대한 반응으로 1840년경에 대형 교단에서는 각 교단의 교리를 가르치고 강조할 목적으로 교단별로 공과를 만들었다. 공과 개발의 원리 부재 등으로 이 시기를 공과의 '혼란기'(the Babel Series)라고 부른다.[43] 공과를 가르치기 위한 주일학교 교사에 대한 교육도 빈약한 가운데 있었다. 따라서 공과의 혼란과 주일학교에서 교사 교육의 문제점들을 보완하려는 시도가 일어났다.

감리교 목사인 빈센트는 1860년 초반에 일리노이주 전역을 대상으로 주일학교 발전을 위한 중요한 요소로 여긴 교사 교육을 위해 '주일학교 교사 훈련원'(Sunday-School Teacher's Institutes)을 설립하였으며, 1865년에는 교사를 위한 잡지를 편집장으로 발행했고, 복음주의적 성향의 교파에 속한 교사들이 사용할 수 있는 통일공과 계획을 최초로 제안했다.[44] 통일공과 계획서 이름은 '주님과 함께하는 2년 계획안: 새로운 주일학교 학습 제도'(Two Years with Jesus: A New System of Sunday School)이며, 내용은 교사를 위한 유용한 제안이나 학생용 주간 발췌 '핵심 성구' 암기 등이다.

---

42) 종교개혁은 교회의 중심이 교리에서 성경으로 옮긴 운동이라고 할 수 있음. 그러나 종교개혁 이후 개신교는 교리논쟁과 이에 대한 교리문답을 강조하게 됨. 주일학교운동은 이를 다시 성경을 중심으로 옮긴 것임. 그러나 이후에 각 교단에 발행된 공과는 성경 그 자체보다는 공과에 더 강조를 두고 있는 것으로 보임. 공과는 성경을 안내하는 가이드북의 역할이 되어야 할 것임.

43) C. B. Eavey, *History of Christian Education* (Chicago: Moody Press, 1964), 245.

44) Robert W. Lynn & Elliot Wright, *The Big Little School*, 99-102.

빈센트의 계획서에 기초하여 주일학교연합회에서는 1872년에 주일학교 교육의 질적 향상과 모든 주일학교들이 유사한 교재를 가지도록 하기 위해 통일공과 위원회를 조직했으며, 주일학교 어린이뿐만 아니라 모든 연령층에서도 사용할 수 있도록 7년 주기의 성경 주제 목록으로 구성된 통일공과를 발행했다.[45] 기독교교육 역사가들은 1872년 발행된 통일공과(Uniform Lesson) 또는 국제공과(International Lesson)를 제2의 주일학교 탄생이라고 평가하고 있다. 교회학교의 특성을 지닌 주일학교가 교재를 체계적으로 발행함으로 조직적으로 발전할 수 있는 계기를 마련한 것에 대한 평가이다.

통일공과에 대한 비판도 일어났다. 보수적인 교단으로부터는 성경을 전체적으로 이해하기보다 선별하여 본문을 정하기 때문에 성경을 파편적으로 알 수 있다는 점에 대한 비판이 있었으며, 회중교회로부터는 교회력과 맞지 않음에 대한 비판이 있었다. 진보적인 교단으로부터는 고등비평(higher criticism)의 관점에서 비판받았다. 고등비평의 관점에서 볼 때 통일공과는 성경 해석을 단순하고 순진하게 하고 있는 것으로 보였다.

이외에도 공과는 교회학교를 가정과 같은 대화의 공동체가 되도록 하기보다 획일성을 강조하는 일반 학교 패러다임으로 나가게 하는 치명적인 교재라는 비판[46] 또는 어린이의 발달단계를 고려하지 않음으로써 어린이의 발달단계에 따른 정서와 흥미 등을 간과한 것에 대한 비판[47] 등이 있었다. 이러한 비판들의 흐름에 빠르게 대응한 것은 우선 보수적인 교단과 지도자들에 의해서이다.

1875년에 보수 교단의 평신도 지도자인 쿡(David C. Cook)은 평신도로서

---

45) *Ibid.*, 101; W. R. Willis, *200 Years and Still Counting*, 86ff; Jack L. Seymour, *From Sunday School To Church School*, 16.
46) Edward Vincent의 통일공과 체제 구축에 대한 Edward Eggleston의 비판임.
47) Robert W. Lynn & Elliot Wright, *The Big Little School*, 113-127. 통일공과에 의한 성경의 파편적인 이해에 관한 비판은 C. B. Eavey, *History of Christian Education*, 281.

'우리의 주일학교' '우리 주일학교 보석' 등의 자료들을 발행했다. 특징은 매주일 성경의 한 본문을 선정하고 같은 방법으로 모든 연령층에 적용하기보다는 연령층에 따라 각각 다른 방법을 활용하도록 한 것이다. 이는 모든 학년에 대한 기본 강조점은 동일하지만 개요, 사례들, 방법 등은 교육의 대상이 되는 연령층에 맞도록 한 것이다.[48] 이외에도 1881년 회중교회 목회자들은 청소년의 필요를 충족하기 위해 그림 등을 활용하기도 함으로 연령층에 따른 차이를 고려하고자 시도하였다.

비판에 대한 또 다른 반응으로는 진보적 성향의 그룹에서 일어났다. 1875년 미국과 캐나다 중심의 국제대회(International Convention)와 1889년 런던에서 제1회 세계주일학교대회(The First World Sunday School Convention)가 개최되었고, 1903년에 '교회'와 '교육'의 통합을 위해 종교교육협회(Religious Education Association, REA)가 창립되었다.[49] 1907년에 시작된 진보적인 성향의 국제종교교육협의회(International Council of Religious Education)가 통일공과에 대한 대안으로 계단공과(graded lesson)로 알려진 '국제 교육과정'(International Curriculum)을 1922년에 발행하게 되었다.[50]

계단공과는 존 듀이, 윌리엄 제임스, 그리고 쏜다이크 등의 이론에 근거하고 있으며, 1890-1920년에 급성장한 공교육(public school)의 학년별 교육체제와 교육과정에 영향을 받았다.[51] 동기부여, 발달단계, 학습능력의 차이, 학습에 효과적인 물리적인 환경 등도 고려했다. 이러한 특징으로 계단공과를 경험중심 교육과정이라고도 한다.[52]

계단공과 구성은 심리발달에 기초하여 영유아, 유년, 초등, 중등, 고등,

---

48) W. R. Willis, *200 Years and Still Counting*, 104,105; Robert W. Lynn & Elliot Wright, *The Big Little School*, 123.
49) Jack L. Seymour, *From Sunday School To Church School*, 92.
50) Robert W. Lynn & Elliot Wright, *The Big Little School*, 109.
51) Jack L. Seymour, *From Sunday School To Church School*, 83-93.
52) Robert W. Lynn & Elliot Wright, *The Big Little School*, 126.

청년, 청장년, 그리고 노년용 주일학교 등의 교재들과 이에 따른 교수-학습 지침서 등이다. 이외에도 신학에서는 라우쉔부쉬(Walter Rauschenbush)의 사회복음(Social Gospel) 등에 영향을 받았다.

진보주의적 성향 그룹의 계단공과 개발의 노력에도 불구하고 1926년에서 1936년 사이에 진보성향의 주일학교 등록 학생 수와 주일학교 그 자체의 수는 평균 12.6% 감소하게 되었다. 이의 원인으로 ① 1920년대를 기점으로 미국 사회가 현대화되어 나간 것 ② 1929년에 시작된 경제 대공황 등에 대하여 주일학교의 능동적 대응의 부족 ③ 미국의 대표적인 교단에서는 공과에 관련 교단의 특징이 드러나지 않음에 대한 비판 ④ 진보성향의 주일학교 지도자와의 갈등 등이다.

이러한 원인들에 대한 반응으로 미국 장로회에서는 1948년에 칼 바르트와 라인홀드 니버의 신정통주의 신학에 의한 '신앙과 생활' 교육과정이 개발되었다.[53] 신정통주의 신학에 기초한 '신앙과 생활' 교육과정은 하나님의 주권과 성경의 권위를 강조하는 특징을 보이고 있다. 이는 이전의 인성 함양을 의미하는 '양육' 중심의 '주일학교'로부터 기독교 신앙을 지향하는 '회심' 중심의 '교회학교'(church school)로의 전환을 의미한다.

주일학교는 그 속성에 있어 19세기의 부흥운동에 의해 교회학교로의 전환 이후, 20세기에 들어서 두 번째로 교회학교로 전환되었고, 이후 본격적으로 교회학교의 시대를 열어나가게 된다.[54] 신정통주의 신학에 의한 교육과정 개발과 교회학교의 수와 등록학생 수가 다시 회복되고 증가하게 된 시기는 맞물린다. 따라서 로버트 린과 엘리옷 라이트는 20세기 중반기까지의 전도 방법 가운데 가장 뛰어난 것은 성인 중심의 부흥회가 아닌 복음주의 중심의 교회학교라고 평가하고 있다.

---

53) *Ibid.*, 129-134.
54) *Ibid.*, 118, 138, 150.

1965년 이후 교회학교 교육과정의 다양성 시대가 본격적으로 시작되면서 하비 콕스의 『세속도시』 출판 이후 세속신학 주제들이 교육과정에 신의 죽음, 희망, 흑인신학, 그리고 즐거움과 축하 등의 내용들로 다루어졌고, 이후 교회학교 교육과정 내용들은 획일성에서 다양성으로 변화되어 나갔다.[55]

1978년에는 공동교육개발(Joint Educational Development, JED)을 특정 교리나 교단의 색채를 강조하기보다는 복음주의와 진보주의 성향의 15개 교단이 연합하여 개발한 것으로 통일공과를 새롭게 개정한 '말씀 알기', 성경 해석을 위한 '말씀 해석하기', 신앙공동체 형성을 위한 '말씀 따라 살기', 사회적인 이슈를 다루고 있는 '말씀 행하기' 등의 교재들을 발간했다. 미국의 주요 교단들은 교회학교 교육에 있어서 교단의 정체성을 유지하면서도 이러한 다양성을 수용해 나갔다.[56]

4) 미국 초기 주일학교의 장·단점

영국에서 시작된 초기 주일학교는 교육받을 기회가 없는 어린이들을 위한 학교였다. 6일 동안 공장에서 일한 어린이들에 대해 주일을 활용하여 읽기, 쓰기, 셈하기, 종교, 그리고 예절 등을 가르쳤다. 주일학교가 영국에서 미국으로 전해지면서 처음에는 자선 학교의 형태를 유지하였다.[57] 그러나 공교육 활성화, 부흥 운동 등으로 주일학교는 교회학교로 자리매김해 나갔다. 이러한 변화에서 나타난 특징들을 정리하자면 다음과 같다.

린과 라이트에 의하면 미국에서의 초기 주일학교 운동이 성공하게 된 요

---

55) *Ibid.*, 137-145.
56) 이후의 미국교회 교육과정의 발전에 대해서는 다음을 참고할 것. 이원일, 『해석학적 상상력과 기독교교육과정』(서울: 한국장로교출판사, 2004), 92-95; 『해석학과 기독교교육현장』(서울: 한국장로교출판사, 2008), 184-207.
57) Jack L. Seymour, *From Sunday School To Church School*, 157.

인들은 다음과 같다.[58] ① 교육과정에 의해서이다. 즉, 통일공과 제도이다. 통일공과는 교파적 차이, 국가 간의 차이, 인종의 차이를 초월하는 단일성(oneness) 또는 통일성(unity)을 강조한다. ② 교사 교육에서도 교회 또는 교단의 경계를 초월하여 주일학교연합회 주관으로 이루어졌다. ③ 회심이라는 주일학교의 교육목적이 분명하였다. 찬송가, 축하 의식 등을 비롯하여 다양한 의식을 통한 회심이라고 하는 분명한 목적을 가진 교육 운동이었다. ④ 평신도들의 열심이다. 특히 여성들의 적극적인 참여이다. 여성들이 남성들과 나란히 교회 활동을 하고, 의제에 대해 동등하게 발언하고 투표한 것은 주일학교가 처음이었다.

반면에 미국에서 초기 주일학교의 취약한 점들은 다음과 같다.[59] ① 남북전쟁 전후에 흑인과 백인 등의 인종 간의 문제에 대한 입장이 불분명했다. 복음주의에 의해 주도된 주일학교에서 흑인에 대한 인권을 강조하는 차별 극복 내용이 가르쳐지고 강조되어졌다면 남북전쟁을 겪지 않았을 것으로 보인다. ② 1880년대와 1890년대의 성경 비평학에 대한 입장의 모호함이다. 윌리스와 이비 등은 1900년대의 진보주의 신학에 의한 주일학교와 경험중심의 교육과정으로 말미암아 1916년에서 1940년 사이에 주일학교가 12.6% 감소되는 쇠퇴기를 맞이했다고 보고 있다.[60] 이후 신정통주의에 의한 주일학교는 다시 그 숫자적인 면에서 초기의 세력을 회복한 것으로 보아 주일학교의 성장과 신학과는 연관성이 있다고 할 수 있다. ③ 전문성

---

58) Robert W. Lynn & Elliot Wright, *The Big Little School*, 151-157.

59) *Ibid.*, 64, 157-159.

60) W. R. Willis, *200 Years and Still Counting*, 100ff; C. B. Eavey, *History of Christian Education* (Chicago: Moody Press, 1964), 266-268. 이비는 이외에 헬라 철학에 근거한 교육사상을 의미하는 세속주의, 과거의 것에 집착하고 새로운 것을 받아들이기를 꺼리는 복음주의, 세상과의 분리적인 종파 개념의 교회주의 등이 주일학교의 쇠퇴 원인들이라고 말함.

이 강조되면서 평신도의 지도력이 약화된 것이다.[61] 주일학교는 로버트 레이크스라고 하는 평신도에 의해 시작되었고, 평신도의 헌신에 의해 지속적으로 발전해 온 운동이다. 그러나 신학의 전문성 등을 이유로 교파 지도자들과 종교 교육가들이 주일학교에 대한 지도력을 갖게 됨으로써 주일학교의 역동성이 약화되었다.

III. 한국에서의 초기 주일학교

미국 선교사 언더우드와 아펜젤러에 의해 1885년 4월 5일 부활절 아침에 복음이 조선(이하 한국이라는 명칭과 혼용)에 전파됨으로 본격적으로 시작된 한국의 초기 기독교는 교육활동으로 근대화의 첨병 역할을 했다. 한국 초기 기독교는 학교교육, 한글교육, 여성교육, 직업교육, 유아교육, 민주교육, 자주의식 함양 등의 다양한 교육활동을 했다.[62] 한국의 초기 주일학교에 대해 교육내용을 중심으로 살펴보면 다음과 같다.

1. 성경교육

민경배 박사에 의하면 한국에 들어온 선교사들의 주류는 미국의 복음주의자들(evangelicals)이었다. 회심을 강조하는 부흥회 중심 유형의 선교사들이 주류를 이룬 것이다. 한국에서의 선교사들은 초기에는 기독교 역사가 그러하듯 우선 성인세대에 관심을 가졌다.[63] 이후 최초로 주일학교가 시작

---

61) W. R. Willis, *200 Years and Still Counting*, 100ff.
62) 노영숙, "개화기 선교사들의 기독교 교육이 근대 교육·문화에 기여한 교육적 의의," 『기독교교육논총』, 368-383.
63) 민경배, 『한국기독교교회사』 (서울: 대한기독교출판사, 1985), 148, 298.

된 것은 1888년 1월 15일 아펜젤러 목사 부부와 스크랜튼 의사 부부가 서울 이화학당에서 12명의 소외계층 여학생들과 부인 3명과 주일에 모여 주일학교라는 명칭으로 성경공부를 한 것에서 시작한다.[64] 1890년에 이르러 주일학교는 장년들까지 포함해서 성경공부반으로 운영되었다.

1894년 1월 8일 주일에는 마펫 선교사가 평양에서 22명의 학생에게 성경과 기독교 교리를 가르치기 시작했으며, 1897년에는 평양의 여섯 곳에서 주일학교가 시작되었다. 1900년에는 평양의 남산현 감리교회에서 노블(Noble) 목사의 부인이 '유년주일학교'라는 명칭으로 5세부터 15세까지의 아동을 모아서 가르치기 시작하였다. 아동수는 200명, 교사는 20명이며, 성경과 요절을 중심으로 교육하였다.

전주에서의 주일학교는 1910년 랭킨(Nellie Rankin), 1911년 스와인하트(M. L. Swinehart) 등이 불신자 가정의 어린이들을 모아서 시작했다. 마을의 길거리에서 더럽고 무지한 비기독교인 집안의 아이들을 모아서 노래 부르기, 요리문답, 성구암송, 초신자를 위한 교육 등을 하였다.[65] 노래 부르기와 초신자를 위한 교육 등이 있지만 요리문답과 성구암송에 강조를 두었다. 일반적으로 한국에서의 초기 교회는 성경에 기초한 신앙이 되도록 하는 교육을 했고, 더 나아가 읽기, 쓰기, 셈하기, 그리고 예절 등에 대한 소양을 갖춘 교양인으로 살도록 교육하였다.

1893년 4월 22일 미국 북장로교회 소속 선교사 베어드(William M. Baird, 1862-1931)가 전도를 목적으로 부산(1891년 1월 29일 입항)에서 대구로 들어

---

64) 손원영, "한국 초기 주일학교의 특성에 대한 연구," 『기독교교육논총』, 159; 민경배, 『한국기독교교회사』, 298.

65) 이정기, "한국교회 초기 주일학교 교육에 관한 역사적 고찰," 『부·경교회사 연구』 2011년 Issue 4, 12-14. 호남지역 선교 시작은 1893년 9월 미국 남장로교 소속의 테이트(Lewis B. Tate)와 전킨(William M. Junkin)이 전주에 도착함으로 시작되었음. Anabel M. Nisbet, *Day In and Day Out in Korea*, 한인수 옮김, 『호남선교초기 역사(1892-1919)』 (서울: 도서출판 경건, 1998), 20, 33.

오면서 대구에서 교회의 역사는 시작되었다.[66] 1896년 12월 선교지를 서울로 옮긴 후 1897년에 베어드의 처남인 아담스(James. E. Adams)에 의해 대구제일교회의 전신인 장로교회 소속의 남문안 예배당이 문을 열게 되었다.[67] 주일학교는 교회 설립 다음 해인 1898년 아담스 선교사의 부인 넬리에 의해서 시작되었다. 교육내용은 찬송, 성경구절 암송, 십계명 암송, 기도하는 법 등이었다.[68] 야외 활동으로는 주일학교 야구팀, 주일학교 소풍 등으로 친교와 전도에 중점을 두었다.

2. 민족교육

한국에 들어온 미국 선교사들은 초기의 한국교회가 복음주의 또는 경건주의 테두리 안에서 머물기를 원했다. 국가와 교회의 분리로 말미암는 비정치화의 방향으로 나가기를 바란 것이다. 이런 바람과는 달리 1895년 명성황후가 시해된 을미사변, 1905년 외교권과 주권이 실질적으로 박탈된 을사보호조약 등을 계기로 한국교회는 국가에 대한 관심을 높여 나가기 시작했다.[69] 이전에는 반봉건적 입장에 서 있던 초기 한국교회였다면, 이후에는 반일적인 입장에서의 교회로 그 자리매김을 해 나간 것이다.

따라서 민경배 박사는 한국교회와 주일학교가 지닌 '가장' 흥미로운 양상 가운데 하나는 애국심임을 말한다. 주일이면 기독교인의 집이나 교회 위에 국기를 게양할 정도였으며, 1895년에서 1907년에 평양 등의 서북지역을 중심으로 교인의 수가 급격하게 성장한 것이다. 평양에서 주일에 예배를 드

---

66) Richard H. Baird, William M. Baird of Korea, 숭실대학교 뿌리찾기 위원회 역주, 『윌리엄 베어드』 (서울: 숭실대학교출판국, 2016), 32-42, 70, 71.
67) 김경호 외 4인, 『대구중앙교회 70년사』 (대구: 경북인쇄, 1995), 72.
68) 110주년 편찬위원회, 『대구제일교회백년사』 (대구: 대명문화인쇄소, 2004), 128, 129, 168.
69) 민경배, 『한국기독교교회사』, 199. 『교회와 민족』 (서울: 대한기독교서회, 1992), 17-21.

리는 기독교인이 14,000명인데, 당시의 평양의 인구가 4만에서 5만 정도인 것으로 보아 1/3 정도가 기독교인일 정도로 성장한 것으로 보인다. 민경배 박사는 그 원인으로 당시 한국에서의 기존 종교의 쇠락, 청국의 패배, 그리고 국내 정세의 불안정에 대하여 기독교에서 답을 찾아보려고 한 것이라고 판단하고 있다.[70]

1905년 11월에 전국의 기독교인은 11만에 이르게 되고, 전국의 장로회, 감리회, 그리고 침례회 등은 연합하여 구국 기도회를 개최하기도 했다. 그 기도문을 보면 "만왕의 왕이신 하나님이시여 … 나라가 하나님의 영원한 보호를 받아 지구상에 독립국이 되게 하여 주시기를 예수의 이름으로 비옵니다"[71]와 같다.

주일학교의 경우 성경을 기초로 한 신앙교육과 더불어 민족에 대한 의식을 갖도록 하는 교육을 했다. 1914년 서울 선교 스테이션의 한 보고에 의하면 주일학교는 성경만을 가르친 것이 아니라 한글교육, 문맹타파, 농촌계몽교육, 자립적 의식 교육 등을 통하여 민족의식을 함께 함양하기 위해 노력했다.[72]

1922년 동양의 예루살렘이라고도 하는 평북 선천에서 미국 북장로교 선교사인 마펫 목사의 부인이 복음 전도의 한 방법으로 한국인 교사 4-5명과

---

70) 민경배, 『한국기독교교회사』, 216. 한국교회는 역사적 과정을 거치면서 미신적이며 유교적인 것에 대한 '반봉건', '반일', 그리고 '반공'이라는 이데올로기를 갖게 된 특징이 있음. 반봉건에 대한 내용은 다음을 참고. 노영숙, "개화기 선교사들의 기독교교육이 근대 교육·문화에 기여한 교육적 의의," 『기독교교육논총』, 제34집 (2013), 359; 한승돈, "초기 한국 교회 교육과 각 교단의 교육목표 설정을 통한 대한신학대학원대학교의 기독교 교육(교회교육)의 방향설정," 『대한논총』 제4호 (2012), 329-331.

71) 민경배, 『교회와 민족』, 21.

72) 장종철, 『한국교회와 기독교교육』(서울: 감리교신학대학출판부, 1991), 제10장; 이정기, "한국교회 초기 주일학교 교육에 관한 역사적 고찰," 『부·경교회사 연구』, 2011년 Issue 4, 12-14, 27.

함께 여름성경학교를 시작했다. 주된 내용은 성경 암송, 뜻풀이, 이야기 전개, 찬송가 부르기 등이었다. 이외에 위생에 대한 내용, 한국의 역사, 위인 이야기 등을 포함하고 있다.[73]

여름성경학교에서 일제하에 민족의식 함양을 위해 한국의 역사를 가르쳤다는 점이 특징이다. 공식적으로 나타난 기록이 별로 없다고 할지라도 그 당시 교회 평신도들을 대상으로 민족의식을 갖도록 한 점으로 보아서, 교인들의 자녀들에게도 이러한 교육이 되었을 것으로 어렵지 않게 추정할 수 있다.

한국 기독교교육학계의 원로인 은준관은 그의 자서전에서 "그때는(1944년) 아직 일제강점기 말, 우리말이 금지되었던 때였다. 하지만 우리말로 드리는 주일학교 예배, 기도, 설교, 우리말 곡조로 부르는 찬송가, 우리말 분반공부는 그동안 일본 문화에 찌들고 찌든 내 영혼을 깨우는 하늘의 소리들이었다"[74]는 회고에서 알 수 있듯이 초기 한국 주일학교는 민족의식을 함양하는 민족교회의 정체성을 지녔다는 점에서 영국 및 미국 초기 주일학교와는 다른 특징을 보이고 있다.

그러나 영국과 미국의 경우와 같이 주일학교는 그 시대의 사회 및 문화의 맥락(context)을 반영하고 있다는 점에서는 동일하다. 요컨대 초기 주일학교의 정체성은 텍스트인 성경과 컨텍스트인 맥락과의 만남이었다.

3. 공과교육

---

73) *Ibid.*, 28. 1901년 침례교 선교회에 의해 뉴욕에서 시작된 여름성경학교(Vacation Church School)는, 한국에서는 1922년 평북 선천에서 시작된 이후, 1924년에는 경남의 마산에서도 시작되었으며, 1941년 일제에 의해 강제로 선교사들이 추방될 때까지 여름성경학교는 전국적으로 시행되었음. 노영숙, "개화기 선교사들의 기독교 교육이 근대 교육·문화에 기여한 교육적 의의," 『기독교교육논총』, 365; Robert W. Lynn and Elliott Wright, *The Big Little School*, 7.

74) 은준관, 『삶, 여정, 이끄심』 (서울: 도서출판 동연, 2022), 88.

1905년 장로회와 감리회의 선교사들이 모여 '선교연합공의회'(Federal Council of Missions)를 조직하였고, 선교연합공의회에서 첫째로 한 일 중의 하나는 주일학교 공과위원회를 조직한 것이다. 1907년에 선교연합공의회에서 결의한 대로 전국 교회가 모두 같은 종류의 공과를 통일하여 사용하자는 것이었다. 이의 결실로 1910년에는 전국 교회가 처음으로 국제통일공과(International Uniform Lessons, 이하 통일공과)를 출판하여 사용하였다. 미국에서 사용하는 것보다 한 해 늦은 것을 사용했다. 이는 미국에서 한 해 전의 것을 한국어로 번역하고 편집해야 되었기 때문이다.

1911년에는 통일공과의 원본을 직접 번역하여 그해의 것을 그해에 사용하게 되었으며, 이에 대한 비용은 1889년 설립된 '국제주일학교연합회'에서 감당해 주었다.[75] 1912년 2월 서울에서 선교회, 한국교회, 그리고 예수교서회의 대표자들 13명이 모여서 '조선주일학교실행위원회'를 결성하였다. 나라를 잃은 고난의 시기임에도 불구하고 1922년에는 '조선주일학교연합회'가 조직되었고, 계단공과의 출판, 교육관련 아동 월간지 발간, 주일학교의 확장, 그리고 교사 자질 향상 등을 위하여 노력했다.[76]

1930년에는 미국의 감리교회와 차별화된 조선 감리교회가 시작되었으며, 1933년 조선 감리회에서는 '조선적 주일학교'를 표방하기에 이른다. 조선적 주일학교를 만들기 위해 과거 외국의 계단공과를 그대로 번역하여 사

---

75) 곽안전, 『한국교회사』(서울: 대한기독교서회, 1961), 158, 159.
76) 민경배, 『한국기독교교회사』, 298; 이정기, "한국교회 초기 주일학교 교육에 관한 역사적 고찰," 『부·경교회사 연구』, 25, 26; 정웅섭, 『현대 기독교교육의 과제와 방법』, 46ff. 세계주일학교연합회는 1889년 런던에서 영국, 미국, 그리고 캐나다의 주일학교 관계자들이 모여 제1차 세계주일학교대회를 개최함으로 본격적으로 활동을 하기 시작했음. 1947년 영국에서 개최된 회의에서 그 명칭을 '세계기독교교육협의회'(WCCE)로 바꾸게 되었고, 이후 1971년 WCCE는 선교교육론에 영향을 받아 세계교회협의회(WCC)에 소속되어 그 교육국이 되었음. 한국에서는 1948년 3월 23일 제2회 총회에서 '대한기독교교육협회'로 명칭을 변경하였음. 이후 여기서는 기독교학교 교육에 관심을 갖고 장로회 계통 학교와 감리교 계통 학교가 협력해서 중학교 1학년에서 고등학교 3학년까지의 성경교과서를 발행했음.

용하던 것을 조선적 공과로 제작하기로 했다.[77] 1934년 조선적 공과를 만들기로 결의하고 1935년 조선적 공과인 유치부, 유년부, 소년부, 청년부 공과를 만들어 사용함으로 조선인에 의한 공과 역사가 시작되었다.

조선주일학교연합회에서는 1924년에 주일학교 교사교육을 위한 교육과정과 교재도 개발하였다. 성경 12시간, 심리학 12시간, 교수법 12시간, 조직법 12시간, 특별과 12시간, 인도법 12시간 등으로 합계 72시간이며, 이를 공부하고 합격한 사람에게 조선 주일학교 교사의 자격을 주었다.[78] 장년부 교사용 참고서는 1925년 11월 이후 '주일학교 잡지'의 부록에 게재하였고, 초등부 교사용 참고서도 1928년 12월호까지 게재하였고, 1929년 1월호부터는 초등부, 중등부, 고등부 교사용 참고서가 게재되었다.

조선주일학교연합회는 1937년 일제의 탄압으로 해체될 때까지 꾸준히 활동했다. 주로 장로회와 감리회가 이 연합 사업에 적극 협력하였다. 이후 1947년 1월에 주일학교연합회의 재건총회를 열었고, 1948년 총회에서는 세계기독교교육협회의 명칭을 따라 대한기독교교육협회라고 명칭을 고치게 되었다.

4. 찬송교육

한국교회 최초의 찬송가는 1892년 감리교의 존스(G. H. Jones)와 로스와

---

77) 유치부(만4-5세)에서는 권1, 권2를, 유년부(만6세에서 11세)에서는 권1-6 등의 여섯 권을, 소년부(만12-16세)에서는 권1-3 등의 세 권을, 청년부(17세-24세)에서는 장년부와 같이 만국통일공과를 가르침. 손원영, "조선적 주일학교의 선구자 배덕영의 기독교교육," 『기독교교육정보』, 2002년 Issue 5, 314; 이정기, "한국교회 초기 주일학교 교육에 관한 역사적 고찰," 『부·경교회사 연구』, 30.
78) 노영숙, "개화기 선교사들의 기독교 교육이 근대 교육·문화에 기여한 교육적 의의," 『기독교교육논총』, 369, 370.

일러(L. C. Rothweiler)가 공동 편집한 수형본(手形本)의 『찬미가』이다.[79] 『찬미가』에 실린 곡 중에 61장 "예수의 높은 이름이 내 귀에 들어온 후로/ 전 죄악을 소멸하니 사후천당 내 것일세 … 귀한 영혼 예수 따라 천당에 곧 올라가세/ 저기가 내 본향일세 착한 영혼 모였구나 …"[80] 등의 가사는 초기 한국 기독교의 초월적 신앙을 잘 대변해 주는 것으로 보인다.

그러나 한국 최초의 규모를 갖춘 찬송가는 1894년 언더우드 선교사가 펴낸 『찬양가』이다. 언더우드의 『찬양가』에 나타난 세 가지의 특징들은 다음과 같다.[81]

첫째, 찬양의 대체적인 주제는 죄의 심각성과 그리스도의 대속을 가능하게 하신 하나님의 사랑이다. 하나님의 은혜와 자비하심을 주제로 하고 있다.

둘째, 장로교의 특징인 교회를 강조하고 있다. 성경을 성령의 계시로 말미암아 복음을 깨달은 자들의 모임인 교회의 중요성에 대한 찬양이다.

셋째, 전체 117장 중 대다수에 해당하는 110장은 영어나 중국어를 번역한 것이다. 다른 사람이 번역한 찬송가를 허락 없이 사용한 것과 하나님의 호칭을 여호와로 사용한 것으로 인해 장로교에서는 언더우드의 찬양가를 인정하지 않기에 이른다. 그러나 특이한 점은 일곱 장을 한국인이 작사한 점이다.

일곱 장은 다음과 같다. 4장 "이 세상을 내신 이는 여호와 하나뿐일세" 29장 "우리 주의 피를 보면 아득하다" 38장 "우리 예수 큰 공로가 내 죄악을 모두 씻네" 61장 "예수의 높은 이름이 내 귀에 들어온 후로" 93장 "어렵고 어려우나 우리 주가 구하네" 113장 "이 세상의 사람들은 주의 은덕을 아직 몰라" 115장 "나는 믿네, 나는 믿네 여호와" 등이다. 언더우드는 현지인

---

79) 민경배, 『교회와 민족』 (서울: 대한기독교출판사, 1992), 198.
80) 민경배, 『한국기독교교회사』, 188.
81) 민경배, 『교회와 민족』, 199-203.

의 마음에 가까이 가기 위해 토착 찬송을 실은 것으로 이해할 수 있다.

감리교의 『찬미가』는 1895년에 만들어졌다.[82] 복음의 주제를 망라해서 표현하고, 또 성탄과 같은 절기에 쓰일 노래를 보완하고 있다. 언더우드의 『찬양가』에서 열세 장, 장로교 베어드 여사의 노래가 열 장, 노블 여사의 노래가 세 장 등으로 종합하여 구성하고 있다. 이후 개편되어 1905년에 감리교회의 『찬미가』가 윤치호의 번역, 김상만의 발행으로 간행되었으며, 여기에 애국송이 여럿 실려 있다.[83] 우리 애국가가 문서상으로는 여기에 처음 실려 있다는 점에서 역사적 의의가 있다.

1908년에 장로회와 감리회의 연합으로 『찬송가』가 266장으로 구성되어 예수교서회를 통하여 발행되었다.[84] 현재의 찬송가는 이 『찬송가』를 수정하면서 발전되었다는 점에서 오늘날 찬송가의 기초이다. 이 『찬송가』에서 한국의 고유 가락으로 노래를 부를 수 있는 찬송은 "높은 이름 찬송하고" "하나님이 천지를 만드시고" "해가 가는 길과 같이" "전능하신 아버지의 크신 공덕 들어 보소" "여호와의 보좌 앞에" 등이다.

조선예수교연합공의회(장·감의 선교연합공의회가 1924년부터 조선예수교연합공의회로 바뀜)는 1931년에 신정(新訂) 『찬송가』를 예수교서회에서 발행하였다.[85] 그러나 이에 대해 장로교 총회는 서로 간의 협의가 부족하였다는 이유로 거부하였고, 김교신은 신정『찬송가』에 남궁억의 "삼천리 반도 금수강산 하나님 주신 동산"을 새로 편입한 반면에, 영적인 힘을 자극한다고 여기는 "샘물과 같은 보혈은 임마누엘 피로다"와 같은 찬송을 제거한 것 등으로 인해 신정『찬송가』를 반대한 것이다. 또한 김교신은 신정『찬송가』는 선교사들 주도의 것이며, 민족 주체성을 무시하였다고 비판하였다.

---

82) *Ibid.*, 202.
83) *Ibid.*, 204.
84) *Ibid.*, 205.
85) *Ibid.*, 206.

1925년대까지는 어린이를 위한 찬송가가 없어서 주일학교 예배에서는 성인들이 사용하던 찬송가를 그대로 사용했다. 어린이 찬송가가 성인 찬송가에 독립하여 출판된 것은 1925년에 『유년찬송가』이지만 구체적인 내용은 알려져 있지 않다. 1936년에 이르러 찬송가라는 이름은 없지만 강신명의 『아동가요곡선 300곡』이 있다.[86] 그러나 성인 찬송가와의 분리는 같은 해에 본격적으로 시작되었다.

1936년 조선예수교장로회 종교교육부에서 당시 대표적인 음악가인 현제명을 편집 책임자로 하여 총 101장에 부록으로 주악곡 4곡을 곁들인 『아동 찬송가』를 유곡(有曲), 무곡(無曲) 두 가지로 발행하였다.[87] 『아동 찬송가』에서는 예배순서와 관련된 노래로 교가, 신입생 환영가, 우승가, 생일축하노래, 어린이주일노래, 헌금송 등이 포함되어 있다. 예배 시간에 입장과 폐회 때에 부른 찬송은 '길에서 헤매는 아이들아'라는 곡으로 전도를 위한 노래 가사이다. 우승가는 당시에 반의 출석, 암송, 신입생 인도, 헌금 등을 점수화하여 가장 많은 점수를 받은 반에게 우승기를 수여하며 '좋은 말로 달래서 전도를 했더니 우승기를 취했다' 등의 우승가를 불렀다.[88] 생일축하 곡으로는 '죄에 빠진 내 동무' '힘써 일하세' 등의 노래가 불렸다. 헌금송으로는 '동포 위해' '불쌍한 자' 등이 구제를 목적으로 불렸다.[89]

---

86) 김광, "강신명의 아동가요곡선 300곡에 관한 연구: 주일학교 노래를 중심으로," 『장로회신학대학교 교회음악대학원』(1999. 11). 300곡집은 전체 326곡 중에 주일학교 노래는 90곡이며 나머지 236곡은 일반 동요로 편집되었음. 주일학교 노래보다 일반 동요가 더 많았음. 한국 곡과 외국 곡의 비율은 주일학교 노래의 경우 80:20이며, 일반 동요는 95: 5로 한국 곡이 더 많았음. 그러나 『아동찬송가』에는 전체 101곡 중에 한국 곡은 9곡에 불과함. 주일학교 노래의 한국 곡은 공식적인 찬송가에는 인정을 받지 못한 것으로 보임.
87) 박소연, "한국교회 주일학교 예배음악에 관한 연구," 5.
88) 미국에서의 주일학교는 시상제도를 적극적으로 활용했음. 성경구절을 암송하는 경우 어린이들이 좋아하는 선물을 줌으로 동기를 부여하는 등 교육평가를 긍정적인 차원에서 활용했음. C. B. Eavey, *History of Christian Education*, 275.
89) 박소연, "한국교회 주일학교 예배음악에 관한 연구," 12-22.

이외에 예배시간과 예배시간 이외에도 부르기 위한 찬송 곡들도 다양하게 포함되어 있다.[90] '밥상에서'라는 곡은 "날마다 우리에게 양식을 주시는 은혜로우신 하나님 참 감사합니다"라는 가사이다. '꽃주일'은 지금의 어린이 주일로서 "오늘은 꽃주일 아이의 주일 저 뜰에 고운 꽃 방긋이 웃고 나비들 춤추는 ..." 등의 가사로서 미국에서 자연을 통한 하나님 찬양과 유사한 맥락을 지니고 있다.

이 밖에 '절제 운동가'는 '주의 진리 위해 십자가 군기'(새 찬송가 358장)의 곡을 사용했고, 가사는 금주와 금연에 대한 내용이다.[91] 추수감사절 찬송은 '감사 찬송'이라는 제목으로 참 기쁜 날, 참 좋은 날, 즐거운 날 등의 내용으로 구성되어 있다. '기도 찬송'이라는 제목의 찬송은 잠을 자기 전과 깨어날 때를 위해 별과 천사를 소재로 한 가사로 되어 있다.

'싼타크로스' 제목의 찬송은 좋은 선물을 주시는 할아버지에 대한 노래이다. '소년 소녀 성경구락부 노래' 찬송 제목에서 '성경 구락부'(Bible Group)는 주일학교를 말하는 것으로 "... 예수님을 본받아서 자라나는 곳 .." 또는 "... 높은 마음 깊은 지식 ..."을 갖추는 곳으로 또는 "... 하나님과 이 땅 사람 ..."을 위한 곳으로 묘사하고 있다.

초기 주일학교에서 사용한 어린이 찬송가는 신앙, 금주, 금연, 그리고 기타 계몽운동 등에 대한 교육적인 내용을 포함한 것과 어린이의 애국심을 키우기 위한 내용 등을 포함하는 등의 공헌이 있다. 그 가사에서는 어린이들이 이해하기 어려운 추상적인 용어 또는 교리적인 용어들이 사용되거나, 음조가 어둡거나 하고 딱딱한 느낌이라는 비판도 있다. 어린이를 위한 찬

---

90) *Ibid.*, 23-29. 1922년 천도교 소년회를 중심으로 5월 1일을 어린이날로 기념하기 시작함.

91) 후렴부를 보면 "술잔을 깨쳐라 담배대를 떨처바리라/ 삼천만 사람의 살길은 절제운동 만만세". 이외에 '금주가'가 별도로 편성되어 있음. 김광, "강신명의 아동가요곡선 300곡에 관한 연구: 주일학교 노래를 중심으로," 35, 36.

송이라고 하기보다 예배 자체를 위한 찬송이라는 것이다.[92]

IV. 오래된 미래

세 개의 나라에서 초기 주일학교는 각자의 독특성을 지니면서 발전해 왔다. 영국의 경우 빈민에 대한 교양교육, 미국의 경우 죽음교육, 한국의 경우 민족의식 교육 등이다. 그러나 공통적인 면도 발견할 수 있다. 영국의 주일학교가 성장한 것을 살펴보면 레이크스라고 하는 사회운동가와 웨슬리 등과 같은 복음주의자들의 협력에 의해서이다. 미국의 경우도 사회교육적인 측면으로 시작하였지만 대부흥 운동을 기점으로 사회교육과 회심 중심의 교회교육이 공존한 가운데 발전하였다.

한국의 경우도 유사한 맥락을 가지고 있다. 주일학교가 선교사들의 영향을 받은 관계로 회심 중심의 교회교육을 기초로 하고 있지만, 그럼에도 반봉건주의라고 하는 계몽정신과 반일정신이라고 하는 민족의식을 함께 심어 주는 주일학교였다. 이런 점들이 국경을 초월하여 세 개의 나라에서 이루어진 초기 주일학교의 공통적인 특성이다.

이처럼 초기의 주일학교의 정체성은 교회교육이면서 동시에 사회교육이라고 할 수 있다. 초기 주일학교는 교회 교육적인 측면과 사회 교육적인 측면이 함께 만나는 만남의 장이었다. 이는 초기 주일학교가 교단의 특성을 가진 신앙을 갖도록 하는 역할과 함께 지역사회에서 비신자들을 위한 사명을 감당하는 역할을 병행해 온 것에서 알 수 있다. 이는 현재와 미래의 교회학교가 나가야 할 방향이기도 하다. 이를 교회학교 교육에 대한 통합적 방

---

92) 김광, "강신명의 아동가요곡선 300곡에 관한 연구: 주일학교 노래를 중심으로," 48, 49; 박소연, "한국교회 주일학교 예배음악에 관한 연구," 29.

향이라고 말할 수 있다.

　또한 세 개 국가의 초기 주일학교에서 공통적인 요소 가운데 하나는 어린이 찬송을 개발하고 가르쳤다는 사실이다. 한국의 경우 어린이들에게 찬송을 가르치고 부르게 했다는 것 자체가 당시로서는 매우 신선한 것이었다. 어린이 찬송 개발은 교회학교의 미래를 말해 주는 것이기도 하다. 어린이 찬송은 오래된 미래이다. 오래된 미래라는 말은 교회학교의 미래를 나타내는 용어로도 제시하고자 한다. 주일학교는 교회교육이면서 지역사회를 위한 사회교육이어야 하기 때문이다. 교회학교 마을목회라는 말로 정리할 수 있다. 교회교육이면서 사회교육의 특성을 가지고 있는 교회학교 마을목회 그 자체가 오래된 미래이다.

<주요토론내용>

1. 초기 주일학교는 어떤 협력 관계를 통하여 발전되어 왔는지 정리해 보자.
2. 초기 주일학교에서 가르친 교육내용에서 공통점과 차이점들은 무엇인가?
3. 초기 주일학교의 역사와 관련하여 본인이 소속된 교회학교 역사를 정리해 보자.
4. 자신이 속한 교회학교의 마을목회를 위한 방안은 무엇인가?

6장 칼뱅주의와 기독교 인성교육

제4차 산업혁명의 시대를 맞이하고 있는 오늘날 사람들의 삶은 더 편리해졌지만 함께 더불어 살아가고자 하는 성품으로서의 인성(character)[1]은 더 약화되어 가고 있다. 사회적 존재인 사람은 인공지능으로 대표되는 제4차 산업혁명 시대에도 여전히 인격적 공동체를 필요로 한다. 이에 부응하는 차원에서 인성교육이 활성화되고 있다.

오늘날 수행되고 있는 인성교육이 인본주의적 차원에서 수행되는 것을 지양하고 기독교 인성교육을 지향하는 데 기여하기 위해 기독교교육 학자이며 목회자인 호레스 부쉬넬(Horace Bushnell, 1802-1876)의 기독교 인성교육 사상을 살펴보고자 한다.

특히 종교개혁 500주년을 맞이하여 칼뱅주의자인 호레스 부쉬넬의 교육신학을 통하여 기독교 인성교육을 살펴보고자 하며, 이에 대하여 다음의 질문으로 성찰하고자 한다. 기독교 인성교육과 관련하여 회심에 대한 부쉬

---

* 본 내용은 기독교사상과 문화연구원, "칼뱅주의에서 기독교 인성교육: 호레스 부쉬넬을 중심으로," 『장신논단』 49-2 (2017), 349-374에 게재된 논문을 수정 및 보완한 것임.

1) 인성에 대한 정의는 선천적으로 타고난 성격(personality), 후천적으로 변화할 수 있는 성품(character), 윤리학적인 차원에서는 도덕성(morality)이나 덕(virtue, 德), 인간의 관계성을 의미하는 인간성(humanity) 등으로 정의됨. 이춘·고병호 공저, 『인성교육의 이해와 지도』(서울: 교육아카데미, 2015), 16-19.

넬의 입장과 그 사상적 배경은 무엇인가? 부쉬넬의 사상에 의한 기독교 인성은 어떤 특징이 있는가? 부쉬넬의 기독교 인성교육의 특징과 오늘날의 인성교육에는 어떤 시사점들을 주고 있는가?

이러한 물음들을 풀어 나가기 위해 부쉬넬의 저서나 관련 저서뿐만 아니라 지금까지 연구가 비교적 미진한 그의 설교까지 포함하고자 한다. 인성에 강조를 두고 있는 그의 설교는 기독교 인성과 기독교 인성교육을 이해하기 위해 매우 중요한 자료이기 때문이다.

I. 사상적 배경

부쉬넬은 1802년 뉴잉글랜드 코네티컷 주의 리치필드 카운티에서 태어났으며, 대각성 운동이 한창 진행 중이던 1821년에 회심을 하고, 1860년에 건강 악화로 은퇴하기까지 뉴잉글랜드 하트포드의 회중교회에서 목회했다. 1876년에 별세하기까지 저서, 에세이, 그리고 설교 등을 통해서 자신의 신학 사상을 활발히 전개해 나갔다.

1. 신학적 배경

부쉬넬의 교육신학적 위치를 파악하기 위해서는 미국 장로교회의 대각성 운동의 초기 역사에 대한 이해가 필요하다.[2] 미국 장로교회는 뉴잉글랜드에 이민한 장로교인들에 의해 시작되었다. 뉴잉글랜드에 이민한 장로교회는 크게 두 부류로 구분된다.

---

2) Williston Walker, *A History of the Christian Church*, 이영헌 외 편역, 『세계기독교회사』 (서울: 대한기독교서회, 1984), 383-386, 409-418; 이형기, 『역사 속의 내러티브 신학』 (서울: 한들출판사, 2005), 244-248.

우선 스코틀랜드계 아일랜드인들에 의한 장로교회이다. 스코틀랜드계 아일랜드인들에 의한 장로교회가 강조한 것은 '교리'와 '교리문답'(catechism)이다. 교리와 교리문답을 개인의 영혼에 마치 척추와 같으며 교회의 초석과 같은 것으로 여겼다. 교리 중에서 하나님의 절대 주권을 강조하고 있는 1646년의 웨스트민스터 신앙고백과 교리문답을 중요하게 여겼다.[3]

스코틀랜드계 아일랜드인들에 의한 장로교회는 그 당시의 대각성 운동에 대하여 반대의 입장을 가지고 있었다. 이들을 구파(Old School)라고 부른다. 구파는 이외에도 자연과 초자연의 불연속성을 의미하는 완전한 분리, 인간 본성의 완전한 타락, 선택받은 자와 심판을 받을 자로 이미 나뉘는 이중 예정론 등을 강조하였다.

이에 비해 둘째 부류에 속하는 뉴잉글랜드에 이민한 영국 청교도 계통의 장로교회는 그리스도인의 경건한 삶을 의미하는 성화를 강조하였다. 그리스도인의 성화를 교회의 기초로 여겼다. 미국에서의 초기 대각성 운동은 조나단 에드워즈(Jonathan Edwards, 1703-1758)가 하나님 주권을 강조한 제1차(1735-1744)와 찰스 피니(Charles Finney, 1792-1875)가 성령체험을 강조한 제2차(1795-1835)로 구분된다.[4]

이처럼 성령에 의한 대각성 운동에 대해 지지하는 입장은 영국 청교도 계통의 장로교회이다. 이들을 신파(New School)라고 부른다. 이후 자유주

---

3) Lee J. Makowski, *Horace Bushnell On Christian Character Development* (New York: University Press of America, Inc., 1999), 8.

4) 존 웨슬리(John Wesley, 1705-1791), 조지 휫필드(George Whitefield, 1714-1770) 등이 이들보다 이전의 부흥운동을 주도한 인물들임. 이들의 공통점은 성령의 직접적인 체험을 강조한 것과 성령에 의한 마음의 급격하고 획기적인 변화를 참된 기독교로 이해한 것임. 청교도와 관련한 언급은 다음을 참고. 김재성, 『개혁신학의 정수』 (서울: 이레서원, 2003), 261, 492; Robert Bruce Mullin, *The Puritan as Yankee: A Life of Horace Bushnell* (Grand Rapids, Michigan: William B. Eerdmans Publishing Co., 2002), 70.

의 신학에 반대하는 의미에서 복음주의(Evangelicalism)라고도 한다.

부쉬넬의 교육사상적 위치는 그리스도인의 성령과 성화를 교회의 기초로 본다는 점에서 청교도 계통의 신파에 속한다. 신파는 성령과 삶이 더 실재적이며, 교리보다 더 우위에 있다고 본다.[5]

그러나 청교도 계통의 신파도 크게 두 부류로 구분된다. 조나단 에드워즈에 의한 급격한 회심 중심의 대각성 운동인 급진적 회심주의를 말하는 새빛파(New Light)와 뉴잉글랜드의 보스톤에 있는 회중교회 목사인 찰스 촤운시(Charles Chauncy, 1705-1787)와 부쉬넬 등과 같이 점진적 회심주의를 말하는 옛빛파(Old Light) 등이다.

옛빛파의 부쉬넬과 동시대의 인물인 새빛파의 찰스 피니의 공통점은 교리보다 성령에 의한 신앙 체험을 더 중요하게 여긴 점이다. 부쉬넬에 의하면 그 당시 교회에서의 성령에 대한 관심의 부족은 마치 베들레헴에서 아기 예수가 머물 여관이 없는 것과 같았다.[6] 부쉬넬이 보기에는 교리를 강조하는 스코틀랜드 장로교회와 자유주의 신학 등의 양 진영이 동일하게 성령에 대한 관심이 부족한 것으로 여겨졌다.

부쉬넬은 각자의 영혼에 그리스도를 위한 자리를 마련할 때 성령의 체험은 가능한 것으로 제시하기도 한다.[7] 그러나 여기서 부쉬넬이 말하는 성령의 체험은 피니가 강조한 성령에 의한 방언으로 특징되는 급진적인 체험이 아닌, 삶으로 구현되며 성숙으로 특징되는 점진적인 것이라는 점에서 차이가 있다.

정리하자면 부쉬넬은 우선 칼뱅의 신학에 기초하고 있다. 그리고 그 당시 성령과 신앙적 삶을 교리보다 더 우위에 두고 있는 미국 뉴잉글랜드 지역에서 영국 청교도 계통의 장로교회인 신파에 속한다. 그러나 그 신파 내

---

5) Robert Bruce Mullin, *The Puritan as Yankee: A Life of Horace Bushnell*, 165.
6) *Ibid.*, 181, 205, 206.
7) *Ibid.*, 205, 206.

에서 급진적 회심주의에 대해 비판적인 옛빛파에 속한다. 부쉬넬이 소속된 옛빛파의 회중교회(Congregational Church)는 점진적 회심주의에 기초하고 있다. 그리고 이들은 점진적 회심을 위해 교육을 강조하기도 한다.[8] 교육을 통한 새로운 공동체와 국가 건설을 위해 하버드 대학, 예일 대학 등의 유수한 교육기관 설립에 적극적이었다.

2. 철학적 배경

부쉬넬이 칼뱅신학 못지않게 많은 영향을 받은 사상은 사무엘 콜리지(Samuel Coleridge, 1772-1834)의 유기체 이론이다. 시인이자 종교 철학자인 콜리지는 18세기 계몽주의와 산업혁명 시대에 자연과 우주조차 거대한 기계로 이해하던 과학주의에 비판적이었다. 오히려 세계를 서로 연관된 생명체이며 궁극적으로 영적인 것으로 이해했다.[9]

이에 영향을 받은 부쉬넬은 이신론(Deism)에 대하여 비판적 입장을 가지고 있었으며, 참된 기독교인으로의 양육은 유기체설(Organicism)의 원리에서만 회복될 수 있다고 보았다. 부쉬넬은 다윈의 진화론은 자연을 원인과 결과로 특징되는 기계적인 체제로 환원한다고 비판한다. 또한 대각성 운동에서 개인의 회심을 지나치게 강조함으로 말미암는 개인주의를 비판한다.[10] 당시의 과학주의와 개인주의에 대한 비판이다.

---

8) Ibid., 50, 103. 부쉬넬이 신학적 차원에서의 영향보다 본문에서 연이어 언급하고 있는 사무엘 콜리지에게 더 많은 영향을 받았다는 로버트 멀린(Robert Mullin)의 이해는 부쉬넬에 대한 단편적 이해임. 부쉬넬의 사상은 무엇보다 신학에 기초하고 있으며, 특히 칼뱅의 기독교강요 제4권 교회론에서의 유아세례론에 많은 영향을 받았음. Williston Walker, *A History of the Christian Church*, 385.
9) Robert Bruce Mullin, *The Puritan as Yankee: A Life of Horace Bushnell*, 49, 50.
10) Ibid., xii-xiv; Lee J. Makowski, *Horace Bushnell On Christian Character Development*, 8.

이에 맞서 부쉬넬은 유기체설을 말한다. 그의 유기체설에 의하면 자연과 초자연은 구분되지만 분리되지 않는 상호보완적인 관계이다.[11] 창조된 모든 것은 상호관계적이며 이를 통하여 영적인 의미까지도 알 수 있다. 앎에 이르는 것도 전통적 지식에 대한 주입에 의해서가 아닌 행동과 성찰의 상호관계에 의해서이다.

그리고 프리드리히 슐라이에르마허(Friedrich Schleiermacher, 1768-1834)에 의한 새로운 사조인 해석학과의 만남이 있었다. 멀린(R. Mullin)과 마코스키(L. Makowski)에 의하면 부쉬넬과 슐라이에르마허의 공통점은 기독교는 이성적인 활동의 영역을 넘어선 감성(feeling)의 영역이라고 한 점이다. 신학에 대한 관점에서도 신학은 이성의 영역이기보다는 감성과의 유기적인 관계에 의한 학문으로서 이해를 추구하는 신앙이다.[12]

슐라이에르마허의 하나님은 세계를 창조한 이후에 세계와는 분리된 가운데 역사가 진행되는 것을 바라보는 관조자가 아니라 세계 내의 역사 가운데 존재한다. 유사한 맥락에서 부쉬넬의 하나님은 점진적인 성화의 과정으로 나아가는 사람을 계속해서 사랑으로 설득하는 존재이다. 이는 하나님은 본질적으로 실천적인 존재이기 때문이다. 사람이 하나님을 알 수 있는 것도 하나님의 실천적 본성 때문이다. 달리 말하면, 하나님은 한 영혼 안에 내재하는 존재의 근본이다. 그리고 우리 안에서 항상 일하고 있으며, 우리로 하여금 하나님의 임재를 깨닫도록 하기 위해서 우리를 인도하고 있다.

낭만주의와 해석학의 영향으로 부쉬넬은 자연과 초자연, 신학과 철학, 종교와 과학, 법과 의지, 영과 육 등을 이분법적으로 이해하기보다는 서로

---

11) Horace Bushnell, *Nature and The Supernatural: As Together Constituting the One System of God* (London: Strahan & Co., Pub., 1872), 5, 172, 191.

12) Robert Bruce Mullin, *The Puritan as Yankee: A Life of Horace Bushnell*, 74, 97, 192; Lee J. Makowski, *Horace Bushnell On Christian Character Development*, 40, 166, 168.

친밀하게 연관된 것으로서 통합을 강조하는 교육사상을 갖고 있다.[13] 이러한 그의 통합적 기독교교육사상은 상상력에 대한 그의 견해에서 알 수 있듯이 해석학적 관점을 내포하고 있다.

해석학적 관점을 지닌 부쉬넬에게 있어 상상력은 비이성적이거나 환상적인 그 어떤 것을 말하는 것이 아니라, 분리되어 있는 다양한 요소들을 서로 결합해 나가는 능력이다. 상상력은 과정적인 특성을 지니고 있는 포에시스(poesis, making)와 유사한 속성을 지니고 있다. 상상력을 포에시스라고도 한다.

회심을 과정으로 이해할 때 이는 포에시스로서의 회심이라는 말이 된다.[14] 또한 부쉬넬에 따르면 신학은 신앙의 경험을 이해하고자 하는 것으로서 포에시스이다. 하나님의 포에시스는 창조, 섭리, 그리고 중생에 관계하며 인간의 포에시스는 하나님의 포에시스에 참여하는 것으로 신앙 행위이다. 하나님의 포에시스에 참여하는 인간의 포에시스는 자신으로 하여금 그리스도의 형상을 점진적으로 이루어 나가도록 자신을 내려놓는 것이다.

II. 기독교 인성

부쉬넬이 말하는 기독교 인성을 좀 더 구체적으로 이해하기 위해 부쉬넬

---

13) *Ibid.*, 239; Lee J. Makowski, *Horace Bushnell On Christian Character Development*, 191; Horace Bushnell, *Nature and The Supernatural*, 116-117.
14) Lee J. Makowski, *Horace Bushnell On Christian Character Development*, 42, 54, 95. 상상력을 인성교육과 관련시킨 또 다른 기독교교육학자는 크레이그 다익스타라임. 다익스트라는 상상력을 비전과 관련하여 말하며, 상상력은 비전을 갖게 하는 능력으로 이해함. 비전을 통해 인성이 형성된다는 것임. 인성교육에 대한 콜벅으로 대표되는 법정적 접근과 달리 비전적 접근을 언급함. 인성의 변화는 상상력의 변화로 말미암음을 말함. Craig Dykstra, *Vision and Character: A Christian Educator's Alternative to Kohlberg* (Eugene, OR: Wipf and Stock Pub., 1981), 59, 78.

이 비판하고 있는 인본주의 사상들을 살펴보고자 한다. 인본주의에 기초한 인성을 말하고 있는 사상들에 대한 부쉬넬의 비판은 무엇인가? 더 나아가 부쉬넬이 대안으로 제시하고 있는 기독교 인성은 어떤 특징을 지니고 있는가?

1. 유니테리언주의에 대한 비판

19세기 초 미국 뉴잉글랜드의 신학은 크게 보아 두 가지 유형으로 구분된다. 하나는 전통주의 신학이고, 다른 하나는 자유주의 신학에 포함되는 유니테리언주의(Unitarianism)이다. 당시의 전통주의 신학은 복음주의 신학이라고도 일컬어지며, 칼뱅의 교리와 급진적 회심을 강조한다. 또한 그리스도를 주권자인 왕의 이미지와 이에 따른 하나님의 주권, 인간의 죄를 대속하기 위해 십자가에서 죽음 등을 강조한다.

반면에 유니테리언주의는 인간의 이성, 문화, 그리고 도덕성(morality) 등을 강조한다. 이들에 의하면 예수는 하나님의 사랑을 구현한 자, 의의 교사, 참된 덕을 나타낸 자 등이다. 예수가 이 땅에 온 것은 대속을 위해서이기보다는, 하나님에게 속한 진리의 길을 모범적으로 인간에게 보여 주기 위해서이다.[15]

또한 유니테리언주의는 하나님의 윤리적인 측면과 인간의 자유의지와 도덕적 책임 등을 강조한다. 그리고 예정론은 비록 성경의 일부분에 언급되고 있음을 인정하지만, 그럼에도 불구하고 인간의 이성과 도덕적 의무감을 갖게 하는 데 약점이 있음과 죄의 근원을 하나님에게 돌리는 것으로 여긴다.

---

15) Robert Bruce Mullin, *The Puritan as Yankee: A Life of Horace Bushnell*, 32-36.

이상의 두 가지 신학 유형에 대하여 부쉬넬은 구파로서의 전통주의 신학에 의한 칼뱅주의자들은 군대를 연상하게 하며 획일성을 강조하는 보수주의자임을 비판하며, 유니테리언주의는 조정주의자(accomodationist)라고 각각 비판한다.[16] 유니테리언주의자들이 말하는 자기 계발, 윤리적인 실제, 그리고 사회 재조직 등을 강조함에 대한 비판이다. 어떻게 다른지에 대해서는 펠라기우스주의에 대한 그의 비판을 통해서 명백히 드러난다.

2. 펠라기우스주의에 대한 비판

유니테리언주의에 대한 비판과 함께 부쉬넬은 펠라기우스주의(Pelagianism)에 대하여서도 비판하고 있다. 부쉬넬은 '하나님을 위한 능력'(capax Dei)으로서 인간에 대하여 두 가지의 해석을 거부하고 있다. 하나는 하나님을 위한 능력을 죄를 짓지 않을 수 있는 인간의 능력으로 이해하려고 하는 펠라기우스주의에 대한 비판이다. 또 다른 하나는 하나님을 위한 능력을 위해서는 하나님의 초청이 필요하며, 이를 위해서는 인간에 의해서 시작된다는 반(半) 펠라기우스주의(semi-Pelagianism)에 대한 비판이다.[17]

이들에 반해 부쉬넬은 '하나님을 위한 능력'을 지닌 인간이란 다름 아닌 인간은 천부적으로 하나님과 관계적인 존재로 이해한다. 인간은 영적 관계성을 지닌 존재이다.[18] 영적 관계성으로서 '하나님을 위한 능력'은 신앙에 의해 좌우되며 신앙은 그리스도의 영에 의해서만 가능하다. 더 나아가 신앙으로 말미암는 하나님의 임재의 장소는 인간의 내면(엡 3:16-19)임을 강조함으로 인간의 영적인 측면을 강조한다.

이러한 부쉬넬의 관점은 인간의 타락과 영적 무능력을 전제한 것이다.

---

16) Lee J. Makowski, *Horace Bushnell On Christian Character Development*, 44.
17) *Ibid.*, 112.
18) *Ibid.*, 113.

부쉬넬은 인간 본성의 타락에 대하여 로마서 3장 13절에서 18절을 본문으로 한 설교에서 인간의 타락을 전적 타락(total depravity)이라는 말 대신에 근원적 타락(radical fall)이라고 말한다.

근원적 타락이라는 말에는 두 가지의 의미가 있다. 우선 타락을 부정하는 자들에 대해 비판적이다. 타락을 부정하는 자들에게는 회복해야 할 타락이 없으며 따라서 복음이 필요 없기 때문이다. 반대로 인간의 전적인 타락이라는 말에 대해서는 복음에 접근할 수 있는 어떤 여지도 남겨 두고 있지 않기 때문에 이에 대해서도 부정적이다.

그러나 부쉬넬은 인간의 죄악성과 타락에 대해서 로마서 1장 32절을 통하여 다시 강조할 정도로 인간의 타락을 말한다. 다만 인간의 타락을 인정하지만 동물과 달리 생각할 수 있는 이성의 능력은 긍정한다.[19] 인간은 생각할 수 있는 이성을 가지고 있지만, 하나님에 의하지 않고는 선을 행할 수 있는 능력이 없다는 것이다.

이것은 선에 대한 인간의 무능을 말한다. 인간의 본래적 자아로서 하나님 형상 회복을 위한 능력은 하나님에게서 비롯된다.[20] 또한 인간이 이성을 지니고 있다고는 하지만 인간의 이성으로는 죄로 말미암아 하나님을 알지는 못한다. 하나님을 알기 위해서는 성령에 의해 믿음으로 거듭나야 한다(엡 3:17-19). 성령에 의해 하나님을 인격적이고 직관적으로 알게 된다.

이러한 신학적 인간이해를 가지고 있는 부쉬넬에 대하여 루터 바이글

---

19) Horace Bushnell, "Dignity Of Human Nature Shown From Its Ruins," *Horace Bushnell Sermons*, ed. Conrad Cherry (New York: Paulist Press, 1985), 189-197. 이성 이외에 양심, 소원, 희망, 기억 등도 함께 포함됨. 죄가 클수록, 인간의 타락의 정도가 클수록 인간의 본래 지니고 있었던 존엄성은 비례해서 크다는 것을 입증한다고 함. 따라서 회복해야 할 인간의 존엄성은 측량하기 어려움.

20) Lee J. Makowski, *Horace Bushnell On Christian Character Development*, 47; Horace Bushnell, "The Immediate Knowledge Of God," *Horace Bushnell Sermons*, ed. Conrad Cherry (New York: Paulist Press, 1985), 221-222.

(Luther Weigle)은 그가 분명히 복음주의에 기초하고 있다고 말한다.[21] 그 이유는 그가 인간의 죄에 의한 타락을 부정하지 않았고, 성령의 능력에 의한 회심과 삶을 강조한 것 등이다.

3. 복음적 인성

부쉬넬은 인성의 핵심을 그리스도에 대한 신앙에 두고 있다. 이는 그의 인성에 대한 정의를 통해서 드러난다. 그 정의에 의하면 "인성은 하나님에 의한 영향으로의 변화"[22]이다. 그가 말하는 하나님에 의한 영향이란 그리스도의 삶과 죽음을 계시하는 복음, 성령의 능력, 성례전의 능력, 모범 되시는 인간 예수 등에 의한 영향을 말한다.

따라서 복음을 의미하는 성육신한 예수는 기독교 인성의 패러다임이다.[23] 그리스도인은 무엇보다 성육신한 그리스도의 인성을 본받기 위해 부름을 받은 존재이다. 부쉬넬은 비록 성육신한 그리스도의 인성을 강조하지만, 유니테리언과 달리 그리스도를 완전한 인간이며 완전한 하나님이라는 칼케돈 공의회의 신조를 견지하고 있다.

특히 그의 그리스도에 대한 이해는 요한복음의 관점과 유사하다. 그가 이해한 사도 요한의 기독론은 인간의 삶과 형상 안에서 드러난 초월적인 신성이다.[24] 유한 속에 있는 무한의 존재이며, 무한 속에 있는 유한의 존재

---

21) Luther A. Weigle, "Introduction," *Christian Nurture*, Horace Bushnell (New Haven: Yale University Press, 1960), xxxv. 그러나 부쉬넬이 사용하고 있는 용어 이외에 신학적으로 전가(imputation)와 전적인 타락 등에 대한 비판은 오늘날에도 부쉬넬의 신학사상에 대하여 논쟁거리를 제공하고 있음.
22) Horace Bushnell, "Our Gospel a Gift to the Imagination," *Horace Bushnell Sermons*, ed. Conrad Cherry (New York: Paulist Press, 1985), 108.
23) Lee J. Makowski, *Horace Bushnell On Christian Character Development*, 147; Horace Bushnell, *Nature and The Supernatural*, 263-282.
24) *Ibid*, 152, 155.

로서 예수는 말씀이 육신이 된 존재이다.

부쉬넬에 의하면 인성발달의 과정은 회심의 과정과 유사하다. 그러나 회심이 급진적이냐 점진적이냐는 논쟁보다 중요한 것은 회심의 주체가 어디에 있느냐에 대한 물음이다. 인성발달과 회심 과정의 주체는 어디까지나 성령이다.[25]

심지어 그리스도가 대제사장으로서 세상에 대하여 화목제물이 될 수 있는 것도 성령을 의미하는 "불멸의 생명의 능력"(히 7:16)에 의해서라고 부쉬넬은 말한다. 그리스도의 대속적인 속죄(atonement)로서 십자가는 윤리적인 화해의 의미를 지닌 화목제물이며, 이는 성령의 능력에 의해서이다. 이런 점에서 부쉬넬에게 있어 기독교 인성(christian character)은 성령에 의한 하나님의 선물이다.

사람의 거듭남 또는 중생(regeneration)과 인성의 변화(transformation of character)는 어떤 관련이 있는가? 거듭남과 인성의 변화는 부쉬넬 시대에 신

---

[25] Robert Bruce Mullin, *The Puritan as Yankee: A Life of Horace Bushnell*, 117. 초자연적 회심주의자인 켄달은 빌 2:13 "너희 안에 행하시는 이는 하나님이시니 …"에 대한 해석을 통하여 회심은 초자연적이며, 인간의 본성과 협력하지 않으며 본성 밖에서 새로운 의지를 주며, 어떤 의지도 성령에 선행할 수 없음을 말함으로 영국 청교도주의를 비판함. R. T. Kendall, *Calvin and English Calvinism To 1649* (New York: Oxford University Press, 1981), 21, 100. 영국 청교도의 입장에서 점진적 회심을 말한 대표적 신학자 폴 헬름은 회심을 위해 준비할 수 있으며, 악한 의지는 선한 의지로 초자연적인 힘에 의해 대체되는 것이 아니라, 의지가 악한 의지에서 선한 의지로 변화되고 새로운 방향으로 전향하는 것임을 말함. Paul Helm, *Calvin and Calvinists*, 서종대 역, 『칼빈과 칼빈주의자들』 (서울: 생명의말씀사, 1988), 100. 웨스터민스터 신앙고백이 알미니안의 요소가 있다는 켄달의 입장과 이에 대해 비판적인 헬름의 논쟁은 오늘날에는 급진적 회심과 점진적 회심을 함께 수용하고자 하는 경향임. 왜냐하면 칼뱅은 그의 기독교강요에서 점진적이며 일생 동안 계속되어야 하는 회심을 말하기도 함. John Calvin, *Institutes of The Christian Religion* (Philadelphia: The Westerminster Press, 1960), Ⅲ, 3, 6.(대체, 급진적 회심). Ⅲ, 3. 14, 20.(전향, 계속적 회심); George W. Harper, "Calvin and English Calvinism to 1649: A Review Article," *Calvin Theological Journal*, 20 no 2, Nov 1985, 255-262.

앙적인 차원에서 가장 중요한 주제였다. 부쉬넬에 의하면 거듭남 또는 중생 (regeneration, 요 3:3; 벧전 1:3)이란 성령의 역사인 동시에 인간의 역사이다.

성령의 역사인 동시에 인간의 역사라고 해서 신인 협동을 말하는 것은 아니다.[26] 성령의 역사가 중심적이고 인간의 역사는 주변적이라는 말이다. 과정적인 회심으로서의 신앙 성장 과정은 성령의 역사에 의한 인간의 역사이다. 인간을 통하여 역사하는 성령의 역사이다. 회심 과정의 주체는 성령이다. 성령은 인간을 통하여 역사하지만, 자라게 하시는 이는 하나님뿐이다(고전 3:7).

더 나아가 부쉬넬에게 있어 기독교 인성은 성화(sanctification)이다. 성화는 일상적인 삶에서 자신의 자유를 그리스도 안에서 바르게 행사한 결과이다. 일상을 통하여 그리스도 안에서 인간과 하나님은 서로 교통한다.[27] 따라서 기독교 인성의 특징은 그리스도의 인성으로서 성령의 열매이다.

기독교 인성은 성령을 따라(kata pneuma) 행하는 삶으로서 성령의 열매(갈 5:22)를 말한다.[28] 인본주의적 인성이나 혼합주의적 인성이 아니다. 인성에 대한 그의 관점은 어디까지나 복음주의에 기초하고 있다. 성령의 열매로 나타나는 인성이다. 사람을 비롯한 피조물은 성령의 열매를 위해 사용되어지는 도구이다.

이와 관련한 부쉬넬의 신앙 이해는 수탁적인 측면(fiduciary dimension)이 강조된다. 그가 말하는 신앙의 수탁적인 측면이란 신뢰(trust) 또는 위탁

---

26) Lee J. Makowski, *Horace Bushnell On Christian Character Development*, 135. 부쉬넬을 소키누스주의(Socinianism), 알미니안주의(Arminianism), 유니테리안주의(Unitarianism), 그리고 에머슨의 초절주의(Transcendentalism) 등의 범주에 포함시키려는 시도는 적절하지 못함. Robert Bruce Mullin, *The Puritan as Yankee: A Life of Horace Bushnell*, 67.

27) Lee J. Makowski, *Horace Bushnell On Christian Character Development*, 137.

28) *Ibid.*, 122.

(surrender)의 행동을 말한다. 여기에는 두 가지를 포함한다.[29] 하나는 자기중심성 또는 이기심으로부터 멀어지는 것이다. 이는 자기가 죄인임을 깨닫게 하는 임재하는 성령에 의해 가능하다. 다른 하나는 이기심으로서의 죄를 벗어 버리고 이웃 사랑에 대한 실천적 삶으로 살아가는 것이다.

부쉬넬에게 있어 죄는 하나님이 자기를 내어주심을 거부하는 것이며, 본질적으로는 하나님과의 관계성을 거부하는 것이다. 반면에 신앙은 성령에 의해 하나님의 자기를 내어주심을 수용하는 것이며, 하나님과의 관계성을 긍정하며 이웃과의 관계로 나아가는 것이다.

III. 기독교 인성교육

부쉬넬이 말하는 기독교 인성의 관점에서 보면 19세기 미국 대각성 운동의 가장 큰 잘못은 개인의 정서를 지나치게 강조하며, 교리문답을 기억하거나 암송하는 것을 강조한 나머지 신앙을 개인주의화한 것이다. 공동체를 고려하는 기독교 인성에 대한 소홀이다.

이에 반해 부쉬넬은 기독교에서 교리는 필요하지만, 이보다 더 중요한 것은 회심의 결과로서 삶에서 변화가 있는 인성이다.[30] 일상생활에서의 변화로 나타나는 인성이다. 이에 대해 부쉬넬은 인성교육이라는 특정 주제로

---

[29] *Ibid.*, 51, 148. 부쉬넬이 사용하고 있는 수탁적이라는 용어는 행정적인 관점에서 관료적인 의미가 있어서 오늘날 전략적 또는 적응적이라는 용어로 발전하고 있음. 본인의 졸고를 참고 바람. "비영리 학교법인 이사회에 대한 적응적 리더십 교육: 신학대학교를 중심으로," 『장신논단』 제48집 No 2 (2016. 6), 305-330.

[30] Robert Bruce Mullin, *The Puritan as Yankee: A Life of Horace Bushnell*, 38-46; Horace Bushnell, *Nature and The Supernatural*, 231. 종교가 인성에 부정적인 영향도 끼칠 수 있음에 대한 언급은 다음을 참고. 정진홍, 『종교문화의 이해』 (서울: 청년사, 2004), 271-280.

인성을 언급하기보다 주로 회심의 과정에 따른 변화는 바로 인성의 변화라는 관점에서 말한다. 따라서 부쉬넬의 다양한 언급들을 인성교육적 방안으로 정리해 보면 다음과 같다.

1. 그리스도적 인성

그리스도적 인성이란 그리스도와 같은 인성(Christly character)을 말한다. 부쉬넬의 인성 이해는 어디까지나 그리스도의 인성에 기초하고 있으며 특히 요한복음에서 계시된 그리스도의 인성을 중요하게 여긴다. 인성교육의 목적은 성육신한 그리스도의 인성을 본받는 것이다. 이는 인간의 삶의 목적이기도 하다.

인간의 삶의 목적은 그리스도와의 친밀성을 높이는 것이며, 이를 통하여 그리스도를 닮아 가는 것이다.[31] 회심 과정에서 닮아 가는 행위는 하나님의 내주함(indwelling)에 대한 부쉬넬의 신학사상에 근거하고 있다.

부쉬넬은 인간이 예수를 본받기 위해서는 내주하는 하나님의 성령에 의해 역량이 강화되지 않으면 시작조차 할 수 없다는 것을 강조한다. 하나님의 선행하는 은혜에 의해서 역량 강화가 계속되기 때문에 그리스도를 본받는 것은 가능하다.[32] 부쉬넬이 이해한 신앙 안에서 그리스도에게 응답하기 위한 인간의 능력의 기초는 하나님의 영의 내주하심에 있다. 인간의 도덕적 힘은 하나님에게 있으며 하나님과의 교제를 지속함으로써 예수를 본받아 나가게 된다.[33] 하나님의 내주하심으로 말미암는 영적 교제의 지속이다.

---

31) Lee J. Makowski, *Horace Bushnell On Christian Character Development*, 148.
32) *Ibid.,* 159, 171.
33) *Ibid.,* 165, 168. 브라우닝은 기독교 인성교육의 목적으로 볼 수 있는 상호존중으로서 자기희생적이며 조건적이거나 상대를 수단이 아닌 목적 그 자체로 대하고자 하는 사랑의 상호성(mutuality of love) (마 7:12, 19:19; 눅 6:31)을 말함. Don

2. 전형적 인성

전형적(typical) 인성은 전통적이며 학습자의 수동적인 행동양식을 요구하는 인성을 말한다. 교사 주도로 미리 선정한 인성을 위해 교수-학습이 이루어진다. 부쉬넬의 사상에 나타난 대표적인 전형적 인성은 다음과 같다.

1) 온유함. 인성으로서 온유함(gentleness)은 하나님의 온유함에 근거한다(시 18:35). 하나님의 온유함이란 하나님의 간접적 속성을 의미하기도 한다. 하나님은 간접적 사역을 하는 존재이다.[34] 하나님은 직접적이고 명령적이며 절대적인 의지를 가지고 사역한다는 언급들은 거짓된 것으로서 경계해야 한다고 말할 정도로 하나님의 간접적 속성을 강조한다.

간접적인 하나님의 속성 이해에 근거하여 그리스도인이 가져야 할 가장 중요한 인성은 온유함이다. 부쉬넬에 의하면 그리스도인의 온유함은 다름 아닌 고난으로 말미암아 단련된 가장 뛰어난 인성이다.

2) 인내. 교회에서의 설교(계 1:9)를 통하여 인내(patience)는 그리스도의 십자가의 인내에 근거하며, 모든 인성의 기초가 됨을 말한다.[35] 또한 예일 대학생들에게 한 설교에서 자기 자신에 대하여 그리고 신앙적인 의심들에 대하여 성급한 결론을 내리는 대신에 시간을 갖고 인내하면서 성찰할 것을 권면하고 있다(단 5:16).[36] 인내는 인성의 성숙을 위해 매우 밀접한 관계를

S. Browning, *Reviving Christian Humanism: The New Conversation on Spirituality, Theology, and Psychology* (Minneapolis: Fortress Press, 2010), 48-52.

34) Horace Bushnell, "The Gentleness of God," *Horace Bushnell Sermons*, ed., Conrad Cherry (New York: Paulist Press, 1985), 148-153.

35) Horace Bushnell, "The Efficiency of the Passive Virtues," *Sermons for The New Life*, ed., Horace Bushnell (New York: Charles Scribner's Sons, 1891), Chap., XXI.

36) Horace Bushnell, "The Dissolving of Doubts," *Horace Bushnell Sermons*, ed. Conrad Cherry (New York: Paulist Press, 1985), 172.

가지고 있으며 영적인 성장에 기초적인 요소이다. 인내는 시간과 밀접한 관련이 있는 것으로서 인성의 성숙은 시간을 필요로 한다.

3) 사랑. 그리스도의 속죄(atonement)를 통하여 하나님의 인성(God's character)인 사랑이 계시된다. 기독교 인성은 지속적이고 변함이 없는 사랑이 그 내용이어야 한다(고전 13:8). 그리고 그리스도에 대한 사랑에 의해 사랑의 인성은 형성된다. 그 이유들은 다음과 같다.[37] 첫째, 하나님은 사랑이시며, 우리의 중심에 거하시는 하나님으로 말미암는다. 둘째, 사랑의 즐거움은 다함이 없기 때문이다. 셋째, 악한 충동들이 변화되려면 지속적인 사랑이 있어야 한다. 넷째, 사랑은 결속력을 주기 때문이다.

4) 이외에 신성이 가시적으로 나타난 존재인 성육신적 또는 성례전적 그리스도를 닮음으로서의 인성이다.[38] 성례전적 그리스도의 인성은 섬김(마 20:26)이다. 자신을 만족하게 하기 위해서가 아닌 섬김을 위해 그리스도인은 하나님에게 부름을 받은 존재이다.[39]

또한 제자들의 발을 씻기는 겸손(요 13:15), 평화(요 14:27), 기쁨(요 17:13) 등에 대해서도 언급한다. 죄악과의 갈등이 있는 삶 가운데서도 기쁨과 평화를 가진 그리스도의 인성이다. 이외에 강조한 인성으로는 선한 이웃과 시민으로서의 은혜로운 마음, 정직, 긍휼, 그리고 관용 등이다.[40] 부쉬넬에게 있어 이러한 기독교 인성은 다름 아닌 성령의 열매와 관련된다.

---

37) Horace Bushnell, "The Eternity of Love," *Horace Bushnell Sermons*, ed. Conrad Cherry, 92-94.
38) Lee J. Makowski, *Horace Bushnell On Christian Character Development*, 174, 189.
39) Horace Bushnell, "Christ the Form of the Soul," *Horace Bushnell Sermons*, ed. Conrad Cherry, 59-61.
40) Robert Bruce Mullin, *The Puritan as Yankee: A Life of Horace Bushnell*, 116, 118; Lee J. Makowski, *Horace Bushnell On Christian Character Development*, 53.

3. 자율적 인성

자율적 인성은 비지시적인 해석학적 내용에 의해 학습자의 자율적 도덕 판단을 촉진하고 행동을 격려하기 위한 인성을 말한다. 다양성을 지향하는 인성이다. 부쉬넬에게서 자율적 인성교육의 내용에 해당하는 대표적인 요소들은 다음과 같다.

1) 은유적 언어. 부쉬넬에게 있어 그리스도인의 인성 발달에서 중요한 것은 언어이다. 그리고 언어는 상상력에게 주어진 선물이다. 언어에 의해 인성은 과정적으로 발달되어 나간다. 그리고 언어를 어떻게 사용하는지에 대한 수사학에 많은 관심을 가지고 있다. 인성 발달에서 은유적 언어 사용의 중요성은 하나님의 계시이해에 기초한다.

인간이 하나님의 계시를 깨닫게 되는 것은 직접적인 계시에 의해서이기 보다는 은유(metaphor)와 이미지 등의 간접적 계시에 의해서이다. 따라서 부쉬넬은 자연을 통한 직접적인 계시에 이를 수 있다고 한 랄프 왈도 에머슨(Ralph Waldo Emerson, 1803-1882)에 대해서도 비판적이다.[41] 에머슨이 말한 자연을 통한 직관에 의해 복음을 직접 깨달을 수 있다는 초절주의에 대한 비판이다. 오히려 자연계시보다는 은유적이며 이미지적인 언어를 중심으로 한 성경을 통한 계시를 강조한다.

자율적 인성 발달과 은유적 언어는 어떤 점에서 서로 관계되는가? 부쉬넬이 인간의 상상력을 중요하게 여긴다는 사실에 이 질문을 풀어 나가는 단서가 있다. 그는 성경이해에 있어서도 뉴잉글랜드의 스코틀랜드 계통 장로교회에서의 논리적 사고, 추상적인 신학, 그리고 교리의 집합체로 성경을 이해하는 것에 대해 비판한다.

---

41) Robert Bruce Mullin, *The Puritan as Yankee: A Life of Horace Bushnell*, 60-63; Horace Bushnell, "Our Gospel A Gift To The Imagination," *Horace Bushnell Sermons*, 109.

오히려 이미지와 은유를 중심으로 한 성경이해를 제시한다. 성경은 본질적으로 은유적이다. 따라서 성경의 내용인 복음은 상상력에게 주어지는 선물이다. 상상력은 다양성을 지니고 있다. 상상력을 활성화하는 촉진제로서의 은유적, 이미지적, 그리고 시적인 언어 등을 중심으로 읽어야 함을 말한다.[42] 부쉬넬에 의하면 그리스도는 상상력에 의해 하나님 나라를 마음의 눈으로 볼 수 있도록 복음서에서 비유라고 하는 이야기(story)를 사용하고 있다.

부쉬넬은 교리를 이해함에 있어서도 상상력을 활용할 것을 말한다. 삼위일체 하나님을 나타내는 성부, 성자, 성령이라는 이미지도 상상력과 관련되며, 니케아 신조도 상상력으로 이해하고자 할 때 그 의미의 다양성을 파악할 수 있다.

더 나아가 부쉬넬은 인간의 주관성과 신적인 객관성의 만남으로서의 상징을 중요하게 여긴다.[43] 또한 부쉬넬에 의하면 삼위일체 하나님은 행동 안에 있는 하나님의 존재를 상징한다. 하나님의 삼위일체성은 다름 아닌 모든 피조물과 실제적으로 관계된 하나님을 상징하는 것으로 이해하고 있다.

2) 소통. 부쉬넬은 자신의 설교에서 의사소통(communication)의 원리를 중요하게 여겼다. 의사소통은 합리성(rationality)과 직관(intuition)에 의해서 이루어짐을 말한다. 언어에 의한 사고 작용으로서의 합리성에 대한 중요성을 말하지만 이보다 더 중요하게 여기는 것은 직관이다.[44] 직관은 이해와

---

42) 부쉬넬이 예술과 음악의 중요성을 강조하는 것도 이미지와 은유를 강조하는 것과 같은 맥락임. 비록 예술과 음악이 역기능적으로 사용될 수 있음을 지적하지만 그럼에도 기독교 계시를 위해 중요성을 강조함. Robert Bruce Mullin, *The Puritan as Yankee: A Life of Horace Bushnell*, 92, 147; Horace Bushnell, "Our Gospel a Gift to the Imagination," *Horace Bushnell Sermons*, 97, 109, 114, 115; Lee J. Makowski, *Horace Bushnell On Christian Character Development*, 95.
43) Conrad Cherry, "Introduction," *Horace Bushnell Sermons*, 11.
44) Robert Bruce Mullin, *The Puritan as Yankee: A Life of Horace Bushnell*, 96.

관련된다. 언어의 어조, 태도, 모습, 일반적인 행동 등에 의해서 직관에 이르게 된다. 무의식적 영향에 의해서이다.

한 가정과 공동체가 편안하게 여겨지는 것은 바로 직관에 의해서이다. 부쉬넬에 의하면 "여호와께서 과연 여기 계시거늘"(창 28:16)이라고 하는 신앙적 가정 문화에서의 무의식적 직관은 자녀교육에 가장 원초적인 힘이다. 무의식적 모방에 의해서 인성이 형성되기 때문이다. 부쉬넬에 의하면 직관에 의한 소통으로서의 대화가 좋은 대화이다.

가정에서 부모와 자녀 사이의 직관에 의한 소통은 설교보다 더 좋은 방법이다. 오고 가는 부드러운 온유함(corresponding gentleness)의 대화는 부모와 자녀를 성령의 뜨거움으로 인도한다.[45] 성령의 뜨거움에 대한 재개념화이다.

3) 기도. 부쉬넬은 그리스도가 사람의 영에 거주함의 중요성과 이를 위해서는 자기 부정 또는 자기 비움(마 16:24)이 있어야 함을 역설한다. 이기심과 욕심은 십자가에 못 박아야 하며, 기꺼이 십자가를 져야 한다. 이를 위해 필요한 것은 올바른 기도 생활이다. 사람이 그리스도의 영과 친밀해지기 위해서 필요한 것은 기도 생활이다.[46]

이는 자신 안에 거하는 그리스도의 능력에 의해서만 인성이 변화될 수 있기 때문이다. 부쉬넬은 기도의 유형에 대해서 다양하게 말하고 있지는 않으나 자기 부정과 자기 비움의 기도를 중요하게 여기는 특징을 보여 주고 있다. 그러나 기도는 각 개인마다 다양한 유형을 지니며 체험을 지닐 수

---

45) Horace Bushnell, *Christian Nurture* (New Haven: Yale University press, 1960), 328-331.

46) Horace Bushnell, "Christ the Form of the Soul," *Horace Bushnell Sermons*, 58. 다익스트라는 인성교육을 위한 비전적 접근에서 인성교육 내용으로 회개(repentance), 기도, 그리고 봉사를 언급한다. 이 중에서 봉사는 부쉬넬에게서는 직접 언급되지 않음. 다익스타라의 봉사는 봉사의 훈련을 통한 인성교육을 말함. Craig Dykstra, *Vision and Character: A Christian Educator's Alternative to Kohlberg*, 98-105.

있다는 점에서 자율적 인성에 포함된다.

4) 놀이. 부쉬넬에 의하면 일과 놀이는 모든 인류에게 하나님이 정한 규정이다. 일과 놀이는 신학적 의미를 지니고 있으며 인간의 삶과 밀접하게 연관된다. 그러나 일과 놀이에 대한 의미에서는 차이가 있다.[47] 일은 목적을 위한 활동인 반면에, 놀이는 그 자체가 목적이다. 일은 즐거움을 위한 재료인 반면에, 놀이는 즐거움 그 자체이다.

일은 피하고 싶은 마음으로 힘들어하지만, 놀이는 피하고 싶은 마음과 달리 참여하고 싶은 마음을 갖게 한다. 어떤 놀이가 따분하고 재미가 없어지는 순간 그것은 일이 된다. 또한 놀이가 그 자체의 기쁨이 아닌 어떤 목적이나 강압적인 제약 아래 있는 활동이 되면 그것은 일이 된다. 놀이와 같은 일이 되어야 함을 말한다.

요컨대 사람의 가장 지고하면서 완전한 상태는 바로 놀이의 순간이다. 따라서 어린이로 하여금 부모와 함께 하는 놀이를 통하여 일상적인 것에서 영적인 의미를 깨닫도록 해야 한다. 어린이와 함께 하는 놀이는 새로운 우주적 발견을 어린이에게 일방적으로 선포하는 것보다 더 가치 있는 것이다. 부쉬넬은 놀이의 가치를 자기부정과 관련하여 말하기도 한다.[48] 자기부정은 자기를 잊어버리는 놀이의 상태에 이르기까지는 완전한 덕이 될 수 없다.

부쉬넬은 자기를 잊어버리는 놀이의 상태를 자기-즐거움(self-indulgence)이라는 말로 표현한다. 자기-즐거움은 방종을 의미하는 것이 아니라 자기부정으로서의 이기적 자기를 망각하는 놀이의 상태에 놓이는 것을 의미한다. 자기부정은 자기의 명예, 보상, 신중함, 일을 잊어버리고 자발적인 기쁨이 흘러넘치는 것이 될 때 온전한 덕이 될 수 있다.

---

47) Horace Bushnell, "Work and Play," *Horace Bushnell Sermons*, 72-74.
48) *Ibid.*, 75, 76; Horace Bushnell, *Christian Nurture*, 291-314.

목적을 위한 활동을 넘어서서 목적 그 자체로서의 활동이 되어야 한다. 따라서 부쉬넬은 종교에서 놀이 요소가 결여된 부흥주의, 은사주의, 그리고 정적주의(quietism) 등은 모조품에 불과한 것으로 비판한다.[49] 부쉬넬이 놀이를 중요하게 여기는 것은 결국 기독교가 자유의 종교이기 때문이다. 진리는 사람을 자유하게 한다. 순수한 영적인 놀이가 있는 곳에 기독교인의 자유가 있다.

5) 갈등. 부쉬넬에 의하면 기독교 인성의 성장은 생물이 성장하듯이 자연적으로 성장하지 않는다. 내면적으로는 실의와 좌절을 비롯하여 외면적으로는 부패와 죄악 등의 부정적인 삶의 요소들과 갈등을 통해 성장한다.[50] 부쉬넬은 세상과 인간은 명확한 답을 가지고 있다는 계몽주의와 달리 신비적이며, 인간의 내면은 선과 악이 공존하며 끊임없이 자기 충돌이 일어난다고 이해한다. 인간 내면의 악은 불필요한 요소가 아니라 인성 함양을 위해 필요한 요소로 인정되어야 한다.[51] 하나님은 섭리로서 인간으로 하여금 자신에게 어둡게 여겨지는 내외적인 악을 통해 인성이 더욱더 함

---

49) Horace Bushnell, "Work and Play," *Horace Bushnell Sermons*, 83, 90.

50) Horace Bushnell, *Christian Nurture*, 15.

51) Horace Bushnell, "Of The Animal Infestations," *Horace Bushnell Sermons*, 175-188. 다익스트라의 경우 상상력의 과업은 갈등을 다루는 것이며, 갈등 해결 과정으로서의 교수-학습과정은 다음과 같음. 다양한 갈등 파악하기, 갈등의 다차원적 측면들의 해결을 위해 자료들 제공하기, 갈등 가운데 있는 사람들 사이의 실제적인 만남들을 격려하기, 스스로 해결하기 위해 기다림의 단계로서 막간의 시간을 갖기, 갈등 해석의 다양성을 제시 및 통찰의 기회 갖기, 해석의 결과로서 적절한 행동하기 등임. 다익스트라는 기독교교육을 기독교적 삶 또는 생활을 위한 교육으로 이해함. Craig Dykstra, *Vision and Character: A Christian Educator's Alternative to Kohlberg*, 129-137. 인성교육에서 전형적인 행동 양식을 수동적으로 수용하게 하는 내용뿐만 아니라 자율적인 도덕 판단을 격려하는 내용이 필요함. 이를 위해서는 발달 단계에 따른 갈등과 이에 대한 자율적 판단을 격려하는 내용 선정이 필요함. 또한 학습자들의 자율적인 도덕 판단을 촉진하고 도덕적 행동을 격려하기 위해서는 비지시적이며 해석학적 교수모형을 필요로 함. 강희천, "기독교교육과 도덕성," 『기독교교육사상』(서울: 연세대학교출판부, 1991), 258, 265.

양되게 한다.

부쉬넬에 의하면 이신론과 달리 하나님은 악에 대하여 주권을 갖고 있으며, 그 악을 통하여 자신의 목적을 성취해 나가는 섭리의 존재이다. 하나님의 섭리에 의한 인간의 선(goodness)이란 순진하거나 감상적인 무미건조한 인성이 아니다. 그런 연약하거나 활력이 없는 인성이 아니다. 연체동물이 헤엄을 치듯이 하나님의 따뜻한 품에 생각 없이 머무르는 그런 인성이 아니다.

인성은 악을 비롯한 인간의 어두운 측면을 통하여 든든한 인성으로 성숙되어 나간다. 이외의 설교 및 에세이에서도 자연과 초자연, 어둠과 빛, 심리와 신체 등을 이분법적이 아닌 상호보완적이며 혼재되며 변증적인 것으로 이해하며, 이것으로 말미암는 그리스도인의 삶의 갈등을 긍정하고 있다.[52] 갈등의 삶에 대한 통찰을 위한 교사 또는 빛을 비추는 조명자는 성령이다. 성령에 의한 인격적이고 직관적인 앎을 갖게 된다.

4. 공동체적 인성

16세기 종교개혁 신학에서는 언약의 공동체성을 강조하고 있다. 이러한 공동체에 의한 신앙 및 인성 양육이라는 관점에서 보면 특히 찰스 피니의 개인적이며 성령체험 중심의 일회적인 부흥운동은 종교개혁 사상을 심각

---

52) Horace Bushnell, "Light On The Cloud," *Horace Bushnell Sermons*, 203-217; Williston Walker, "Horace Bushnell," Christian Nurture, Horace Bushnell (New Haven: Yale University Press, 1960), xxvii; Luther A. Weigle, "Horace Bushnell," Christian Nurture, Horace Bushnell (New Haven: Yale University Press, 1960), xxxvi. 강희천은 자율적 인성교육의 내용으로서 도덕적 원형(moral template)을 제시함. 도덕적 원형으로서의 모범적인 인성을 지닌 인물을 선정하여 인성교육을 함으로 자율적 도덕 판단을 하게 함. 강희천, "기독교교육과 도덕성," 260.

하게 왜곡한 것이다.[53] 신앙 공동체의 중요성과 이에 의한 조기 인성교육의 중요함을 부쉬넬의 사상에서 찾아볼 수 있다.

1) 유아. 20세기 초 개신교의 기독교교육은 성경에 기초한 통일공과 교육에 의해서 어린이의 발달단계에 따른 교육으로 그 중심이 이동하고 있었다. 이 과정에서 선구자적 역할을 한 기독교교육학자가 바로 부쉬넬이다.

부쉬넬의 어린이에 대한 기독교교육은 어린이의 발달단계에 따른 심리적 이해의 필요성을 일깨워 주었다는 후대의 평가이다.[54] 그가 말한 어린이는 정확하게는 유아(infant)이다. 그는 칼뱅의 신학사상에 기초하여 유아세례(infant baptism)를 중요하게 여겼다.[55]

유아세례의 일차적 목적은 기독교의 가치를 유아들이 전유하도록 어린이의 내면을 계발하는 것이다. 부쉬넬에 의하면 유아가 성장하면서 3세 이전에 그의 인성의 절반 이상이 형성된다.[56] 부쉬넬은 조기 인성교육의 중요성을 말하고 있다. 단순히 조기교육이 아니다. 흔히 말하는 조기교육은 조기학습을 말하는 것으로 조기 지성교육이라고 할 수 있다.

부쉬넬에 의하면 기독교 가정의 어머니는 자녀의 기독교 인성 발달을 위

---

53) Robert Bruce Mullin, *The Puritan as Yankee: A Life of Horace Bushnell*, 109. 칼뱅은 언약의 주권성과 더불어 언약의 공동체성을 함께 말하며, 이 둘은 소명이라는 말에서 하나로 통합됨. 언약의 공동체성에 대해서는 그의 기독교강요 IV장을 참고.

54) *Ibid.*, 109, 255.

55) John Calvin, *Institutes of The Christian Religion*, IV, 16, 5.

56) Lee J. Makowski, *Horace Bushnell On Christian Character Development*, 188; Horace Bushnell, *Christian Nurture*, 212; Robert Bruce Mullin, *The Puritan as Yankee: A Life of Horace Bushnell*, 109. 생애 주기별 기독교 인성교육에서 다익스트라는 어린이의 경우 동화를 통한 교육, 청소년은 모범적인 인물을 통한 교육을 비롯하여 청소년기는 내적이며 대인관계적인 갈등이 최고조로 높아짐으로 이에 따른 안전한 심리적 및 물리적 공간을 필요로 함. 이외에 성인기는 회개, 기도, 그리고 봉사 등에서의 책임을 통한 인성교육이 필요함. Craig Dykstra, *Vision and Character: A Christian Educator's Alternative to Kohlberg*, 137-143.

해 그 역할이 중요하다. 부쉬넬이 강조한 부모와 자녀 간의 오고가는 부드러운 대화는 지속적인 것으로서 기독교 인성교육이 유아기뿐만 아니라, 정체성 혼동이 격심한 청소년기를 거쳐, 성인기에 이르기까지 지속되어야 함을 함축하고 있다.

 2) 가정. 가정과 부모의 순기능만을 강조한 것이라는 비판도 받고 있는 부쉬넬의 저서인『기독교 양육』에서 말하고 있는 논지는 "어린이는 기독교인으로 성장해야 하며, 그 밖에 그 어떤 다른 존재로 여겨져서는 안 된다"[57]는 것이다.

 당시 교회에서 부흥운동으로 성인 중심의 목회에 치중하던 때에 어린이도 중요한 기독교인이며, 이들에 대한 목회가 필요함을 말하는 것이다. 부쉬넬에 의하면 교회는 가정에서 자녀양육이 잘 이루어지도록 도와주어야 한다.[58]

 가정에서 어린이에 대한 신앙교육이 중요하다. 주된 요점은 가정의 중요성이다. 가정을 정부로 비유하고 있는데 정부와 국민의 관계는 가정과 어린이와의 관계와 같다는 것이다. 국민을 생각하지 않는 정부는 제대로 된 정부가 아니듯이, 어린이를 생각하지 않는 가정은 제대로 된 가정이 아니라는 것이다. 가정에서 자녀 양육에 소홀히 하는 것은 알을 땅에 버려두고, 새끼에게 모질게 대하는 특성을 지닌 타조(욥 39:13-18)에 비유하고 있다.

 가정에서 어린이의 인성발달을 위해 가장 좋은 방법은 부모와 어린이의 유기적 관계에 의해서이다. 부쉬넬은 어린이의 인성발달을 위해서는 교회나 학교보다 가정이 더 좋은 장(locus)임을 말한다. 기독교 인성(Christian character)은 하나님에 의해 가정을 통해서 어린이에게 전해지는 하나님

---

57) Horace Bushnell, *Christian Nurture*, xxxiv.
58) Robert Bruce Mullin, *The Puritan as Yankee: A Life of Horace Bushnell*, xii; Horace Bushnell, *Christian Nurture*, 82.

의 선물이다.[59] 여기서의 가정은 칼뱅이 말하는 언약 공동체(covenant community)로서의 가정이다.

3) 교회. 부쉬넬은 교회에서 설교의 중요성을 간과하지 않는다. 교회에서 설교는 개인적 차원의 회심에 기여한다.[60] 개인적 차원의 회심이란 하나님에게 자신의 삶의 중심을 넘기는 과정이다. 이를 기독교 인성이라고도 한다. 개인적 차원의 인간을 알고자 부쉬넬은 설교학 차원에서 인간이해를 깊이 있게 다루고 있다.

또한 대각성 운동에 대한 부쉬넬의 비판은 그로 하여금 교회의 정의에 대한 성찰에 이르게 한다. 교회는 회심한 개인들의 공동체로서 자원단체가 아닌 언약 공동체 또는 유기적 공동체이다.[61] 이는 서로에 대한 돌봄이 강조되는 참여적 공동체임을 말한다. 죄와 거듭남에 대한 전통적 이해와 달리 가정과 교회의 유기적 구조에서 기독교인의 지속적인 발달을 주장한다. 가정이 유기적이듯이 교회도 유기적 공동체이다.

4) 사회 및 일상. 부쉬넬은 가정과 교회뿐만 아니라 사회적인 문제에 대해서도 관심을 피력하고 있다. 그 당시의 노예 문제, 전쟁, 그리고 희생 등에 대한 사회적인 불평등과 폭력 구조에 대하여 예언자적 입장을 피력했

---

59) *Ibid.*, 117. 브라우닝에 의하면 오늘날 가정은 그 유형에 있어서 한부모가정, 조손가정, 재혼가정, 다문화가정 등을 비롯하여 다양성을 특징으로 하며 이에 따른 상호 이타주의를 향한 인성교육의 다양성이 요구됨. Don Browning, "Family and Moral and Spiritual Development," *Developing A Public Faith: New Directions in Practical Theology*, R. Osmer and F. Schweitzer (ST. Louis, Missouri: Chalice Press, 2003), 215.

60) Lee J. Makowski, *Horace Bushnell On Christian Character Development*, 182, 188. 예를 들면 인간의 자유는 두 가지 방법으로 구사됨을 말함. 신실한 방법과 죄악의 방법으로서 신실한 방법은 하나님의 자기를 내어줌에 대한 수용인 반면에, 죄악의 방법은 이를 거절하는 것이라는 등임.

61) Robert Bruce Mullin, *The Puritan as Yankee: A Life of Horace Bushnell*, 222; Conrad Cherry, "Introduction," *Horace Bushnell Sermons*, ed. Conrad Cherry (New York: Paulist Press, 1985), 3; 양금희, "종교개혁기의 학교, 교회, 그리고 국가의 관계에 관한 연구," 『장신논단』 44 (2012. 12), 345-372.

다.⁶²⁾ 기독교인으로서의 참된 역사의식은 역사를 주관하고 있는 하나님 이해와 관련되며 역사를 주관하는 하나님에게 부름을 받은 개인은 이기적인 의지와 삶을 극복하는 것이다.

부쉬넬이 급진적 회심주의를 비판하는 이유 중 어린이에 대한 경시 이외에 또 다른 중요한 이유는 신앙을 일상적인 삶에서 벗어난 비일상적인 어떤 특별한 삶과 관계되는 것으로 여기도록 하기 때문이다.⁶³⁾ 부쉬넬이 이해한 복음은 일상생활에서 실제 삶을 지향하고 있다. 기독교인의 삶은 급진적 부흥주의가 의미하는 일상적인 삶으로부터 벗어나서 특별한 어떤 삶을 말하기보다는 일상에서 하나님의 계시를 발견하는 삶이다.

부쉬넬의 이러한 언급은 일상생활을 하나님 나라의 영역으로 여기는 일상성의 계시 이해와도 관련된다.⁶⁴⁾ 유사한 맥락에서 부쉬넬은 또한 자연을 비롯한 생태계도 하나님의 영광을 나타내고 있으므로 자연으로부터의 도피가 아닌 예수의 비유에서 알 수 있듯이 자연을 깊이 관찰하고 참여하는 습관을 계발함으로써 하나님과의 친밀성(intimacy)을 깊게 할 수 있다. 오늘날 지구 온난화를 염려하는 시대에 부쉬넬이 언급한 것에서 더 나아가 생태계를 통한 하나님과의 친밀성으로 공동체적 인성 함양이 더욱 중요해지고 있다.

---

62) Robert Bruce Mullin, *The Puritan as Yankee: A Life of Horace Bushnell*, 208, 224; 조용훈, "칼뱅의 정치사상과 사회윤리적 함의에 대한 한 연구," 『장신논단』 38 (2010. 8), 215-236.

63) Lee J. Makowski, *Horace Bushnell On Christian Character Development*, 89-94, 135; Horace Bushnell, "Living To God In Small Things," *Horace Bushnell Sermons*, 118, 136.

64) 이원일, "일상생활과 영성교육," 『성인기독교교육의 내러티브』 (서울: 한들출판사, 2017), 139-162.

<주요토론내용>

1. 오늘날 인성교육이 강조되는 이유는 무엇인가?
2. 일반 인성교육과 부쉬넬에 의한 기독교 인성교육의 차이점들은 무엇인가?
3. 부쉬넬의 관점에서 어린이들이 가정에서 함양 받아야 할 기독교 인성들은 무엇인가?
4. 어린이들에게 기독교 인성의 본보기로 어떤 인물들을 제시할 수 있는가?

7장 발도르프 대안학교의 이론적 기초

발도르프 학교가 1919년에 설립된 이후 100년을 지난 시점에서, 발도르프 학교는 오늘날 우리의 교육현실에 어떤 의미를 주고 있는가? 발도르프 학교가 오늘날 우리게 주는 의미를 근본적으로 이해하기 위해서 그 사상가인 오스트리아 출신 루돌프 슈타이너(Rudolf Steiner, 1861-1925)의 핵심 사상인 신지학을 알아보고자 한다.

대안학교로 알려진 발도르프 학교에 대한 관심을 갖게 된 계기는 왜 발도르프 학교에서는 상상력을 강조하는가에 대한 의문이었다. 이를 위해 다음의 물음으로 시작하고자 한다. 신지학이란 무엇인가? 슈타이너는 인간의 본질을 인간의 감각적인 차원을 넘어서서 초감각적 차원에서 밝히려는 신적 지혜(divine wisdom)를 신지학(神智學, Theosophy)이라고 한다.[1] 신지학은 인간의 본질을 영적 본질로 이해한다. 따라서 영학(靈學, spiritual science)

---

* 본 내용은 한국기독교교육학회, "루돌프 슈타이너의 신지학에 대한 이해," 『기독교교육논총』 62 (2020), 75-99에 게재된 논문을 수정 및 보완한 것임.

1) 대안학교의 뿌리에 대하여서는 다음을 참고할 것. 이원일, "톨스토이의 대안학교 교육," 『해석학과 기독교교육현장』 (서울: 한국장로교출판사, 2008), 285. Rudolf Steiner, *The education of the child and early lectures on education* (a collection) (NY: Anthroposophic Press. 1996), x; Rudolf Steiner, *Theosophy*. 양억관·다카하시 이와오 옮김, 『신지학』 (서울: 물병자리, 2016a), 6.

이라고도 한다.[2] 영학으로서의 신지학은 인간의 영적 본질의 관점에서 인간이해 및 인간의 사명을 알고자 하는 학문이다.

신지학을 말하는 슈타이너는 문학가 괴테의 체험적 인식론과 삼중적 인간론, 그리고 힌두교적 우주관 등에 영향을 받아 비교적 기독교(秘敎的, esoteric Christianity)의 관점으로 그의 사상을 전개해 나간다. 비교적 기독교는 일종의 신비주의적 기독교이다. 그러나 그의 신비주의적 기독교의 특징은 의외로 "종교문헌이 얼마나 진실에 입각한 것이고 한 구절 한 구절이 진실한가를 알 것"[3]이라는 말 속에 담겨 있다. 그가 말하는 '종교문헌'이란 성경을 말한다. 슈타이너는 성경을 문자적인 관점으로 해석하기보다, 성경 본문에 충실하면서도 신비주의적인 차원에서 해석하고자 한다.

슈타이너가 말하는 신비주의적 기독교는 신비주의적 영성이라고 표현하기도 한다. 슈타이너는 당시에 과학의 발전으로 말미암아 다양한 발견들과 발명들로 물질문화 속에 매몰되어 버린 영성에 대한 안타까움을 말하고 있다.[4] 따라서 신비주의적 영성이라고 하는 표현은 난해한 슈타이너의 신지학을 좀 더 가깝게 이해할 수 있게 한다. 그의 신지학은 그가 말하는 신비주의적 기독교 영성이다. 그의 신비주의적 영성에서는 하나님, 인간, 그리고 세계를 어떻게 이해하고 있는지 살펴보고자 한다.

그러나 슈타이너의 신지학에 대한 비판적 성찰에 있어서 개혁신학의 관점에서 문제의 소지가 있다고 여겨지는 힌두교적 요소들을 부각하거나 비판의 주제로 삼는 것은 논지의 초점을 흐리게 할 수 있어서 본 장에서는 기독교교육과 관련된다고 여겨지는 그의 사상, 이에 의한 영향, 그리고 그 의미들을 중심으로 서술하고자 한다.

---

[2] Rudolf Steiner, *The education of the child and early lectures on education*, 3.
[3] Rudolf Steiner, *Das Johanes-Evangelium*, 양억관·다카하시 이와오 옮김, 『요한복음 강의』 (서울: 물병자리, 2016), 156.
[4] *Ibid.*, 167.

I. 하나님 이해

슈타이너에 의하면 자신의 신지학은 바로 요한복음을 자신의 시대에 재현한 것이며, 요한복음을 영적인 차원에서 이해하고자 한 것이 그의 신지학이다.[5] 따라서 그가 강의한 요한복음을 중심으로 그의 신지학을 이해하고자 한다.

1. 유물론적 관점에 대한 비판

신지학의 관점에서 요한복음을 해석한 루돌프 슈타이너는 "태초에 말씀이 계시니라 이 말씀이 하나님과 함께 계셨으니 이 말씀은 곧 하나님이시니라"(요 1:1)라는 구절을 매우 비중 있게 다루고 있다.[6] 요한복음에서 말하는 로고스의 의미를 파악하기 위해 우선 유물론을 비판한다. 그에 의하면 유물론자는 초감각적인 눈을 잃어버린 사람이다. 초감각적인 눈을 잃어버린 사람은 단순하고 소박한 인간을 넘어선 것을 이해할 수 없다. 유물론적 관점에서는 성경 속의 영적인 의미는 부정된다.

슈타이너는 헤겔이 유물론적으로 역사를 왜곡하게 된 동기를 부여한 것도 성경을 유물론적으로 왜곡한 것에서 찾고 있다. 그가 말하는 성경에 대한 유물론적 왜곡의 대표적인 것은 성찬에서 떡과 포도주가 실제 물질적으로 예수의 살과 피로 바뀌었다는 화체설과 창세기의 하루를 오늘날의 물리적인 시간 단위인 하루로 이해하는 것 등이 대표적이다.[7] 이러한 그의 견해는 그가 살았던 당시에 성찬에 대한 가톨릭의 견해와 마르크스의 유물론에 대한 견해에 비판적이었음을 알 수 있다. 또한 그 당시의 계몽주의 입장과

---

5) *Ibid*., 26.
6) *Ibid*., 15.
7) *Ibid*., 18-20.

자연과학적인 이분법적 세계관에 대해서도 비판적이다.

그러나 여기서 한 가지 주의해야 할 것은 슈타이너가 성경을 유물론적으로 왜곡한 것을 비판한다고 해서 과학의 발전을 부정하는 것은 아니다. 그는 신앙과 과학을 이분법적으로 이해하기보다는 과학의 발전을 위한 기초가 신앙임을 말한다. 그에 의하면 그리스도의 정신으로 말미암아 과학도 발전하게 되었다는 것이다. 이를 "그리스도의 충동"[8]이라고 말한다. 그리스도의 충동이란 마치 씨앗의 힘과 같다. 땅 속에 있는 씨앗에는 생명이 있어서 언제가 과실을 맺게 되는 것과 같은 원리이다. 그리스도는 바로 생명의 씨앗과 같다. 이러한 원리에 의해 "기독교가 없었다면 철도도 증기선도 존재하지 않았을 것이라는 말이 기묘하게 들릴 테지만, 모든 일들의 관련성을 생각해 보면 그렇게 말할 수밖에 없다"[9]는 것이 그의 과학에 대한 관점이다.

오늘날의 과학 발달 이외에 현대 문명의 모든 기초도 바로 기독교임을 말하고 있다. 루돌프 슈타이너의 신지학에는 기독교 중심적 관점이 나타나 있다. 그의 신지학은 예수의 십자가와 부활을 비중 있게 다루고 있다. 예수의 십자가와 관련하여 "골고다의 기적이 없었다면 불가피하게 발생했을 것으로서, 인간의 육체적 몸은 타락하였고 … 지구상에서 인류의 존재는 끝나버린 것"[10]으로 이해하고 있다. 이외에도 루돌프 슈타이너에 의하면 골고다의 기적은 인류를 구원한 우주적 행위이다.

또한 그리스도의 부활은 중요한 의미를 갖고 있다. 우선 죽음으로부터 다시 삶의 의미를 지닌 부활은 그리스도인의 새로운 삶과 관련된다. 그리스도인의 새로운 삶을 위해서 우선 강조하는 것은 "우리는 반드시 그리스

---

8) *Ibid.*, 201.

9) *Ibid.*, 203.

10) Rudolf Steiner, *Whitsun and Ascension,* 박병기·김민재 옮김, 『기독교적 세계관』 (경기: 도서출판 인간사랑, 2009), 39.

도 안에서 죽어야만 한다"[11]는 것이다. 그리고 그리스도 안에서의 죽음은 성령 안에서 새로운 삶을 향하는 문과도 같다. 성령으로 말미암는 새로운 삶의 문 역할을 하는 것이 바로 부활이다. 루돌프 슈타이너에게서의 부활은 죽음과 새로운 삶의 문지방 역할을 한다.

정리하자면 슈타이너의 당시의 과학에 대한 비판은 그리스도의 충동이라고 하는 영적인 특성을 경시하고 유물론적이며 물질주의적으로 그리스도와 성경을 왜곡한 것에 대한 비판이다. 루돌프 슈타이너에 의하면 요한복음은 기독교의 영적인 세계관의 관점에서 이해될 때 그 가치를 제대로 알 수 있다.

2. 로고스의 의미

로고스에 대한 해석에 있어서 슈타이너는 로고스라는 말이 어디에서 유래한 것인지에 대한 문헌학적 관점에 대해 비판적이다. 그리스 철학에 영향을 받은 알렉산드리아 필론의 로고스 개념이 요한복음의 로고스를 의미하는 것이라고 이해하는 것에 대한 비판이다. 이 비판을 증명하기 위해 루돌프 슈타이너는 누가복음 1장 2절 "말씀의 일꾼"에서도 로고스라는 단어가 사용된 것을 제시하고 있다. 로고스는 그리스적 교양을 지닌 자에 의한 개념이라기보다는 당시에 이미 잘 알려지고 통용된 개념이라는 것이다. 따라서 로고스 개념은 추상적인 개념으로는 이해할 수 없으며, 로고스에 대해 말하는 사람들의 감정생활을 알아야 함을 말한다. 주위 환경을 관찰하는 것과 더불어 인간의 감정이 어떻게 연결되어 있는지를 알아야 한다는 것이다.

우선 슈타이너가 제시하는 독특한 해석은 인간이 동물과 비교했을 때 가

---

11) *Ibid.*, 103, 105.

장 큰 차이는 바로 인간 자신은 언어를 사용하고 있다는 사실이다.[12] 인간이 자신의 체험을 안에서 바깥으로 표현하기 위해서는 언어가 필요하며, 이 언어 능력은 인간에게 부여되었으며, 처음에는 불완전한 침묵의 존재였지만, 점차 로고스 또는 말을 구사하는 존재로 진화했다는 것이다. 마치 식물이 씨앗, 꽃, 그리고 열매의 과정으로 진화되어 나가는 것과 같다. 슈타이너에 의하면 성령강림절은 인간의 언어에 대한 중요성을 자각하게 하는 절기이다. 성령으로 말미암는 언어는 단순하고 공허한 언어와 언어 숭배적인 관점 이 둘을 넘어선다.[13] 성령의 언어는 자신을 고무시켜 자신의 혼을 채우는 언어이다. 자신의 존재 의미를 깨달은 가슴으로부터 나오는 언어이어야 한다.

그러나 슈타이너에 의하면 침묵의 인간으로부터 말로 표현하는 인간으로의 진화의 출발점은 하나님에게서 비롯되었다. 씨앗에서 출발하듯이 인간의 말은 말씀하시는 하나님에게서 시작되었다. 그에 의하면 하나님은 무엇보다 말씀하시는 하나님이며, 말씀하시는 하나님에 의해 인간도 말의 능력을 지니게 되었다. 말에 있어서도 하나님은 존재의 근원이다. 언어 또는 말이라는 개념을 통하여 요한복음의 저자는 인간을 하나님과 연결하고 있다. 이러한 슈타이너의 로고스 이해는 신비주의적이면서 감정 속에 잠기는 "감정의 관점"[14]을 특징으로 한다. 로고스 이해뿐만 아니라 요한복음서 전체를 감정의 관점으로 받아들여야 함을 말한다. 그의 요한복음 강의도 단순히 지적인 이해를 돕기 위해서가 아니라 지적 이해라고 하는 우회로를 통해서 감정을 움직이기 위해서이다.

슈타이너의 감정 관점에 의하면 신비주의적 영성에서는 감정체험이 중요하다. 그는 신비주의적 영성에서 일곱 가지 중요한 감정체험을 말한

---

12) Rudolf Steiner, *Das Johanes-Evangelium*, 23-25.
13) Rudolf Steiner, *Whitsun and Ascension*, 121-129.
14) Rudolf Steiner, *Das Johanes-Evangelium*, 26, 245, 246.

다.[15] ① 높은 자가 낮은 자 앞에 몸을 낮추면서 '나는 그대들 덕분에 살아가고 있다'는 세족의 감정 ② 세상의 모든 아픔과 슬픔에 대해 같은 고통을 느끼는 채찍 맞기의 감정 ③ 자신의 마음속에 품은 가장 성스러운 것과 자아의 모든 것이 조롱과 경멸의 대상이 되는 가시관의 감정 ④ 자신의 몸을 바깥에 있는 한 그루의 나무 같은 대상인 듯이 자신의 몸이 자신의 것이라 말할 수 없게 되는 십자가의 감정 ⑤ 한순간 모든 가시적 세계 앞에 검은 장막이 내려오고 시계가 사라져 버리는 것과 같은 신비로운 죽음과 그 이후 지옥과 같은 악의 쓴 뿌리를 맛보는 감정 ⑥ 자신이 흙에 묻히고 더 나아가 자신이 지구의 일부분으로 확대되는 매장과 부활의 감정 ⑦ 뇌의 활동 없이도 사고할 수 있는 사람만이 느낄 수 있으며 표현하기 어려운 승천의 감정 등이다.

감정체험을 중요하게 여기며 신비주의적 영성의 관점을 강조하는 신지학으로 요한복음을 설명하는 이유는 요한복음의 뿌리에 존재하는 깊은 의미 속으로 들어갈 수 있도록 하기 위해서이다. 뿌리에 존재하는 깊은 의미는 신적이며 영적인 것을 말하며, 가시적 세계의 뿌리에 존재하는 불가시적인 세계를 말한다. 그는 이를 '로고스' 또는 '말'이라고 한다.[16] 인간을 비롯한 눈에 보이는 모든 피조물들은 이 로고스로 말미암았다. 모든 피조물은 로고스의 가시적 형태이다. 모든 피조물의 배후에는 영적이며 혼적인 존재가 있으며, 이의 작용으로 피조물은 생령이 된다. 이러한 요한복음에 대한 이해를 통하여 자신의 신지학을 해석하고 있으며, 또한 신지학의 관점에서 요한복음을 근본적인 차원에서 이해하고 있다.

그러나 루돌프 슈타이너의 신비주의적 영성은 영지주의(Gnosticism)와는 차이가 있다.[17] 로고스가 가시적인 형태로 나타난 존재가 바로 나사렛

---

15) *Ibid.*, 215-220.
16) *Ibid.*, 54.
17) 정희영, "영지주의와 슈타이너의 인지학의 유사성에 대한 비판적 고찰," 『기독교교

예수이며 "그리스도를 물질의 근저에 존재하는 초감각적, 불가시적인 존재로 보아서는 안 된다. 언어가 살이 되어 우리와 함께 살아갔다는 사실이 중요"[18]하다. 그에게 있어 신비주의적 영성은 "말씀이 육신이 되어 우리 가운데 거하시매"(요 1:14)라는 구절을 분명히 인정한다. 이 구절에 기초하여 가시적 세계에 비가시적인 영적 존재로서의 로고스가 존재함을 강조한다.

3. 신비적 관계성

육신을 입은 나사렛 예수로서의 로고스를 의미하는 그리스도는 어떤 존재인가? 루돌프 슈타이너에 의하면 예수 그리스도는 "나는 나다"[19]의 존재이다. 예수 그리스도는 영적인 근원이며 우주의 근원이며 "아브라함이 나기 전부터 내가 있느니라"(요 8:58)라는 구절에 대하여 '아브라함이 나기 전부터 나는 나다가 있느니라'라고 해석한다.

또한 "나는 세상의 빛이니"(요 8:12)라는 내용은 '나는 나다'라고 말할 수 있는 자야말로 세상의 빛이라고 해석한다. 슈타이너에 의하면 '아버지 아브라함이 나기 전부터 나는 나다'라는 선언이 신지학에서 말하는 기독교의 본질이다. 그에 의하면 '나는 나다'의 존재인 그리스도는 "유일하며 무엇으로도 대신할 수 없는 존재"[20] 이다.

슈타이너에 의하면 '나는 나다'의 그리스도는 존재의 근본으로서 인간을 '나는 나다'라는 존재가 되게 하며 또한 인간을 자유롭게 하는 자이다. 이를 달리 표현하여 "그리스도는 모든 인간이 제각기 개별적인 존재로서 '나는

육논총』 제52집 (2017), 107-147.
18) Rudolf Steiner, *Das Johanes-Evangelium*, 61.
19) *Ibid.*, 63.
20) *Ibid.*, 76, 136.

나다'를 느낄 수 있는 충동을 부여하는 존재"[21]라고도 한다. 구약의 집단적 자아에서 신약의 개별적 자아로의 진화에 의해서 드러나며, 이에 따라 예수 그리스도의 사명은 "뚜렷하게 개별적 자아를 느낄 수 있도록 인간을 각성시키는 것"[22]이다.

개별적 자아가 되도록 하는 것은 예수의 사명이라는 것이 슈타이너의 입장이다. 인간으로서의 개별적 자아를 언급하는 대표적인 성경 구절은 "나와 복음을 위하여 집이나 형제나 자매나 어머니나 아버지나 자식이나 전토를 버린 자"(막 10:29)이다. 예수의 제자들은 개별적 자아를 가진 자이다. 이 개별적 자아는 무엇보다 영적인 아버지와 직접적으로 결합되어 있는 존재자이다. 개별적 자아는 혈통으로부터가 아니라 하나님으로부터 얻은 것이라는 의미에서 "나와 아버지는 하나"(요 10:30)이다.

한 개인이 개별적 자아를 가진 자로서 자유로운 자아가 될 수 있는 방법은 무엇인가? 이에 대하여 슈타이너는 "그리스도를 보라 그처럼 되려 하라. 그의 뒤를 따르려 하라. 그렇게 하면 이미 계율이란 필요하지 않고 마음 깊은 곳에서 자유로운 자아가 선한 것, 올바른 것을 실천하려 할 것"[23]임을 말한다. 여기서 '계율이 필요하지 않고'의 의미는 방종이 아닌 계율의 극복으로 말미암는 자율을 말한다.

개별적 자아에 대한 그의 언급은 그의 성령이해에서도 찾아볼 수 있다. 성령은 인간으로 하여금 '나는 나다'라고 하는 개별적인 독특성의 존재임을 깨닫게 하며 살아가게 한다.[24] 성령은 관계의 갈등에서 인간을 자유하게 하는 영이다. 성령강림절은 해방의 잔치이다. 이와 관련하여 "성령강림절은 인간 영에 대한 해방의 상징으로서 자유를 위한, 그리고 자유의 자각

---

21) *Ibid.*, 62.
22) *Ibid.*, 82.
23) *Ibid.*, 62.
24) *Ibid.*

을 위한 인류의 투쟁의 상징"[25]이라고 말한다. 자유하게 하는 성령은 진리가 너희를 자유롭게 하리라는 의미를 추구하는 영이다. 그리고 인간은 오직 성령 안에서만 자유로워질 수 있다.[26] 육체적인 본성의 노예가 아니라 성령 안에서의 자유이다. 성령 안에서 인간은 비로소 자유로운 개인으로 변형된다.

슈타이너가 말하는 영적인 또는 신비적인 차원은 초월적 차원이 아닌 관계적 차원을 의미한다. 가나의 혼인 잔치(요 2:1-12)에 대한 슈타이너의 해석에 의하면, 가나의 혼인 잔치가 여러 민족과 부족들이 모여 사는 혼혈아 지역인 '갈릴리'에서 일어난 것은 영적인 사랑의 특성을 말해 준다.[27] 갈릴리는 혈연관계를 넘어서서 사랑의 공동체를 예시하고 있는 그리스도의 사명을 말해 준다.

가나의 혼인 잔치는 바로 다가올 시대를 준비할 것을 말해 준다. 이러한 그리스도의 사명은 우물가의 사마리아 여인(요 4:1-26)과의 대화에서도 알 수 있다. 혈연에 의한 결혼만이 아니라 상속적인 신분제를 넘어서고자 하는 것이 그리스도의 사명임을 여기서도 언급하고 있다.

혈연과 신분제를 넘어선 개별적 자아는 성령강림절과도 관련된다. 슈타이너에 의하면 성령강림절의 사상은 '불의 혀'로 구체화되며, 이로 말미암아 '여러 언어들로 말하기 시작'하는 것에 특징이 있다. 이는 문자적인 의미에서 오늘날의 각국의 외국어로 말한 것에 강조를 두기보다는 "포용력과 이해력"[28]을 가지게 되었다는 의미가 더 강조된다.

슈타이너는 포용력과 이해력을 종교와 관련해서 해석한다. 기독교는 타

---

25) Rudolf Steiner, *Whitsun and Ascension*, 28.
26) *Ibid.*, 139-142.
27) Rudolf Steiner, *Das Johanes-Evangelium*, 52.
28) Rudolf Steiner, *Whitsun and Ascension*, 89; *Das Johanes-Evangelium*, 146, 150; 손문, "국내 외국인 학교의 종교교육과 학습활동에 관한 연구," 『기독교교육논총』 제60집 (2019), 99-120.

종교들을 적대적이거나 배타적으로 대하기보다는 모든 인류를 포용하는 종교가 되어야 함을 말한다. 달리 표현하자면 성령강림절에 여러 언어로 말하기 시작한 것은 기독교는 포용의 종교, 화해의 종교, 관용의 종교임을 의미하는 것이다. 슈타이너에 의하면 이것이 성령강림절의 사상이다.[29] 성령은 이분법적인 분리를 넘어서며 차이를 극복함으로 공동체를 지향하는 통합적이며 일치의 영이다.

또한 슈타이너가 말하는 개별적 자아는 영적 자아이며 '눈을 뜬 자'이다 (요 9:6, 7). 예수가 그 맹인에게 '진흙을 이겨 그의 눈에 바르시고'라는 구절에 대하여 루돌프 슈타이너는 신비주의적 관점에서 해석한다. 왜 진흙을 이겨 그의 눈에 발랐느냐는 것이다. 이에 대한 해석에서 루돌프 슈타이너는 그의 독특한 우주 진화에 대한 언급과 더불어 "그리스도는 자신의 진정한 신체가 지구"[30]라고 말한다. 지구가 그리스도의 몸이다. 땅이 그리스도의 몸이고 그리스도의 옷이다. 바로 이런 관점이 그의 신비주의적 영성이다.

인간이 땅에서 나는 밀로 빵을 만들어 먹는 것은 그리스도의 빵을 먹는 것이며, 발로 땅을 밟는 것은 그리스도의 몸을 밟고 있는 것과 같다. 맹인에게 진흙을 이겨서 그의 눈에 바른 것은 곧 그 자신으로 치유한 것임을 말한다. 이러한 관점에서 보면 자연은 단순히 과학적 탐구의 대상만은 아니다. 그리스도의 영인 로고스의 본질이 지구에 스며들어 있다는 신비주의적 관점으로도 자연을 이해할 수 있음을 슈타이너는 보여 주고 있다.

그리스도가 지구의 영이며, 지구가 그리스도의 몸이라는 것은 지구와 인간, 자연과 인간, 인간과 인간은 서로 깊이 연결되어 있는 관계성의 존재임을 말한다.[31] 그리고 신비적 관계성의 근원은 바로 그리스도이다. 그리스도는 바로 관계성의 존재이다. 그의 신비적 관계성은 인간 중심적 세계관

---

29) Rudolf Steiner, *Whitsun and Ascension*, 139.
30) Rudolf Steiner, *Das Johanes-Evangelium*, 142, 210.
31) *Ibid.*, 149.

에 대한 비판이며 생태적 기독교 세계관을 말하고 있다.

II. 인간이해

슈타이너에 의하면 말하는 능력은 처음에는 하나님에게만 있는 능력이다. 태초에 언어로서의 말이 있었다. 그 말의 내부에 생명이 있었고, 생명은 인간의 빛이 되었다. 하나님이 인간을 창조하면서 인간에게 언어 능력을 부여한 것이다. 언어 능력 또는 로고스의 능력은 인간이 창조된 시기에 인간에게 내재해 있는 것이다. 이는 마치 식물이 씨앗에서 성장하는 것과 같다. 언어 능력이 인간에게서 성장해 나간 것이다. 더 나아가 인체도 로고스인 말에서 태어났다. 인체가 오늘날의 형상을 가지게 된 것은 창조 때에 '말'이 존재했기 때문이다.[32] 사람의 몸의 기원은 말이라는 의미의 로고스이다.

그에 의하면 말로서의 로고스에 의해 우선 형성된 인간 본성은 인간 몸으로서의 신체(physical body)이다. 인간 신체에 동양의 기(氣)에 해당하는 에테르가 결합된 것이 에테르체(생명체, etheric body or life body)이다.[33] 에테르체는 인간에게 희·노·애·락 등의 감각적이며 집단적인 혼(魂)에 해당하는 아스트랄과 결합하여 아스트랄체(astral body)가 되고, 마지막으로 형성된 것은 영(靈)에 해당하는 자아(human I or human ego)이다.[34] 인간 본성들은 관계성에 의한 결합의 과정으로, 오늘날 인간의 계량적인 시간 개념을

---

32) *Ibid*., 40.

33) Rudolf Steiner, *The education of the child and early lectures on education* (NY: Anthroposophic Press, 1996), 7.

34) Rudolf Steiner, *Das Johanes-Evangelium*, 41; Rudolf Steiner, *The education of the child and early lectures on education*, 4-14.

초월하여 초시간적으로 형성된 것이다.

그의 인간 본성에 대한 이해를 정리하자면, 인간 본성은 신체, 에테르체, 아스트랄체, 자아 등의 네 가지 본성들로 구성되어 있다. 그러나 네 가지의 인간 본성들을 그의 신지학에 따라 분류하자면, 인간의 본성은 몸, 혼, 영 등이다.[35] 이 중에서 몸이란 자신의 존재를 가시적으로 나타내는 신체를 말한다. 에테르체도 여기에 포함된다. 혼이란 인간의 감성적인 특성을 말한다. 자아는 영의 본성을 말한다. 영이란 사물이 그에게 제시되는 것을 뜻한다. 이는 사물 스스로가 말을 걸어오는 내적인 자기를 말한다. 이 세 가지 요소들은 서로 분리되어 있는 요소들이 아닌 서로 영향을 주고받는 관계의 존재로서 서로 얽혀 있다.

1. 몸의 본성

슈타이너가 말하는 몸이란 감각으로 지각할 수 있으며, 관찰할 수 있는 대상으로서, 인간의 몸은 식물적, 광물적, 동물적 요소 등의 세 가지 요소들로 구성되어 있다.[36] 이를 신체라고 한다. 인간의 신체는 식물처럼 성장하고 번식하며, 광물처럼 자연적 소재로 구성되어 있고, 동물처럼 환경과 대상을 지각하고, 이에 기초하여 내면에 체험을 형성한다. 식물적, 광물적, 동물적 요소들로 구성된 신체에 기(氣)에 해당하는 '에테르'가 작용함으로 '에테르체'가 된 것이다.

에테르는 "물질적인 소재나 힘이 산출하는 것이 아니라, 물질적 소재나

---

35) Rudolf Steiner, *Theosophie, Einführung in übersinnliche Welterkenntnis und Menschenbestimmung,* Translated by Catherine E. Creeger, *Theosophy: An Introduction to the Spiritual Processes in Human Life and in the Cosmos* (MA: Anthroposophic Press, 1994), Chapter 1; Rudolf Steiner, *Theosophy,* 22.

36) Rudolf Steiner, *Theosophy,* 24, 25.

힘을 에테르체로 바꾸는 독립적이며 현실적 본성"[37]이라는 점에서 변형하는 본성을 지니고 있다. 인간의 신체를 에테르체인 생명체로 변형하는 힘이 에테르이다. 그러나 인간의 생명체와 동물의 생명체와의 차이는 인간의 두뇌 활동에 있다. 인간은 사고력을 가진 생명체인 반면, 동물은 사고력이 없는 본능에 의한 신체에 불과한 생명체이다.

인간 두뇌의 특징은 세밀한 내적 구조에 있다. 인간 두뇌의 세밀한 구성으로 말미암아 인간의 몸은 단순히 동물과 비교할 수 없으며, 인간의 두뇌는 단순히 신체적인 차원을 벗어나 영적 발전과도 연관될 정도로 신비롭다고 할 수 있다. 이러한 사실은 인간은 신체의 차원에서 이미 사고의 능력을 지닌 독특한 존재로 형성되어 있음을 말하고 있다.

2. 혼(魂)의 본성

슈타이너에 의하면 혼은 인간의 지상 생활의 주역이며, 인간 혼의 본성은 감각혼, 오성혼, 의식혼 등의 세 종류로 구성되어 있다. 우선 혼의 본성은 인간의 내면세계라는 점에서 몸의 본성과 구별된다. 슈타이너는 혼을 하나의 구체적인 존재로 인정하며 이를 혼체라고 하며 아스트랄체라고도 한다.[38] 또한 혼을 연구하는 사람을 심리학자라고 하는 것으로 보아서 혼을 인간의 심리와 관계되는 것으로 이해하고 있다.

슈타이너는 감각적 지각과 이에 대한 반응을 특징으로 하는 혼을 감각혼이라고 한다.[39] 시력을 통하여 자신이 보고자 하는 것을 보고 자기 나름대로 개별적인 지각을 한다. 인간의 몸의 감각을 단순하게 여기는 것을 넘어서 감각으로 말미암아 인간으로서의 개별적인 지각을 하도록 하는 기능을

---

37) *Ibid.*, 31.
38) *Ibid.*, 28, 41.
39) *Ibid.*, 26-28, 40.

함을 말한다. 인간의 혼은 감각적 지각을 구체화한 지각의 결과인 감정과 관련된다. 혼은 자신의 내면에 공감과 반감의 상호작용으로 말미암아 희·노·애·락 등의 감정을 일으키는 주체이다.[40] 인간은 혼으로 말미암아 감정과 자기 주위의 환경에 대해서 또 다른 세계를 형성해 나간다.

이러한 감정은 인간의 의지와 결부된다. 인간의 혼은 의지로 말미암아 밖으로 표현되며, 의지로 말미암아 인간은 자신의 외부 세계에서 행동으로 살아나간다. 외부세계에서의 행동에 대하여 생각함으로써 인간은 비로소 이성적으로 생활하게 된다. 슈타이너에게서 인간의 최고의 감정은 충동적으로 일어나는 감정이 아니라 성찰적인 사고행위를 통하여 얻어지는 감정이다. 슈타이너는 이렇게 사고하는 고차원적 혼을 오성혼이라고 한다.[41] 오성혼은 사고력을 특징으로 하는 이성의 본성을 말한다. 그러나 오성혼은 감각, 충동, 결정에 휩쓸릴 수 있는 혼이다. 영원한 진리는 개인적인 감각으로 느끼는 것과 희·노·애·락 등을 제거한 것이다.

영원한 진리가 자리매김하는 혼의 부분을 의식혼이라고 한다. 의식혼은 혼의 핵심이며, 인간 의식의 핵심이다. 인간 몸의 중심이 두뇌이듯이, 인간 혼의 중심은 '나'라고 하는 자아에 대한 의식이다.[42] '나'라고 하는 자의식은 자신을 다른 모든 것과 구별하는 의식이다. 이 '나'라고 하는 자의식이 인간의 몸과 혼을 다스리도록 해야 함을 말한다. '나'라고 하는 자의식으로서의 의식혼이 영적 자아로 충만할 때 충동, 욕망, 정욕을 비롯한 인간의 몸과 혼을 다스릴 수 있게 된다.

3. 영의 본성

---

40) Rudolf Steiner, *Das Johanes-Evangelium*, 26-29, 194.
41) Rudolf Steiner, *Theosophy*, 29, 37.
42) *Ibid.*, 41-43.

슈타이너에 의하면 영의 본성은 영적 자아, 에테르 영, 영 인간 등의 세 가지 부분으로 구성된다. 우선 영은 인간에게만 있는 것이 아니라 "모든 동식물 가운데 물질 형태 이외에 생명으로 가득 찬 영적인 모습을 지각할 수 있다"[43]라고 함과 같이 모든 피조물에 존재함을 말한다. 그러나 인간 영의 본성은 의식혼을 의미하는 인간의 '나'라고 하는 자의식 속에 '나는 나다'라고 하는 근본적인 영적 존재를 받아들일 수 있는 속성을 지니고 있다는 점에서 독특하다. 의식혼이 근본적인 영적 존재를 받아들임으로 인하여 인간 영의 본성은 '영적 자아'가 된다. 영적 자아로서의 인간의 영은 '사고하는 영'이다. 자기 의식적 지성을 포함하는 영적 차원의 자아로서의 사고하는 영이다.

영의 본성으로서 두 번째의 요소는 기에 해당하는 생명의 기운인 에테르로 말미암아 인간 자아인 의식혼과 영적 자아가 결합한 '에테르 영'이다.[44] 슈타이너는 인간 자아인 의식혼과 영적 자아의 결합을 '결혼'이라는 비유로 표현하며, 이를 영적 결혼이라고 한다. 영적 결혼으로 말미암는 에테르 영은 변화된 생명체로서의 생명 영이라고도 한다.

영의 본성으로서 세 번째의 요소는 '영 인간'이다. '영 인간'은 생명의 핵이다. 사고하는 영으로서의 인간의 영은 자신의 감각세계인 내면세계를 아는 것에서 더 나아가 다른 사람의 감각세계인 내면세계가 마치 외적인 현장처럼 영적 모습으로 뚜렷하게 눈앞에 펼쳐짐을 볼 수 있다. 이를 루돌프 슈타이너는 "영의 눈"[45]이라고 말한다.

영의 눈을 달리 표현하자면 '눈이 열린 자'를 말하며 '직관'을 가진 자를

---

43) *Ibid.*, 31.

44) Rudolf Steiner, *Theosophy*, 47; Rudolf Steiner, *Das Johanes-Evangelium*, 199.

45) Rudolf Steiner, *Theosophy*, 35, 45. 루돌프 슈타이너가 여기서 말하는 영의 눈은 영적 상상력(spiritual imagination)으로 이해할 수 있음. 이원일, 『해석학적 상상력과 기독교교육과정』(서울: 한국장로교출판사, 2004), 131, 183.

말한다. 자의식으로서의 '나'와 결합한 영을 통하여 자신의 내면세계를 바라볼 수 있는 것을 넘어서 다른 사람의 내면세계를 볼 수 있는 영의 눈이 열린 자를 말한다.

따라서 슈타이너에게서의 영의 본성은 '볼 수 있는 능력'인 직관과 관련된다. 여기서 직관은 가시적인 대상을 시각이라는 감각으로 보는 것을 넘어서는 것이다. 감각적 지각은 두 사람이 같을 수 있다. 그러나 직관은 비가시적인 대상을 볼 수 있는 가시적 능력을 말한다. 직관을 가진 영적 자아를 슈타이너는 '영 인간'이라고 말한다. 영 인간은 직관으로 말미암아 개인에 따라 다양하고 독특하게 표현하는 것을 특징으로 한다.

슈타이너에 의하면 영의 눈이 있는 자는 눈이 열린 자로서 무엇보다 그리스도를 보는 자이다. 슈타이너는 빌립이 예수를 보고자 한다고 했을 때(요 12:21) 예수가 예언자 이사야를 언급(요 12:38-41)하고 있음에 주목한다.[46] 예언자 이사야가 "웃시야 왕이 죽던 해에 내가 본즉 주께서 높이 들린 보좌에 앉으셨는데"(사 6:1)라고 했을 때, 이사야가 본 대상은 다름 아닌 그리스도(요 12:41)임을 말한다.

신지학의 관점에서 이 내용이 중요한 것은 "그리스도는 영적으로는 늘 보이는 존재"[47]이기 때문이다. 신지학에 의하면 요한복음에서 말하고자 하는 요점은 "영으로 바라볼 수 있는 그 존재가 우리와 함께 육체를 가지고 살아간다는 것"[48]이다.

슈타이너는 영의 눈으로 볼 수 있는 능력과 관련하여 어떻게 볼 수 있는 능력을 가질 수 있는지에 대하여 말한다. 비가시적인 대상을 볼 수 있는 능력은 내적 힘에 의해서이다. 그가 말하는 내적 힘이란 다름 아닌 '신앙'이

---

46) Rudolf Steiner, *Das Johanes-Evangelium*, 179, 180.
47) *Ibid.*, 180.
48) *Ibid.*, 181.

다.[49] 그에게 있어서 신앙이란 단순히 믿는 힘이 아니라 내적으로 볼 수 있는 능력이다. 신앙 있는 사람은 외적으로 보이는 유물론적 세계만을 현실이라고 하지 않는다. 신앙 있는 사람만이 영의 눈으로 예수의 부활을 볼 수 있게 된다(요 20: 29).

신앙은 현재의 삶 가운데서 "볼지어다 내가 세상 끝날까지 너희와 항상 함께 있으리라"(마 28:20)라는 예수의 말을 그대로 받아들인다. 뿐만 아니라 미래의 삶 가운데서 "이 예수는 하늘로 가심을 본 그대로 오시리라"(행 1:11)라는 성경의 말로 그대로 받아들인다. 루돌프 슈타이너에게 있어서 신지학의 사명은 바로 "보이게 하는 것"[50]에 있다. 이는 예수 재림을 준비하는 사람들의 운동이면서 모든 사람들로 하여금 볼 수 있는 능력을 부여하고자 하는 것을 사명으로 하고 있음을 말한다. 이를 세계사적 사명이라고 말하기도 한다.

III. 교육예술

루돌프 슈타이너의 인간이해에 의하면 생명의 핵은 '영 인간'이다. 영 인간은 달리 표현하면 자신의 내면세계를 비롯하여 다른 사람과 대상의 내면세계를 볼 수 있는 영의 눈을 가진 자이다. 신지학에서의 영 인간과 슈타이너에 의한 발도르프 학교에서 '상상력' 강조는 비가시적인 대상을 '마음의 눈'(mind's eye)으로 본다는 점에서 일맥상통한다.

우선 슈타이너와 그에 의한 발도르프 학교에서는 교육적인 차원에서 상상력(imagination)을 강조하고 있다.[51] 상상력은 마음이라는 화판에 그림

---

49) *Ibid.*, 240.
50) *Ibid.*, 241.
51) Rudolf Steiner, *The education of the child and early lectures on education*

(mental pictures)을 그리기도 하고, 또는 상징 등의 다양한 텍스트에서 숨겨진 그림을 볼 수 있는 인간의 능력이다.[52] 볼 수 있는 능력인 상상력은 인간으로 하여금 비전을 갖게 한다. 꿈을 갖게 한다.

마음의 눈으로 볼 수 있도록 하는 비전 또는 꿈을 갖게 하는 능력인 상상력에 기초하여 발도르프 학교는 상상력의 지향적 대상인 이야기의 중요성, 인간의 자유로운 개인성, 전인성, 예술, 놀이, 통합교육과정 등을 포괄하는 용어인 '교육예술'을 강조하고 있다.

1. 영혼 생활

슈타이너는 당시에 학생의 심리적 이해를 강조한 헤르바르트의 사상에 대해 비판적인 입장이다. 헤르바르트는 스콜라 철학에 기초한 심리학으로 인간의 감성과 의지를 교육해야 한다는 점을 강조한다. 그러나 슈타이너의 관점에서는 다음을 각각 비판하고 있다. ① 헤르바르트의 사고와 사상은

(NY: Anthroposophic Press, 1996), 19, 20; Jack Petrash, *Understanding Waldorf Education: Teaching from the inside out by Jack Petrash*, 강도은 옮김, 『발도르프 교육 이해하기』(서울: 무지개다리너머, 2018), 27, 42, 44, 48, 68, 72, 82, 92, 99, 102, 108, 111, 228, 235, 250, 253; Rudolf Steiner, *The Essential Rudolf Steiner* (VA: Wilder Pub, 2008), 262; Freya Jaffke, *Spielen und arbeiten im Waldorfkindergarten,* 윤선영 옮김, 『발도르프 킨더가르텐에서의 놀이와 직업』(서울: 창지사, 2000), 77; René Max Querido, *Creativity in Education: The Waldorf Approach,* 김훈태 옮김, 『발도르프 공부법 강의』(서울: 도서출판 유유, 2019), 94, 131.

52) 신문철, "기독교적 상상력을 활용한 성서학습모델," 『기독교교육논총』(2012) 제29집, 87-122; 이현철, "한국교회 청소년 수련회에 대한 내러티브 탐구," 『기독교교육논총』(2016) 제47집, 219-253; 유은희, "James, K. A. Smith가 제안하는 기독교교육 및 형성에 관한 고찰," 『기독교교육논총』(2019) 제60집, 153-193. 상상력은 마음의 눈으로 보게 하는 능력에 대해서는 다음을 참고할 것. 이원일, 『해석학적 상상력과 기독교교육과정』(서울: 한국장로교출판사, 2004), 182-187.

15세기 중반에 이미 그 막을 내린 문화 기간 속에 아직도 푹 잠겨 있다.[53] ② 헤르바르트의 심리학은 지성을 강조하며, 이에 대한 교육에 주력하고 있다. ③ 영혼에 대해서도 완전히 지성적인 차원으로 다루고 있으며, 인간의 감성, 의지, 지성과 분리되어 있는 것처럼 대하고 있다.[54] ④ 인간의 지성, 감성, 의지 등에 대한 교육을 추구함에 있어서도 추상적인 차원의 표상을 중심으로 추구하고 있다. ⑤ 교육을 위해 사용하는 언어가 현실 속에서의 사실과 너무 떨어져 있어서 이해하기 어렵다는 점 등이다.

이러한 비판에 대한 대안으로 우선 루돌프 슈타이너는 그의 교육예술에서 종교교육의 중요성을 강조한다. 그에 의하면 학교는 종교를 기초하지 않거나, 종교를 가르치지 않으면 무의미하다.[55] 그러나 영성과 일상을 이분법적인 것으로 이해하지는 않는다. 그는 새로운 교육개혁을 위해서는 "무엇이 과연 인간의 본성인가?"[56]라는 물음을 통하여 하나님 이해, 인간이해, 그리고 교육 이해는 서로 밀접하게 연관되어 있음을 말한다.[57]

슈타이너의 신지학은 실험실에서 행해지는 과학적 차원으로 인간의 본성을 이해하기보다는, 영적 차원으로 근본적인 인간의 본성을 이해하고 있다. 루돌프 슈타이너는 신비적인 것과 일상적인 것도 이분법적인 것으로 여기지 않는다. 요한복음에서 계시된 예수의 신성과 인성은 상호관계성을 지니고 있듯이, 인간의 영혼과 이성(머리), 감성(가슴), 의지(손) 등은 서로

---

53) *Ibid.*, 29.

54) *Ibid.*, 40; 이주형, "예술목회를 위한 영성수련: 상상적 관상을 중심으로," 『기독교교육논총』 (2016) 제46집, 319-351.

55) Rudolf Steiner, *The education of the child and early lectures on education*, 60, 69.

56) Rudolf Steiner, *Idee und Praxis Waldorfschule*. 최혜경 옮김. 『발도르프 학교와 그 정신』 서울: 도서출판 밝은 누리, 2015), 125.

57) Rudolf Steiner, *The education of the child and early lectures on education*, 51, 60.

분리되지 않고, 상호관계성을 지닌 것으로 이해한다.[58]

인간의 영적 발달을 위하여서는 인간의 지성, 감성, 의지 등의 세 가지 차원의 발달과 상호 관련해서 교육해야 함을 말한다. 그리고 인간의 지성, 감성, 의지의 지속적인 발달을 위해서는 인간 영혼의 차원과 긴밀한 관계 속에서 교육되어야 한다는 것이다.

따라서 슈타이너에 의하면 인간 영혼의 발달을 위해서는 인간의 지성(사고), 감성, 의지에 대한 발달이 이루어져야 한다. 이를 루돌프 슈타이너는 "영혼 생활"[59]이라고 말한다. 영혼 생활이란 인간의 영혼은 일상생활에서 인간의 지성, 감성, 의지 등을 통하여 표현되고, 그 반대로 일상생활에서 인간의 지성, 감성, 의지 등은 영혼에 영향을 주는 서로 밀접한 관계임을 말한다. 즉, 영혼과 생활의 상호관계성을 말한다. 이를 인간의 발달적인 차원을 고려해서는 "인간 전체성"[60]이라고 한다. 그는 "교육 속에서 인간 전체를 파악하려는 의지"[61]가 있어야 함을 말한다.

인간의 영혼 생활이나 인간의 전체성과 같은 슈타이너의 언급은 교육을 함에 있어서 인간의 본질에 대해 이해하고자 하기보다는 추상적으로 인간을 이해하여 교육하는 것에 대한 비판이다. 영혼 생활을 위한 인간의 전체성을 고려해야 할 것에 대한 언급은 교육에서 수업이 지성을 바탕으로 수행되기보다는 "완전히 인간과 인간 사이의 관계 위에 세워져야"[62] 함도 강조한다. 따라서 교육에 관한 모든 것은 교사, 학생, 그리고 교직원 사이의

---

58) Rudolf Steiner, *Idee und Praxis Waldorfschule*, 33; Rudolf Steiner, *The education of the child and early lectures on education*, xiv.
59) Rudolf Steiner, *Idee und Praxis Waldorfschule*, 40, 41; Jack Petrash, *Understanding Waldorf Education: Teaching from the inside out by Jack Petrash*, 258, 257-281.
60) Rudolf Steiner, *Idee und Praxis Waldorfschule*, 45.
61) Ibid..
62) Ibid., 46.

긴밀한 관계도 고려해야 한다.

2. 통합성 교육

슈타이너에게서의 교육은 인간의 지성, 감성, 의지 등을 조화롭게 상호작용하게 하고, 더 나아가 영적인 차원과의 예술적인 상호작용에 의한 통합성 교육이라는 의미에서 교육예술이라고 한다. 교육예술이란 교육은 객관적인 지식 전수이기보다는 예술적인 차원으로 이해해야 함을 말한다. 그가 교육예술을 말함은 인간은 직업을 위한 기계가 아니라 전인적이라는 인간이해에 의해서이다.[63]

슈타이너에 의하면 인간은 왜곡되거나 편중되지 않도록 이성, 감성, 의지, 그리고 영혼 등의 전인적 차원으로 이해되어야 한다. 그에게 있어서 교육예술은 우선 인간의 영적인 차원을 비롯하여 인간의 지성, 감성, 의지 등이 상호관계성을 지니며 예술적으로 상호작용하도록 하는 것이다.

교육예술은 지성 교육을 위한 것이기도 하지만, 지성은 감성과 함께 교육하지 않으면 물질적인 사고로 편향하게 되는 경향을 지닌다. 이는 지성이 가장 정신적인 반면에 물질주의를 지향하는 속성을 지니기 때문이라고 함으로써 슈타이너는 지성 중심의 교육에 대해 비판적이다.[64]

따라서 영성에 기반을 둔 지성 함양을 위해서는 미학적인 방법으로 감성을 발달하게 하는 것이 중요하다. 감성 기반 지성교육이다.[65] 유사한 맥락

---

[63] Rudolf Steiner, *The education of the child and early lectures on education*, xi, xii; Rudolf Steiner, *Idee und Praxis Waldorfschule*, 87, 88, 115.

[64] Rudolf Steiner, *Idee und Praxis Waldorfschule*, 95.

[65] Rudolf Steiner, *The education of the child and early lectures on education*, 34.

에서 자연 관찰에 대한 경우에도 단순히 객관적으로 자연에 대한 관찰이기보다는 어린이의 전인적인 발달 특성과 관련하여 비유 등으로의 교육이어야 한다. 그리고 개념 이해를 위해서도 기존의 개념 이해를 설명하기보다는 다양한 관점에서 그 특성들을 알게 함으로 개념들이 살아 있도록 생동적이고 운동적일 때 이해에 이르게 된다.

교육예술은 의지 함양을 위한 것이기도 하다. 루돌프 슈타이너에게서의 교육예술은 교육을 예술적인 차원으로 이해하는 것과 함께 예술에 대한 교육의 중요성이 포함되어 있다. 그는 인간의 의지력 향상을 위해 예술교육을 어릴 때부터 시작해야 함을 말한다.[66] 예술교육을 어릴 때부터 시작하지 않으면 의지가 약한 인간으로 성장하게 된다는 점을 강조하면서 "가능한 한 이른 나이에 음악, 스케치하기, 그림 그리기 등을 그저 보고 듣도록 할 뿐만 아니라, 될 수 있는 대로 함께 하도록 해야 한다"[67]고 말한다. 종교, 읽기, 그리고 쓰기조차도 예술과의 통합으로 교육되어야 함을 강조한다.

교육예술에 의하면 교육은 놀이가 되어야 한다. 슈타이너는 교육으로서의 놀이를 강조한다. 슈타이너에 의하면 놀이의 본질은 자유이다.[68] 수업도 일종의 놀이처럼 수행되어야 한다. 지적인 것을 미학적으로 놀이처럼 즐기도록 수업이 수행되어야 한다. 더 나아가 교육예술은 예술을 중심으로 한 통합적 교육과정이며, 산수를 배움에 있어서 계산기를 사용하는 대신에 손가락을 사용하도록 하는 등의 자연을 중심으로 하는 통합교육과정이다.

발도르프 교육은 지리 수업이 그러하듯 여러 과목을 통합해 자아와 세계 사이에 리듬을 형성할 수 있도록 한다. 발도르프 학교에서는 과학, 인문학

---

66) Rudolf Steiner, *Idee und Praxis Waldorfschule*, 123.
67) *Ibid.*, 95, 96.
68) *Ibid.*, 92; Rudolf Steiner, *The education of the child and early lectures on education*, 87.

등의 과목들을 융합하는 통합교육을 지향하고 있다.[69] 슈타이너는 신비적인 것과 일상적인 것의 장벽을 허물었듯이, 발도르프 학교는 종교, 과학, 그리고 예술의 경계를 넘어서고자 한다. 이런 점에서 슈타이너에 의해 시작된 초기 발도르프 학교는 교육예술이라는 이름으로 종교교육을 한 것이고, 종교교육이라는 이름으로 교육예술을 한 것이다.

3. 개인성 교육

교육예술은 인간의 본성 이해의 중요성과 더불어 교육의 자율권을 강조한다. 슈타이너는 국가의 교육에 대한 영향력 강화를 주장하는 것에 대하여 비판적이다. 그리고 교사는 국가로부터 보호받고 지지되어야 한다는 주장에 대하여서도 비판적이다. 오히려 교육은 "인간은 항상 스스로의 본성으로부터 우러나오는 그 자체를 인정 … 자유로운 시민"[70]이 되도록 해야 함을 말한다.

그가 말하는 자유로운 시민은 국가를 비롯하여 특정 종교의 통제에 대해서도 "자유로운 인간의 본성"[71]에 적합한 삶을 살아가는 사람을 말하며, 인간의 본성에 적합하게 쓰기와 읽기 등을 비롯한 교육을 해야 함을 말한다. 인간의 본성에 적합한 삶은 "개인성 의식"[72]을 추구하는 것이다. 개인성 의식이란 자아로서 의식적인 개인 활동이다.

정리하자면 슈타이너에게서의 진정한 교육이란 "인간의 신체, 영혼, 정신이 내적으로 자유롭게 독립되도록 배려하는 것"[73]이다. 영혼에 대한 교

---

69) René Max Querido, *Creativity in Education: The Waldorf Approach*, 84.
70) Rudolf Steiner, *Idee und Praxis Waldorfschule*, 57.
71) *Ibid.*, 59, 125.
72) *Ibid.*, 30.
73) *Ibid.*, 127.

육조차도 교회에 맡겨 버리는 교육이 아니라, 전인적인 차원에서 관계적이며 통합적으로 다루어지는 교육예술이어야 한다. 그에 의하면 "미래의 인간은 개개인이 개인적이면 개인적일수록 점점 더 평화롭고 조화로운 삶을 살 수 있을 것"[74]임을 말한다. 비유하자면 각종 식물이 각각 태양을 향하여 뻗어나가는 것과 유사하다.

인간은 영적인 태양을 향하여 각각 뻗어나가는 그런 존재가 되어야 한다. 미래의 인간은 '나는 나다'의 개별적 자아가 형성된 인간이다. 이에 따라 자신의 의견을 다양하게 표현할 수 있는 자유의 존재가 되도록 하는 교육이어야 한다. 더 나아가 한 인간으로 하여금 "실용적인 삶"[75]을 살아갈 수 있도록 실제의 삶 속에서 독립적으로 설 수 있고, 살아갈 수 있도록 하는 교육이다. 그러나 실용적인 삶에 대한 슈타이너의 언급은 직업교육을 강조하는 것이 아니라 전인교육 차원을 강조한다.[76] 실용적인 삶이 포함된 자유로운 삶으로의 의지가 있는 전인적인 인간으로 양육해야 함을 말한다.

4. 발달교육

교육예술에 따르면 개인성을 지닌 자유를 지향하는 인간으로 양육하기 위해서는 인간 발달단계에 적합하게 교육해야 한다. 슈타이너가 활동하던 시기에 인간의 발달에 따른 교육을 강조한 것은 오늘날에도 중요한 의미를 주고 있다.

슈타이너에 의하면 인간의 몸(신체 및 에테르체), 혼, 영 등을 의미하는 인간 본성들의 발달 특성과 교육내용은 조화되어야 한다. 인간의 본성들은 태어날 때 이미 인간에 내재되어 있으며, 성장 과정에 따라 인간의 본성들

---

74) Rudolf Steiner, *Das Johanes-Evangelium*, 197.
75) Rudolf Steiner, *Idee und Praxis Waldorfschule*, 127.
76) *Ibid.*, 110.

도 발달한다.[77] 치아의 교체를 기점으로 7년을 주기로 발달한다. 영아기는 신체, 치아가 새로 나기 시작하는 7세에 에테르체, 14세 전후의 사춘기에 아스트랄체, 21세 전후로 영적 자아 등이 본격적으로 각각 발달한다.

따라서 7세까지는 신체에 대한 양육에 중점을 두어 신체적으로 자립할 수 있도록 하는 돌봄의 교육과 모든 감각으로 모든 것을 모방하려는 특성에 따라 모방을 통한 학습이 필요하다. 신체에 대한 양육과 관련한 돌봄 활동으로는 슈타이너에 의해 창안된 오이리트미(eurythmie)가 있다. 영유아들로 하여금 주어진 주제를 이성, 감성, 그리고 영혼 등과 관련되도록 언어와 음악 등으로 신체를 리듬 있게 표현하는 일종의 언어 동작 예술이다.[78] 이외에도 둥근 원을 그리며 파트너를 바꾸며 춤을 추도록 하는 라이겐(reigen) 등이 있다.

이 시기에는 상상력을 촉발하는 이야기를 들려주는 경우에도 이야기를 들려주고 난 뒤에 획일적인 도덕적 교훈을 주입하려고 하기보다는 "어린이의 감성"[79]을 생동감 있게 해야 한다. 상상력에 의한 개인성 계발을 위해 이야기를 미완성으로 끝내기, 공백이 많은 인형을 갖고 놀게 하기, 모방해야 할 본보기로서의 모델, 비유, 상징 등과 같이 살아 움직이는 그림을 보는 듯하는 교육이어야 한다.[80]

7세에서 14세의 시기는 인지적 교육에 너무 지나치게 치중하기보다는 권위에 대한 존경심을 비롯한 기억, 습관, 인성교육이 필요하다. 또한 교육

---

77) Rudolf Steiner, *Theosophie, Einführung in übersinnliche Welterkenntnis und Menschenbestimmung,* Translated by Catherine E. Creeger, *Theosophy: An Introduction to the Spiritual Processes in Human Life and in the Cosmos* (M·A: Anthroposophic Press, 1994), 53, 54.
78) Jack Petrash, *Understanding Waldorf Education,* 63.
79) Rudolf Steiner, *Idee und Praxis Waldorfschule,* 76, 91.
80) Rudolf Steiner, *The education of the child and early lectures on education,* 26, 57.

예술의 관점에서 정서적이며 미적 감각 함양을 통하여 상징적 의미를 알도록 해야 한다. 이와 관련된 교육내용에 있어서는 추상적 개념보다는 실제 생활과 직접 관련된 것이어야 한다.[81] 식물과 동물 등의 생태계에 대해서 직접 체험함을 통한 교육이어야 한다.

14세에서 21세의 시기는 그림 없는 추상적인 개념에 대한 이해가 가능하며, 교육내용에서는 비판적 지성을 함양하고 '나'라고 하는 심리적인 자의식을 갖기를 시작하는 교육이어야 한다.[82] 슈타이너가 강조하는 개별적 자아를 형성하는 교육이 필요하다. 21세 이후부터는 영의 눈이 열리는 영적 자아를 갖도록 하는 교육이 이루어져야 한다. 상상력을 통하여 꿈이 있고 비전이 있는 영 인간으로서의 삶을 본격적으로 추구하는 교육이어야 한다.

<주요토론내용>

1. 대안학교로서 발도르프 학교에서 상상력을 강조하는 이유는 무엇인가?
2. 대안학교로서 발도르프 학교의 교육예술은 오늘날 어떤 의미를 주는가?
3. 자신에게 가장 이상적이라고 생각하는 대안학교와 그 특징들은 무엇인가?
4. 발도르프 학교의 교육예술로 꿈을 갖는 미래세대의 신앙교육을 계획해 보자.

---

81) *Ibid.*, 69.
82) Rudolf Steiner, *The education of the child and early lectures on education*, 55-63; Rudolf Steiner, *Idee und Praxis Waldorfschule*, 72, 81.

II부 청소년기와 기독교교육

8장. 교회학교 청소년과 인성

9장. 교회학교 청소년과 성령

10장. 교단별 청소년 교육과정

11장. 남강 이승훈과 인성교육

12장. 디지털 세대와 가상성

13장. 포스트 디지털 세대와 교육목회 유형

8장   교회학교 청소년과 인성

하나님 나라를 이루어 나가는 데 있어서 전위대(vanguard) 역할을 해 온 교회학교가 오늘날 다양한 이유로 인하여 축소, 폐쇄, 심지어 죽음의 위기 가운데 있다. 어떻게 하면 교회학교가 다시 살아날 수 있을지에 대한 고민을 하게 된다. 저출산, 인구절벽, 인공지능시대, 그리고 경제 우선의 신자유주의, COVID-19 등의 다양한 악조건 가운데서도 불구하고 하나님 나라를 위한 전위대 역할을 해야 하는 책무가 교회학교에 주어져 있다.

과연 교회학교가 활성화될 수 있는 방안은 무엇인가? 이러한 질문에 대하여 유기적인 조직체인 교회학교의 위기를 극복하기 위한 거시적인 관점의 개선방안은 다른 장들에서 제시하고자 한다. 여기서는 미시적인 관점으로 교회학교에서 사용하고 있는 교재를 분석하고 이에 따른 개선방안을 제시하고자 한다.

분석대상으로 하고자 하는 교회학교 청소년 교재(공과)는 대한예수교장로회(통합) 교육자원부에서 발행한 교회학교 청소년 교재이다.[1] 교재분석

---

* 본 내용은 영남신학대학교, "교회학교 청소년 교재에서 인성이해," 『신학과 목회』, 48 (2017), 215-240에 게재된 논문을 수정 및 보완한 것임.

[1] 총회교육자원부편, 『중등부교재(학생용) IV-1: 청소년성품』(서울: 한국장로교출판사, 2015); 총회교육자원부편, 『중등부교재(교사용) IV-1: 청소년성품』(서울: 한국장로교출판사, 2015); 총회교육자원부편, 『중등부교재(교역자용) IV-1: 청소년성품』

및 개선방안을 위해 다음의 물음을 제기하고자 한다. 교재에서 함양되어야 할 인성 내용으로 제시하고 있는 덕목들을 선정한 기준은 무엇인가? 이러한 선정에서의 문제점은 무엇인가? 개선방안을 제시하기 위한 이론적 기초와 구체적인 방안은 무엇인가? 등이다.

I. 청소년 교재 분석

1. 인성 교재 분석

분석 대상 교재(공과)의 주제는 '성품'(character)이다. 성품이라는 주제는 개혁신학의 관점에서 '하나님 닮아가기'로서의 성품을 말한다.[2] 이를 위해 '성경'에 기초한 성품훈련을 의도하고 있다. 훈련되어야 할 성품으로는 경건, 성실, 겸손, 정직, 기쁨, 화해, 공평, 인내, 순종, 배려, 감사, 섬김 등 12가지의 성품이다. 이러한 성품들을 발달 특성을 고려하여 서술하고 있다.

(서울: 한국장로교출판사, 2015); 총회교육자원부편, 『중등부교재(학생용) IV-2: 청소년성품』(서울: 한국장로교출판사, 2015); 총회교육자원부편, 『중등부교재(교사용) IV -2: 청소년성품』(서울: 한국장로교출판사, 2015); 총회교육자원부편, 『중등부교재(교역자용) IV-2: 청소년 성품』(서울: 한국장로교출판사, 2015).

2) 인성을 지칭하는 용어는 다음과 같이 다양하게 사용됨. 선천적으로 타고난 성격(personality), 후천적으로 변화할 수 있는 성품(character), 윤리학적 차원에서의 도덕성(morality) 또는 덕(virtue), 인간의 관계성을 의미하는 인간성(humanity) 등임. 본 저서에서는 성격, 성품, 도덕성, 덕, 인간성 등을 후천적으로 형성되는 것으로서 교육을 필요로 하는 '인성'(character)이라는 용어로 통일하고자 하며, 인간의 삶으로 나타나는 자기 능력(self-agency)을 구성하는 자질을 뜻하는 것으로 정의하고자 함. 성경에서 '인성'을 지칭하는 대표적인 구절은 '신성한 성품'(벧후 1:4)임. 이원일, "칼뱅주의에서 기독교 인성교육," 『장신논단』 Vol. 49 No.2 (2017), 351. 인성 개념에 대한 이론으로 로버트 콜에 의하면 인성은 '자신의 삶(행동)으로 드러나는 자기 자신'을 뜻함. Robert Coles, *The Moral Intelligence of Children: How To Raise A Moral Child* (New York: A Plume Book, 1998), 7.

또한 교회, 가정, 그리고 학교라고 하는 교육현장을 고려하고 있다.

공과에서의 성품에 대한 분석을 위해서는 발달 특성과 교육현장 이외에도 2013년에 발행된 4차 교육과정의 내용 범위(scope)를 중요하게 고려하고자 한다. 이는 교육과정에서 내용범위는 선정이라고 하는 가치의 기준이 되기 때문이다. 그 내용 범위는 하나님, 교회, 세계 등이다. 하나님의 영역에는 예수 그리스도, 하나님, 성령, 성경 등이다. 교회의 영역은 세분화하지 않고 있다. 세계의 영역은 나(정체성, 비전, 은사), 이웃(가정, 학교, 미디어/문화), 세계(사회, 나라/지구촌, 자연/우주) 등이다. 내용의 순차(sequence)는 6년 주기(계시, 말씀, 확신, 성품, 비전, 변혁)이다. 6년 주기 가운데 성품은 4년 차에 해당한다.

총회 교재(공과)에서의 1학기 교육내용으로서 12가지 성품 중에서 우선 '경건'은 "하나님과의 관계를 친밀하게 유지하면서, 하나님을 신뢰하고 하나님 앞에서 온전하게 행동하는 것"[3]을 의미한다. 추구하고자 하는 성품은 하나님과의 관계성에서 비롯됨을 의미하는 것으로서 기독교 인성의 기초임을 말한다.

'성실'은 "하나님께서 이스라엘의 조상들과 약속한 것을 기억하시고 마침내 실현하시는 성실하심"[4]으로 '성실하신 하나님'의 성품을 닮아 가야 할 것을 서술하고 있다. '겸손'은 하나님의 성품임과 겸손한 사람은 틀린 것과 다른 것을 분별할 줄 아는 사람임을 언급하고 있다.[5]

'정직'에 대하여 하나님 앞에서 "나의 죄인 됨을 고백하고 하나님의 은혜를 구하는 자리, 그곳이 모든 거짓으로부터 정직함을 지키는 출발"[6]임을 서

---

3) 총회교육자원부편, 『중등부교재(교사용) IV-1: 청소년성품』 (서울: 한국장로교출판사, 2015), 22.
4) 총회교육자원부편, 『중등부교재(학생용) IV-1: 청소년성품』 (서울: 한국장로교출판사, 2015), 27.
5) Ibid., 46-49.
6) Ibid., 73.

술하고 있다. '기쁨'은 "내가 하나님께 사랑받는 존재임을 경험하면 건강한 자존감이 만들어지고 그로 인해 기쁨이 넘쳐남"[7]에 대하여 언급하고 있다. '화해'는 "나의 감정과 상처가 아닌 하나님을 바라볼 때 우리는 진정한 용서와 화해를 경험할 수 있음"[8]을 말하고 있다.

총회 교재(공과) 2학기의 성품 교육내용으로서 우선 '공평'은 공평하신 하나님에 기초하며 "하나님의 공평은 누구도 차별하지 않고 하나님께서 만드신 모든 사람을 존중하고 사랑하는 것"[9]으로 서술하고 있다. 사람을 차별하여 대하지 말 것에 대한 성품으로서의 공평이다. 서로 다르지만 틀린 것은 아니며 다만 특별할 뿐임을 서술하고 있다.

'인내'는 "인내함으로 이미 승리하신 예수 그리스도를 바라보며 달려가기"[10]로서의 성품이다. '순종'은 "예수님은 십자가를 피하고 싶은 자기의 의지를 꺾고 하나님의 뜻을 따르며 순종할 것을 결단"[11]함에 대한 서술로 인간의 순종이 아닌 하나님의 성품에 참여하는 것으로서의 성품이라는 것이다.

'배려'는 "주님 안에서 하나님을 기억하며 서로를 위하고 기다려 주는 배려의 마음"[12]임을 서술하고 있다. 다를 수 있는 대상에 대하여 마음을 쓸 줄 아는 배려의 성품을 강조하고 있다. '감사'는 "하나님으로부터 어떤 사랑을 받았는지 생각하면서 감사하는 마음을 회복"[13]해야 할 것에 대한 언급이다. '섬김'은 "예수님처럼 다른 사람을 섬기라는 것"[14]의 언급을 통해 하

---

7) *Ibid.*, 76.

8) *Ibid.*, 103.

9) 총회교육자원부편, 『중등부교재(학생용) IV-2: 청소년성품』 (서울: 한국장로교출판사, 2016), 21.

10) *Ibid.*, 39.

11) *Ibid.*, 43.

12) *Ibid.*, 71.

13) *Ibid.*, 93.

14) *Ibid.*, 95.

나님의 성품에 참여하는 것으로서의 성품교육을 말하고 있다.

4년 차 교재인 성품 교재에서는 앞서 언급한 12가지의 성품을 구속사 신학에 근거한 하나님, 교회, 그리고 세계 등의 세 가지 내용 영역에 따라 분류하고 있지 않다. 오히려 세 가지의 내용 영역을 매 단원과 과에서 구분 없이 함께 포함하고 있다. 예를 들면, 매 단원과 과에서의 서술들은 하나님의 성품이 이러이러하기 때문에 우리도 그렇게 되어야 한다는 방식이다. 더군다나 성령과 인성은 성화라고 하는 차원에서 밀접하게 연관됨에도 불구하고 성령 하나님의 성품과 관련한 인성 함양은 경시하고 있다.

2. 비판적 성찰

총회 교재에서 제시하고 있는 12가지의 성품은 무엇보다 하나님의 성품에 기초하고 있다. 일반 인성교육에서 추구하는 성품의 근거가 불명확한 것과 달리 기독교 인성교육에서 추구하는 성품의 근거는 바로 하나님의 성품이다.[15] 그러나 하나님의 성품 중에서 왜 12가지이어야 하는지 그 이유에 대한 언급은 찾아볼 수 없다.

또한 다른 성품들은 하나님의 성품들이 아닌가에 대한 의문에 대해서도 그 대답을 찾아볼 수 있다. 이는 2015년 7월 제정된 우리나라의 인성교육진흥법에서 추구해야 할 덕목들로서 예, 효, 정직, 책임, 존중, 배려, 소통, 협동 등 8가지를 제시하고 있는 것도 마찬가지이다.[16] 왜 8가지의 덕목이어야 하는지와 연령에 관계없이 추구하는 덕목은 같아야 하는지에 대한 언

---

15) 총회교육자원부편, 『중등부교재(교사용) IV-1: 청소년성품』(서울: 한국장로교출판사, 2015), 16.
16) 2017년 6월에 8가지의 덕목들에 대하여 개인, 대인관계, 공동체 차원에서 요구되는 예(禮), 정직, 책임, 존중과 배려, 소통과 협동, 정의와 참여, 생명 존중과 평화 등을 핵심 가치로 개정하려고 하는 국회 차원의 움직임도 있음.

급이 없다. 그래서 제일 중요한 단어는 '등'이라는 말이기도 하다.

따라서 청소년이 추구해야 할 인성을 논함에 있어서 제일 큰 난관은 어떤 덕목들을 함양할 것인가에 대한 문제이다. 함양하고자 하는 덕목들에 대해서는 다양한 의견들이 있다.[17] 인성의 덕목들을 일일이 열거할 수 있다. 또는 이 덕목들에서 드러나는 공통적인 몇 가지 덕목으로 모을 수도 있다. 그러나 그렇게 한다고 해도 인류가 요구하는 보편적인 핵심 덕목들이 있다고 주장할 수는 없다. 덕목들은 다양할 수밖에 없다. 그러나 중요한 것은 원리가 빈약한 덕목의 다양한 나열은 자의적인 것에 불과하다는 비판에 직면하게 된다는 것이다.

본 장에서는 인성에 대한 이해를 인간이해와 관련하여 풀어 나가고자 한다. 이는 인성 그 자체가 인간과 밀접하게 관련된 것이기 때문이다. 이와 관련하여 인성이란 무엇인지에 대한 논의에서 하우어워스(Stanley Hauerwas)는 '인간의 본성'이란 무엇인지에 대한 물음에서 그 해답을 찾아 나가고 있다.[18]

인간의 본성에 대한 논의가 인간의 행함보다 더 우선적임을 말한다. 존재가 행함보다 우선한다는 말이다. 하우어워스가 자신의 명제 1과 8에서 언급한 것처럼 인간에게서는 어떤 존재가 되어야 하는가에 대한 물음이 어떻게 하여야 하는가에 대한 물음보다 더 우선한다는 의미이다.[19] 어떤 존재가 되어야 하는가에 대한 신학적 응답은 하나님과의 영적인 관계가 있는

---

17) Stanley Hauerwas, *A Community of Character: Toward a Constructive Christian Social Ethics* (Notre Dame, 1981), 123. 덕(arete, virtue)에 대하여 플라톤은 용기, 절제, 지혜, 정의 등의 4가지. 토마스 아퀴나스는 4가지의 덕을 자연적 덕으로 분류하고, 여기에 믿음, 소망, 사랑은 신학적 덕으로 분류함. 자연적 덕은 우리 안에서 적절히 형성되는 것이지만 신학적인 덕은 우리 안에 주입되어야만 하는 것이라고 구분함.

18) *Ibid.*, 111. 최동규, "성품공동체로서의 선교적 교회-하우어워스의 교회윤리에 근거하여," 『장신논단』 Vol. 48 No.4 (2016. 12), 311-337.

19) *Ibid.*, 9, 11.

존재가 되는 것이다. 이러한 하우어워스의 논제는 믿음이 우선이며 이에 의해 행위가 따른다는 의미에서 믿음에 의한 구원(엡 2:8)을 말하는 개혁신학의 관점과 일치한다.

그러나 하우어워스가 관심을 가지고 있는 중요한 것은 인간의 본성은 '역사적'이라는 점이다. 인간의 본성은 역사적 본성을 지니고 있으며 인간은 역사적 존재임을 말한다. 인간의 역사를 말하는 것이 아니라, 인간은 그에 독특한 전통, 사회, 그리고 문화 등의 영향에 의해서 그 존재의 본질이 형성됨을 말한다.

따라서 역사적 존재로서의 인간이해에 기초한 인성의 특징은 공동체성이다. 달리 언급하자면 하우어워스가 말하는 인성은 공동체의 구체적이며 현실적인 상황과 밀접하게 연관되어 있는 상황 의존적(context-dependent)이다.[20] 추구하는 인성들은 교회 공동체를 포함한 특정 사회 공동체에서 통용되고 인정하는 인간의 특성을 말한다.[21]

역사적 존재로서의 인간이해로 말미암는 인성은 정서(감정)와 역사를 사적인 것으로 여기며, 또한 개념 중심의 추상적인 인성을 추구하고자 하는 '도덕적 합리성'에 대한 대안이다.[22] 달리 말하자면 역사적 존재로서의 인성

---

20) *Ibid.*, 115.

21) Stanley Hauerwas & Jean Vanier, *Living Gently in a Violent World* (Illinois: IVP Books, 2008), 45, 50. 하우어워스는 장애인에 의한 공동체인 라르슈(L'Arche)에서 요구되는 인성은 '천천히' 행동할 수 있는 '인내'임을 말함. 모더니즘에서의 지배적 가치는 '속력'(speed)인 것과는 상반된 인성임. 또한 해결책을 제시하는 공동체이기보다 '희망'을 갖게 하는 공동체임을 말함.

22) Stanley Hauerwas, *A Community of Character*, 121-125. 하우어워스는 인성 또는 도덕성(morality)을 합리적, 독립적, 개인적, 심리 내적인 것으로 여기며 또한 합리성을 위해 전통을 해체할 것으로 여기는 환원주의에 대하여 비판함. 대안으로 인성을 경험, 전통, 공동체, 그리고 교육 등과 관련된 것으로 여김. 여기서 교육이 포함되는 것은 인성은 자연적으로 인간 내에서 발생하는 것이 아니라 학습되어져야 하는 것으로 여기기 때문임. 그러나 주입적이고 강압적인 교육이 아닌 전통에 기초하면서 대화적이고 경험적인 해석학적 교육을 말함. Stanley Hauerwas and William H. Willimon, *Resident Aliens: Life in the Christian Colony* (Nashville:

에는 정서(passion)와 이성, 이론과 실천, 개인과 사회 등은 서로 분리될 수 없다. 이 둘 중에 어느 것이 더 기초적이냐는 질문은 잘못된 것이다. 오히려 이 둘은 인성 함양에 필수적이다.

분리가 아닌 통합에 의한 인성은 수평적인 차원뿐만 아니라 과정적인 차원에서의 대화적 연속성을 강조한다.[23] '역사적'이라는 말에서 알 수 있듯이 인성형성은 죽음에 이르기까지 계속되어야 하는 것으로 과정성을 지니고 있다. 정리하자면 도덕적으로나 이념적으로 공동체에 속하고, 공동의 역사를 공유하는 역사적 존재로의 인간 본성에 대한 이해는 '도덕적 상상력'에 기초한다.

또한 도덕적 상상력에 기초한 역사적 존재로서의 인간이해로 말미암는 인성이란 보편적 원리나 규범에 기초한 인성이 아니다. 오히려 이야기, 이미지, 그리고 본받을 만한 행동 등의 내러티브에 기초한 인성이다.[24] 영화, 문학 등에서의 이야기뿐만 아니라 실제 생활로부터의 이야기 등의 내러티브에 의해 도덕적 상상력은 살아 움직인다.

도덕적 상상력에 의한 은유, 이야기, 그리고 내러티브는 세계를 바라보는 개별적인 관점을 갖게 한다. 세계를 바라보는 관점이란 비전을 말한다. 비전에 의해서 인간은 삶에 대한 방향성을 갖는다. 그리고 어떤 삶을 살아갈 것인지를 결정한다. 따라서 내러티브는 비전에 의한 인성 형성의 이론적 기

Abingdon Press, 1992), 98, 100, 102.

23) Dan P. McAdams, *The stories We Live By: Personal Myths and the Making of the Self* (New York: William Morrow and Company, 1993), 94, 95.

24) Robert Coles, *The Moral Intelligence of Children: How To Raise A Moral Child* (New York: A Plume Book, 1998), 5; Stanley Hauerwas, *Vision and Virtue* (Indiana: University of Notre Dame Press, 1986), 71-74. '보편적 원리'에 의한 인성은 이상적이고 기본적인 덕목이 있음을 강조함. 이와는 달리 '내러티브' 인성은 문화, 역사, 인종, 민족 및 개인적 신앙에 따라 차이가 있음을 말함. 그러나 절대적 상대주의가 아닌 과정적이며 대화적인 의사소통 공동체를 존중하는 인성을 강조함.

초가 된다. 이론적 기초로서 내러티브에 대해 좀 더 살펴보면 다음과 같다.

II. 청소년 교재 개선을 위한 이론적 기초

기독교의 강점은 성경이라는 분명한 전통을 지니고 있다는 점이다. 그러나 모든 전통과 마찬가지로 성경은 해석을 필요로 한다. 전통과 현재 공동체 사이의 연속성과 변화를 위해 해석이 필요하다. 해석은 연속성과 변화를 위한 조정 작업이면서 동시에 자기 것으로 만드는 전유이다. 해석은 사람이 살아가는 모든 삶에 언어 등을 비롯한 다양한 형태로 내재되어 있다. 이런 다양한 내용과 형태의 해석을 내러티브라고 한다.

달리 표현하자면 "해석이라는 내러티브"[25]라는 말이 적절하다. 다양한 내러티브는 일종의 해석이다. 내러티브는 다른 내러티브에 의해서 해석되어진다. 내러티브에서의 해석은 해석의 대상인 텍스트를 객관적인 것으로 여기지 않는다. 오히려 텍스트에서 느낌을 갖게 되고, 맛을 보게 되고, 대화를 하며, 그리고 체험적인 깨달음을 갖는 등 텍스트를 인격적인 대상으로 여긴다. 청소년 인성 교재 개선을 위해 해석학의 관점에서 내러티브 신학을 좀 더 구체적으로 살펴보고자 한다.

1. 내러티브와 하나님의 나라

---

[25] Stanley Hauerwas, *A Community of Character*, 61, 92, 94. 내러티브 신학은 구성적 신학(constructive Christian theology)이며, 환원주의에 대한 대안(nonreductionistic manner)으로 제시되고 있는 신학임. 이외의 내러티브 신학에 대하여는 다음을 참고할 것. 이원일, 『해석학적 상상력과 기독교교육과정』(서울: 한국장로교출판사, 2004), 제5장.

내러티브 신학에 기초한 기독교 윤리학자인 하우어워스에 의하면 신학적인 측면에서 인성은 하나님의 섭리와 관계된다. 하나님의 섭리를 하나님의 '섭리적 돌보심'(providential care)이라고 말한다. 하우어워스의 섭리적 돌보심이라는 신학적 용어를 매카담스(Dan McAdams)의 심리이론과 비교해 보면 '섭리'라고 하는 남성적 특성과 '돌봄'이라고 하는 여성적 특성의 통합이다. 또는 성취 지향적 이성(agentic mind)과 관계 지향적 마음(communal heart)의 통합이기도 하다.[26] 하나님이 하나님의 백성을 인도하시되, 돌봄이라는 차이에 대한 배려로 인도하고 계신다는 의미이다.

하나님의 섭리적 돌보심이라는 말에서 청소년이 함양해야 할 이상적인 인성의 원형을 찾아볼 수 있다. 하우어워스에 의하면 하나님의 섭리적 돌보심의 목적은 다양성의 세계 가운데서 차이의 존재인 하나님 백성들의 구원과 훈련에 있다. 하나님의 백성은 바로 하나님의 섭리적 돌보심에 대한 증인이다. 역사적 본성이라고 하는 인간이해에 의한 인성은 하나님의 섭리적 돌보심이라고 하는 하나님의 역사에 대한 증언으로서의 내러티브에 기초한다.[27] 따라서 기독교 교육 차원에서 함양해야 할 인성은 하나님의 섭리적 돌보심에 합당하게 살아가는 자로서의 인성이다.

내러티브 신학에 의하면 하나님의 섭리적 돌보심은 하나님 나라를 의미한다. 하나님 나라에서 의미하는 것은 하나님의 주 되심이다. 차이의 공동체인 다양한 피조물과 역사에 대한 통치이다. 차이의 삶의 영역에서 하나님의 주 되심과 다스리심이다.

그러나 하나님의 나라는 인간에 의해 추구되는 윤리적 이상이 아니다.

---

26) Dan P. McAdams, *The stories We Live By*, 133, 206.
27) *Ibid.*, 128. Stanley Hauerwas and William H. Willimon, *Resident Aliens*, 57. 하우어워스와 윌리몬에 의하면 히 11장은 위대한 신앙인이 아니라 하나님의 위대하심을 말함.

전적으로 "하나님의 행하심(God's doing)"[28]이다. 인간의 종교적이거나 도덕적 노력에 의해 얻을 수 없다. 정치 투쟁의 대상도 아니며, 치밀한 기획도 아니다. 하나님 나라는 인간이 계획하거나, 조직하거나, 만들거나, 세우거나 하는 것이 아니다. 인간이 창안하거나 상상하는 것도 아니다. 하나님의 나라는 값없이 주어지는 것이며(마 21:43; 눅 12:32), 지정되는 것이며(눅 22:29), 상속받는 것(마 25:34)이다.

내러티브 신학에서 핵심적인 질문은 "너희는 나를 누구라 하느냐?"(막 8:29)이다. 이 질문에 대하여 성급하게 대답하기보다 하나님 나라의 관점에서 대답을 추구해야 한다. 내러티브의 관점에서 성경을 보면 하나님 나라는 하나님 나라를 선포하는 선포자와 분리되지 않는다. 자신의 정체성을 분명히 하신 예수 자신이 하나님 나라 그 자체이다(마 18:23). 예수는 하나님 나라 그 자체(autobasileia)이다.[29] 하나님 나라는 하나의 비물질적인 대상이거나, 지역적인 영역이 아니다. 하나님 나라는 그 사람이다. 그 사람이 곧 예수이다. 하나님 나라는 예수 그 자체이다. 예수는 '인격 안의 하나님 나라'(Kingdom in person) 그 자체이다.

하나님 나라를 배우는 방법은 예수의 이야기를 통하여 배움과 같은 차원에 있다. 비유를 통한 예수의 이야기는 하나님이 다스리시는 인격적인 방법과 이에 상응하는 인격적인 세계를 만들어 내는 방식을 각각 말해 준다. 예수의 내러티브는 하나님 나라에 대한 지식적인 개념을 가르치기보다 각자 인격적으로 하나님 나라에 응답하도록 한다. 하나님 나라로서의 예수를 따르게 한다. 예수를 통해서 하나님 나라를 알게 되고, 보게 되며, 예수를

---

28) Stanley Hauerwas, *A Community of Character*, 45.
29) *Ibid.*, 45. autobasileia는 오리겐(Origen of Alexandria, 184-254)의 표현이며, 마 18장 23-35절에 의한 해석임. autobasileia는 주 예수 그리스도(the Lord Jesus Christ)와 같은 의미임. 예수를 따르는 제자가 됨으로 예수를 배우고 알게 되고 응답하는 삶을 살게 됨에 대해서는 다음을 참고. Stanley Hauerwas and William H. Willimon, *Resident Aliens*, 55.

따름으로 하나님 나라를 알게 되고 응답하게 된다.

2. 내러티브와 교회

하우어워스는 교회에 대한 정의를 "인성을 위한 학교로서의 교회"[30]라고 말하고 있다. 인성교육 기관으로서의 교회라는 말이다. 좀 더 정확히 말하자면 인성 교육자로서의 교회라는 말이다. 아직까지 인성교육이라는 말은 교회에서 인본주의적인 것으로서 부정적으로 비쳐질 수 있다. 그러나 영적 성숙, 거룩함, 영적인 삶, 성화 등은 기독교적 인성의 다른 이름이다.[31] 따라서 인성을 위한 학교로서의 교회라는 말은 성화로서의 영적인 삶을 교육하는 책임자로서의 교회라는 의미이다.

하우어워스에 의하면 사회에 대한 교회의 제일의 책무는 "교회 그 자체가 되는 것"(to be the church itself)이다. 교회 그 자체가 되는 것은 인성 교육자로서의 교회를 교회 되게 하는 것이다. 이는 의인화(justification)에 기초한 성화(sanctification)를 추구하는 교회를 말한다. 교회 됨은 다름 아닌 '인성 공동체'(a community of character)로서의 교회이다. 섭리하시는 하나님의 인성에 참여하고자 하는 인성을 형성하고자 하는 공동체이다.

그러나 교회가 인성교육을 추구하더라도 사회학습이론에 의하거나 개인의 노력에 의한 것이 아닌 하나님의 권위에 의한 교육이 되도록 하는 것이어야 한다.[32] 교육교회는 그 교육의 권위를 하나님께 둔다. 이럴 때 교회

---

30) Stanley Hauerwas, *A Community of Character*, 83.
31) *Ibid.,* 130. Stanley Hauerwas and William H. Willimon, *The Holy Spirit* (Nashville: Abingdon Press, 2015), Chap. Three. 기독교적 인성은 인본주의적 인성과 대조됨. 성령의 주권적 섭리에 의한 성령의 열매로서의 인성을 말함. 이원일, "칼뱅주의에서 기독교 인성교육: 호레스 부쉬넬을 중심으로," 『장신논단』 Vol. 49 No.2 (2017), 349-374.
32) Stanley Hauerwas, *A Community of Character*, 84, 86.

는 교회가 된다. 인간의 통제 아래 있는 인성교육이 아니라 하나님의 다스리심에 의한 인성교육이 되어야 한다. 성령의 다스리심에 의한 인성교육이다. 성령의 능력 안에 있는 교회에 의한 인성교육이어야 한다.

교회의 반석인 복음은 구주(savior)에 대해서와 그의 복음을 이야기 형태로 나타나고 있다. 주로 이야기 형태로 계시된 예수는 하나님께서 지상 권력에도 주권을 갖고 계심을 깨닫게 한다. 마찬가지로 내러티브의 관점에서 보면 인성 공동체로서 교회에서의 인성 함양은 예수와 그의 이야기에 의해 형성된다.

예수의 이야기는 예수의 삶의 형식에 상응하는 교회 공동체로서의 성숙한 인성을 형성한다. 예수의 이야기는 교회의 인성을 형성하는 이야기이며 교회 공동체의 인성은 세상을 섬기는 것이다. 섬기는 방법은 역설적으로 세상이란 무엇인지를 깨닫게 하는 것이다. 이런 점에서 교회는 하나님을 모르는 세상에 대한 대안 모델(contrast model)이다.[33] 교회가 있음으로 해서 세상은 생존을 위해 권력에 의존하고 있는 비굴한 아부 근성을 지닌 자신들의 모습을 깨닫게 된다.

하나님의 주권 아래 있는 교회는 인성으로서 은사(gifts)의 차이와 다양성에 대해 긍정적이다. 차이와 다양성을 인정하는 인성의 외적인 표식은 바로 토론에 대한 긍정적 입장이며, 갈등(struggle)을 창조적으로 해결하고자 하는 것이다. 또한 진리는 긍정적인 차원에서 토론이 활발한 갈등 가운데서 드러남을 말하는 것이다.

인성 공동체로서의 교회의 교회 됨은 예수의 이야기가 사람들 사이에 있는 임의적이고 거짓된 경계들을 무너뜨리는 기초를 제공하고 있음을 알게 한다. 교회의 보편성을 말한다.[34] 타자를 하나님 나라의 동료로 여기도록

---

33) *Ibid.*, 50.
34) *Ibid.*, 51.

하는 예수의 이야기에 의해서이다. 교회의 보편성은 예수 이야기의 특수성에 기초한다. 예수의 이야기는 그리스도인으로 하여금 타자를 하나님의 백성으로 보도록 한다.

세상과 관련하여 교회의 또 다른 중요한 책무는 다양한 측면을 지니고 있는 예수의 이야기를 바르게 말해 주는 인성 공동체가 되는 것이다. 이는 세상에서 하나님의 진리인 예수 이야기를 충분하게 말할 수 있을 정도의 인성을 지닌 공동체로서의 교회여야 함을 말한다.[35] 복음의 이야기에 충실하려는 노력이야말로 그리스도인의 삶의 본질임을 깨닫게 하는 것이 교회의 책무이다. 인성 공동체로서 교회의 교회 됨은 세상과의 분리가 아니라 세상을 섬기는 공동체가 되어야 함을 말한다. 세상의 자기 기만적인 지배와 달리 섬김으로 말미암아 복음을 바르게 말할 수 있는 공동체가 될 수 있다.

3. 내러티브와 인성

내러티브와 인성은 동전의 양면과 같다. 인성은 내러티브를 만들어 내고, 내러티브는 인성을 만들어 낸다. 내러티브와 인성이 밀접한 관계를 가지는 것은 다름 아닌 인성은 역사적 공동체 및 전통과 관련되기 때문이다. 역사성을 중요하게 여기는 내러티브에 기초한 인성은 보편적 인성에 대한 대안이다. '보편적' 인성에 대한 '개별적' 인성을 말하기 때문이다. 여기서 개별적 인성이란 인성의 다양함을 말한다.

내러티브 인성은 획일적이며 지시적 인성이 아닌 개별적이고 다양성을 지닌 인성 함양이다. 청소년기는 인습적 신앙의 특징을 갖는 시기이지만, 인지적 차원에서는 비판적 성찰이 가능한 시기이기 때문이다.[36] 이에 대하

---

35) *Ibid.*, 3, 52.
36) Dan P. McAdams, *The Stories We Live By*, 180. 파울러의 신앙발달 단계 중에서 청소년기의 특징인 종합적-인습적 단계를 말함.

여 하우어워스는 비판적 성찰에 의한 정당성(fairness, justice)의 경우에 역사성을 고려하지 않으면 자기 기만적인 이론에 불과할 것임을 강조한다.[37] 내러티브 자체는 사회에 대한 분석과 비판의식을 갖게 해 준다. 따라서 내러티브는 거짓된 안정감을 경계한다. 이러한 내러티브의 기능이 제대로 작동되기 위해서는 무엇보다 역사성을 고려할 필요가 있다.

다양하고 개별적인 인성 함양을 위해서는 메타 내러티브에 대한 비판적 성찰이 필요하다. 흔히 이야기들의 이야기로서 모든 이야기를 분석하고 분류하도록 하는 메타 내러티브는 획일적인 인성을 함양하게 된다. 내러티브로서의 성경을 해석함에 있어서도 서구 사상의 메타 내러티브에 의한 획일적인 해석을 극복하고 개인, 가정, 지역, 국가, 그리고 세계의 특정 문화권 등에 의한 내러티브들(narratives)에 의한 해석이 요청된다.[38] 한 개인은 알고 보면 이런 다양한 내러티브들과 관련되며 각각의 차이를 지닌 존재이다.

다양한 내러티브들의 구성에 의한 개별적 인성 함양이 요구됨을 말한다. 이는 인성교육은 한 개인이 속해 있는 공동체의 상황(context)과 밀접하게 관련된다. 인성교육이 제대로 되기 위해서 한 개인이 속해 있는 가정, 지역, 학교, 국가, 세계 문화권 등의 공동체에 대한 이해가 우선되어야 한다. 인성은 내러티브들과 상호관련되어 있기 때문이다. 여기서 '역사적'이라는 말과 '상황'이라는 말과 '내러티브'라는 말이 갖고 있는 의미는 동일하다.

내러티브를 기독교의 관점에서 해석하는 내러티브 신학에 의하면 그리스도인은 개별적으로 하나님의 '증인'(witness)으로 부름을 받은 존재이다. 차이의 증인이다. 차이의 부르심이다. 무엇을 위한 부르심인가? 하나님의 나라를 이루어 나가기 위해서이다. 하나님은 우리의 차이를 통하여 사역해 나간다는 점을 다른 사람에게 증언하기 위한 부르심이다.

---

37) Stanley Hauerwas, *A Community of Character*, 13, 14, 17, 97.
38) *Ibid.*, 96.

하나님의 증인은 하나님 앞에 모든 인간은 죄인임을 말하는 존재이다. 하우어워스에 의하면 모든 인간이 죄인인 것은 타종교를 믿거나 무종교이기 때문이 아니라, 자신이 마치 창조주나 구속자가 되는 것처럼 살아가는 존재에 의해서이다.[39]

반면에 그리스도인은 그리스도의 십자가와 부활의 능력으로 살아가는 존재임을 삶으로 보여 주고자 하는 점에서 증인이다. 또한 우리의 삶은 무엇보다 복음의 능력인 하나님의 섭리적 돌보심에 대한 증언이다. 하나님의 섭리적 돌보심으로 말미암아 그리스도인은 고난과 멸시의 세상 가운데서도 인내와 소망 가운데 살아가는 존재로서의 증인이다.

내러티브 신학에 의하면 하나님은 섭리하시는 하나님이다. 그리스도인에게 요구되는 인성은 하나님의 섭리에 참여하는 자로서의 인성이다. 하나님이 요구하는 인성이란 하나님의 섭리라고 하는 하나님의 순례 여행에 종말론적으로 참여할 수 있는 인성이다.

여기에 하우어워스가 이해하는 기독교 인성의 특징이 있다.[40] 그리스도인은 삶의 안전을 말하기보다 매일 겪는 위기의 삶 가운데서 하나님의 주 되심(God's Lordship)을 신뢰하는 자라는 것이다. 그리스도인과 특별히 교회 공동체의 존재 근거는 불안, 역경, 두려움 등에 대하여 하나님의 주 되심이라는 섭리에 대한 확신이다.

---

39) *Ibid.,* 105, 128.

40) Stanley Hauerwas and William H. Willimon, *Resident Aliens*, 54; Stanley Hauerwas, *Character and the Christian Life* (Indiana: University of Nortre Dame Press, 1994), Chapter V. 호레스 부쉬넬의 경우 인성이해의 독특성은 성육신하신 그리스도의 인성에 기초함. 하우어워스와 부쉬넬의 인성이해에 대한 공통점은 칼뱅이 말한 성화(sanctification)와 같은 의미로 이해한 것임. 이들에게서 인성은 곧 성화를 말함. 성화를 달리 표현하면 성장 또는 발달을 말함. 개혁신학의 관점에서 성화는 성령의 행하심에 자신의 삶을 일치해 나가는 제자 됨의 삶을 말함. 자기 부인에 의한 제자 됨의 삶을 말하며 죽음을 맞이할 때까지 계속되는 과정으로서의 성화를 말함. 성령, 인성, 그리고 영성의 관계는 다음을 참고. Stanley Hauerwas and William H. Willimon, *The Holy Spirit*, 66.

삼위일체 하나님의 주 되심에 대한 확신은 무엇보다 신뢰가 있는 인성을 가진 사람을 함양하는 것과 관계된다.[41] 하우어워스에 의하면 신뢰의 인성에 대한 함양은 좌파의 전체주의와 우파의 엘리트주의를 각각 극복하는 인성이다. 신뢰의 인성은 공동체 구성원 서로에 대한 신뢰를 가치 있게 여기는 사회 공동체 형성에 이바지하기 때문이다.[42] 달리 말하면, 신용사회와 공동체는 좌파와 우파를 각각 극복하는 제3의 공동체이며, 교회는 바로 이 인성 함양의 책무를 감당해야 함을 말하고 있다.

또한 내러티브 신학은 세상에 대한 하나님의 섭리적 통치(God's providential rule)에 대한 신뢰를 말한다. 하나님의 섭리적 돌보심으로 말미암아 진실은 결국 밝혀질 것이라는 믿음 가운데서 비폭력 무저항의 인성을 가지게 된다.[43] 이는 세계화라고 하는 지구촌 시대에, 생존을 위해 강압적으로나 폭력과 폭언이 난무한 시대에 하나님의 섭리적 주권에 대한 신뢰는 세상을 감당해 낼 능력을 하나님으로부터 부여받기 때문이다.

III. 청소년 교재 개선

1. 내러티브와 모험

하우어워스의 내러티브 이론에 의하면 사람의 궁극적 관심은 권력, 안전 등에 있기보다는 공동의 모험(adventure)에 참여하고 기여함으로 얻어지는 '존재감'(a sense of worth)이다. 내러티브에서 추구하는 모험은 정확하게 표현하자면 모험적 여행을 말한다. 모험적 여행은 무엇보다 미래의 불확실성

---

41) Stanley Hauerwas, *A Community of Character*, 86.
42) *Ibid.*, 85.
43) *Ibid.*, 101.

에 기초한다. 미래에 대한 희망을 이야기하며, 희망을 추구하는 사람들의 용기에 대하여 이야기한다.[44]

하우어워스가 말하는 내러티브에서의 모험은 매카담스의 내러티브 심리학에 비추어 볼 때 청소년기와 관계된다. 매카담스는 기본적인 이야기의 유형들 중에서 모험적 여행과 관련한 특성들은 청소년기의 특성들과 유사하다고 보았다.[45] 매카담스는 청소년기의 특징으로 피아제(Jean Piaget)가 언급한 형식적 또는 추상적 사고력의 발달에 주목한다.

청소년기에는 아동기에 배웠던 것에 대해 의문을 품기 시작하는 시기이다. 그리고 어떤 문제에 대하여 이전과는 다른 새로운 방식으로 생각하고 탐색하려는 특성을 지니고 있다. 이런 점에서 하우어워스와 매카담스는 만나고 있다.

더 나아가 하우어워스가 말하는 모험적 여행은 예언자의 특성과 관계된다. 모험과 관련된 예언자는 미래에 대한 거짓된 안전에 대한 비판의식을 가진 자이다. 세계는 위기 가운데 있는 것이 아니라 변화 가운데 있다는 의식이다. 단순한 위기의식이 아니라 변화에 대한 의식을 가진 자이다.

또한 모험과 관련된 예언자는 변화에 의한 새로운 미래를 향하여 현재의 위치에서 떠나고자 하는 행동 의지를 가진 자이다.[46] 그러나 중요한 것은

---

44) *Ibid.*, 13. 하우어워스는 교회를 하나님이 역사의 주인이라는 지속적인 확신을 가지며 여행하는 자들로 정의함. Stanley Hauerwas, *A Community of Character*, 10. 또한 하우어워스는 인생의 여행으로서의 모험을 다양하게 언급함. 대표적인 예는 모험으로서의 제자도, 모험으로서의 결혼, 하나님과 여행하는 하나님 사람들의 이야기로서의 성경. Stanley Hauerwas and William H. Willimon, *Resident Aliens*, 49, 53, 65, 66.

45) Dan P. McAdams, *The stories We Live By*, 51, 78. 매카담스는 이야기의 유형을 희극(봄), 로맨스(여름), 비극(가을), 풍자(겨울) 등으로 분류하고 있음. 이 중에서 청소년기와 유사한 유형은 여름에 해당하는 로맨스의 유형임. 저서를 쓰고 있는 2023년 8월 9일 현재 14-18세 연령의 청소년들이 모인 제25차 세계 잼버리(Jamboree) 대회가 대한민국에서 열리고 있음.

46) Dan P. McAdams, *The stories We Live By*, 51.

내러티브 신학은 위험으로 가득한 미지의 미래를 향한 모험에 있어서 공통된 신학적이며 역사적 전통에 기초한다. 공통된 역사적 전통에 기초하여 변화를 추구하는 모험의 공동체이다. 공통된 역사적 전통은 예언자적 상상력을 지닌 자들로 하여금 과거에 머물러 있게 하는 것이 아니라 미래를 향하여 변화를 추구해 나가게 한다.

내러티브 신학에서의 모험은 궁극적으로 추구하는 인성에 대한 변화이다. 유능한 한 사람의 리더에 의존하는 '전통적' 리더십에서 이상적인 인성으로 여기는 충성, 주인의 온실 속에서 개인의 자유가 보장되는 '복지' 지향적 리더십에서 이상적으로 여기는 인내, 고도로 조직화되고 규율이 엄격한 '전체주의' 사회에서의 리더십에서 이상적으로 여기는 순종 등과는 다른 인성이다. 세 종류의 공동체에서 형성되는 인성은 공동체에 속해 있는 다른 수평적 관계의 구성원이나 일상인의 역동적 관계를 경시하는 인성이기 때문이다.

그러나 내러티브 신학에서 모험으로 말미암는 인성은 도전성, 용기, 협동, 신뢰, 그리고 낯선 자에 대한 환대 등이다.[47] 진리를 추구하기 위해 모험을 해 나가는 미래는 혼자만의 힘으로가 아닌 공동체 구성원의 협동 또는 협력으로 말미암아 공동체의 변화가 가능하기 때문이다. 심지어 공동체에 익숙한 구성원뿐만 아니라, 공동체에 대하여 낯선 자를 환대하는 열린 인성이다. 모험이라는 새로움을 향한 여행은 서로를 향해 신뢰하게 한다. 그리고 목표 달성을 위해 함께 노력하는 인성을 함양하게 된다.

내러티브 신학자인 하우어워스에 의하면 사람에게는 이야기가 필요하듯이 가치 있는 모험이 필요하다. 달리 표현하자면 모험으로서의 이야기를 필요로 한다. 성경은 가치 있는 모험을 가진 이야기로 채워져 있다. 성경이 가치 있는 모험의 이야기가 되는 것은 그 모험을 통하여 하나님의 주 되심

---

47) Stanley Hauerwas, *A Community of Character*, 22.

을 알게 하기 때문이다. 하나님의 섭리적 돌봄 또는 배려의 과정이라고 하는 하나님의 모험 여행에 참여하는 한 개인은 하나님의 모험에 요구되는 인성과 그 자신의 존재를 새롭게 깨닫는다.

그러므로 내러티브에서 가치 있는 모험이란 무엇보다 하나님의 주권적 섭리를 깨달을 수 있는 모험이며, 또한 하나님의 모험에 참여하는 한 개인에게는 '자존감'(self-respect)을 높여 주는 모험이다. 자존감은 '자기 됨'(his own man)을 의미하며, 이는 가치 있는 모험에 참여함으로써 갖게 된다.[48] 모험에서 내가 할 수 있는 역할은 어떤 것이 있는지와 할 수 없는 역할은 어떤 것이 있는지 확인하는 자신의 한계와 가능성을 통하여 자존감을 가지는 기회가 된다.

더 나아가서 자존감이라고 하는 인성의 발달은 모험 가운데서 다른 가능성을 탐색하며 이에 따른 자기의 역할을 함으로써 이루어진다. 이와 더불어 모험 가운데서의 자존감이라고 하는 인성 발달은 타인의 존재가 나에게 위협이지만 동시에 선물이라는 것을 깨닫는 데서 이루어진다. 타인이 있음으로 해서 내 자신은 누구이며, 내가 할 수 있는 것은 무엇이고, 나는 어떤 존재가 되어야 하는지를 깨닫게 되기 때문이다.

2. 내러티브와 차이

도덕발달에 대한 심리이론은 사회과학적인 발달이론에 기초한 로렌스 콜벅(Lawrence Kohlberg)의 이론이 지배적이다. 도덕적 성장은 인간의 연령구조와 관련하여 일어난다는 것이다. 그러나 내러티브의 관점에 의하면 콜벅의 이론은 획일성을 강조하는 왜곡된 인간이해에 기초한 것으로 비판하

---

48) *Ibid.*, 116, 148; Stanley Hauerwas and William H. Willimon, *Resident Aliens*, 63.

고 있다. 내러티브에서 도덕적 성장은 자기 자신과 자신의 삶이 일종의 '선물'(gift)로 주어진 독특한 것이라는 점을 깨닫게 될 때에만 이루어진다.[49]

자기 자신의 생명과 삶이 선물이라는 것은 하나님의 나라가 인간의 노력에 의해 이루어지는 것이 아니라, 하나님에 의해 하나님의 임의로 인간에게 주어진 것이며, 맡겨진 것이며, 상속받은 것임을 의미한다.[50] 하나님 나라는 하나님의 선물이다. 자기 자신이 하나님의 선물로 주어진 존재임을 깨달음으로써 하나님 나라가 자신에게 이루어진다.

하나님 나라의 실현을 위해서는 하나님의 섭리적 돌봄이라고 하는 내러티브에 기초한 공동체가 필요하다. 내러티브 공동체는 운명을 사명으로 바꾸고, 낯선 자들의 출현을 선물로 주어진 것으로 환대한다. 내러티브 이론에 의하면 진리를 두려워하는 공동체는 체제 유지를 더 중요하게 여기므로 공동체의 다양성과 이로 말미암는 차이를 인정하길 꺼린다.

그러나 내러티브 인성은 낯선 자들의 출현을 환대하는 인성이다. 교회의 다양성을 비롯하여 공동체의 다양성을 환대하는 인성이다. 나에게 익숙하지 않은 다양한 유형의 낯선 자의 존재가 나에게 위협이지만 동시에 선물이라는 것을 깨닫는 것에서 다양성은 확대된다.

더 나아가 낯선 자로서의 타인은 내 자신이 누구인지를 알게 하는 거울이 된다. 내가 할 수 있는 것은 무엇이고, 나는 어떤 존재가 되어야 하는지를 깨닫게 되기 때문이다. 나 자신이 되며(his own man/woman), 나 자신의 독특성을 알게 된다.

내러티브 심리학자인 맥카담스(Dan McAdams)에 의하면 청소년기는 마주 대하는 대상으로서의 타인에 따라 자신의 태도가 달라진다는 것을 경험

---

49) 심리학에서 구조주의적 발달이론과 내러티브 이론의 차이점은 다음을 참고할 것. 이원일, "차이의 심리학," 『성인기독교교육의 재개념화』 (서울: 한들출판사, 2014), 73-76.

50) Stanley Hauerwas, *A Community of Character*, 45, 10.

하기 시작하는 시기이다.[51] 이는 자신의 정체성이 여러 갈래인 것을 깨닫기 시작하는 시기임을 말한다. 이런 점에서 타인이란 자신의 진정한 정체성에 대한 깨달음을 갖게 해 주는 하나님의 선물이다.

또한 공동체의 다양성에 대한 인정은 자기 자신의 재능을 돌아보게 한다. 비판적 성찰의 능력이 상실된 가운데 자신의 운명을 리더의 결정에 맡겨 놓는 존재가 아니라 협치로서 미래를 만들어 나가는 공동체가 되게 한다.[52] 다양성을 존중하는 공동체는 다양한 재능들로 공동체를 섬기려고 하는 목적 가운데서 서로 조화를 이루게 된다.

교회는 은사(gift)의 차이와 다양성이 존중되는 공동체이다. 은사의 다양성은 우리 신앙의 필요조건이기도 하다. 은사의 다양성을 인정하지 않는 신앙은 올바른 신앙이 아님을 말한다. 은사의 다양성을 가시적으로 나타내고 있는 것이 바로 대화, 소통, 토론 등이다. 진리는 침묵이 강요되는 곳이 아닌 대화를 비롯한 역동적인 상호관계를 통해서 드러난다.

선물로 주어진 존재를 달리 표현하자면 소유를 위한 존재가 아니라, 존재 그 자체를 위하여 존재됨을 추구하는 것을 말한다. 내러티브에서는 소유를 추구하는 인성이 아니라 그리스도인으로서의 존재됨을 추구하는 인성이다. 자기 자신에게서뿐만 아니라 낯선 자에 대해서도 그 소유한 것에 대한 것보다 존재 그 자체를 인정하는 인성이다.[53]

장애인과 비장애인의 공동 거주에 의한 라르슈 공동체의 핵심 가치인 "네가 존재하는 것이 나의 기쁨"[54]이라는 것을 통해서 이해할 수 있는 인성

---

51) Dan P. McAdams, *The stories We Live By*, 78.
52) *Ibid.,* 31, 85, 116. 하우어워스의 선물 또는 재능과 관련한 언급들은 다음을 참고. Richard Adams, *Watership Down*, 햇살과 나무꾼 옮김, 『워터십 다운의 열한 마리 토끼』(서울: 사계절, 2003).
53) Stanley Hauerwas, *A Community of Character*, 11.
54) Stanley Hauerwas & Jean Vanier, *Living Gently in a Violent World*, 69. 하우어워스가 말하는 내러티브 신학의 관점은 장애인과 비장애인의 공동체를 운영 중인

이다. 이러한 존재됨을 추구하는 내러티브 인성의 결과는 친절, 우정, 신뢰, 인내, 희망, 그리고 가정의 사회적 의의 등을 중요하게 여긴다.

보편적 인성을 강조하는 발달이론의 관점에서는 낯선 자를 환대하지 못하는 인성은 미성숙의 단계로 여긴다. 그러나 내러티브 신학의 관점에서는 '회심'(conversion)해야 할 내용으로 여긴다. 보편적 인성 이론에서는 성숙을 위해 단계적인 '발달'을 강조한다. 그러나 내러티브 신학에서의 인성은 하나님에 의한 '회심'를 강조한다. 단계적 발달은 완성이나 성취를 목적으로 한다. 그러나 하나님에 의한 회심은 연속적인 과정만이 있다. 따라서 내러티브에서 인성의 성숙 과정은 회심의 연속적 과정이다.

이런 점에서 인성의 성숙과 영적 성숙은 같은 의미를 지니고 있다.[55] 무엇보다 그리스도인의 성숙은 회심을 요구하는 기독교의 전통 내러티브를 기초로 한다. 회심을 요구하는 기독교 전통 내러티브는 완성된 자아에 대하여 말하기보다 인간은 죄인이라는 정체성을 깨달아 가도록 한다. 모든 인간은 죄인이라는 사실을 인정하는 것에서 기독교 인성은 시작되고 계속해서 인성은 성숙되어 나아간다. 더 나아가서 회심의 내러티브는 인간의 죄에 대한 것임과 더불어 궁극적으로는 하나님의 사랑이 무한하다는 것을 말한다.

3. 내러티브와 갈등

내러티브 인성교육은 청소년들이 처한 갈등을 긍정적인 관점으로 직면하도록 한다. 청소년기는 집에서는 반항적이지만 교회에서는 예의 바르게 행동하는 등 자신의 정체성에 대한 불일치를 경험하게 되는 시기이다. 불

장 배니어, 영성이론가 헨리 나우웬, 영성 기독교교육학자 파커 팔머, 어린이 교육신학자 제롬 베리맨 등의 관점과 유사한 맥락을 지니고 있음.

55) Stanley Hauerwas, *A Community of Character*, 105, 130.

일치에 대하여 '진짜 나는 누구인가?' '나는 어떤 사람인가?'라는 질문을 하며 자신에 대해 갈등을 경험하게 된다.[56] 또한 청소년 자신뿐만 아니라 낯선 자로 일컬어지는 타인에 대하여서도 그 정체성을 의심하는 시기이다. 집에서의 부모 모습과 교회에서의 모습이 다름으로 인한 것도 하나의 원인이다. 자신의 정체성에 대하여 갈등하듯이 낯선 자로서의 타인에 대하여서도 갈등하는 시기이다.

내러티브는 자신 및 타인과의 갈등 상황에 직면하면서 갈등을 파괴적 결과가 아닌 창조적 해결을 추구하는 인성이 함양되도록 한다. 창조적 갈등 해결을 위해서는 우선 갈등 상황에 대면하면서 언어적, 감정적, 그리고 이성적 기술 등이 교육되어야 한다. 인성 함양에 있어서 이들은 서로 분리될 수 없는 통합적 요소들이다.[57]

차이와 다양성을 말하는 내러티브의 관점은 다양한 요소들 사이에 분리보다는 통합적 관계를 강조한다. 따라서 내러티브의 관점은 갈등의 상황 가운데서도 비폭력적 언어 사용, 창조적 감정 표현, 그리고 합리적인 사고력 활용 등으로 말미암는 통합적 관계를 추구하는 내러티브 인성이 함양되게 한다.

하우어워스는 창조적 갈등 해결을 위한 인성 함양은 삶의 습관을 통해 배워져야 함을 말한다. 삶의 습관을 통한 학습이란 마치 장인이 복잡한 물건을 만들어 내기 위해 여러 기술들을 융합하여 예술적으로 활용하는 것과 같다.[58] 단순한 기법이 아니라 예술적인 능력으로서의 습관을 말한다. 예술적인 능력으로서의 습관이 되도록 계속되는 함양이 필요한 것이 인성이다. 예술적인 능력으로서의 습관이란 바로 습관적 존재가 되는 것이다. 습관적 존재가 곧 도덕적 상상력에 의한 역사적 존재이다.

---

56) Dan P. McAdams, *The stories We Live By*, 78.
57) Stanley Hauerwas, *A Community of Character*, 115, 125.
58) *Ibid.*, 115.

특히 청소년과 관련해서는 예술적인 능력으로서의 습관이란 이상적인 그리스도인을 본받고자 함으로 형성된다. 이상적인 그리스도인을 본받고자 하는 습관은 구습을 반복하는 습관이 아니라, 애매성이 포함된 갈등을 창조적으로 직면하고자 하는 습관을 말한다. 특히 청소년기의 인성 형성에는 자신이 생각하는 주요 인물과의 개인적인 관계에 의해 영향을 받는다.[59] 인성 함양은 후천적으로 형성되는 특징이 있는 언어를 배우는 것과 유사하다.

인물 중심의 인성교육이 필요한 이유이다. 갈등 가운데서도 하나님의 증인으로 살아간 신앙 인물을 본받고자 함으로, 기독교 이야기를 이해할 수 있으며, 자신의 인성도 함양될 수 있다. 인성 함양을 위해서 신앙에 충실한 선조들을 본받고자 습관화되도록 노력함으로 자신의 미래를 기꺼이 맞이하고 새로운 미래를 열어 나가게 된다.

청소년은 개인과 사회와의 관계에 대하여 갈등을 경험하기도 한다. 하나님의 정의에 위배되는 국가의 정의에 대하여 갈등하는 인성 함양이 필요하다. 청소년으로 하여금 이러한 갈등에 직면하도록 하는 교육은 무엇보다 청소년이 절대적으로 의지할 수 있는 대안 이야기(alternative story)에 의해서이다.[60] 대안 이야기는 하나님의 이야기이다.

갈등의 관점에서 보면 성경에서 하나님의 이야기는 하나님과 피조물과의 갈등 이야기이며 역사의 주인이 누구인가에 대한 갈등 이야기이다. 더 나아가 대안 이야기로서의 하나님의 갈등 이야기는 그 이야기를 따르려는

---

59) Dan P. McAdams, *The Stories We Live By*, 130. 매카담스는 이상적인 인물의 이미지인 이마고(Imago) 형성은 주위의 인물들에 의해 형성됨을 말함. Stanley Hauerwas and William H. Willimon, *The Holy Spirit*, 66. 하우어워스에 의하면 세상에서 모범적이라고 주장할 수 있는 사람은 없음. 그러나 성령에 의해 계속해서 거룩함(holiness)이라는 완전함(히 6:1, 2)으로 향해 나가야 하는 자들이 바로 그리스도인임.

60) *Ibid.*, 149, 150; Stanley Hauerwas, *The Work of Theology* (MI.: William B. Eerdmans Pub. Co., 2015), 72.

사람에게 의미가 있다. 하나님의 갈등 이야기는 하나님의 사람이 갖는 갈등 이야기이다. 진리를 아는 것보다 더 중요한 것은 갈등 가운데서 진리의 실천이다. 이것이 그리스도인다운 삶이다. 하나님의 백성으로서 정체성은 갈등에도 불구하고 하나님의 진리인 복음을 실천하는 삶에서 나타난다.

대안 이야기로서의 하나님 이야기에서 자기의 고유한 특성으로 성장하기 위한 인성교육은 무엇보다 내러티브 안에 들어가 진리를 실천하며 살기를 배울 때만이 가능하다. 이는 인성교육을 위해서는 원칙을 고수하는 것 이상을 요구한다. 하나님 진리의 실천을 의미하는 하나님의 내러티브에 참여함으로서의 인성교육이다.

하나님의 내러티브는 새로운 경험에 도전하는 개방적인 갈등의 내러티브이다. 삶에서의 다양성을 부정하지 않으면서 자기 됨을 말해 주는 내러티브이다. 그리고 내가 행한 것에 대하여 긍정적인 것이든 부정적인 것이든 하나님의 섭리에 대한 증인으로서 책임 의식을 갖게 하는 내러티브이다.[61] 도전적이고 갈등적인 하나님의 내러티브에 참여함으로 말미암는 그리스도인의 인성 함양이다.

<주요토론내용>

1. 오늘날 청소년의 인성교육이 중요하게 논의되고 있는 이유는?
2. 내러티브 신학에 대하여 자신의 관점으로 정리해 보자.
3. 내러티브 신학에 의한 청소년 인성교육은 어떤 특징이 있는가?
4. AI시대에 내러티브 신학에 의한 청소년 인성교육을 계획하여 나누어 보도록 하자.
5. 청소년 인성교육을 위해 제시할 수 있는 기독교 인물들은 누구인가? 그 이유는?

---

61) Stanley Hauerwas, *A Community of Character*, 151, 152.

9장   교회학교 청소년과 성령

　대한예수교장로회(통합)의 교회학교 교육과정은 지금까지 4차례에 걸쳐서 개발되었다. 1971년 '성서와 생활', 1980년 '말씀과 삶', 2000년 '하나님의 나라', 그리고 2013년 '하나님의 사람, 세상의 빛' 등이다. 2023년 현재 A·I(Artificial Intelligence) 시대에 따라 제5차 교육과정을 개발하기 위해 다양한 노력을 기울이고 있다.

　제4차 교육과정의 내용 범위(scope)는 영역에 있어서 구속사 신학에 기초하여 하나님, 교회, 세계 등으로 구성되어 있다. 하나님의 영역은 예수 그리스도, 하나님, 성령, 성경이다. 교회의 영역은 세분화하지 않고 있다. 세계의 영역은 나(정체성, 비전, 은사), 이웃(가정, 학교, 미디어/문화), 세계(사회, 나라/지구촌, 자연/우주)이다. 내용의 순차(sequence)는 6년 주기로 하고 있다. 계시(소명), 말씀, 확신, 성품, 비전, 변혁 등이다.

　제4차 교육과정 계획에서의 특징 가운데 하나는 성령에 대한 강조이다. 이는 삼위일체 하나님에 대한 신앙에 따라 당연히 강조되어야 할 내용이지만, 제3차 교육과정에서는 경시되었기 때문이다.[1] 따라서 제4차 교육과정

---

* 본 내용은 영남신학대학교, "교회학교 청소년 교재에서의 성령이해," 『신학과 목회』 44 (2015), 157-177에 게재된 논문을 수정 및 보완한 것임.

1) cafe.daum.net/leewil, 기독교교육자료실, #63. 접속일:2015년 7월 10일.

에서는 성령을 강조한 것이다. 본 장에서는 이러한 교육과정의 계획과 교재의 관련성을 확인하고자 하며 제기되는 질문은 다음과 같다. 성령에 대한 내용은 어느 부분에서 강조되고 있는가? 성령에 대하여 언급된 내용들은 어떤 특징을 지니고 있는가? 그리고 언급된 내용들에서의 문제점들과 개선 방안은 무엇인가?

I. 청소년 교재 분석

제4차 교육과정 계획에 의해 개발된 청소년(중·고등부) 교재를 중심으로 성령에 대하여 언급된 부분들을 살펴보면 다음과 같다.[2]

1. 교육과정의 영역

제4차 교육과정의 '영역'과 관련해서는 '성령'에 대한 내용은 1년차 교재에서 집중적으로 언급되고 있다. 1년차의 '계시'(소명)라는 주제에 따라 교육과정 영역의 '교회'(1년차 4과), '나(은사)'(1년차 17과), '성령'(1년차 2학기의 7단원) 등에 나타나고 있다.

그러나 2, 3년차 교재의 경우 교육과정 영역은 분명하게 고려하지 않고, 주로 교육과정의 '순차'에 따라서 언급하고 있다. 2년차의 경우 '말씀'이라는 주제에 따라 '사도행전'(2년차 42, 43, 44, 45과)에 해당하는 것으로 언급하고 있다. 3년차의 경우 '확신'(제자훈련)이라는 주제에 따라 '제자의 정체성'

---

[2] 총회교육자원부편, 『중고등부교재(학생용)』 (서울: 한국장로교출판사, 2012); 총회교육자원부편, 『중고등부교재(교사용)』 (서울: 한국장로교출판사, 2012); 총회교육자원부편, 『중고등부교재(학생용)』 (서울: 한국장로교출판사, 2013); 총회교육자원부편, 『중고등부교재(학생용)』 (서울: 한국장로교출판사, 2014).

(1단원 4과), '구원받은 제자'(2단원 8과), '말씀 듣는 제자'(3단원 9과), '전도하는 제자'(7단원 28과, 8단원 32과, 9단원 36과) 등이다.

이는 계획적이지 못한 내용선정의 결과에 이르게 하므로 순차는 영역에 따라 내용을 선정해야 한다. 즉, 순차에 따른 여섯 가지의 주제들을 영역에 따라 내용을 선정해야 함을 말한다. 1년차의 경우와 같이 2, 3년차의 경우도 각각의 주제인 '말씀'과 '확신'(제자훈련)을 '성령'의 영역과 관련하여 내용을 선정해야 한다.

예를 들면, 2년차 '사도행전'의 경우 '성령'은 성경에서 '사도행전'에만 나오는 것이 아니다. '성령'은 창세기부터 요한계시록까지에 걸쳐 언급되고 있다. 이처럼 교육과정의 영역을 고려하지 않으면 내용이 왜곡되고 편중되게 선정된다.

2. 교육과정의 주제

'성령'을 중심 주제로 다루고 있는 1년차 2학기 7단원의 경우를 보면, 여기서 성령에 대한 서술의 특징들은 다음과 같다. 성령은 삼위 하나님의 한 위격(1년차 27, 45과), 삼위 하나님과 관련하여 세례에 임재하는 자(1년차 27과), 우리에게 친구 초청 메시지를 보내고 있는 자(1년차 28과), 삶의 나침반이 되시는 자(1년차 29과), 믿음의 춤을 추게 하는 자(1년차 30과) 등이다.

1년차 7단원에서의 성령에 대한 내용은 청소년에 대한 효율성이 고려되어 있다. 그러나 교수-학습과정의 차원에서도 효율성에 대한 고려가 있어야 한다.[3] 예를 들면, 27과의 경우 마태복음 3장 16절을 통해 성령은 삼위

---

3) 본 장에서 말하는 효율성은 지출 대비 결과에 대한 것으로 가성비와 유사한 개념임. 교육과정에서 효율성은 학습자의 발달단계를 고려하는 것이 일차적으로 효율성을 높임. 이외에 체계성, 정당성, 통합성 등에 대하여는 다음을 참고할 것. 이원일, 『해석학적 상상력과 기독교교육과정』(서울: 한국장로교출판사, 2004), 328-332.

일체의 한 위격으로 소개하고 있다. 그다음으로 요한복음 14장 16-17절을 통해 성령의 임재에 대한 내용과 갈라디아서 5장 22-23절을 통해 성령의 열매에 대한 내용 등으로 구성하고 있다. 한 과의 교수-학습의 각 과정에 성경 본문을 세 가지로 제시하는 것은 효율성이 고려되지 않은 대표적인 경우이다. 이는 한 과에서의 초점이 어디에 있는지를 어렵게 하며, 20-30분의 시간에 다루기에는 분량이 많다고 할 수 있다.

오히려 '말씀을 향하여' '말씀 속으로' '삶으로' '기도' 등으로 진행되는 교수-학습과정에서 27과의 경우 '삶으로'의 내용을 청소년 심리학적인 기초와 교육과정에서의 교수-학습과정 이론에 근거하여 효율성을 고려하는 차원으로 조정해야 한다. 앞에서 성령과 세례의 관계를 다루었다면, '삶으로'의 과정에서는 자신이 받은 세례(입교)는 성령의 역사에 의해서임을 깨닫게 하고, 성령에 의해 세례(입교)받은 청소년의 삶은 어떠해야 하는지를 다루어야 효율성이 높아질 수 있다.

3. 교육과정의 관련 주제

'성령'을 주제로 하는 영역 이외에 교육과정의 영역들에서 성령과 관련하여 언급하고 있는 경우이다. 성령은 교회를 형성한 자(1년차 4과), 교회에 사명을 주시는 자(2년차 44과)이다. 또한 성령의 은사(1년차 17과, 2년차 42과), 성령의 열매(1년차 17과), 개인에게 성령의 내재하심(1년차 27과), 진리 가운데로 삶을 인도하심(1년차 29과), 성령은 우리를 동역자로 삼으심(2년차 45과), 신앙고백을 가능하게 하심(3년차 4과), 하나님의 자녀로서 하나님과의 교제를 하게 하심(3년차 8과), 말씀으로 승리하는 제자가 되게 하심(3년차 9과), 전도하는 제자가 되게 하심(3년차 28, 32, 36과) 등이다.

이상의 주제들을 교육과정 영역과 관련하여 살펴보면 교회, 나, 이웃, 세계 등에 대한 영역에 강조를 두고 있다. 통합성을 고려한 것으로 청소년의 삶과 관련하여 성령을 이해하도록 선정하고 있다. 그러나 중요한 것은 성령과 관련한 청소년의 삶은 어떤 삶이어야 하는지에 대한 비판적 성찰이다. 추상적으로 언급되는 삶이 아닌 한국의 현실에서 청소년이 갖는 삶과 더불어 고난 가운데 있는 친구의 삶을 이해하며 함께할 수 있는 삶을 제시함으로 정당성을 높여야 한다. 또한 하나님의 영역으로 분류한 내용 가운데는 성경이 있지만, 성경과 성령의 관계를 이해하도록 하는 것은 경시되어 있어서 교육과정의 체계성에 문제가 있다.

4. 비판적 성찰

현재 교회학교에서 사용되고 있는 청소년 교재에 나타난 성령에 대한 언급들을 분석해 본 결과를 정리하자면 다음과 같다.

체계성의 차원에서 보면 성령에 대한 내용이 교육과정의 주기에 해당하는 연차에 따라 일정하게 체계적이며 심화 학습이 가능하게 해야 한다.

효율성의 차원에서는 학생용 교재를 구성하고 있는 교수-학습과정에서 한 과에 여러 가지의 주제가 아닌 한 가지의 주제를 집중적으로 다루어야 한다.

정당성의 차원에서 보면 청소년이 경험할 수 있는 다양한 차별을 극복하도록 하는 관점에서 성령을 이해할 수 있도록 해야 한다. 이와 더불어 현행 교재에서는 성령과 성경과의 관련성에 대한 언급들이 경시되어 있다.

통합성의 차원에서 보면 성령에 대한 언급들이 한국 청소년의 삶과 관련되도록 하여야 한다. 이상의 총체적인 문제점들을 극복하기 위해 우선 세계화 시대의 청소년과 성령을 간학문적으로 이해하고자 하며 이를 통하여 개선 방안을 제시하고자 한다.

II. 청소년 교재 개선을 위한 이론적 기초

1. 심리학적 기초

청소년 시기는 일반적으로 10대라고 일컬어진다. 연령을 세분화하면 초기 청소년기는 10-14세, 중기는 13-17세, 후기이면서 전환기는 21세까지이다. 그러나 디지털 매체로 말미암는 세계화로서의 정보화 시대에 청소년기라고 하는 시기의 구분은 모호해지고 있다.

디지털 매체의 발달 이후 언어, 옷, 음식 등을 비롯하여 디지털 매체의 정보로 말미암는 지식의 양과 질을 비롯하여 범죄의 유형 등에서도 세대를 구분하기 어려운 시기가 되었다. 따라서 시기를 유아기, 아동기-성인기, 노년기 등으로 구분하는 경향이다.[4] 이는 청소년의 심리를 이해하는 데 있어서 중요한 암시를 준다.

첫째, 연령적으로 청소년기는 아동기와 성인기에 포함되어 있어 구분이 뚜렷하지 않다는 것이다. 따라서 청소년기의 특성은 단순한 정체성의 혼동이 아니라 중복적인 정체성 혼동이다. 자신의 특성이 무엇이며 비전이 무엇인지에 대한 혼동의 시기이지만, 이와 더불어서 이러한 청소년에 대한 지도자의 역할을 감당하는 부모, 교사 등도 세계화의 시대에 가정과 직업 구조의 잦은 변화로 말미암아 정체성의 혼동을 겪고 있다. 이를 청소년기의 확대라고도 한다. 오늘날 성인기의 부모와 교사도 청소년기의 특성으로 살

---

4) Friedrich L. Schweitzer, *the Postmodern Life Cycle: Challenges for Church and Theology* (St. Louis, Mo: Chalice Press, 2004), 48-57; Neil Postman, *The Disappearance of Childhood* (New York: Vintage Books, 1994), 99; Kenda C. Dean, "God Versus Glitz: Globalization, Youth and the Church in the United States," & Tony Jones and Kenda Creasy Dean, "The Ambiguities of "Growing Up Global": Sowing Hope in an Ambivalent Age," Richard R. Osmer and Kenda C. Dean, *Youth, Religion and Globalization: New Research in Practical Theology* (New Brunswick and London: Transaction Pub., 2006), 90, 253.

아가고 있다. 따라서 청소년은 중복적인 정체성 혼동을 겪고 있다. 이로 말미암는 정보화 시대의 청소년이 갖는 심리적인 불안감은 근대화 시대에 비해 더 높은 가운데 있다.

둘째, 오늘날 청소년은 정보화라고 하는 다양하고 급속한 변화에 대한 적응력으로 인지적인 측면에서 보면 아는 것은 많은 반면, 정서적인 측면에서는 미숙함이 커지는 경향이다. 지식기반 사회에서 인지적인 측면을 위한 노력에 비해서 정서적인 측면은 경시하는 경향에 주요한 원인이 있다.

정보화라고 하는 지식기반 사회에서의 다양한 변화와 차이 가운데 오늘날의 청소년은 자신의 깊은 마음을 표현할 대상이나, 자신의 마음을 알아주거나, 자신의 이야기를 들어 줄 사람이 없는 것 같은 정서적 고립감을 갖고 있다.[5]

셋째, 이러한 정서적 고립감을 갖는 청소년은 디지털 매체에 중독되어 비인격적이며 왜곡된 의사소통에 이르기도 한다. 인격적인 관계 가운데서 자신의 생각이나 마음을 표현하지 못하거나, 반대로 다른 친구들의 생각이나 마음의 표현에 대한 이해와 공감의 미숙함 등으로 의사소통 장애를 갖는다.

의사소통의 어려움은 분노 조절의 어려움에 이르게 한다. 심리적인 분노의 해결을 위해 다양한 폭력에 노출되어 있다. 또한 신체적 언어적 폭력에 의존하는 등의 왜곡된 표현을 하는 표현 장애를 가지고 있다. 따라서 오늘날 청소년은 표현 장애로 말미암아 부모 또는 친구 등과의 관계성이 안정적이지 못하다.

2. 사회문화적 기초

---

5) Mary E. Moore, "Children and Youth Choosing Life," *Children, Youth, and Spirituality in a Troubling World*, eds., Mary E. Moore and Almeda M. Wright (ST. Louis, Mo: Chalice Press, 2008), 9.

청소년 교육에 깊은 관심을 갖고 있는 켄다 딘은 세 가지 유형의 세계화 시대에 청소년의 경험들을 세 가지의 주제로 정리하고 있다.

첫째, 과학기술적인 정보화로 말미암는 세계화로 인하여 청소년은 동질성을 가지고 함께 모이기 쉽다.[6] 청소년들은 정보화로 말미암아 동질성을 공유한다. 정보화에 의한 다양한 전자메일 등으로 시간과 공간의 단축으로 말미암아 서로 간에 의사소통이 용이하며, 정보의 공유가 편리하고, 또래 간의 동질성을 쉽게 가진다.

그러나 청소년들은 정보화에 의해 전통적인 경계가 약해지고 지역적인 정체성이 상실되어 감을 경험한다. 이는 청소년으로 하여금 혼란스러운 자기 정체성을 경험하게 한다. 오늘날 청소년은 동질성을 가지기에 용이하지만 역설적으로 친밀감이 약함으로 인하여 방황한다. 이러한 정보화로서의 세계화의 역기능에 대해 돌봄으로서의 친밀감이 있는 대안 가정(surrogate family)을 필요로 한다. 이는 인격적 관계성으로 구성되는 또래 집단과 같은 소그룹을 필요로 함을 말한다.

둘째, 경제적인 세계화로 말미암는 스트레스이다.[7] 세계화 시대의 청소년들은 소비하는 일에 능동적으로 참여하지만 동시에 경제적 양극화라고 하는 불평등에 의해 발생되는 삶의 불안정을 자각하고 있다. 자신의 부모의 실직으로 인한 가정에 대한 불안이나 자신의 미래 일자리에 대한 불안 등이다.

청소년들이 소비에 능동적인 것은 광고에 많은 영향을 받기 때문이지만, 자신의 처지와 비교해 볼 때 실제적으로는 도달하기 어려운 비현실적인 삶이 있음을 알게 된다. 다른 친구와 비교해 보아서 상대적으로 가지지 못함

---

[6] Kenda C. Dean, "God Versus Glitz: Globalization, Youth and the Church in the United States," in *Youth, Religion and Globalization: New Research in Practical Theology*, 100-102, 112-116.

[7] *Ibid.*, 102-106, 117-121.

으로 말미암아 발생하는 상대적인 박탈감 또는 상실감을 경험하는 것과 연관되기도 한다.

셋째, 문화적 세계화로 말미암아 모든 것을 규범적인 것으로 여긴다.[8] 청소년에게 세계화와 가장 관련이 깊은 문화는 대중음악이다. 대중음악을 통해서 청소년은 세계화를 실감 있게 경험하고 있다. 대중음악 이외에 MTV, 영화 등의 경우도 청소년 문화와 관련이 깊으며 이들을 국제적 언어라고도 한다.

이러한 국제적 언어라고도 하는 문화적 세계화로 말미암아 청소년들에게 긍정적인 영향을 끼친 것은 새로운 아이디어, 다른 사람들, 그리고 다른 문화 등에 대하여 개방적인 것이다. 이국적인 다양한 문화를 경험하며 따라서 어떤 규범적인 판단은 꺼리게 되는 개방성을 갖고 있다.

그러나 부정적인 측면으로는 세계화로 말미암아 청소년 자신이 속해 있는 국가, 지역, 가정 등의 전통, 윤리, 권위, 그리고 개인적인 정체성이 위협받는 것이다. 자신의 정체성에 대한 애매하며 유동적인 입장을 가지게 된다. 삶에 있어서 실천적인 판단을 하는 데 어려움을 가지며 진리를 상대화한다.

문화의 핵심 내용인 종교에 대한 관점은 진리와 구원의 다양성을 말하는 종교 다원주의의 입장을 가지고 있다. 심리학적이며 사회문화적인 측면에서 청소년에 대한 이해를 정리하자면 청소년기는 마치 롤러코스터와 같은 시기이다.

세계화 시대에 청소년의 심리적이며 사회문화적인 롤러코스터의 길이는 더 길어졌고, 속도는 더 빨라졌으며, 가파르기는 더 심해졌다. 롤러코스터에서 안전띠가 절대적이듯이 청소년의 안전띠는 무엇인가? 교육 신학적 기초를 통해 살펴보고자 한다.

---

8) *Ibid.*, 107-109, 121-126.

3. 교육 신학적 기초

개혁신학에서는 성령과 말씀의 관계성을 강조한다. 이에 의하면 성령은 인간의 죄와 유한성을 깨닫게 하며, 또한 성령은 말씀과 불가분리적인 관계이다.[9] 교회에서의 가르침의 권위는 말씀과 성령의 권위로 말미암는다. 가르침의 주체는 성령이시다. 성령은 교회의 특수한 직에 제한되어 있는 것이 아니라 말씀과 함께 역사한다.

성령은 성경의 권위를 입증하며, 성경은 성령의 역사를 분별한다. 성령은 기록된 말씀과 분리되어 역사하지 않는다. 성령의 대언자가 되기를 원하면 기록된 말씀의 대언자가 되어야 한다. 그러나 개신교 근본주의에서는 성령을 경시하고 성경의 기록된 말씀을 문자적으로 강조한 결과 말씀주의(verbalismus)라고 비판을 받기도 한다.

개신교 근본주의의 말씀주의에 대하여 비판적인 대표적인 교단은 오순절 계통의 교회이다. 오순절 교회에 속한 라르티에 의하면 오순절 교회의 성령운동에서는 번영 복음(prosperity gospel)이 강조된다.[10] 하나님은 물질적 축복이라고 하는 번영의 근원으로 여겨지며, 신앙은 번영의 근원을 자극하는 수단으로 강조된다.

하나님은 좋은 신앙을 가지고 있는 사람을 번영하게 하는 존재로 이해한다. 번영 복음의 사역자는 기도, 금식, 치유, 방언, 그리고 영적 훈련 등을 통하여 악령의 힘을 극복하고 성령의 삶을 살도록 강조한다. 악령과 성령이라고 하는 영에 대한 이분법적 관점을 강조하기도 한다. 이외에 오순절

---

9) Richard Robert Osmer, *A Teachable Spirit: Recovering the Teaching Office in the Church* (Louisville, KY: Westminster/John Knox Press, 1990), 50,109.

10) Emmanuel Y. Lartey, "Globalization, Youth and the Church: Views from Ghana," *Youth, Religion and Globalization: New Research in Practical Theology*, 80-86.

계통의 교회에서 사용하는 언어는 극복, 승리, 정복, 가능성, 성공, 희망, 비전, 그리고 적극적인 신앙 등이다.

번영 복음을 전하기 위해 매체를 적극적으로 활용하기도 한다. 이를 통하여 국제적인 연합활동에도 적극적이다. 또한 세계화를 긍정적으로 이해하며 세계화에 참여한다. 오순절 계통의 교회에서 성령운동은 가난한 자들에게 복음으로 말미암는 희망을 제시하여 주었다는 점에서 긍정적인 측면이 있다. 그러나 성령을 은사 중심으로 이해한 반면에, 하나님의 말씀에 대한 경시로 성령주의(spiritualismus)라고 비판을 받기도 한다.

성령과 기독교교육적인 깊은 논의는 제임스 로더와 니더하르트의 공저인 *The Knight's Move*에서 찾아볼 수 있다. 이 공저에 의하면 성령은 성부와 성자의 역동적인 교제를 가능하게 하는 관계적인 특성이 있다.[11] 이들에 의하면 성령의 특성은 관계성이다. 성령은 관계성의 영이다.

달리 표현하자면 성령은 양극단의 분리와 차이를 통합하는 통합의 영이다. 성령은 그리스도의 신성과 인성이라고 하는 양극단을 통합하여 하나의 모순 없는 본질로 존재하게 한다. 성령은 삼위일체 하나님이 페리코레시스적 관계성으로 존재하게 한다. 하나님의 영이며 그리스도의 영인 성령은 내재적 관계성을 넘어서 경륜적 관계성으로 나아간다.

성령은 인간을 포함한 모든 피조물 세계에 나타나는 분리와 단절들을 극복하고 치유해 내는 관계적 능력을 가진 존재이다. 성령은 인간으로 하여금 삼위일체론적인 영성 또는 페리코레시스적 영성을 가능하게 한다.[12] 성

---

11) James E. Loder and W. Jim Neidhardt, *The Knight's Move*, 이규민 역, 『성령의 관계적 논리와 기독교교육 인식론』 (서울: 대한기독교서회, 2009), 40-57, 442, 489.

12) 로더와 니더하르트는 관계성의 특성을 지닌 성령을 이해하면서 삼위일체론적 영성 이해에 대해 보다 깊이 있는 논의를 할 수 있으나 더 이상의 깊은 논의를 자제하도록 할 것임을 언급하고 있지만 제13장은 삼위일체적 영성에 대한 논의로 이해할 수 있다. *Ibid.*, 40, 439-471.

령에 의해 유지되는 페리코레시스적 관계성으로서의 영성이다. 성령 안에서 살아가는 인간의 '관계적 삶'으로서의 영성은 서로의 특성을 약화시키기보다는 오히려 강화시켜 준다. 이를 상호성(mutuality)이라고 한다.[13] 상호성은 시너지의 효과로 말미암아 긍정적인 제3의 요소가 된다. 더 나아가 상호성을 지닌 관계적 실재는 간접 의사소통을 통하여 역동적이 된다.

성령을 관계적 특성을 지닌 존재로 이해한 로더와 니더하르트의 논의는 페리코레시스적 관계성을 지닌 삼위일체 하나님과 인간이해에 도움을 준다. 그러나 그 관계적인 측면을 삶과 밀접하게 관련하는 데까지는 나가지 못하고 있다.

오늘날 실천신학적 관점에서 볼 때 성령을 삶과 관련하여 이해할 필요가 있다. 성령과 삶의 관계는 달리 표현하면 영성이라고 말할 수 있다.[14] 몰트만에 의하면 영성(Spirituality)은 하나님의 영 안에 있는 삶 또는 하나님의 영과의 살아 있는 교제를 뜻한다. 이를 '성령 안에 있는 새로운 삶'이라고도 한다.[15] 달리 표현하면 영성이란 '성령으로 인도함을 받는 삶'이다.

성령 안에 있는 새로운 삶 또는 성령으로 인도함을 받는 삶으로서의 영성은 "교회의 한계를 넘어서 성령을 자연 속에서, 식물 속에서, 동물 속에서, 땅의 생태계 속에서 재발견"[16]한다. 성령의 경험은 모든 일상의 세계경험 '안에서' 그것과 '함께' 그것 '아래에서' 가능함을 말한다. 부활의 영인

---

13) *Ibid.*, 444.

14) 영성과 관련하여 이론적으로는 수도 생활 중심의 가톨릭적인 영성, 말씀 중심의 복음적인 경건, 은사 중심의 카리스마적 영성, 그리고 정의 중심의 해방적 영성 등이 언급됨. 그리고 현실적으로는 치유, 방언, 번영, 내적 치유, 긍정적 사고, 요가, 그리고 명상 등이 영성과 관련하여 언급되고 있음. Daniel S. Schipani, "Youth and Youth Ministry in a time of severe Crisis," *Youth, Religion and Globalization: New Research in Practical Theology*, 225.

15) Jürgen Moltmann, *Der Geist des Lebens: Eine ganzheitliche Pneumatologie*, 김균진 역, 『생명의 영: 총체적 성령론』 (서울: 대한기독교서회, 1992), 117.

16) *Ibid.*, 23.

성령은 심지어 십자가의 그림자를 경험하는 고난, 소외, 장애 가운데서 현존하며, 모든 장애조차도 하나의 은사임을 깨닫게 한다.[17]

몰트만은 로더, 니더하르트와 같이 성령의 특성을 인격적인 관계성으로 이해한다. 그러나 몰트만은 그 관계성을 십자가의 그림자를 경험하는 곳과 더불어 피조물의 전 영역에 존재하는 대상과의 '상호주관적 관계성이 있는 삶'으로 나아가는 데 있어서 더 적극적이라는 점에서 차이가 있다.

III. 청소년 교재의 개선

1. 교육과정의 목적

해석학적 관점에서 성령은 페리코레시스적 관계성의 영이다. 성령은 하나님, 고난받는 이웃, 모든 피조물 등과의 페리코레시스적 관계성을 추구해 나가는 영이다. 성령은 청소년으로 하여금 페리코레시스적 관계성의 중요성을 깨닫게 한다. 그리고 성령은 이러한 관계성을 추구해 나가는 주체이다. 성령 교육(이하 성령에 의한 교육과 성령에 대한 교육을 통합하는 용어로 사용함)에서의 핵심은 바로 여기에 있다. 성령 교육으로 말미암는 페리코레시스적 관계성은 자신의 정체성 형성에 기초한다.

한국의 청소년은 입시 중심 교육이라고 하는 거대한 벽 앞에서 자신이 아닌 부모와 교사 등의 외부 권위자에 의해 주어진 왜곡되고 편협한 정체성을 가지고 살아가고 있다. 청소년으로 하여금 자기 자신으로 살아갈 수 있도록 하는 방향으로 정체성 형성을 재조정해야 한다. 이를 달리 말하자면 담화적 정체성(narrative identity)이다.

---

17) *Ibid.*, 57.

담화적 정체성은 자신의 삶의 이야기와 디지털 매체를 비롯한 공동체의 이야기를 외부에 의해 주입된 정답이 아닌 자신의 말로 읽거나, 말하거나, 해석하는 표현 과정 가운데서 형성된다. 한 개인이 경험하는 독특성과 다양성이라는 양극단이 통합되면서 담화적 정체성은 형성된다.[18] 성경과 삶에서 하나님의 섭리적 프락시스로서의 하나님의 사역이 어떻게 이루어지고 있는지를 자신이 분별하도록 하는 과정에서 형성되기도 한다. 하나님의 프락시스와 이에 대한 자신의 소명에 대한 관심에 의해서이다.

따라서 성령 교육의 목적은 '성령 안에서 새로운 삶을 살아가는 청소년' 또는 '성령의 인도함을 받는 청소년'(롬 8:14; 갈 5:18)으로서의 자기 정체성 형성이다. 이는 청소년으로 하여금 자신과 공동체의 삶에 관심을 가지고 삶을 인도해 나가는 성령으로 이해하게 한다.

달리 말하자면 청소년 자신의 삶을 인도해 나가는 주권적인 존재로 성령을 이해하도록 하는 것이다. 또한 성령은 자신의 삶에서의 갈등을 해석하도록 인도함을 알게 한다. 더 나아가 성령은 자신의 삶의 의미를 깨닫도록 한다. 성령은 자신의 소명을 분별하여 알게 한다. 통틀어서 청소년의 소명과 비전이 성령 교육의 목적이다.

그리고 성령 교육의 목표는 '성령의 열매'(갈 5:22, 23)를 지향해 나가도록 하는 것이다. 이는 성경에 대한 문자주의와 성령에 대한 은사주의를 극복하는 가시적인 성령 교육의 목표가 된다. 성령 교육의 목표로서의 성령의 열매는 청소년의 삶을 인도해 나가는 성령의 지향점이 페리코레시스적 관계성의 삶이라는 것을 구체적으로 보여 준다.

2. 교육과정에서의 내용

---

18) Claire Bischoff, "With New Eyes to See," *Children, Youth, and Spirituality in a Troubling World* (ST. Louis, Mo: Chalice Press, 2008), 170.

1) 변혁적 성경이해

성경에서 성령은 오순절과 교회로 제한하여 역사하는 것이 아닌 창조, 구속, 성화, 그리고 종말 등의 전 역사를 일종의 드라마로서 이끌어 나가는 섭리적 프락시스의 존재임을 말하고 있다.[19] 성령의 사역은 천지창조 이전에 이미 시작되었다.

하나님의 영으로서의 성령은 천지창조에 직접 관여하신 것이다(창 1:2). 또한 인간이 지음을 받을 때에도 성령으로 말미암았다(창 2:7). 성령은 그리스도의 탄생, 세례, 복음 선포로서의 사역 현장, 그리고 부활에 현존하며 함께한 존재이다.

그리고 성령의 사역으로 말미암아 새 이스라엘로서의 교회가 시작되었다. 성령은 공동체로 하여금 하나님 통치에 의한 친교를 하도록 섭리한다. 종말의 시기까지 인류 공동체가 지속되고 하나님의 백성이 그 사명을 감당하는 것은 다름 아닌 성령에 의해서이다.

청소년으로 하여금 성령의 섭리적 프락시스를 성경의 한 부분이 아니라 전 범위를 통해서 깨닫도록 하는 내용으로 교육과정이 구성되어야 한다. 성경 전체를 성령의 관점에서 이해하도록 구성해야 한다.

2) 친교: 정서와 분노 조절

오늘날 한국에서의 남성 및 여성 청소년은 부모들이 교회 중심의 신앙을 말하지만, 실제로는 학교 성적에 대한 강조와 교회 행사 참석을 만류하는 등의 이중적인 언행이나 반복되는 비교와 지적에 대하여 정서적으로 분노하고 있다.

---

19) Allen Verhey, "The Spirit of God and The Spirit of Medicine: The Church, Globalization, and A Mission of Health Care," *God and Globalization Vol 2: The Spirit and The Modern Authorities*, ed., Max L. Stackhouse and Don S. Browning (Harrisburg: Trinity Press International, 2001), 114-117; James E. Loder, W. Jim Neidhardt, *The Knight's Move*, 465.

이외에 가족에 대한 비정상적 상실의 경험, 그리고 왜곡된 남자다움(masculinity)과 여자다움(femininity) 등에 대한 분노를 내면적으로 자기 학대적이거나, 외면적으로 폭력으로 표현하기도 한다.[20] 오늘날 청소년 폭력(youth violence)이 문제가 되고 있다. 청소년은 분노를 외부적으로 표출하는 것에 대한 부정적인 견해로 말미암아 힙합, 랩, 브레이크 댄스, 비디오 게임, 컴퓨터 게임 등의 대중문화로 표출하기도 한다.

그러나 이러한 표출은 분노의 승화가 아닌 분노의 전이에 불과할 수 있다. 반면에, 카렌 유스트는 담화적 접근(narrative approach)의 관점에서 청소년으로 하여금 비정상적 상황 중에 하나로서의 상실의 경험과 분노에 대한 승화적인 방안을 제시하고 있다.

첫째, 담화적 접근에서 우선 고려할 수 있는 것은 탄식의 기도와 관련된 내용에 대한 교육이다(겔 37; 시 12; 시 28).[21] 탄식 기도는 선한 사람에게 불행이 닥치거나, 기도했는데 결과는 그 반대로 나타나는 등 역설적인 신앙에 대한 정서적인 표현이다. 탄식 기도의 과정은 주로 하나님에 대한 탄원, 하나님에 대한 불평, 하나님에 대한 신뢰회복, 하나님의 구체적인 개입에 대한 요청, 감사와 찬양 등으로 마무리된다.

둘째, 청소년에 대한 담화적 접근에서 중요한 것은 청소년이 갖는 상실의 이야기에 대한 나눔을 통하여 대안적인 의미를 깨닫는 것을 도와 나가

---

20) Roger Nishioka, "Violence, Boy Code, and Schools: Adolescent Males Making It through Life," *Children, Youth, and Spirituality in a Troubling World*, eds., Mary E. Moore, Almeda M. Wright (ST. Louis Mo: Chalice Press, 2008), 67, 68; Jennie S. Knight, "Transformative Listening," *Children, Youth, and Spirituality in a Troubling World*, 229-231; Joyce Ann Mercer, "Sometimes I Feel Like a Fatherless Child," *Children, Youth, and Spirituality in a Troubling World*, 84, 85; Evelyn L. Parker, "Sanctified Rage," *Children, Youth, and Spirituality in a Troubling World*, 201.

21) Karen Marie Yust, "(Non)Cosmetic Ministry," *Children, Youth, and Spirituality in a Troubling World*, 125-128.

는 이야기 공동체 형성이다. 여기서의 이야기 공동체는 삼위일체 하나님의 공동체성과 언약의 관계성을 기초한다. 청소년은 무엇보다 이러한 이야기 공동체를 원한다.[22]

이야기 공동체는 청소년으로 하여금 혼자가 아니라 누군가가 함께하고 있음을 확인해 주는 일종의 지지그룹의 역할을 한다. 또한 청소년의 정서적인 문제, 삶의 역설적인 문제와 질문에 대하여 성령의 인도함을 따라 새로운 대안적인 이야기를 형성하도록 한다. 이와 더불어 이야기 공동체는 역설적인 삶 가운데 있는 청소년으로 하여금 자신의 삶의 의미를 재형성하며, 소명과 비전을 깨닫도록 한다.

셋째, 담화로 말미암는 성령에 의한 공동체는 전인적인 치유의 공동체이다. 성령은 고난과 고통이라고 하는 십자가의 그늘에서 살아가는 현장에 단순히 존재하는 것을 넘어 그것을 자신의 고난과 고통으로 만든다.[23] 십자가에서 예수를 통해서 하나님은 인간의 탄식을 자신의 탄식으로 바꾸는 존재임을 계시하고 있다.

상처 입은 자들의 고통을 함께 나누고 더 나아가 자신의 것으로 여긴다는 의미에서 하나님의 열정(passion)은 연민(com-passion)이다. 하나님의 연민이 있는 성령의 공동체는 남녀, 신분, 인종적 차이 등의 차이로 말미암는 상처와 분노를 치유한다. 성령으로 말미암는 분노의 치유는 관계성의 파괴가 아닌 삶에서 하나님의 통치를 구체화해 나간다(행 4:31).

---

22) Mary E. Moore, "Yearnings, Hopes, and Visions," *Children, Youth, and Spirituality in a Troubling World*, 111-113.
23) Allen Verhey, "The Spirit of God and The Spirit of Medicine: The Church, Globalization, and A Mission of Health Care," *God and Globalization Vol 2: The Spirit and The Modern Authorities*, 117-119; Evelyn L. Parker, "Sanctified Rage," *Children, Youth, and Spirituality in a Troubling World*, 206.

넷째, 매체에 대한 소양교육(media literacy)이다.[24] 청소년들은 디지털 매체를 자유롭게 사용할 줄 아는 능력이 있는 반면에 디지털 매체에서의 소비제일주의, 성적인 편견, 인종적인 문제, 개인의 정체성, 그리고 다양한 폭력에 대하여 비판적으로 성찰할 수 있는 능력은 부족한 가운데 있다.

분별의 영이신 성령으로 말미암아 청소년들로 하여금 미디어의 이미지, 소리, 단어, 메시지들을 만들어 내는 저자, 감독, 그리고 생산자의 관점에서와 소비자의 관점에서 각각 성찰해 보도록 한다. 그리고 어떤 가치를 암시하고 있는지에 대해서와 제시하고 있는 가치에 대한 대안적인 가치는 무엇인지에 대하여 분별하도록 해야 한다.[25] 매체 소양교육을 통하여 매체의 이미지와 메시지들을 수동적이며 왜곡되게 받아들이기보다는 매체에 대한 해석자로 양성해 나가야 한다.

3) 예배: 상징적 놀이

칼 바르트는 주의 영이 있는 곳에는 자유(고후 3:17)가 있음을 강조한다. 성령은 자유의 영이다. 성령 안에서 산다는 것은 자유롭게 되었다는 것을 말한다. 자기 자신으로 자유하면서 살아갈 수 있다는 것이다.[26] 몰트만에 의하면 성령으로 말미암는 자유는 기도로 표현된다. 성령의 임재에 의해 인간은 하나님과의 직접적인 관계를 가지게 된다. 이러한 직접적 관계를 달리 표현하면 하나님과의 친구 관계이다. 하나님과의 친구 관계는 기도로

---

24) 미디어 리터러시에 대해서는 다음을 참고할 것. 이원일, "코로나19와 교회교육 커리큘럼: 미디어 리터러시 핵심 역량," 『코로나 19를 넘어서는 기독교교육』, 김정준 책임편집 (서울: 동연, 2020), 127-139.

25) Luther E. Smith Jr., "When Celebrating Children is not Enough," *Children, Youth, and Spirituality in a Troubling World*, 28; Veronice Miles, "Living Out Loud in a World That Demands Silence," *Children, Youth, and Spirituality in a Troubling World*, 142-144.

26) Karl Barth, *Dogmatik im Grundriβ*, 신준호 역, 『칼 바르트 교의학 개요』 (서울: 복 있는 사람, 2015), 220.

표현되며, 기도를 통하여 하나님과 대화한다. 무엇보다 하늘에 있는 절대자인 친구와의 대화이다.[27]

또한 제임스 로더에 의하면 성령으로 말미암는 자유는 놀이를 통해서 표현된다. 놀이는 문화의 형태로 나타난다. 또한 문화는 놀이의 형태로 나타난다. 문화적 놀이이다. 문화적 놀이 가운데 제의적 놀이(cultic play)도 있다. 제의적 놀이는 서로가 서로를 세워 주고 새롭게 창조해 나가는 자유의 과정이다. 제의적 놀이는 어떤 상징적인 매개체를 통해서 이루어진다는 점에서 상징적 놀이라고도 한다. 어떤 매개체를 상징으로 하는지에 따라 놀이의 성격은 차이가 나며 다양해진다.

제임스 로더에 의하면 가장 숭고하고 가장 궁극적인 형태의 제의적 놀이로서의 상징적 놀이는 '예배'이다.[28] 성령으로 말미암는 청소년의 독특성을 표현하는 자유가 있는 예배이다. 청소년 예배는 일종의 청소년 문화에서의 놀이여야 함을 말한다. 기성세대에 의한 획일적이며 형식적인 틀에 매어 있는 예배보다는 청소년으로 하여금 청소년의 독특함과 자유로움을 느낄 수 있는 예배여야 한다.

게임으로 구성되거나 게임과 같은 예배이다. 이에 기초한 청소년에 대한 설교에서 필요한 유형은 상상력의 작동으로 말미암아 함께 참여할 수 있는 담화 설교(narrative preaching)이다.[29] 담화 설교는 이야기 설교로 알려져 있기도 하다. 그러나 이야기는 담화에 포함되어 있는 이야기와 담론에서 한 부분인 이야기만 해석한 용어이다. 따라서 이야기 설교라는 말보다는 담화 설교라고 말하는 것이 더 온전한 해석이다.

---

27) Jürgen Moltmann, *Trinität und Reich Gottes*, 김균진 역, 『삼위일체와 하나님의 나라』(서울: 대한기독교서회, 1982), 259-263.

28) James E. Loder and W. Jim Neidhardt, *The Knight's Move*, 461-463.

29) Veronice Miles, "Living Out Loud in a World That Demands Silence," *Children, Youth, and Spirituality in a Troubling World*, 149.

그러나 담화 설교는 청소년으로 하여금 상상적으로 참여할 수 있으며, 이해할 수 있는 설교가 되어야 한다. 청소년이 이해할 수 있는 설교를 위해서는 청소년의 문화에 익숙하여 청소년의 상상력을 일깨우며 청소년에게 친숙한 언어를 사용해야 한다. 또한 청소년이 경험하는 기쁨, 갈등, 질문, 관심, 미래의 꿈, 두려움 등을 비롯하여 청소년 문화와 청소년의 질문에 대하여 예언자적 들음을 가져야 한다.

4) 비전의 삶

청소년에 대한 성령 교육으로 말미암아 청소년이 함양하게 될 교육내용은 꿈 또는 비전이다(욜 2:28-29; 행 2:17-18). 청소년의 비전은 소명과 관련되며 청소년의 소명과 비전은 성령교육과 관련된다. 청소년의 비전은 하나님의 선물이다. 하나님이 이 세상에서 행하고 있는 것에 대한 상징이며 징표로서의 선물이다. 메리 무어에 의하면 청소년이 가질 수 있는 비전의 유형들은 다음과 같다.[30]

첫째, 초월(transcendence)에 대한 비전이다. 입시 및 성적 제일주의, 학교 폭력, 물질 제일주의, 그리고 다양한 차별 등의 바람직하지 못하며 세속적이라고 여기는 가치에 대한 비판적 성찰로 말미암는 초월로서의 비전이다. 초월에 대한 비전은 전통적이며 보편적으로 여겨지는 가치와는 차이가 있는 성령으로 말미암는 하나님 나라 비전이다.

둘째, 청소년 문화를 통한 실천적 친교(communion)에 대한 비전이다. 다문화 사회에서 가치관, 신앙의 특징, 삶의 양태 등의 차이에도 불구하고 이론적 차원을 넘어서서 실천적 대화(diapractice)를 추구하고자 하는 비전이다.

실천적 대화는 다문화의 차이에도 불구하고 함께 노래 부르기, 놀이

---

30) Mary E. Moore, "Yearnings, Hopes, and Visions," *Children, Youth, and Spirituality in a Troubling World*, 118-122.

하기, 춤추기, 요리하기, 음식 먹기, 운동(스포츠) 놀이하기, 극 놀이하기(dramatizing), 그리고 청소년의 모임에서 의논하는 역할하기 등이 포함한다.

다문화 사회에서 자신의 가치관 및 신앙관 등에 대하여 서로 나누고자 하는 교제에 대한 비전이다. 이는 지혜에 대한 비전이라고도 한다. 다양한 세계에 대한 관심과 이와의 교제에 대한 비전이다. 이를 통한 세계관으로 말미암는 의미 형성의 비전이다.

셋째, 윤리적인 신실함에 대한 비전이다. 종교적인 차원뿐만 아니라 한 사회에서 건전한 시민으로서 성장하고자 하는 비전이다. 건전한 시민의식은 신자유주의에 의한 경제 환원주의에 대한 비판의식이다. 물질에 의한 이익을 추구하고자 하는 비전이기보다는 비영리적인 차원에서 사회에 건전한 윤리적인 영향을 끼치고자 하는 비전이다.

넷째, 청소년 자신의 소명에 대한 비전이다. 청소년은 실천적인 차원에 의해 소명을 발견하려고 한다. 미개척지에 교회 건물을 세우거나 가난한 자를 위해 집을 세우는 등의 선교여행을 하게 하거나 또는 어린이 부서에 봉사하도록 한다.

또한 청소년이라고 할지라도 조부모를 비롯한 은퇴자의 가정을 심방하여 대화를 나누도록 한다. 이러한 실천적 차원에서 봉사를 통하여 자신의 다른 사람과의 차이점이 무엇이며 독특함이 무엇인지를 깨달으며, 소명을 발견하고 추구하고자 하는 비전이다.

3. 교육과정에서의 교수-학습과정

청소년에 대한 성령 교육을 위한 교수-학습과정은 학생용 공과의 내용이다. 학생용 공과를 학습할 때 어떤 과정으로 의사소통을 해 나갈 것인가? 밀러-맥르모어는 분리된 과정이 아닌 일련의 움직임(movement)으로서의

교수-학습과정이 필요함을 말한다. 해석학적 순환과정이라고도 한다.[31]

첫째, 삶에서의 딜레마는 무엇인가? 선택의 어려움이 있는 삶의 문제에 대한 탐색으로 시작한다. 여기서의 중심 질문은 '무슨 일이 일어나고 있는가?'이다. 관찰 등의 질적인 방법과 사회과학적인 방법에 의해 문제를 파악한다.

둘째, 삶의 딜레마에 대하여 신학적인 자료들을 연구한다. 여기서의 중심 질문은 '규범으로서 무엇이 제시되어야 하는가?'이다. 규범적인 이해를 추구한다.

셋째, 다시 삶의 현장으로 돌아와서 개선된 실천을 행하고자 하는 과정이다. 여기서의 중심된 질문은 '어떻게 개선되게 행할 것인가?'이다. 실천적 지혜로서의 분별을 통한 삶의 방향을 재설정한다.

1) 삶에 대한 이야기와 성찰

몰트만은 *Der Geist des Lebens*의 서문에서 "당신은 언제 마지막으로 '성령'의 역사를 체험하였습니까?"라는 질문은 질문을 받는 사람을 당황하게 한다고 말한다. 반면에 "당신은 언제 마지막으로 '생명의 영'을 체험하였습니까?"라는 질문은 그 반대의 반응을 보인다고 말한다.[32] 이 두 가지의 질문의 차이는 성령을 생명의 영으로 바꾼 것이다.

생명은 삶이라는 말로도 상통되는 용어이다. 성령의 삶의 영이기도 하다. 성령의 일상생활의 삶의 영이다. 삶과 분리되어 있는 영이 아니라 삶의 영이다. 이는 성령을 삶과 분리된 신학적 탐구의 존재로 이해하고자 하는

---

31) Bonnie J. Miller-McLemore, "Children and Religion in the Public Square," *Children, Youth, and Spirituality in a Troubling World*, 41; Almeda M. Wright, "Choosing Life Requires Action," *Children, Youth, and Spirituality in a Troubling World*, 244.

32) Jürgen Moltmann, *Der Geist des Lebens*, 김균진 역, 『생명의 영』 (서울: 대한기독교서회, 1992), 8-12.

경향에 대한 비판적 성찰의 결과이다.

그러나 몰트만의 언급에는 삶에서의 어떤 체험인가에 대하여 언급하지 못하는 한계가 있다. 맥신 그린은 인습적인 체험과 대조되는 미학적 체험을 말한다.[33] 미학적 체험에서는 체험의 질적인 독특성이 강조된다. 공동의 체험이라고 하더라도 그 체험에 대하여 자신이 느끼는 체험을 말한다. 성령에 대한 앎을 위해서는 삶에 대한 미학적 체험에 대한 이야기와 성찰이 필요하다.

성령에 대한 앎과 삶과의 관계에 대하여 수잔 존슨은 "청소년은 날개를 가지고 있지만 구체적이지 않은 영성보다는 발을 가진 가시적인 성경적인 영성을 알고자 함"[34]을 말한다. 청소년에 대한 성령 교육은 추상적이고 보편적인 이론 중심의 접근이 아닌 삶과 관계되며 청소년의 지각을 존중하는 미학적 성찰로 시작할 수 있어야 한다. 청소년은 자신의 삶의 체험을 자신의 말로 표현할 수 있도록 격려하는 가운데 시작되어야 한다.[35]

다음으로 동료들과 지도자는 친구와 학생의 이야기를 독특한 이야기로 듣고자 해야 한다. 정보화 시대의 서로 간의 의사소통에 대한 청소년의 반응으로서 "우리는 매우 빨리 의사소통을 할 수 있다. 모든 장소에서 의사소통은 더 빠르게 진행될 정도로 세계는 좁아져 있다"는 것이다.[36] 정보화의 긍정적인 측면은 디지털 미디어로 말미암아 의사소통(communication)의 속도가 빨라졌고, 폭이 넓어졌다는 것이다. 시간적, 공간적, 그리고 문화적인

---

33) Maxine Greene, "The Artistic-Aesthetic and Curriculum," *Curriculum Inquiry* 6:4(1977).

34) Susanne Johnson, "Subversive Spirituality in Youth Ministry at the Margins," *Children, Youth, and Spirituality in a Troubling World*, 154.

35) Jennie S. Knight, "Transformative Listening," *Children, Youth, and Spirituality in a Troubling World*, 227.

36) Daniel S. Schipani, "Youth and Youth Ministry in a time of severe Crisis," *Youth, Religion and Globalization: New Research in Practical Theology*, 232.

차이를 넘어서 누구와도 의사소통이 가능해진 것이다.[37]

그러나 오늘날 의사소통에서의 문제는 속도와 넓이의 문제가 아닌 친밀성의 문제이다. 진정성의 문제이기도 하다. 얼마나 친밀한 의사소통이 이루어지고 있느냐? 얼마나 진정성 있는 소통이 있느냐는 것이다. 미학적 경험에 대한 삶의 이야기와 성찰을 위해서 친밀하고 진정성 있는 의사소통이 이루어질 수 있는 심리적 및 물리적 환경을 조성하는 과정이다.

2) 성경 본문에 대한 나눔

페리코레시스적인 관계성을 지닌 성령은 간접적 의사소통의 삶으로 구체화된다. 특히 성경 본문과 관련하여 간접 의사소통은 상상력에 의한 성경이해이다. 상상력은 청소년으로 하여금 비전, 대안, 다중성, 통합성, 담화 지향성 등의 특성을 지니게 한다. 담화적 상상력을 필요로 하는 존재가 오늘의 청소년이다.[38]

담화신학자인 크라이츠에 의하면 상상력을 촉진하는 키에르케고르의 저작들은 읽는 사람으로 하여금 그다음의 동작들을 기대하도록 만드는 특징이 있다.[39] 그의 문학작품들은 독자들의 마음속에 일종의 레슬링이 시작되도록 하는 매력이 있다. 독자로 하여금 레슬링 경기를 관전하도록 하는 것이 아니라, 독자 자신이 레슬링 경기에 출전하도록 독자를 경기 속으로 끌

---

37) Thomas John Hastings, "Negotiating Identity in a Global Age: The Situation of Japanese Youth," *Youth, Religion and Globalization: New Research in Practical Theology*, 173.

38) Claire Bischoff, "With New Eyes to See," *Children, Youth, and Spirituality in a Troubling World*, 168,169. 이 논문에서 비스쵸프는 상상력은 청소년의 담화적 정체성(narrative identity) 형성에 결정적임을 말함.

39) Stephen Crites, "Pseudonymous Authorship as Art and as Act," in *KierKegaard: A Collection of Essays*, ed. Josiah Thompson (New York: Doubleday, Anchor Books, 1972), 218; James E. Loder and W. Jim Neidhardt, *The Knight's Move*, 458-461에서 재인용.

어들인다는 것이다.

  달리 표현하면 독자 자신을 이야기 흐름 속에 참여시킴으로, 독자 자신이 텍스트에서 다루고 있는 주제에 대한 자신의 견해를 형성하도록 도와준다는 것이다. 이는 저자와 독자 사이에 상호주관성이 형성되도록 하며 이를 통하여 역동적인 관계성이 형성되도록 함을 말한다. 청소년으로 하여금 성경 본문으로서의 텍스트는 주어지고 수동적으로 받아들여야만 하는 객관적인 텍스트로 여기는 것에서 능동적인 참여 가능성을 지닌 텍스트로의 이해이다. 청소년으로 하여금 자신의 담화적 상상력에 의해 텍스트와 협상할 수 있는 공간이 풍부한 텍스트로 여기도록 해야 한다.

3) 삶에서의 실천

  삶의 체험들과 성경 본문과의 대화의 과정으로 말미암아 대안적인 삶을 추구하고자 하는 과정이다. 삶의 체험과 주어진 텍스트에서의 성령이해는 어떤 점에서 공통점이 있는가? 또는 불일치하는가? 성령으로 말미암는 어떤 삶의 실천을 필요로 하는가? 표현 없는 체험은 맹목적이며, 체험 없는 표현들은 공허한 것이다. 삶의 체험들과 성령이해에 대한 공적인 표현이다. 개인적으로 표현할 수도 있고 공동체적으로 표현할 수도 있다.

  그러나 어떤 유형의 표현인가? 아이즈너는 표상 형식의 다양화가 필요함을 말한다.[40] 표상 형식은 인간이 개인적인 경험 또는 심미적인 경험들을 공적으로 나타내고자 하는 수단이다. 표상 형식의 다양화는 다중지능에 의한 표현과도 맥이 통한다.[41] 언어적 표현, 논리적 및 수학적 표현, 시각적

---

40) Elliot Eisner, *Cognition and Curriculum* (New York & London: Longman, 1982), 47ff.
41) Howard Gardner, *Intelligence Reframed* (New York: Basic Books, 1999), 159, 163, 167; Howard Gardner and Katie Davis, *The App Generation* (New Haven and London: Yale University Press, 2014), 181.

및 공간적 표현, 신체적 및 운동적 표현, 음악적 및 리듬적 표현, 인간 관계적 표현, 묵상 및 나-메시지 등의 인간 내적 표현 등이다.

이 가운데서 경제 환원주의와 신자유주의의 영향으로 입시 지향적이며 학교 중심의 삶을 살아가는 오늘날 한국의 청소년은 자신의 정리된 생각을 주로 논리적, 언어적, 그리고 숫자적으로 표현한다. 이마저도 기성세대의 권위에 눌려 자신의 목소리를 잃은 가운데 강요된 침묵으로 지내는 것에 익숙해져 있다. 자신의 목소리를 회복하게 해야 한다.

따라서 언어와 숫자 등의 표현 이외에 기도와 예배 등의 의식적 표현, 역할극 등의 예술적 표현, 운동 및 신체적 표현, 그리고 차별 극복 및 다양성을 추구하고자 하는 봉사적 표현 등의 다양한 표현을 할 수 있도록 격려되어야 한다. 이러한 해석학적 교수-학습과정을 통하여 교사와 청소년, 그리고 청소년들 사이의 친밀한 대화로 말미암아 성령을 지금 그리고 여기서 삶의 영으로 체험할 수 있도록 해야 한다.

<주요토론내용>

1. 자신은 생명의 영인 성령을 언제 체험하였는지 서로 나누어 보자.
2. 청소년에게 성령 교육이 필요한 이유는 무엇인가?
3. 청소년에 대한 성령 교육을 위한 이론적 기초를 정리해 보자.
4. 청소년에 대한 성령 교육의 구체적인 방안은 무엇인가?
5. 청소년에 대한 성령 교육을 위해 언급된 교수-학습과정으로 교재를 만들어 보자.

10장   교단별 청소년 교육과정

교단별 교육과정을 비교 분석하여 교단 간에 타산지석의 관점에서 장점들을 서로 배움으로써 한국 개신교회 교육과정의 발전을 도모하고자 한다. 분석 대상 교단은 '대한예수교장로회고신총회'(이하 고신), '기독교대한감리회'(이하 기감), '기독교대한성결교회'(이하 기성), '한국기독교장로회'(이하 기장), '기독교한국침례회'(이하 기침), '기독교대한하나님의성회'(이하 기하성), '예수교대한성결교회'(이하 예성), '대한예수교장로회총회'(이하 통합), '대한예수교장로회총회'(이하 합동) 등이다.

이 중에서 기성과 예성은 연합 교재를 대상으로 하였으며, 총 9개 교단을 대상으로 하고자 한다. 앞으로 언급되는 순서는 교단명 약자의 가나다 순이다. 그리고 9개 교단 교육과정을 분석하기 위해서 각 교단에서 발행한 2018년 중등부 교재 또는 공과(이하 교재)를 중심으로 분석하고자 한다.

기독교교육과정 분석을 위한 틀로는 일반 교육과정 분야에서 클리버드(Herebrt M. Kliebard)에서 시작되고, 헨리 지루(Henry A. Giroux), 페너(Anthony N. Penna), 파이너(William F. Pinar) 등에서 구체화되었으며, 기독교 교육과정 분야에서는 복음주의 기독교교육학자인 파즈미뇨(Robert W. Pazmiño)와 기독교교육학에서 비판이론을 강조한 강희천 등에 의해 소개된 교육과정의 유형에 근거하고자 한다. 이들이 분류한 교육과정의 유형은 전통주의적 접근, 개념-경험주의적 접근, 그리고 재개념화 접근 등이다.[1] 이 유형들에 의해 생성된 기독교 교육과정의 특성들은 체계성, 효율성, 정당성, 그리고 통합성 등이다.

교단별 교육과정 분석은 교육과정의 접근유형에 따른 체계성, 효율성, 정당성 그리고 통합성 등에 따라 질문 문항을 정하고 이에 근거하여 분석하고자 한다. 분석을 위한 질문 문항들은 기존에 기독교 교육과정 분석을 위해 발표한 내용들과 더불어 기독교 교육과정의 이론에 기초한 것이다.[2]

교단 교육과정들을 질문 문항에 따라 각각 질적 분석을 하고자 하며, 각 교단 교육과정에 대한 분석 결과를 매우 높음(5), 높음(4), 보통(3), 낮음(2), 매우 낮음(1) 등으로 분석했고, 분량이 너무 많은 관계로 매우 높음과 높음에 해당하는 경우를 중심으로 서술하고자 한다. 각 분석을 위한 질문 문항에 대한 서술에서 언급되지 않은 교단 교육과정은 보통 이하에 해당한다.

I. 체계성

---

* 본 내용은 한국기독교육학회, "교단별교육과정비교분석," 『기독교교육논총』 54 (2018), 49-83에 게재된 논문을 수정 및 보완한 것임.

1) Herbert M. Kliebard, "The Metaphorical Roots of Curriculum Design," in William Pinar (Ed.), *Curriculum Theorizing: The Reconceptualists* (Berkeley: McCutchan Pub Corp, 1975), 84-85; Henry A. Giroux, *Curriculum & Instruction* (California: McCutchan Publishers, 1981); Robert W. Pazmiño, *Foundational Issues in Christian Education: An Introduction in Evangelical Perspective* (Grand Rapids: Baker Book House, 1994), 210-214; 강희천, 『기독교교육의 비판적 성찰』 (서울: 대한기독교서회, 1999), 53.

2) 이원일, "학교교육에서의 종교 교육과정," 『해석학과 기독교 교육현장』 (서울: 한국장로교출판사, 2008), 295-347; "기독교교육(학)과의 커리큘럼 분석," 『기독교교육논총』 (2013) 제33집, 175-200. 교단별 교육과정을 구조적 관점으로 비교분석한 경우는 다음을 참고. 이원일, "한국 교단별 교육과정 비교연구," 『기독교교육과정론』, 대한예수교장로회총회 교육부 편 (서울: 한국장로교출판사, 2003), 227-274.

1. 교육목적과 교육목표의 상응성

교단의 교육과정 목적과 해당 공과의 목적(목표)은 상응되도록 구성하고 있는가? 이에 대한 각 교단 교육과정을 분석한 바에 의하면 상응성이 매우 높은 교단은 고신, 기감, 기성, 기장, 예성, 통합, 합동 등이다. 이에 대해 좀 더 구체적으로 언급하자면 다음과 같다.

고신의 '클릭 바이블 Ⅱ 중고등부 시리즈'에서 교육과정의 목적은 개혁신학에 기초하여 청소년에게 성경을 가르치는 것이며, '복음과 문화' 시리즈에 속하는 'Good News' 교재에서는 성경의 핵심으로 여기는 구원의 복음에 대한 이해를 교육목표로 하고 있다.[3]

기감의 '파워스톰 시리즈 1'의 '학생용' 교재와 '교사용' 매뉴얼에[4] 의하면, 파워스톰 시리즈는 사도행전 17장 6절에 기초하여 "청소년들이 예수님의 마음으로 세상을 아름답게 만들 폭풍을 일으키는 사람으로 세워짐"[5]을 교육목적으로 하고 있으며, 이러한 교육목적에 의한 교육목표를 정체성과 비전으로 제시하고 있다.

기성과 예성 양 교단이 공동으로 개발한 교회학교 교육과정인 '성결과 비전' 교육과정의 교육목적은 성결한 하나님의 사람을 양육하기 위한 것이며, 이를 추구하기 위해 상응하는 목표는 사중복음(중생, 성결, 신유, 재림)으로 체계적으로 제시하고 있어서 상응성이 매우 높다.[6]

---

[3] 대한예수교장로회총회, 『생명의 빛: 중등부1』 (교사용 1, 2학기) (서울: 대한예수교장로회총회교육출판국, 2016), 14-15.

[4] 기독교대한감리회교육국, 파워스톰 교사매뉴얼, 2017.4. 검색. http://kmcedu.or.kr/pud/index.php?group_code=pud&category_id=114&p_cate_id=112&m_id=73에서 인용.

[5] 기독교대한감리회 교육국, 『청소년 성경공부 교재 (학생용): 폭풍을 일으키는 사람을 세우는 파워스톰 시리즈 1: 후 엠 아이?(Who am I?)』 (서울: 도서출판 KMC, 2009), 4.

[6] 한국성결교회연합회, 『성결과 비전 교육교재: Click, 2018년 전반기 성결클릭』 (중등부 교사지침서) (서울: 예수교대한성결교회출판부, 2017), 4.

기장의 '예수님 따라' 교육과정은 희년 신학에서 말하는 은총·생명·섬김이라고 하는 주제를 중심으로 하는 교육과정으로서, 이 중에서 '예수님 따라 한걸음'의 주제는 은총이다. 은총 교육의 목적은 하나님과의 바른 관계 회복을 통해 책임 있게 행동하는 사람으로 양육하는 것이다.[7] 이와 상응되게 은총 교육의 목표는 하나님의 은총을 받고 누리도록 도우며, 성경의 말씀을 듣고 만나 진리를 깨우치도록 하며, 삶으로 응답하고 은총을 나누도록 이끌며, 예배를 통해 세상을 향해 나가도록 하는 것이다.[8]

통합 교단의 'GPL' 교육과정의 목적은 "모든 사람들로 하여금, 성령을 통하여, 예수 그리스도의 복음으로, 하나님의 사람이 되어, 자신과 교회와 세상을 새롭게 하는 하나님 나라의 일꾼으로 헌신하도록 돕는 것"[9]이다. 이에 상응하는 2018년 통합교단의 공과 주제는 '변혁'이며, 이는 '실천적 그리스도인 되기'를 의미한다. 즉, 하나님의 사람으로 하여금 삶의 자리에서 하나님 나라를 실천하도록 돕는 것을 변혁 공과의 목표로 하고 있다.

합동 교단의 '생명의 빛' 교육과정은 타 교단에 비해서 교육과정의 목적과 목표를 명확하고도 체계적으로 밝히고 있다. 교육과정의 총주제는 '생명의 빛'(요 8:12; 시 56:13)이며, 중등부 주제는 '예수 그리스도 안에서 "I" 세우기 프로젝트'이다. 이에 의한 교육목적은 예수 그리스도를 닮게 한다는 것이며, 교육목표는 하나님을 사랑하고 이웃을 사랑하는 것이다.[10]

---

7) 한국기독교장로회 총회교육원, 『예수님 따라 한 걸음』 (교사용) (서울: 만우와 창공, 2010), 14.

8) *Ibid.*, 14-15.

9) 총회교육자원부, 『중등부교재 (교사용) VI-1: 청소년을 위한 BIBLE』 (서울: 한국장로교출판사, 2017), 4. 통합교단 GPL 교육과정에서 언급된 성령에 대한 연구는 다음을 참고. 이원일, "교회학교 아동부 교재에서의 성령이해," 『신학과 목회』 제46집 (2016), 171-190; "교회학교 청소년 교재에서의 성령이해," 『신학과 목회』 제44집 (2015), 157-177.

10) 대한예수교장로회 총회교육원, 『클릭 바이블 II 중고등부 시리즈 복음과 문화 1: Good News』 (교사용) (서울: 대한예수교장로회 총회출판국, 2016), 5.

2. 교육목표와 학습 단원(unit)의 체계성

　교육과정 목표와 내용의 범위(scope)로서의 단원들, 그리고 단원과 단원들은 체계적으로 연결되어 있는가? 이에 대하여 각 교단의 교육과정을 분석한 바에 의하면 체계성이 매우 높은 경우는 고신, 기감, 기성, 예성 등이며, 높은 경우는 통합이다. 이에 대해 좀 더 구체적으로 언급하자면 다음과 같다.

　고신의 교육과정 중에서 Good News 교재는 구원의 복음에 대한 이해를 목표로 하고 있으며, 이에 상응하는 단원들은 복음, 전도, 선교 등의 순서로 체계적으로 선정 및 조직되어 있다.[11] 기감 교단의 파워스톰 시리즈 1에서 언급된 '정체성과 비전'이라는 목표와 이에 상응하는 대단원들은 '후 엠 아이?' '사용설명서' '문화.com' '꿈' 등이다.[12] 기성과 예성의 '성결과 비전' 교육과정은 분기별 주제에 따라 "매월 1개의 주제를 각 분기별 사복음의 대주제 아래 3년 동안 매월 1개씩, 36개의 새로운 주제를 탐구하는 3년 주기의 교육과정으로 구성"[13]되어 있다.

　통합 교단의 '변혁' 공과에서 언급된 7가지 변혁 주제는 '복음과 실천' '섬김과 봉사' '시민교육' '나라사랑(통일)' '환경보존' '평화' '정의로운 사회' 등이다.[14] 그리고 변혁 공과의 단원명은 '나를 새롭게' '신앙을 새롭게' '교회를 새롭게' '생활을 새롭게' '가정을 새롭게' '사회를 새롭게' 등이다. 7가지의 주제와 단원명이 어떻게 연결되는지에 대한 언급은 없으며, GPL 공과의 내용

---

11) 대한예수교장로회 총회교육원, 『클릭 바이블 II 중고등부 시리즈·복음과 문화 1: Good News』 (학생용) (서울: 대한예수교장로회 총회출판국, 2016), 6.
12) 기독교대한감리회 교육국, 『청소년 성경공부 교재 (학생용): 폭풍을 일으키는 사람을 세우는 파워스톰 시리즈 1: 후 엠 아이?(Who am I?)』, 5.
13) 한국성결교회연합회, 『성결과 비전 교육교재: Click, 2018년 전반기 성결클릭』 (중등부 교사지침서), 4.
14) 총회교육자원부, 『중등부교재 (교사용) VI-1: 청소년을 위한 BIBLE』, 11.

범위인 하나님, 교회, 세계 등을 따라 단원을 구성하고 있는 것으로 보인다.

3. 학습 단원(unit)과 세분화된 과(lesson)와의 순차성(sequence)

순차성은 내용 간의 논리적 계열을 말한다. 단원과 단원 사이의 순차성 그리고 단원 내의 각 과별 사이의 순차성 등이 있는가? 이에 대한 분석에 의하면 순차성이 매우 높은 경우는 고신, 기감, 기성, 기하성, 예성, 통합, 합동 등이다. 순차성이 매우 높은 교단들에 대한 구체적인 내용들은 다음과 같다.

고신의 '클릭 바이블 II' 교육과정에서 Good News 교재의 단원들 중 '복음' 단원은 '인간과 죄' '오직 한 길 예수 그리스도' '확신 있는 그리스도인' 등의 내용으로 구성되어 있다. '전도'에 해당하는 단원은 '하나님 마음 알기'를 비롯하여 전도 프로젝트에 대한 내용이며, '선교'에 대한 단원은 세상을 품은 그리스도인이 되도록 하는 내용들로 각 과들이 구성되어 있다.

기감 교단의 파워스톰 시리즈는 통일공과 체제에 따라 각 분기당 13과를 1권으로 하여 1년을 4분기로 구분하여 총 4권의 교재를 발행하고 있다. 그 중에서 1권 '후 엠 아이'를 구성하고 있는 소단원들은 '얼음깨기(1과)' '정체성과 문화(2-6과)' 'Cinema 4 Stormer(7, 13과)' '성경과 신앙(8-12과)' 등이며 단원과 체계적으로 관련되는 과들로 구성되어 있다.[15]

기성과 예성의 '성결과 비전' 교육과정은 분기와 분기별 주제를 정하고, 이에 따라 주별로 각각 차별화된 내용으로 학습하도록 구성하고 있다. 각 단원과 관련된 내용으로 과들을 순차성 있게 조직하고 있으며, 그 조직에 있어서도 1주차는 성경이해, 2주차는 교리탐구, 3주차는 청소년의 삶 이해,

---

15) 기독교대한감리회 교육국, 『청소년 성경공부 교재 (학생용): 폭풍을 일으키는 사람을 세우는 파워스톰 시리즈 1: 후 엠 아이?(Who am I?)』, 5.

4주차는 프로그램 활동 중심으로 진행하도록 하고 있다.[16]

기하성의 '오중복음에 기초한 중등부 공과'에서 '학생용 1-1' 교재에 의하면 오중복음에 해당하는 다섯 단원에 따라 각각 해당하는 과로 구성되어 있다. 각 단원과 과들의 순차성은 교단 차원에서 강조하는 오순절 신학에 기초하고 있다.[17]

통합 교단 '변혁' 공과 중등부 교재 학생용 VI-1에서 1단원 주제는 '나를 새롭게'이며, 이를 위한 과들은 '변화를 위한 일상' '이기심 그 너머, 긍휼' '일어나고, 빛내는 중' 'Reform? 리폼!' 등으로 단원의 주제에 따르고 있으며, 이외의 단원들도 순차적으로 구성되어 있다.

합동 교단의 '생명의 빛' 교육과정 중등부 1 학생용 교재에서는 1학년의 경우 '하나님 중심의 가치관 세우기'라는 주제 아래에 1학기에는 '하나님: 유일한 신앙의 대상'의 영역으로 각 단원은 창조주 하나님, 주권자 하나님, 구속자 하나님 등이며, 2학기에는 '완전한 인생의 매뉴얼'이라는 주제 아래에 각 단원은 '말씀의 기초 다지기' '말씀으로 기둥 세우기' '말씀으로 완성하기' 등으로서 1, 2학기 각 단원과 관련해서 각 과의 내용이 선정되어 있다.

중등부 2학년의 경우도 1학년과 마찬가지로 1학기와 2학기 사이의 체계성은 문제가 있으나, 학기 내의 순차성은 고려하고 있다. 그러나 중등부 3학년의 경우는 1학기와 2학기 모두 체계성과 순차성을 매우 높이 반영하고 있다.[18]

---

16) 한국성결교회연합회, 『성결과 비전 교육교재: Click, 2018년 전반기 성결클릭』 (중등부 교사지침서), 5, 159-184.
17) 여의도순복음교회 교육국교육개발팀, 『오중복음에 기초한 중등부 공과』 (학생용 1-1) (서울: 서울말씀사, 2014), 8-9.
18) 대한예수교장로회총회, 『생명의 빛: 중등부1』 (학생용) (서울: 대한예수교장로회총회 교육출판국, 2016), 2-3.

4. 교육목표와 학습결과에 대한 평가와의 관련성

교재에 제시되어 있는 평가 문항들은 교육목표가 제대로 학습되었는지를 확인할 수 있는가? 이에 대한 분석의 결과로서 관련성이 매우 높은 경우는 없으며, 높은 경우는 통합이며, 보통 수준의 경우는 고신, 기감, 기성, 기장, 기하성, 예성, 합동 등이다.

관련성이 높은 경우인 통합 교단 '변혁' 공과에서 중등부교재 교사용 VI-1에는 '과 교수 목적'으로 '자기만 사랑하는 이기심을 넘어서서 긍휼의 마음을 품자'라고 제시하고 있지만, 평가에 해당하는 '한 주간 변혁을 위한 구체적 실천 방법'에는 성경구절을 SNS로 보내도록 하고 있어 평가를 할 수 있도록 되어 있지 않다. 그러나 일부분에서 '한 주간 동안 학교와 학원 그리고 가정에서 섬기고 나눌 수 있는 구체적인 일들을 적어 본다'와 같이 목표에 대하여 평가를 해 볼 수 있는 일부 과들도 있다.[19]

합동 교단의 '생명의 빛' 교육과정의 중등부 1 교사용 교재에서도 통합 교단과 유사하게 한 주 동안 교육목회를 할 수 있도록 하고 있으나 '행동 열기 과제를 문자로 발송'하는 것으로만 하고 있어 관련성은 보통 수준에 해당한다.[20]

이외에 관련성이 보통 수준의 경우는 다음과 같다. 고신의 '클릭 바이블 II' 교육과정의 Good News에서 각 과의 교사용 교재에는 '수업 목표'가 제시되어 있고 이에 대해 교수-학습과정의 마지막 부분에는 '정리하기'가 있어 수업 목표에 대하여 평가를 할 수 있도록 하고 있다.[21] 그러나 '정리하기'의 내용은 수업 목표에 해당하는 내용에 대해 전반적으로 '기도합시다'로

---

19) 총회교육자원부, 『중등부교재 VI-1: 청소년을 위한 BIBLE』(교사용), 55, 73, 83.
20) 대한예수교장로회총회, 『생명의 빛: 중등부1』(교사용1, 2학기), 189.
21) 대한예수교장로회 총회교육원, 『클릭 바이블 II 중고등부 시리즈 복음과 문화 1: Good News』(교사용), 31.

되어 있어 목표와 평가의 관련성은 보통의 수준이라고 할 수 있다.

기감 교단의 파워스톰 시리즈의 교사용 매뉴얼에는 각 과를 시작하면서 '지도 메모'를 통해 각 과의 교육목표를 제시하고 있으나, 이에 대하여 평가를 어떻게 해야 하는지에 대한 내용은 없다.[22] 기장의 '예수님 따라' 교육과정은 각 과별로 교육목표를 제시하고 있다. 하나님의 형상대로 지음 받은 나는 소중한 존재임을 알도록 돕는다는 교육목표에 대하여 교수-학습과정 중에 내가 좋은 이유와 친구가 좋은 이유를 소개하도록 하고 있으나, 교육목표에 대하여 총괄 평가를 할 수 있도록 하고 있지는 않다.[23]

기성과 예성의 '성결과 비전' 교육과정은 각 과에 학습목표를 제시하고 있다. 1단원 1과, 4단원 3과의 경우 학습 목표에 따라 교수-학습과정의 마지막 과정에 체크리스트를 제시함으로 학생으로 하여금 평가해 볼 수 있도록 하고 있다.[24] 그러나 전반적으로 목표와 평가에 대한 진술이 포괄적이어서 구체적으로 제시할 필요가 있어 관련성은 보통 수준이다. 기하성의 교육과정 학생용 1-1 교재에서는 평가의 준거가 되는 교육목표를 각 단원이 시작되는 앞부분에 언급하고 있고, 각 과에서는 핵심 성경 구절을 통하여 학습 목표를 분명하게 제시하지 않아 교육목표와 평가와의 관련성은 보통 수준이라고 할 수 있다.[25]

II. 효율성

---

22) 파워스톰 교사매뉴얼, http://kmcedu.or.kr
23) 한국기독교장로회 총회교육원, 『예수님 따라 한 걸음』(교사용), 24, 26, 27.
24) 한국성결교회연합회, 『성결과 비전 교육교재: Click, 2018년 전반기 성결클릭』(중등부 교사지침서), 11-18, 113-118.
25) 여의도순복음교회 교육국교육개발팀, 『오중복음에 기초한 중등부 공과』(학생용 1-1) (서울: 서울말씀사, 2014), 6.

1. 교육목표(수업 목표)와 행동 변화의 관련성

청소년이 주도적으로 행동 변화가 가능하도록 교육목표(수업목표) 서술이 명시적 행위 동사로 되어 있는가? 이에 대한 분석 결과에 의하면 관련성이 매우 높은 경우는 합동이며, 높은 경우는 고신, 통합 등이다.

관련성이 매우 높은 합동 교단의 '생명의 빛' 교육과정 중등부 1 교사용 교재의 각 과에 제시된 교육목표는 ' ~믿는다' '~안다' '~삶을 산다' 등으로 학습자의 전인적 행동 변화를 매우 높게 추구하고 있다.[26] 고신의 '클릭 바이블 Ⅱ' 교육과정 교사용 교재에서는 수업목표를 명확하게 제시하고 있으며, 그 종결어미는 '~표현할 수 있다' '~말할 수 있다' 등이며, 구체적인 행동 변화를 높게 추구하고 있다고 할 수 있다.[27]

이외에 관련성이 높은 경우인 통합 교단 '변혁' 공과 교사용 교재에는 각 과마다 각 과의 '교수목적'을 제시하고 있다. 2과에서 교수목적에 대한 서술은 '~ 마음을 품자'라고 하는 정적인 동사로 구성되어 있다.[28] 학생용 공과 17과 'change action'에서 제시하고 있는 '행동하는 청소년의 가슴 뛰는 동사 찾기'의 행위 동사와는 차이가 있다. 학생용 교재에서 제시하고 있는 행위 동사를 중심으로 수업목표를 구체화할 필요가 있다.[29]

2. 학습자의 발달단계와 내용선정의 적합성

교재의 내용은 학습자의 발달단계와 그 단계에서의 다양한 수준 등을 고

---

26) 대한예수교장로회총회, 『생명의 빛: 중등부1』(교사용-1, 2학기), 255.
27) 대한예수교장로회 총회교육원, 『클릭 바이블 Ⅱ 중고등부 시리즈 복음과 문화 1: Good News』(교사용), 32.
28) 총회교육자원부, 『중등부교재 Ⅵ-1: 청소년을 위한 BIBLE』(교사용), 28.
29) 총회교육자원부편, 『중등부교재 Ⅵ-1: 청소년을 위한 BIBLE』(학생용) (서울: 한국장로교출판사, 2017), 77.

려하고 있는가? 이에 대한 분석 결과 적합성이 매우 높은 경우는 기감이며, 높은 경우는 고신, 통합 등이다.

적합성이 매우 높은 경우인 기감 교단의 파워스톰 시리즈는 청소년의 정체성 형성과 관련하여 청소년 문화뿐만 아니라 신앙과 관련된 내용에서도 9과 '다른 이름은 없다!' 등에서 구원의 유일성과 이에 대한 확신을 갖도록 하는 등의 발달단계에 따른 내용을 선정하고 있어 청소년의 발달단계와의 적합성은 매우 높다.[30]

적합성이 높은 경우인 고신 교단의 '클릭 바이블 Ⅱ' 교육과정 학생용 교재에서 전반적으로 성경과 교리에 대한 이해와 이에 따른 실천을 중요하게 다루고 있다. 그러나 '복음과 문화'의 영역 중에서 '문화 길라잡이'에서는 청소년과 관련된 문화에 대하여 학습할 수 있도록 하고 있어 청소년의 발달단계와 내용선정의 적합성은 높은 수준이라고 할 수 있다.[31]

통합 교단 '변혁' 공과의 학생용 교재 내용은 '나를 새롭게' '신앙을 새롭게' '교회를 새롭게' '생활을 새롭게' '가정을 새롭게' '사회를 새롭게' 등이다. 각 단원들은 청소년의 발달단계를 고려하여 내용이 선정되어 있다. 학생용 교재에서 언급된 교수-학습과정 중에 '세상 빛기'에는 청소년에 해당하는 인물을 통해 행함의 본을 제시함으로 학습자의 발달단계를 고려하고 있다.[32] 학생용 교재의 일부는 '독거노인' '아파트 경비원' 등과 같이 청소년과는 거리가 있는 인물을 선정함으로 적합성에 문제가 있기도 하다.[33]

3. 발달단계와 서술된 언어의 명확성

---

30) 기독교대한감리회 교육국, 『청소년 성경공부 교재 (학생용): 폭풍을 일으키는 사람을 세우는 파워스톰 시리즈 1: 후 엠 아이? (Who am I?)』, 56-61.
31) 대한예수교장로회 총회교육원. 『클릭 바이블 Ⅱ 중고등부 시리즈 복음과 문화 5: 문화 길라잡이』(학생용) (서울: 대한예수교장로회 총회출판국, 2013).
32) 총회교육자원부편, 『중등부교재 Ⅵ-1: 청소년을 위한 BIBLE』(학생용), 77.
33) *Ibid.*, 52, 64.

학생용 교재에서 언급된 언어와 개념이 발달단계에 있는 학습자가 이해 가능하도록 단순하고 정확한 것인가? 이에 대하여 분석한 결과에 의하면 명확성이 매우 높은 경우는 고신이며, 명확성이 높은 경우는 기감, 기성, 기장, 예성, 통합 등이다.

명확성이 매우 높은 경우인 고신 교단의 '클릭 바이블 Ⅱ' 교육과정 교사용 교재에 의하면 신학적인 측면의 내용을 중등부 학생에게 강조하고 있음에도 불구하고 '죄'라고 하는 단어의 의미를 비롯하여 신학적 용어를 '청소년의 언어'로 표현하고 있어 서술된 언어의 명확성은 매우 높다고 할 수 있다.[34]

명확성이 높은 경우인 기감 교단의 파워스톰 시리즈에서는 '시간을 구원하라!'와 같은 어려운 개념을 시간의 타락과 구원에 의한 시간의 선용이라는 개념으로 청소년이 이해하기 쉽게 함으로 명확성을 높이고 있다.[35] 기성과 예성의 '성결과 비전' 교육과정의 교재에서 서술되고 있는 언어들은 신학적임에도 불구하고, 신학적 언어를 청소년의 수준에서 이해할 수 있는 용어를 사용함으로 효율성을 높이고 있다.[36]

기장의 '예수님 따라' 교육과정에서 학습자용 교재는 성경의 본문 말씀이나 참고 말씀을 청소년이 이해하기 쉽게 풀어서 서술해 놓은 것으로서 언어의 명확성이 높다고 할 수 있다. 통합 교단 '변혁' 공과의 언어 및 개념은 청소년이 이해하기 쉬운 언어 및 개념으로 서술되어 있으나 '메타포'와 같이 영어를 발음 그대로 표기함으로 그 단어의 뜻을 알기 어렵게 하는 경우

---

[34] 대한예수교장로회 총회교육원, 『클릭 바이블 Ⅱ 중고등부 시리즈 복음과 문화 1: Good News』(학생용) (서울: 대한예수교장로회 총회출판국, 2016), 11-12.
[35] 기독교대한감리회 교육국, 『청소년 성경공부 교재 (학생용): 폭풍을 일으키는 사람을 세우는 파워스톰 시리즈 1: 후 엠 아이?(Who am I?)』, 24-29.
[36] 한국성결교회연합회, 『성결과 비전 교육교재: Click, 2018년 전반기 성결클릭』(중등부 학생용) (서울: 예수교대한성결교회출판부, 2017), 66.

도 있다.[37]

4. 학습자의 경험과 교수-학습과정의 적합성

학습자가 경험한 것 또는 경험할 수 있는 것과 관련된 교수-학습과정이며 활동인가? 이에 대한 분석 결과에 의하면 적합성이 높은 경우는 기성, 예성이며, 적합성이 보통인 경우는 고신, 기감, 기장 등이다.

적합성이 높은 경우인 기성과 예성의 '성결과 비전' 교육과정은 '하나님보다 컴퓨터 게임, 연예인이 더 좋다' '난 엄마, 아빠에게 불만이 많다' '거짓말을 하거나 과장해서 이야기하는 경우가 있다' 등 청소년이 경험한 것이거나, 경험할 수 있는 16가지의 체크리스트를 작성하여 확인해 보게 함으로 적합성을 높이고 있다.[38] 그리고 각 단원은 매주별로 성경, 교리, 생활, 그리고 활동 등의 순서에 따라 교수-학습과정을 다르게 구성하고 있다. 이는 청소년으로 하여금 다양한 주제와 교수-학습과정으로 학습하게 함으로 청소년의 발달단계와 적합성이 높게 구성되어 있다.

적합성이 보통인 경우인 고신의 '클릭 바이블 Ⅱ' 교육과정 학생용 교재의 교수-학습과정에서 첫째 과정인 '아이스 브레이크'의 내용은 학습자들이 경험한 것이거나 경험할 수 있는 것으로 구성되어 있다. 그러나 전반적으로 학습자가 경험하여 깨닫게 하기보다는 바람직하다고 여겨지는 경험을 주입하도록 하고 있어 적합성은 보통 수준이라고 할 수 있다.

기감 교단의 파워스톰 시리즈 1의 학생용 교재에서는 조나단 에드워드에 대한 이야기와 같이 청소년이 경험할 수 있는 내용 선정이기보다는 교사의 입장에서 경험될 수 있는 내용들로 선정되어 있다. 그러나 7과의 슈렉

---

37) 총회교육자원부편, 『중등부교재 VI-1: 청소년을 위한 BIBLE』 (학생용), 83.
38) 한국성결교회연합회, 『성결과 비전 교육교재: Click, 2018년 전반기 성결클릭』 (중등부 학생용), 18.

에서는 영화를 통하여 자신을 있는 모습 그대로 긍정하도록 함으로 청소년이 직접 경험할 수 있는 열등감이나 낮은 자존감에 대한 내용도 선정되어 있어 적합성은 전체적으로 보통의 수준이라고 할 수 있다.[39]

기장의 '예수님 따라' 교육과정에 언급된 '말씀 살피기'에서는 학습자가 경험한 적이 있는 어린 시절과 현재의 모습을 글이나 그림으로 스케치해 보도록 하며, '말씀 여행'에서는 예수님의 어린 시절에 대한 내용을 인터뷰 형식으로 서술하고 있으며, '말씀 다지기'에서는 시각화하는 자신의 미래 등으로 서술하고 있다.[40] 그러나 전반적으로 교단의 신학에 기초한 내용이어서 학습자의 경험과의 적합성은 보통 수준이라고 할 수 있다.

5. 학습 환경과 학습 동기 및 흥미에 대한 고려

교재의 내용은 학습을 위한 시간, 교실, 자료 등이 실제로 가능한 것이며, 학습자의 필요, 흥미, 관심 등을 유발하여 학습 동기를 갖게 하고 있는가? 이에 대하여 분석한 결과에 의하면 매우 높은 경우는 고신, 기침, 통합 등이며, 높은 경우는 기성, 예성, 합동 등이다.

학습 환경과 학습 동기에 대한 고려가 매우 높은 경우인 고신의 '클릭 바이블 II' 교육과정에서 교사용 교재에 의하면 '구약' '신약' '교리 및 세계관' '복음과 문화' '제자훈련' 등에 속해 있는 다양한 교재를 청소년의 관심과 교회의 여건에 따라 자유롭게 선택하여 사용할 수 있도록 하고 있다. 고신은 선택 중심의 교회 교육과정이다.[41] '복음과 문화'의 '문화 길라잡이' 교재

---

39) 기독교대한감리회 교육국, 『청소년 성경공부 교재 (학생용): 폭풍을 일으키는 사람을 세우는 파워스톰 시리즈 1: 후 엠 아이? (Who am I?)』, 6과, 7과.
40) 한국기독교장로회 총회교육원, 『예수님 따라 한 걸음』(학습자용) (서울: 만우와 창공, 2010), 39-43.
41) 대한예수교장로회 총회교육원, 『클릭 바이블 II 중고등부 시리즈 복음과 문화 1: Good News』(교사용), 8.

에 의하면 청소년에게 부담이 될 수 있는 내용을 청소년이 직접 자신을 평가할 수 있도록 한 체크리스트를 제시하고 있으며, 이외에도 다양한 만화와 그림을 제시하고 있다. 그리고 성경 인물과의 인터뷰를 하게 하는 등 흥미롭게 교수-학습과정을 진행하도록 하고 있어 학습동기를 매우 높게 가질 수 있도록 하고 있다.[42]

기침 교단 'j2B' 교육과정은 주일 일반 공과 내용의 경우 학습자의 관심을 고려하고자 하는 정도는 낮지만, 기침 교육과정의 특징인 '5차원 달란트 교육'(막 12:33)의 경우 심력, 지력, 체력, 인간관계력, 자기관리력 등을 비롯하여 '그림과 함께하는 이미지 독서법'과 전인적 학습법의 신앙교육을 하게 함으로 청소년에게 학습동기를 갖게 하는 정도가 매우 높다.[43]

통합 교단 '변혁' 공과의 내용은 공과 시간이 최소 30분 이상이 필요할 정도로 내용에 부담이 많아 보인다. 그러나 학습자의 관심을 유발할 수 있도록 그림과 예화를 적극적으로 활용하고 있어 학습동기를 유발할 수 있는 가능성이 매우 높다.

학습 환경과 학습 동기에 대한 고려가 높은 경우인 기성과 예성의 '성결과 비전' 교육과정 학생교재는 각 과를 만화와 그림 등으로 시작하거나 내용을 전개하도록 함으로 학생의 관심을 높이도록 고려하고 있어 학습 동기 유발의 가능성은 높다. 합동 교단의 '생명의 빛' 교육과정은 각 과에서 시작하는 서두 부분에 청소년에게 관심과 흥미를 줄 수 있는 이야기로 시작하고 있으며, '생각 열기'에서는 청소년이 경험할 수 있는 내용으로 구성되어 있어 학습자에게 동기부여를 높은 수준에서 하고 있다고 할 수 있다.[44] 그

---

[42] 대한예수교장로회 총회교육원, 『클릭 바이블 II 중고등부 시리즈 복음과 문화 5: 문화 길라잡이』(학생용), 51.

[43] 기독교한국침례회교회진흥원, 『성경으로의 여행 j2B』(II-1 중고등 학생용) (서울: 요단출판사, 2017), 58-59.

[44] 대한예수교장로회총회, 『생명의 빛: 중등부1』(학생용), 49-50.

러나 기성, 예성, 합동의 경우 청소년의 관심보다는 교단의 교리에 대한 비중이 고신, 기침, 통합에 비해 높다.

6. 교수-학습과정과 평가 및 행정의 적절성

교수-학습과정에서의 수행평가 여부와 학습자료의 배열, 그림, 색상, 디자인 및 행정 등이 학습자의 호감을 끌 만한가? 이에 대한 분석결과에 의하면 매우 높은 경우는 고신이며, 높은 경우는 통합, 합동 등이다.

교수-학습과정과 평가 및 행정의 적절성이 매우 높은 경우인 고신의 '클릭 바이블 Ⅱ' 학생용 교재에서 교수-학습과정은 각 과의 과정마다 관련된 그림 및 만화와 문장 및 대화를 완성하도록 빈 공간을 제시함으로 수행평가를 매우 높은 수준으로 할 수 있도록 하고 있으며, 청소년이 호감을 가질 수 있는 다양한 색상과 디자인으로 되어 있다. 또한 총 27가지의 주제에 따라 각각 교재를 발행하고 있으며, 교회의 여건에 맞게 교재를 선택하여 사용할 수 있도록 하고 있어 교육과정 행정의 효율성을 매우 높이고 있다.

교수-학습과정과 평가 및 행정의 적절성이 높은 경우인 통합 교단 '변혁' 공과의 학생용 교수-학습과정 중에 '세상 비추기'에서도 질문을 하고 답을 하도록 함으로 수행평가를 가능하도록 하고 있다.[45] 또한 청소년이 관심을 가질 수 있는 색상과 그림으로 내용을 구성함으로 학습자의 호감을 끌도록 하고 있다. 그러나 글자의 배열이 교과서적으로 되어 있어 집중하기 어렵게 하는 측면도 있다.

합동 교단의 '생명의 빛' 교육과정의 학생용 교재에서 교수-학습과정인 생각열기, 성경열기, 마음열기, 행동열기, 믿음 카툰, 웨스트민스터 소요리 문답 중에서 후반부에 속하는 행동열기, 믿음 카툰, 소요리문답 등에서는

---

45) 총회교육자원부편, 『중등부교재 Ⅵ-1: 청소년을 위한 BIBLE』 (학생용), 51.

전반적으로 주입식의 서술 중심이어서 수행평가 여부는 보통 수준이라고 할 수 있다. 그러나 믿음 카툰을 각 과에서 제시하고 있는 등 교리라고 하는 어려운 내용을 청소년이 호감을 가지도록 제시하고 있다.

III. 정당성

1. 교재 내용과 갈등

교재 내용에서 청소년의 지적, 정서적, 행동적, 윤리적, 영적 등의 다양한 갈등을 어떻게 다루고 있는가? 이에 대한 분석결과로서 갈등을 내용으로 다루는 정도가 매우 높은 경우는 고신, 기감, 기성, 기장, 예성 등이다.

갈등에 대한 내용을 매우 높게 다루고 있는 경우인 고신의 '클릭 바이블 II' 교육과정 '복음과 문화' 1의 학생용 교재에서는 영적 갈등을 중심으로 다루고 있다. 청소년이 경험할 수 있는 거짓말, 음란물 등과 관련된 죄의식에 대한 갈등, 구원의 확신에 대한 갈등 등이다.[46] 이외에도 청소년과 부모와의 갈등, 친구와의 갈등, 편견에 대한 갈등 등을 매우 높게 다루고 있다.[47]

기감 교단의 '파워스톰' 교육과정에서도 '술' '대중음악' '인터넷 중독' '돈' 등에 대하여 올바른 선택을 할 수 있도록 하는 등의 청소년이 겪을 수 있는 갈등을 매우 높게 다루고 있다.[48]

---

46) 대한예수교장로회 총회교육원, 『클릭 바이블 II 중고등부 시리즈 복음과 문화 1: Good News』(학생용), 17-20.
47) 대한예수교장로회 총회교육원, 『클릭 바이블 II 중고등부 시리즈 복음과 문화 1: Good News』(교사용), 24-26.
48) 기독교대한감리회 교육국, 『청소년 성경공부 교재(학생용): 폭풍을 일으키는 사람을 세우는 파워스톰 시리즈 3: 문화.com』(서울: 도서출판 KMC, 2007), 4-7과.

또한 기성과 예성의 '성결과 비전' 교육과정은 청소년 자신의 진로와 관련하여 엄마와 다투는 등의 진로에 대한 갈등, 구원의 확신, 그리고 자신 안의 두 마음 등으로 말미암는 신앙생활의 갈등, 친구 사이의 갈등 등을 언급하고 있다.[49] 한 학기 동안의 교재 내용에서 4회에 걸쳐 집중적으로 청소년 갈등과 관련한 내용을 선정하고 있다.

기장의 '예수님 따라' 교재에는 부모님의 말다툼, 동생과의 싸움, 새 친구 경계, 집단 따돌림, 뒤에서 헐뜯기, 왕따당하는 친구, 독도 영토 분쟁 등의 다양한 갈등 내용과 평화를 위한 노력을 다루고 있다.[50] 다섯 걸음과 여섯 걸음의 학습자용 교재에는 청소년 자신의 외모, 환경파괴에 대한 갈등, 정의의 영성, 평화의 영성 등에 대한 내용을 통하여 갈등에 대한 내용을 매우 높게 다루고 있다.[51]

2. 교재 내용과 사회구조의 변화

교재 내용은 사회변화에 따른 다양한 사회적 문제들에 대해 비판적 성찰을 하도록 다루고 있는가? 사회적 문제들에 대한 비판적 성찰의 내용이 매우 높은 경우는 기장이며, 높은 경우는 없으며, 낮은 경우는 고신, 통합 등이다.

교재 내용에서 비판적 성찰이 매우 높은 기장의 '예수님 따라' 교육과정에는 생명, 정의, 평화 등에 대한 내용을 예수님 따라 세 걸음에서 여섯 걸

---

49) 한국성결교회연합회, 『성결과 비전 교육교재: Click, 2018년 전반기 성결클릭』 (중등부 학생용), 11, 34, 57, 62.

50) 한국기독교장로회 총회교육원, 『예수님 따라 세 걸음』 (학습자용) (서울: 만우와 창공, 2011), 48.

51) 한국기독교장로회 총회교육원, 『예수님 따라 다섯 걸음』 (학습자용) (서울: 만우와 창공, 2009), 2, 3단원; 한국기독교장로회 총회교육원, 『예수님 따라 여섯 걸음』 (학습자용) (서울: 만우와 창공, 2010), 2, 3단원.

음까지 다룸으로 사회의 구조변화에 대한 비판적 성찰의 내용을 매우 높게 다루고 있다. 생명을 주제로 하고 있는 예수님 따라 세 걸음 청소년부 학습자 교재에는 외모, 성적, 성격 등에 따라 친구를 대하고 있지 않은지에 대한 성찰을 하도록 하고 있다.[52] 청소년기에 민감한 친구와의 관계에 대한 비판적 성찰을 하도록 하는 경우는 예수님 따라 네 걸음 청소년부 학습자 교재에서도 언급하고 있다. 여기서도 예수님의 친구 사귐과 나의 친구 사귐을 비교해 보도록 함으로 가장 작은 자에게도 사귐을 갖도록 하고 있다.[53]

교재 내용에서 비판적 성찰이 낮은 경우인 고신의 '클릭 바이블 II' 교육과정에서는 '복음과 문화' 영역에서 사회의 변화를 일부분 다루고 있으나, 전반적으로 성경과 교리 중심적인 내용을 다루고 있어 사회구조의 변화를 다루는 정도는 낮다.

통합 교단 '변혁' 교육과정에서 중등부 학생용 교재는 장애인을 비롯한 사회적 약자들, 외국인 근로자, 다문화 가정 등의 편견에 대해 비판적 성찰을 하고 있으며, 하나님이 다스리는 차별 없는 세상에 대한 내용을 다루고 있다. 그러나 교재 전체에서 비판적 성찰을 위한 내용을 다루는 정도는 낮은 수준이다.[54]

3. 긍정적 차원에서의 잠재적 교육과정

인종, 성, 재능, 외모, 다문화, 생태계 등의 다양한 차별과 편견을 갖게 하는 지배적 이데올로기에 대하여 비판적 성찰을 함으로써 정의를 추구하는 내용들을 긍정적인 방향으로 다루고 있는가? 긍정적 차원의 잠재적 교육과

---

52) 한국기독교장로회 총회교육원, 『예수님 따라 세 걸음』(학습자용), 19.
53) 한국기독교장로회 총회교육원, 『예수님 따라 네 걸음』(학습자용) (서울: 만우와 창공, 2012), 21-24.
54) 총회교육자원부편, 『중등부교재 VI-1: 청소년을 위한 BIBLE』(학생용), 97.

정이 매우 높은 경우는 고신이며, 높은 경우는 기장이며, 보통의 경우는 기침이다.

긍정적 차원의 잠재적 교육과정이 매우 높은 고신의 '클릭 바이블 Ⅱ' 교육과정의 학생용 교재에서 '복음과 문화 1'의 'Good News'에서는 인종에 대한 편견 없애기와 한센병자에게도 복음은 차별하지 않음에 대한 내용을 다루고 있다.[55] '문화 길라잡이'에서도 대중매체, 성, 그리고 외모 등에 대하여 비판적 성찰을 할 수 있는 내용을 매우 높게 포함하고 있다.

긍정적 차원의 잠재적 교육과정이 높은 경우인 기장의 '예수님 따라' 세 걸음에는 스마야 선지자(역대하 11:1-4)와 문익환 목사의 북한 방문을 언급하면서 남북 분단 현실과 평화의 중요성을 자각하도록 하고 있다.[56] 이외에 기장은 타 교단 교육과정과 달리 가난한 자 및 민중을 비롯하여 정의, 평화, 생명 등에 대한 비판적 성찰을 할 수 있도록 하는 내용을 높게 다루고 있다.

긍정적 차원의 잠재적 교육과정이 보통의 경우인 기침 교단 'j2B' 교육과정의 중고등부 학생용 Ⅱ-1에는 5차원 달란트 교육에 2개의 과에 걸쳐 '자연세계 이해하기'라는 글을 읽도록 하고 자연세계에 대한 개인적인 생각이나 느낌을 써보도록 함으로써 생태계에 대한 관심을 보통 수준에서 갖도록 하고 있다.[57]

---

55) 대한예수교장로회 총회교육원, 『클릭 바이블 Ⅱ 중고등부 시리즈 복음과 문화 1: Good News』(학생용), 53-56.
56) 한국기독교장로회 총회교육원, 『예수님 따라 세 걸음』(학습자용), 49-54.
57) 기독교한국침례회교회진흥원, 『성경으로의 여행 j2B』(Ⅱ-1 중고등 학생용), 88, 108.

4. 부정적 차원에서의 잠재적 교육과정

교육내용에서 청소년들에게 정체성과 관련하여 인성, 진로, 직업 등에 대하여 공의와 평등을 추구하는 의식 형성에 부정적인 영향을 끼칠 수 있는 내용들은 무엇인가? 부정적 차원에서의 잠재적 교육과정이 매우 높은 경우는 기하성, 합동 등이며, 높은 경우는 고신, 통합 등이다.

기하성 교단의 교육과정은 오순절 신학에 기초한 교육과정으로 청소년의 문화 등을 비롯하여 사회적 문제에 관심을 갖는 것을 부정적인 것으로 이해하게 할 가능성이 매우 높다. 합동 교단의 '생명의 빛' 교육과정의 학생용 교재에서 청소년으로 하여금 부모에게 무조건 순종하고 학교 성적을 향상하는 것이 좋은 것이라는 내용은 청소년으로 하여금 효도에 대한 올바른 분별력을 갖게 하는 데 부정적으로 작용할 가능성은 매우 높다.[58]

부정적 영향을 줄 수 있는 내용이 높은 경우인 고신의 '클릭 바이블 Ⅱ' 교육과정의 학생용 교재에는 청소년의 정체성 형성에 도움을 줄 수 있는 진로교육은 '문화 길라잡이'에서 부분적으로만 언급되고 있다.[59] 통합 교단 '변혁' 공과에서 사용되고 있는 이야기 가운데 청소년이 자신을 성찰할 수 있는 내용이기보다 부모의 성찰을 요구하는 내용은 청소년으로 하여금 문제에 대하여 다른 사람의 탓으로 돌릴 수 있도록 하는 개연성을 지니고 있다.[60]

5. 영 교육과정

세계화 시대에 기독교적 세계 시민으로의 함양을 비롯하여 심리적, 사회

---

58) 대한예수교장로회총회, 『생명의 빛: 중등부1』 (학생용), 36.
59) 대한예수교장로회 총회교육원, 『클릭 바이블 Ⅱ 중고등부 시리즈 복음과 문화 5: 문화 길라잡이』 (학생용), 57-58.
60) 총회교육자원부편, 『중등부교재 Ⅵ-1: 청소년을 위한 BIBLE』 (학생용), 84.

적, 신학적 문제에 대하여 시대적인 새로운 변화를 반영하고 있는가?

대부분의 교단 교육과정에서는 발달 심리적 차원에서 청소년기에 호기심이 높을 수 있는 성에 대한 교육내용이 경시되어 있다. 극히 일부분 다루고 있는 경우는 고신 교육과정 '복음과 문화' 1의 학생용 교재이다. 이에 의하면 청소년의 성과 관련해서 '음란물을 본 적이 있다'는 항목을 체크하도록 하고 있다.[61] 그러나 이는 성에 대한 부정적 관점에서 제시하고 있는 내용으로서 긍정적인 차원에서 다루고 있는 성교육 내용은 경시되어 있다.

사회적 문제에 대한 기하성 교육과정과 합동 교단의 '생명의 빛' 등의 교육과정에서는 개인 및 교회 차원의 내용을 강조한 반면에 사회 차원의 문제는 경시되어 있다. 이외에 기성과 예성의 '성결과 비전' 교육과정의 외국인 노동자 및 양성 평등에 대한 내용을 비롯하여, 통합 '변혁' 교재에는 생태계 보존과 기침 교단 'j2B' 교재에는 통일을 비롯한 사회적 문제에 대한 내용 등을 소홀히 다루고 있다.

신학적 차원에서 기감 교단의 '파워스톰' 시리즈에서는 성령에 대한 내용, 고신의 '클릭 바이블 Ⅱ' 중고등부 시리즈 교육과정과 통합의 '변혁' 교육과정에서는 교회에 해당하는 영역이 경시되어 있다. 특히 통합의 경우 하나님과 세계의 영역에 비하여 교회의 영역과 이와 관련된 교리교육은 소홀히 하고 있다. 이는 합동의 '생명의 빛' 중등부 1 교재인 '하나님 중심의 가치관 세우기: 소요리문답과의 만남'과 고신의 '기독교 교리 따라잡기'의 경우와 비교해 보면 통합 교단의 교리교육은 강화해야 할 내용이다.

---

61) 대한예수교장로회 총회교육원, 『클릭 바이블 Ⅱ 중고등부 시리즈 복음과 문화 1: Good News』(학생용), 10; 백은미, "청소년기 소녀들을 위한 여성주의 기독교교육의 과제들," 『기독교교육논총』 26 (2011), 439.

IV. 통합성

1. 성경적 앎과 교회 사역의 통합

교재의 내용은 예배, 가르침, 설교, 친교, 봉사, 전도 및 선교 등과의 통합을 의미하는 교육목회를 추구하고 있는가? 영 교육과정을 반영하여 입체적 다양성을 추구하도록 하고 있는가? 교육목회에 대한 추구의 정도가 매우 높은 경우는 고신, 기성, 예성, 통합, 합동 등이며, 추구의 정도가 높은 경우는 기장, 기침 등이다.

교육목회를 매우 적극적으로 추구하는 경우로서 고신의 '클릭 바이블 II' 교육과정은 하나의 주제로 청소년 교재와 클릭 바이블 설교 뱅크 자료를 통해 청소년들에게 원 포인트 메시지를 전할 수 있도록 하는 등의 매우 높은 차원에서 교육목회를 추구하고 있다.[62] 기성과 예성의 '성결과 비전' 교육과정은 매월 4주째는 활동 프로그램으로 진행하도록 하고 있으며, 교회의 다양한 구성원들과 예배, 친교, 전도 등의 교육목회를 높게 추구하도록 하고 있다.[63]

통합의 '변혁' 공과는 고신의 교육과정과 유사한 원 포인트 학습교재로서 예배, 설교, 공과 등의 과정을 통합하는 교육목회의 특성을 지니고 있다.[64] 합동 교단의 '생명의 빛' 교육과정에서 교육목회는 대그룹 교육, 소그룹 교육, 일대일 양육 등의 3등분으로 하여 사역하도록 하고 있다. 여기서 대그

---

[62] 대한예수교장로회 총회교육원, 『클릭 바이블 II 중고등부 시리즈 복음과 문화 1: Good News』(교사용), 8; 손원영, "새로운 감리교 교육과정 개발을 위한 기초 연구: 교육목적과 구조를 중심으로," 『기독교교육논총』제14집 (2007), 270-272.
[63] 한국성결교회연합회, 『성결과 비전 교육교재: Click, 2018년 전반기 성결클릭』(중등부 교사지침서), 35-37, 122-131.
[64] 총회교육자원부, 『중등부교재 VI-1: 청소년을 위한 BIBLE』(교사용), 28-33.

롭 교육은 예배를 통한 교육으로서 설교가 포함된다.[65] 이외에도 부서 행사를 통하여 친교를 하도록 하는 등 교육목회를 매우 높게 지향하고 있다.

교육목회를 비교적 높게 추구하는 경우로서 기장의 '예수님 따라' 교육과정은 희년신학에 의해 은총, 생명, 섬김 등을 주제로 하는 '통합적' 커리큘럼을 지향하고 있다. 특히 동일한 주제와 성경본문을 유치부, 유년부, 초등부, 그리고 청소년부가 같이 사용하도록 하고 있다. 그리고 예배와 설교, 성경공부와 교육활동과 관련 자료들을 교사용 교재 및 총회 홈페이지에서 제공하고 있어 교육목회를 높게 지향하도록 하고 있다.[66]

기침 교단 'j2B' 교육과정의 중고등부 교사용 Ⅱ-1 교재에 의하면 주일의 일반 공과는 분반 공부에만 해당하도록 하고 있다. 그러나 5차원 달란트 교육은 5차원 학습법에서 각각 심력, 지력, 체력, 인간관계력, 자기통제력 등의 전인적 차원과 연계되며, 5차원 학습법과 각각 연관된 주중 과제의 찬양, 묵상, 예배, 은밀한 봉사, 십일조 등은 교육목회와의 연계성을 높이고 있다.[67]

2. 교회와 학교의 연계

청소년의 신앙을 청소년의 학교생활과 연계하게 하고 있는가? 학교생활과의 연계 정도가 매우 높은 경우는 기성, 예성, 합동, 기침 등이다.

교회와 학교의 연계성이 매우 높은 경우로서 기성과 예성의 '성결과 비전' 교육과정의 중등부 교사용 교재에 의하면 청소년의 학교생활에서 스트

---

65) 대한예수교장로회총회, 『생명의 빛: 중등부1』(교역자용) (서울: 대한예수교장로회 총회교육출판국, 2010), 219.
66) 한국기독교장로회 총회교육원, 『예수님 따라 한 걸음』(교사용), 10.
67) 기독교한국침례회교회진흥원, 『성경으로의 여행 j2B』(Ⅱ-1. 중고등부 교사용) (서울: 요단출판사, 2017), 108.

레스 원인 중에 하나인 학교 시험과 관련된 내용을 비롯하여, 청소년 시기의 자존감, 친구와의 관계의 중요성, 반 목회에 대한 내용 등을 다루고 있으며, 이는 청소년의 학교와 학교생활에 대하여 매우 높은 관심을 가지고 목회를 하도록 하고 있다.[68]

합동 교단의 '생명의 빛' 교육과정 교사용 교재에서 제시하고 있는 교육활동 표에 의하면 학교와의 연계를 매우 높게 추구하고 있음을 알 수 있다. 놀토 공부방, 토요문화교실, 학교와 관련된 선생님께 편지 보내기, 국기 게양대 기도회 등의 교육활동을 제시하고 있다.[69]

기침 교단 'j2B' 교육과정 중·고등부 학생용 Ⅱ-1 교재에 언급되어 있는 5차원 달란트 교육은 성경에 대한 내용뿐만 아니라 '동해바다'(피천득)와 같은 일반 시를 소개하고 이미지 독서법, 고공 학습법, 그리고 도식화로 이해하기 등의 다양한 학습법을 공부하도록 함으로써 청소년으로 하여금 학교의 학습과도 연관될 수 있도록 하고 있다.[70]

3. 교회와 가정 및 사회와의 연계

교회에서의 학습 내용이 가정 및 사회와 연계된 내용들을 포함하고 있는가? 이에 대한 분석 결과로서 매우 높은 경우는 기감, 합동 등이며, 높은 경우는 고신, 기성, 기장, 예성, 통합 등이다.

교회와 가정 및 사회 문화와의 연계성이 높은 경우로서 기감 교단의 '파워스톰' 시리즈 1의 학생용 교재에는 정체성에 대한 내용에 있어서 청소년

---

68) 한국성결교회연합회, 『성결과 비전 교육교재: Click, 2018년 전반기 성결클릭』(중등부 교사지침서), 50, 71, 79, 97, 182.
69) 대한예수교장로회총회, 『생명의 빛: 중등부1』(교사용-1, 2학기), 10.
70) 기독교한국침례회회진흥원, 『성경으로의 여행 j2B』(Ⅱ-1 중고등 학생용), 58, 59, 74, 84.

이 호감을 가질 수 있는 영화를 비롯한 문화와의 연계를 매우 높은 수준에서 다루고 있다.[71] 합동 교단의 '생명의 빛' 교육과정의 중등부 1 교사용 교재는 가정과의 연계를 위하여 매주 교육활동을 제시하고 있으며, 또한 이와 연관하여 중등부 1 교역자용의 교재에서도 신앙교육을 위해 가정에서 부모와의 연계를 매우 높게 추구하고 있다.[72]

교회와 가정과의 연계성이 높은 경우로서 고신의 '클릭 바이블 Ⅱ' 교육과정은 교회와 가정의 연계를 위해 그 내용은 구체적이지 못하지만 각 과에 'Home Project'가 있어 교회와 가정의 연계성은 높다. 통합 교단 '변혁' 공과 학생용 Ⅵ-1에는 가정과 관련한 단원을 선정하고 다양한 가정 관련 내용을 다루고 있으며, 또한 가정 관련 단원 이외에도 가정과 연관되는 내용을 포함하고 있는 정도는 높다.[73]

기성과 예성의 '성결과 비전' 교육과정 중등부 교사용 교재에서는 학교에 대한 다양한 내용과는 달리 가정과 관련된 내용은 예화에 나오는 엄마와 딸의 다툼에 대한 이야기를 제외하고는 찾아보기 어려울 정도로 낮다.[74] 그러나 사회와 관련하여 중등부 학생용 교재 4단원 3과 '거룩한 삶을 이웃과 사회로'에서 기부, 장애인 친구에 대한 배려, 그리고 외국인 노동자에 대한 관심 등을 다루고 있는 정도는 높다.[75] 기장의 '예수님 따라 한 걸음' 교육과정의 교사용 교재는 사회적 약자와 구조적 부정의의 문제해결에 비중

---

71) 기독교대한감리회 교육국, 『청소년 성경공부 교재 (학생용): 폭풍을 일으키는 사람을 세우는 파워스톰 시리즈 1: 후 엠 아이? (Who am I?)』, 20.
72) 대한예수교장로회총회, 『생명의 빛: 중등부1』(교역자용), 185.
73) 총회교육자원부, 『중등부교재 Ⅵ-1: 청소년을 위한 BIBLE』(학생용), 101.
74) 한국성결교회연합회, 『성결과 비전 교육교재: Click, 2018년 전반기 성결클릭』(중등부 교사지침서), 11.
75) 한국성결교회연합회, 『성결과 비전 교육교재: Click, 2018년 전반기 성결클릭』(중등부 학생용), 48.

을 두고 있어 교회와 사회의 연계성을 높이고 있다.[76]

4. 오프라인과 온라인의 병행

정보화에 익숙한 청소년으로 하여금 신앙교육을 오프라인과 온라인 및 모바일을 병행하여 블랜디드 학습이 가능하도록 하고 있는가? 오프라인과 온라인 및 모바일의 병행 학습의 정도가 높은 대표적인 경우는 고신이며, 보통의 경우는 기장이다.

오프라인과 온라인 병행의 정도가 높은 경우로서 고신의 '클릭 바이블 Ⅱ 중고등부 시리즈' 교육과정은 다양한 설교자료, 이미지, 미디어 자료들이 포함된 QR코드를 활용하게 하고 있다.[77] QR코드를 통해 각 과정마다 5-10개의 QR코드를 수록하는 등 교단 홈페이지에 인터넷 자료를 제공하고 있어서 스마트 교육을 높은 수준에서 추구하고 있다.[78]

보통의 경우인 기장의 '예수님 따라' 교육과정은 설교, 그림 자료, 찬양을 포함한 교육활동 관련 자료들을 교단 총회 홈페이지를 통해 제공하고 있으며, 교회력에 따른 절기예배를 위한 설교 자료도 제공하고 있다. 기장의 교회 교육과정은 온라인과 연계하는 교육을 하고 있다.[79] 그리고 기장 교육과정 교사용 교재에 의하면 기장은 통합적 교회 교육과정을 추구하고 있으며, 이로 말미암아 교육목회를 지향하도록 하고 있다.[80] 그러나 청소년 교

---

76) 한국기독교장로회 총회교육원, 『예수님 따라 한 걸음』 (교사용), 129.
77) 고신총회교육원. 클릭 바이블 Ⅱ. 2017. 4. 검색. http://www.edpck.org/sub2/sub2_2.php에서 인용.
78) 대한예수교장로회 총회교육원, 『클릭 바이블 Ⅱ 중고등부 시리즈 복음과 문화 1: Good News』 (교사용), 9.
79) 한국기독교장로회 총회교육원, 예수님 따라 교재. 2017. 4. 검색. http://www.emik.org에서 인용.
80) 한국기독교장로회 총회교육원, 『예수님 따라 한 걸음』 (교사용), 13.

재의 온라인과의 연계는 전반적으로 보통 수준이다.

5. 교사와 학생의 상호주관적 의사소통

교수-학습과정에서 교사와 학생 사이에 의사소통이 협동적이며 의미를 함께 구성하도록 하고 있는가? 상호주관적 의사소통을 촉진하는 정도가 매우 높은 경우는 고신, 기감, 통합, 합동 등이며, 높은 경우는 기침 등이다.

교사와 학생의 상호주관적 의사소통을 매우 높게 추구하는 경우로서 고신의 '클릭 바이블 Ⅱ' 교육과정 학생용 교재는 교수-학습과정에서 반을 2-3개의 소그룹으로 만들어 모둠 학습을 하도록 하고 있다. '에베레스트산을 등정하기 위한 나의 계획' '내가 감당할 사명이 있다면' 등을 비롯하여 각 교수-학습과정에서 학생으로 하여금 자신의 상상력을 최대한 발휘할 수 있도록 하고 있어, 모둠 학습을 통해 교사와 학생, 학생과 학생 등의 상호주관적 의사소통에 의한 의미 구성을 매우 높게 추구하고 있다[81]

기감 교단의 '파워스톰' 시리즈의 교수-학습과정은 전체적으로 질문과 학생의 참여로 진행되도록 하고 있어 교사와 학생의 의사소통을 매우 높게 활발하게 할 수 있다.

통합 교단 '변혁' 공과의 학생용 Ⅵ-1에서는 상호주관적 의사소통을 위해 '세상 빛기'에 질문 문항을 제시하고 있으며, '생각을 변화시키기 위한 나의 다짐'에서도 학생의 다짐을 쓰게 하는 등의 이들을 통하여 교사와 학생의 소통을 매우 높게 도모할 수 있도록 하고 있다[82]

합동 교단의 '생명의 빛' 교육과정은 교사와 청소년의 의사소통을 교수-

---

[81] 대한예수교장로회 총회교육원, 『클릭 바이블 Ⅱ 중고등부 시리즈 복음과 문화 1: Good News』(학생용), 45-48; 강미랑, "관계적 자아 정체성 개발을 위한 리꾀르의 Narrative 정체성 이론 연구," 『기독교교육논총』 제32집 (2012), 342.

[82] 총회교육자원부, 『중등부교재 Ⅵ-1: 청소년을 위한 BIBLE』(학생용), 56.

학습과정에서와 교역자용 교재에서 협동학습을 제시하는 등 매우 높게 추구하고 있다.[83]

교사와 학생의 의사소통을 높은 수준으로 추구하고 있는 기침 교단 'j2B' 교육과정의 중등부 학생용 Ⅱ-1에서는 '체크인'과 '체크아웃'에서 질문 문항을 제시함으로써 교사와 학생 사이의 소통을 할 수 있도록 하고 있으며, 5차원 달란트 교육에서는 한 주간 실행한 것을 다음 주에 서로 나눠 볼 수 있도록 함으로써 소통을 높은 수준에서 활발히 할 수 있도록 하고 있다.[84]

6. 의미구성에 대한 과정적 추구

교육내용과 의미는 교사와 학생을 포함하여 다양한 공동체 구성원들과의 의사소통 및 다양한 매체를 통하여 의미를 미래 지향적이며 순례자적으로 계속해서 구성되도록 하고 있는가? 과정적 추구가 매우 높은 경우는 기감, 기성, 예성이며, 높은 경우는 고신, 합동 등이다.

과정적 의미 구성을 매우 높게 추구하는 경우인 기감 교단의 파워스톰 시리즈 학생용 교재의 교수-학습과정에서는 'Ready' 'Know' 'Do it'에서 학생들이 그림으로 표현하거나 발표하도록 함으로써 매우 활발하게 과정적으로 의미를 구성할 수 있도록 하고 있다. 청소년 개인은 선생님이나 친구들과 의논할 수 있도록 제안하고 있으며, 교단의 홈페이지(www.powerstorm.org)에서 자신의 의견을 다른 청소년들과도 나눌 수 있도록 하고 있는 등 생성적이며 과정적으로 의미를 추구하도록 하고 있다.[85]

---

83) 대한예수교장로회총회, 『생명의 빛: 중등부 1』(교역자용), 186.
84) 기독교한국침례회교회진흥원, 『성경으로의 여행 j2B』(Ⅱ-1 중고등 학생용), 98.
85) 기독교대한감리회 교육국, 『청소년 성경공부 교재(학생용): 폭풍을 일으키는 사람을 세우는 파워스톰 시리즈 3: 문화.com』, 56-61; 남은경, "리꾀르의 성서적 해석학의 관점에서 본 내러티브 읽기와 구성주의 페다고지," 『기독교교육논총』 제23집 (2010), 371.

기성과 예성의 '성결과 비전' 교육과정 중등부 학생용 교재에서는 단원의 마지막 주에는 앞에서의 세 개의 과를 종합하는 의미에서 활동 프로그램으로 내용을 선정 및 조직하고 있다. 교사용 교재에는 여분으로 학생용 교재에 없는 활동 프로그램을 제시하고 있으며, 더 나아가 교단의 홈페이지를 통하여 활동 프로그램의 자세한 내용을 다운로드해서 활용하도록 하고 있다.[86]

과정적 의미 구성을 높게 추구하는 경우인 고신의 '클릭 바이블 Ⅱ' 교육과정의 교수-학습과정은 앞의 과에서 배운 내용에 대하여 잉여의 추가적인 의미 추구를 할 수 있는 내용은 없지만 교회 공동체와 가정 공동체 등과 함께 하도록 내용을 구성하고 있어 높은 수준에서 과정적 의미를 추구하고 있다.

합동 교단의 '생명의 빛' 교육과정 교사용 교재에서는 다양한 요소들의 상호작용으로 과정적 의미를 추구하고 있으며 특히 주중 사역을 통하여 과정적 의미를 높게 추구하고 있다.[87]

V. 분석에 따른 종합적 평가

교단별 교육과정들의 체계성에 대한 분석 지표 중에서 교육목적과 교육목표의 상응성, 교육목표와 학습 단원의 체계성, 학습 단원과 세분화된 과와의 순차성 등은 대체적으로 높다. 그러나 체계성에 대한 분석 지표인 교육목표와 학습 결과에 대한 평가의 부분은 교육목표가 불명확하든지 또는 평가 항목이 없든지 해서 평균적으로 보통 수준이다.

---

[86] 한국성결교회연합회, 『성결과 비전 교육교재: Click, 2018년 전반기 성결클릭』(중등부 학생용), 94.
[87] 대한예수교장로회총회, 『생명의 빛: 중등부1』(교사용1, 2학기), 24.

효율성에 대한 분석 지표 중에서 교육목표와 행동 변화의 관련성, 학습자의 발달단계와 내용선정의 적합성, 발달단계와 서술된 언어의 명확성, 학습 환경과 학습 동기 및 흥미에 대한 고려, 교수-학습과정과 평가 및 행정의 적절성 등에 대해서는 효율성을 높게 반영하고 있다. 그러나 교단의 신학적 내용을 강조한 결과로 학습자의 경험과 교수-학습과정의 적합성을 매우 높게 고려한 교단은 없다. 그리고 일부 교단은 신학을 지나치게 강조한 나머지 청소년의 발달적 특성을 전반적으로 매우 낮게 고려한 교단도 있다.

정당성에 대한 분석 지표 중에서 교재 내용과 갈등, 긍정적 차원에서의 잠재적 교육과정, 부정적 차원에서의 잠재적 교육과정 등은 대부분의 교단에서 높게 다루고 있지만, 교재 내용과 사회구조의 변화에 대해서는 특정 교단에서만 매우 높게 다루고 있는 반면에, 나머지 교단은 낮은 차원의 수준에서만 다루고 있다. 또한 모든 교단 교육과정에서 영 교육과정에 해당하는 대표적인 내용은 청소년기에 호기심을 가질 수 있는 성에 대한 긍정적 차원에서의 교육내용이다.

통합성에 대한 분석 지표 중에서 성경적 앎과 교회 공동체와의 통합에 대해서는 대부분 교단에서 교육목회 교육과정을 지향한다고 할 수 있을 정도로 매우 높게 추구하고 있으며, 이외의 분석 지표인 교회와 학교와의 연계, 교회와 가정 및 사회와의 연계, 교사와 학생의 상호주관적 의사소통, 의미 구성에 대한 과정적 추구 등에 대해서는 대부분의 교단에서 높게 추구하고 있다. 그러나 인공지능 시대에 오프라인과 온라인 및 모바일 앱 등의 블랜디드 학습을 병행해서 추구하는 정도는 대체적으로 보통 이하이다. 이상에서 언급한 분석 결과를 수치로 표시하자면 아래와 같다.

교단 \ 유형	체계성	효율성	정당성	통합성
고신	4.5	4.5	3.33	3.83
기감	4.5	2.17	1.67	2.5
기성	4.5	2.17	1.67	3.17
기장	1.25	1.33	4.67	1.83
기침	0	0.83	1	2.17
기하성	2	0	0	0
예성	4.5	2.17	1.67	3.17
통합	4.5	3.5	0.67	2.33
합동	3.25	2.17	0	4

<주요토론내용>

1. 기독교교육과정의 네 가지 유형에 대하여 정리하여 보자.
2. 네 가지 유형에 따른 분석 문항들에 대하여 수정 및 추가해야 할 내용들은?
3. 교단별 교육과정의 분석 결과 및 평가 결과에 대한 자신의 생각은 무엇인가?
4. 자신이 소속된 교단 교육과정의 개선 방안은 무엇이라고 생각하는가?
5. 독립 출판사에서 만들어 낸 교회 교육과정 자료들과 교단 교육과정의 차이점은?

11장   남강 이승훈과 인성교육

    지금 한국에서는 인공지능 시대를 맞이하여 함께하는 삶을 의미하는 인성교육(character education)의 중요성이 강조되고 있다. 이러한 중요성에 따라 오늘날 청소년이 지녀야 할 기독교 인성을 온고이지신(溫故而知新)의 차원에서 3.1독립운동에서 주도적인 역할을 한 기독교 지도자 남강 이승훈의 인성교육을 살펴보고자 한다.

    남강 이승훈의 인성교육을 통하여 오늘날 한국에서의 인성교육에 대한 성찰과 더불어 새롭게 나가야 할 방향 등을 찾고자 한다. 남강 이승훈의 인성교육에 대한 이해를 돕기 위해 무엇보다 남강 이승훈의 일대기를 기초하여 그의 인성과 인성교육을 살펴보려 한다.[1] 청소년 학교 교육과 일상생활에서 나타난 남강 이승훈의 성품, 언어, 그리고 삶 등을 통하여 그의 인성과

---

*본 내용은 영남신학대학교, "남강 이승훈의 인성교육," 『신학과 목회』 51 (2019), 31-58에 게재된 논문을 수정 및 보완한 것임.

1) 이교헌, 『남강 이승훈의 생애와 정신』 (서울: 남강문화재단출판부, 2003), 25, 46. 이승훈은 1491년(성종 22년) 11월 25일 경주 양동에서 출생하였고, 1553년 11월 30일 평안북도 강계에서 지병으로 향년 63세로 별세한 중종, 인종, 그리고 명종 시대의 대표적인 성리학자인 회재 이언적을 시조로 하는 여주 이씨 가문 출신임. 평북 정주에서 1864년 3월 25일 출생했고, 1930년 5월 9일 새벽 4시에 협심증으로 별세함. 향년 67세. 이승훈의 족보를 밝히는 것은 이교헌의 저서에서 이승훈이 양반이 아닌 상민의 가문으로 태어났다는 것은 사실이 아니며, 양반의 가문이지만 가난한 가정에서 태어난 것임.

인성교육을 살펴보고자 한다. 남강 이승훈의 호칭은 약식으로 그의 호인 '남강'으로만 표기하려 한다.

I. 인성교육의 목적

남강은 어떤 인성을 지닌 인재를 양성하고자 한 것일까? 남강이 교육에 뜻을 두고 만난 초기의 교사인 여준과의 만남에서 그 실마리를 풀어 나갔다. 교사 여준은 설립자 남강에게 오산학교의 교육을 위해 그 목적이 있어야 하며, 어떤 목적을 지향해야 함에 대하여 제안을 한 인물이다.[2] 교육철학인 교육이념에 대한 제안을 하는 등 교육을 위한 책사의 역할을 한 인물로 알려져 있다.

여준의 제안에 대하여 남강은 나라 일에 충성하는 인재를 양성하고자 했다. 충성이라는 인성에 대한 남강의 생각은 유교의 영향에 의해서이다. 어릴 때 남강은 비록 가난한 선비의 집안에서 태어나고 성장했지만 7세부터 10세까지 서당에서 한문을 배우며 조선시대의 국교인 유교에 영향을 받을 수밖에 없었다. 유교에서 제일의 인성으로 여긴 것이 왕에 대한 충성이었고, 초기 남강이 중요하게 여기는 인성도 자연스럽게 충성이었다.

더군다나 남강이 강명의숙과 오산학교를 세우던 시기는 1907년이다. 이 시기는 을사보호조약이 맺어진 후 2년이 경과한 때이고, 헤이그 밀사 사건과 고종의 양위가 있었던 시기였다. 1907년 도산 안창호의 연설을 듣고 민족을 위하는 길이 바로 신식 교육임을 깨닫고, 8월에 소학교인 '강명의숙'과

---

2) 김경옥, 『지조를 지킨 지도자들 남강 이승훈』(서울: 도서출판 월인, 2011), 36. 오산학교에서 오산은 평북 용동을 둘러싸고 있는 산들을 가리킴. 남산, 천주산, 제석산, 황성산, 연향산 등임.

12월에 중등학교인 '오산학교'를 설립한다.[3] 이를 통하여 나라의 국권을 회복하고 나라의 발전에 충성할 인재를 양성하고자 한 것이다. 민족 독립을 지향하는 인성을 지닌 민족 지도자를 양성하고자 한 것으로 구체화되었다.

그러나 남강이 양성하고자 하는 인재의 인성관이 더 구체화된 것은 1910년 한일합방이 되던 해에 그가 기독교에 입문하고 난 뒤이다. 평양 산정현교회 한석진 목사의 '십자가의 고난'이라는 제목의 설교를 듣고 난 뒤에 예수를 믿기로 결심한 것이다.[4] 남강은 예수의 십자가 고난과 민족의 고난이 하나로 일치한다고 보았다.

그는 당시에 나라와 민족의 독립을 위해 충성하는 것과 기독교의 신앙과 차이가 없음을 깨달았다. 여기서 남강의 인성교육 목적은 더 구체화되었다. 나라를 사랑하며 기독교 신앙을 지닌 인재를 함양하고자 한 것이다. 기독교의 신앙에 기초한 나라를 사랑하고자 하는 인성 함양이다. 이를 기독교적 인성교육이라고 할 수 있다. 남강은 오늘날 기독교적 인성교육에 대한 초석을 놓은 데 기여했다.

특히 남강이 말하는 기독교는 폭력이나 무력을 사용하거나 외부의 힘에 순응하는 것이 아닌 내적인 힘을 양성함으로 새사람이 되는 것을 강조한다. 성경을 강조하며 자신이 새사람 됨으로써 외적인 문제를 해결해 나가고자 한 점에서 복음주의 기독교를 말한 것으로 이해할 수 있다. 이후 남강은 장로교 소속 평양신학교에 입학하여 신학을 공부하기도 했으며, 졸업은 하지 않았지만 평북노회에 속한 오산교회 장로로서 교계에 기여하기도

---

3) 이교헌, 『남강 이승훈의 생애와 정신』, 60, 61, 150-153. 도산 안창호는 '신민회'를 1907년 9월에 조직함. 1910년 도산이 해외로 망명한 이후 남강이 그 자리를 이어 운영됨. 초기의 주요 인물로는 김구가 있음. 김구도 105인 사건으로 복역한 후 상하이로 망명하여 '대한민국 임시정부'를 조직함.

4) 김기석, 『남강 이승훈』(경기: 한국학술정보, 2005), 337; 이교헌, 『남강 이승훈의 생애와 정신』, 65, 66. 한석진 목사는 평양신학교 제1회 졸업생임. 1회 졸업생으로 길선주, 한석진, 양전백, 이기풍, 방기창, 송린서, 서경조 등이 있음.

했다.

　남강의 기독교적 인성교육 목적에 따라 오산학교에서 시무한 교사들로는 유영모, 조만식 등 그 시대에 대표적인 기독교적 인성에 기초한 애국자들이 있다. 오산학교 학생이었던 주기철, 한경직, 김소월, 김홍일, 함석헌 등도 기독교 인성으로 나라를 사랑하며 살아간 인물들이다.[5] 하나 같이 한국 역사와 기독교에 영향을 크게 끼친 인물들이다.

　특히 남강에게 많은 영향을 받았던 고당 조만식은 1915년 5월에 오산학교의 교장으로 취임하였고, 교장직 이외에 강의도 하곤 했으며, 그가 가르친 과목은 성경 해설과 수신(도덕) 등이다. 이 두 과목은 기독교적 인성 함양과 밀접한 관련이 있는 과목이기도 하다. 그는 학생들에게 "이런 원통한 일이 어디 있겠는가! 빼앗긴 나라는 다시 찾아야 한다. 반드시 도로 찾을 것이다."[6]라고 훈화했다. 학생들은 고당 조만식의 훈화를 들으면서 기독교 신앙에 기초한 애국심을 배웠다.

　고당은 더 나아가 당시의 수요예배 때 양복을 벗어 버리고 한복을 입었고, 해방될 때까지 일본말을 쓰지 않을 정도의 지조를 지닌 민족 지도자였다. 그리고 수신 시간에 성경을 가지고 학생들에게 "참다운 사람이 되기 위해서는 눈물과 땀과 피가 항상 넘쳐흘러야 합니다 ... 피는 희생입니다 ... 우리 인류를 구원하시고 부활하신 예수님께서 갈보리 산에서의 흘리신 십자가의 희생을 생각할 수 있습니다."[7]라고 강의했다. 고당은 기독교적 인성교육을 하고 있었다. 이처럼 당시 오산학교는 남강의 기독교적 인성에 영향을 받아 교장과 교사들이 기독교적 인성교육을 하는 곳이었다.

---

5) 김기석, 『남강 이승훈』, 193. 이외에도 오산학교는 오늘날 백병원의 설립자인 제6회 졸업생인 백인제(白麟濟) 등을 비롯해 기라성 같은 인재들을 함양하였음.

6) 김경옥, 『지조를 지킨 지도자들 남강 이승훈』, 61. 고당 조만식은 3.1운동 이후인 1920년에 평양에서 조선물산장려운동을 주도했음. 조선상품 애용, 자급자족, 근검절약 등의 운동을 주도함.

7) 김경옥, 『지조를 지킨 지도자들 남강 이승훈』, 61.

II. 인성교육의 내용

1. 신앙

오산학교를 설립한 남강은 1910년 한일합방이 있던 해에 예수를 믿기로 결심한다. 남강이 기독교인이 된 시기에 대하여 김승태는 일제의 보고서 등에 근거하여 1908년 가을이라고 하지만, 본 저서에서는 기독교인이 되고자 한 동기와 과정적 회심 등으로 1910년 설에 더 무게를 두고자 한다.[8]

남강에게서는 기독교의 의를 위한 기독교 교육이 곧 애국이다. 이러한 결과로 1910년 12월 오산학교의 주지를 기독교 교육으로 정하게 된다. 선교사인 라부열(Slacy L. Robert) 목사가 교장이었고 성경 과목을 가르쳤다. 이후의 유영모와 조만식은 오산학교의 신앙교육의 터전을 더욱 공고히 했다.

남강은 독립운동으로 인하여 세 차례 구속되었다. 남강이 감옥에서 보낸 기간은 나라를 잃은 슬픔과 고난에도 불구하고 오히려 신앙 성숙을 위한 기회였다. 투옥된 세 차례는 다음과 같다.

첫째, 남강에게서 안악 사건의 핵심인 안중근의 동생 안명근의 명함이 나오자 일제는 그를 고문하고 제주도로 유배시킨다. 1911년 4월 유배를 가서 먼저 찾아간 곳이 교회이다. 제주교회의 알선으로 교회당 옆의 조그만 숙사에서 유숙하며 낮에는 가난한 사람들의 일을 돕고, 밤에는 성경 공부와 기도에 열심이었다.[9] 후세에 함석헌 선생이 남강의 유품을 정리하다가 제주도의 정확한 주소를 알아내었고, 1990년 남강문화재단 관계자들이 제

---

8) 김승태, "남강 이승훈의 신앙 행적에 관한 몇 가지 문제," 『한국기독교와 역사』 (2002) Issue 2, 7-28; 이교헌, 『남강 이승훈의 생애와 정신』, 83. 남강이 기독교인이 된 시기인 1910년은 1903년 8월 하디(Robert A. Hardie)의 성경공부와 기도회에 의한 원산 부흥운동, 1907년 길선주 목사 등에 의한 평양 부흥운동 등으로 조선 땅의 복음화가 본격화되어 가고 있는 시점이기도 함.
9) 김기석, 『남강 이승훈』, 117.

주도를 답사하여 정확한 위치를 확인하기도 했다.

둘째, 일본은 1911년 9월 조작된 데라우치 총독 암살 모의와 관련되었다고 여기는 애국지사 600여 명을 체포했다. 이 중에서 실형을 선고받은 사람은 105인이다. 남강도 105인 사건으로 최고형인 10년을 언도 받고 대구에서 감옥 생활을 했다. 이때 남강은 신약을 100번, 구약을 20번 읽었다.[10] 하나님이 그리스도의 은혜를 알기 위해 나를 감옥 속에 둔 것이라고 간증하기도 했다.

셋째, 1919년 3.1운동으로 인해 투옥되어 서대문 형무소에서 3년 동안 감옥 생활을 했다. 기도 생활을 하며 신약을 40번, 구약을 10번 읽었다.

남강은 그의 생애에서 3회에 걸쳐 투옥되었고, 총 9년에 걸쳐 감옥 생활을 했으며 이를 신앙의 성장을 위해 활용했음을 알 수 있다. 남강의 사후 그의 비문에는 "공이 아는 책이라고는 성경의 신구약뿐이었다"[11]고 기록될 정도로 남강의 신앙은 성경에 기초한 신앙이었다.

남강은 105인 사건으로 4년 2개월간의 옥고를 치르고, 1915년 가석방으로 출옥 직후 정주교회 정기정 목사에게 세례를 받고, 1916년 오산교회 장로가 되었으며, 1917년 53세의 나이로 평양신학교에 입학했다.[12] 남강은 3학기 동안 신학교에 다닐 때에 학생들을 만날 때마다 '감사합니다'를 연발해서 감사 선생으로 통하기도 했다.

남강의 신앙은 하나님의 은혜와 주권을 인정하는 개혁신앙으로서 "나는 하나님을 믿는 것을 가장 큰 영광으로 생각한다. 내가 후진이나 동포를 위해서 한 일이 있다고 하면 그것은 내가 한 것이 아니고 하나님이 나를 그렇

---

10) 이교헌, 『남강 이승훈의 생애와 정신』, 102.
11) 김경옥, 『지조를 지킨 지도자들 남강 이승훈』, 235.
12) 김경옥, 『지조를 지킨 지도자들 남강 이승훈』, 122, 123. 평양신학교는 1901년 미국 선교사 마포삼열(Samuel A. Moffett, 1864-1939) 목사에 의해 설립되었음. 감리교 신학교보다 4년 일찍 개교했음. 5년 과정으로 교육과정은 신구약, 요리문답, 설교학, 교회법 등임. 조사, 영수, 장로 등 현직 사역자들을 재교육시켰음.

게 시킨 것이다"[13]라고 한 말에서도 잘 나타난다. 철저한 하나님의 섭리에 의한 하나님의 다스리심을 믿는 신앙이다.

남강은 1920년 후반기 '사회복음'에 의한 현실 참여를 강조한 조병옥 중심의 '기독신우회'에 참여하기보다는, 성경을 강조한 함석헌의 '성서 조선'에 참여한다. 오산학교 출신 함석헌은 무교회주의 사상으로 김교신 등과 함께 1928년 '성서 조선'의 동인이 되었고, '성서로 본 조선역사'(1934), '뜻으로 본 한국역사'(1950)를 쓰기도 했다.[14] 남강은 1929년부터 기성교회가 예언자적 상상력과 의를 상실하고 초월주의 신앙을 강조하거나 제도적 교회가 되어 감에 대한 실망으로 무교회주의 신앙 운동에 관심을 가지며, 함석헌이 자기의 집에서 일주일에 한 번씩 성경 연구의 모임을 가질 때 가끔 참석했다.

이러한 일과 관련하여 남강은 1930년 2월 평북노회에서 '시무치 않는 죄'로 장로직 '면직' 처분을 받게 된다. 그러나 별세하기 6일 전인 1930년 5월 3일 그의 동상 제막식에서의 연설과 그 다음 날 성서 연구 모임에 참여하여 "아무것도 아는 것이 없으나 하나님이 나를 이렇게 이끌어서 오늘까지 왔습니다. 과연 하나님이 나를 지시하시며 도우심뿐입니다. 이후로도 그럴 줄 믿습니다"[15]라는 말에서 알 수 있듯이 남강은 기성교회와의 신앙 노선에 대한 미세한 차이는 있었으나, 개혁신앙의 흐름에는 변함이 없었다.

오산학교 출신으로 대표적인 신앙인 중에 주기철 목사가 있다. 주기철 목사가 평북 정주의 오산학교에 입학하게 된 것은 춘원 이광수의 권유에 의해서이다. 남강은 이광수에게 전국을 돌며 학생들을 오산으로 데려오도

---

13) 김기석, 『남강 이승훈』, 17.
14) 김경옥, 『지조를 지킨 지도자들 남강 이승훈』, 115. 함석헌은 1962년 자유교회의 한 유형인 퀘이크 공동체에 입교함. 1989년 2월 4일에 별세함. 김승태, "남강 이승훈의 신앙 행적에 관한 몇 가지 문제," 20, 21. 이 당시의 사회복음은 라우센부쉬(Walter Rauschenbusch, 1861-1918)의 사회복음주의 신학과 관련된 것으로 보임.
15) 김승태, "남강 이승훈의 신앙 행적에 관한 몇 가지 문제," 24-26.

록 했다. 학생모집을 하기 위해 춘원 이광수는 경남 웅천까지 가게 되었다. 춘원 이광수는 경남 웅천의 주기철과 그의 사촌 주기용을 평북 정주에 있는 오산학교에 유학을 가서 공부하도록 인도한 인물이다.[16] 주기철은 오산학교에 다닐 때 수학의 천재라는 소리를 들을 정도로 수재였다.

그러나 하나님의 소명에 따라 평양신학교를 가게 되고, 졸업 후 1931년 9월부터 마산 문창교회에서 목회하다가 1936년 여름 스승인 고당 조만식의 청빙으로 평양의 산정현교회에서 담임으로 목회하게 된다. 주기철 목사는 신사참배를 끝까지 반대하다가 1940년 일제에 의해 구속되고, 예언자적 의를 잃어버린 평양노회는 주기철 목사를 '파면'하게 되며, 48세가 되던 1944년 4월 21일 옥중에서 순교한다. 평양노회에서 파면당한 주기철 목사의 순교 신앙은 같은 노회에서 장로 면직 처분을 받은 남강이 가진 예언자적 의의 신앙과 맥을 같이 한다.

2. 애국

신앙과 나라에 대한 사랑이 통합되어 일어난 운동이 바로 3.1운동이다. 3.1운동은 제1차 세계대전이 끝나 가는 시점에 발표한 윌슨의 민족자결주의에 영향을 받았다. 남강은 만주에서 독립운동하던 선우휘로부터 민족자결주의에 대한 소식을 듣고 평양 '기독교청년회'의 안세한 총무에게 찾아가서 하나님께 기도했다. "전능하신 하나님, 걸어가면서 기도드리는 걸 용서 바랍니다 ... 이번에 우리나라를 꼭 독립하도록 도와주옵소서 ... 골고다 언덕 위에서 우리 죄를 위해 십자가를 지신 예수님 이름으로 기도드립니다.

---

16) 김경옥, 『지조를 지킨 지도자들 남강 이승훈』, 226. 주기철 목사는 1940년 '다섯 가지의 나의 기도'라는 설교로 인해 일제에 검거됨. http://blog.daum.net/sangchul24/100, 접속일자, 2019.2.7.

아멘"[17] 기도하며 행동하는 남강의 신앙을 엿볼 수 있다. 남강은 천도교 측이 독립운동에 미지근하면 기독교 단독으로라도 결행하고자 할 정도로 결의에 차 있었다.

남강은 3.1독립운동에 목사로서 정치에 참여하는 것으로 여기며 이를 꺼리는 길선주와 신홍식 목사 등에게 "성경 말씀에도 먼저 그의 나라와 그의 의를 먼저 구하라고 하지 않았소? 그럼 우리 조선이 독립된 다음에 왜나라에 가서 살렵니까?"[18]라고 함으로 마침내 두 목사의 참여를 이끌어 내기도 했다.

독립운동을 추진하는 과정에서 최성주 목사가 "목사님들, 완전 독립을 요구하는 것보다 자치만을 허락하라고 총독부 당국에 요청하는 것이 빠르고 또한 가능하지 않을까요?"[19]라고 하자, 남강은 독립운동에 참여하는 것이 현실적으로 어려움과 이에 대하여 고민하는 목사들에게 "그런 미지근한 태도로 무슨 독립운동을 하겠소? 그건 안 되오. 아예 이번 기회에 완전 독립을 하도록 우리 목숨 내놓고 싸웁시다."[20]라고 함으로 독립운동의 선명성을 분명히 하였다.

오산학교의 학생이었던 함석헌은 3.1운동에 대하여 "내 평생에 기미년 3월 1일처럼 기쁜 날이 없었고, 그날같이 신나게 기운껏 마음껏 뛰어 본 날은 없었다"[21]라고 말했다. 함석헌은 3.1운동에 참여하고 난 뒤에 다니던 평양 공립 고등보통학교에 다른 학생들과 달리 복귀하지 않았다. 졸업을 한 해 앞두고 스스로 내린 결정이었다. 그렇게 결정한 이유는 자신의 양심을 속일 수 없다는 것이다. 어제까지 힘을 다해 독립 만세를 외치다 며칠 지나

---

17) 김경옥, 『지조를 지킨 지도자들 남강 이승훈』, 128.
18) Ibid., 143.
19) Ibid., 144.
20) Ibid., 144.
21) Ibid., 112.

지 않아 그 권세 앞에 가서 잘못된 것이라고 빌 수 없어서라는 것이다. 쉽게 변절하던 시대에 보기 드문 양심의 소유자였다. 그 후 함석헌은 오산학교 3학년에 편입하게 된다. 남강과 평생의 스승 유영모 선생의 지도 아래 민족을 더 깊이 사랑하는 정신을 배우게 된다.

함석헌이 유영모를 만난 때가 수신(도덕) 시간이듯이 함석헌도 수신 시간을 중요하게 여겼다. 함석헌은 자기가 가르치는 학생들의 이름을 다 외웠다. 학생들에 대한 사랑이 컸음을 말해 준다. 또한 수신 시간에 "한여름 햇볕에 뜨거워 땀방울이 벼 포기 아래 떨어진다. 소반 안에 밥 한 톨 한 톨이 모두 농민들의 쓰라림인 줄을 누가 알리요"[22]라는 오언절구를 통해 노동자의 노고를 알고 감사할 줄 아는 인성을 갖도록 하였다. 항일 운동으로 투쟁의 연속이었던 당시는 감사함을 잊기 쉬운 시대이기도 하다. 이러한 시대에 기독교인으로서 하나님에게뿐만 아니라 이웃에게도 감사함의 인성을 지니도록 일깨운 것이다.

남강이 1922년 가출옥하여 용동에 머무르고 있을 때 도쿄에서 유학 중에 사회주의에 깊이 관련되어 있는 곽산 출신의 오산학교 졸업생 박균(朴均)이 남강을 찾아와 러시아 공산당의 힘을 빌려 독립운동을 하자고 제안했다. 이를 거절하면서 "우리가 할 일은 민족의 역량을 기르는 일이지, 남과 연결하여 남의 힘을 불러들이는 일이 아니다. 나는 씨앗이 땅속에 들어가 무거운 흙을 들치고 올라올 때 제힘으로 들치지 남의 힘으로 올라오는 것을 본 일이 없다"[23]고 함으로써 공산주의 세력과의 결탁에 반대하고 민족의 자체 역량을 양성함으로 독립을 이루어 나가야 할 것을 강조하며, 자면회(自勉會)를 만들어 민족 역량을 스스로 양성하고자 했다.

민족주의 및 사회주의 등의 영향으로 1920년대 후반기는 전국 중등학교

---

22) *Ibid.*, 110.
23) *Ibid.*, 237.

에서 동맹휴학이 유행하던 시기이다. 오산학교도 그 영향을 피할 수 없었다.[24] 그러나 이 당시 오산학교에서 내건 구호는 다른 학교의 구호와 차이가 있다. 어떤 교사를 내보내라는 식의 구호가 아닌 조선어문법을 정식과목으로 채택하라는 식으로 반일적인 교육정책에 대한 것이다.[25] 그만큼 한글을 사랑한 것이다. 한글을 사랑하는 오산학교 교사인 함석헌은 1947년에 '그 사람을 가졌는가'[26]라는 아름다운 한글의 시를 짓기도 했다.

함석헌에게 가르침을 받은 독립운동가인 한성수는 일제에게 재판을 받으면서 자신은 동경에서 유학을 하여 일본말을 알고 있음에도 불구하고 일본말을 전혀 사용하지 않아 부득불 통역을 세웠다고 한다. 이처럼 남강이 세우고, 고당 조만식이 가르치고, 함석헌이 이어받은 남강의 민족 사랑이 그 출신 학생들에게도 자연히 이어졌다.[27] 왜 국어(당시 일본어)를 사용하지 않느냐는 재판장의 말에 대해 한성수는 "너희는 국어가 일본어이지만 나는 한국인이다. 우리 대한인은 한국말이 국어이다. 구태여 원수의 나라말인 일본말을 할 필요가 어디 있는가"[28]라고 대답할 정도로 고문 가운데서도 애국애족 정신이 분명했다. 독립운동을 위해서는 언제라도 목숨을 버릴 각

---

24) 김기석, 『남강 이승훈』, 276-278, 317-325. 1919에서 1923년까지는 민족주의 사조가 강했고, 1924년부터는 사회주의가 민족주의를 대신하는 사조가 되었음. 1922년 남강이 3.1운동 33인 대표 중에서 마지막으로 출옥 후 오산학교에는 세 번의 동맹휴학이 있었음. 1923년 사회주의자와 복음주의자들에 의한 남강 배척, 1925년 조만식 교장 유임 운동, 1929년 11월 광주학생 운동 등. 광주학생 운동은 1926년 6.10항일 운동과 관련됨. 민족주의자 남강은 사회주의 계열로부터 낡은 세대로 비판을 받았고, 당시의 복음주의자들로부터는 자유주의자로 비판 받았음.
25) 김경옥, 『지조를 지킨 지도자들 남강 이승훈』, 112.
26) *Ibid.*, 107, 108; 김기석, 『남강 이승훈』, 288, 289. 함석헌의 씨알사상은 남강이 자주 예화로 들던 곡식 알맹이에 대한 것을 말함. 곡식은 외부의 힘에 의해서가 아닌 제 힘으로 무거운 흙을 밀고 올라옴. 한 알의 씨알처럼 자력으로 독립하고 자립해야 할 것을 말함. 남강이 학생들에게 자주 언급한 인자필모연후 인모지(人自必侮然後 人侮之)와도 관련됨.
27) 김경옥, 『지조를 지킨 지도자들 남강 이승훈』, 208.
28) *Ibid.*, 207.

오를 해야 한다는 남강의 말을 함석헌은 학생들에게 뼈에 새기도록 했고, 한성수는 이를 서슴없이 실천한 인물이다.

3. 공의

남강의 인성교육의 특징은 의(義)를 위한 교육에 있다. 공의(公義)를 위한 교육이다. 성경에서의 십자가의 의에 대한 영향과 더불어 미국 윌슨 대통령의 민족자결주의 등에 의한 영향으로 좁게는 사회적 약자인 한 개인의 인권 회복이고, 넓게는 약소국으로서 한 민족이 스스로의 운명을 열어 갈 수 있도록 하는 국권과 주권의 회복으로서의 공의이다.

약자의 인권과 주권은 존중되어야 하고 존중하는 것은 공의에 속한다는 것이다. 늑약에 의한 강제합병은 불의이며 독립이 공의가 된다. 남강은 특히 독립을 위해 거짓이나 게으름이나 이기심이나 권모술수나 아집을 버리고, 항상 큰 뜻(大義) 속에서 행하고 배우고 생활하도록 교육하였다.[29]

의와 관련하여 남강이 학생들에게 훈화할 때 자주 인용한 성경구절들은 '의에 주리고 목마른 자는 복이 있나니'(마 5:6), '의를 위하여 박해를 받은 자는 복이 있나니'(마 5:10), '사랑은 성내지 아니하며, 악한 것을 생각하지 아니하며, 불의를 기뻐하지 아니하며 진리와 함께 기뻐하고, 모든 것을 참으며, 모든 것을 믿으며, 모든 것을 바라며, 모든 것을 견디느니라'(고전 13:5-7), '무릇 의인들의 길은 여호와께서 인정하시나 악인들의 길은 망하리로다'(시 1:6) 등이다.[30] 즐겨 인용한 성경 구절을 통해서 남강은 불의로부터 떠나서 정의의 삶을 살아가도록 독려하였음을 알 수 있다. 개인 생활에서 정직하게 함은 물론, 일제와의 투쟁에서 강건한 민족애를 발휘하도록 학생들

---

29) 이교헌, 『남강 이승훈의 생애와 정신』, 56, 57.
30) *Ibid.*, 56.

을 교육했다.

남강이 생각한 의는 어떤 의미를 지니고 있는가? 남강이 3.1운동으로 재판 받을 때 '일한합방을 반대하고 조선의 독립을 희망하느냐?'는 재판장의 물음에 대하여 '그렇다'고 대답하며, '그것만이 아니라 독립도 하나님의 뜻 … 우리가 죄를 회개하면 하나님께서 우리를 독립시켜 줄 것'이라고 한 것에서 남강이 생각한 의를 좀 더 구체적으로 알 수 있다.[31]

인간의 의가 아니다. 하나님 앞에서 의이다. 하나님 앞에서 우리 민족이 불의를 버리고, 모두 하나가 되고, 서로 사랑하며, 큰 뜻을 위하여 희생하고 헌신할 수 있는 마음가짐과 삶의 자세를 의로 이해한 것임을 알 수 있다. 상대를 비난하고자 하는 의가 아니라 하나님 앞에서 자신을 회개하며 나가고자 하는 씨알의 의이다.

남강이 이런 회개의 의를 말하게 된 것은 십자가의 고난에 기초한다. 남강은 십자가의 고난에 기초하고 있는 기독교의 의 사상과 자신이 지향하고자 하는 의 사상이 일치함을 깨닫게 된 것이다.[32] 늑약으로 강제 병합한 일제를 감정적으로 미워하는 차원을 넘어서서, 공의의 하나님에 대한 신앙고백 차원에서의 의이다.

남강이 이해한 하나님은 공의의 하나님이다. 공의의 하나님은 거짓이나 분열이나 게으름이나 도적질이나 죄는 의가 아니며, 자기만 잘 살려 하거나 자기만 높아지려고 하거나, 자기의 이익만 노리는 것도 의가 아니며, 권모술수나 이기심도 의가 아님을 말한다.[33] 이는 남강이 생각하는 의는 자신의 일상생활 가운데서의 의임을 말한다. 이론으로 주장하는 의가 아닌 일상의 삶 가운데서의 하나님 앞에 살아가는 자로서의 의이다.

더 나아가 남강은 예언자적 신앙으로서의 의를 말한다. 남강은 우리나라

---

[31] *Ibid.*, 57.
[32] *Ibid.*, 94.
[33] *Ibid.*, 94, 97, 98.

와 이스라엘을 비교하면서 우리에 한 가지 부족한 점을 지적한다. 그것은 '우리 백성에게 날카로운 예언자적 통찰로 불의를 고발하고 잘못을 충고해 주는 용기가 적음'에 대해서이다. 즉, '미래를 보며 희망을 가지고 현실을 극복하는 힘이 약한 것'을 지적하고 있다.[34] 남강은 오산학교 학생들이 민족의 예언자가 되어야 함을 말한다. 졸업생 중 대표적 인물이 바로 주기철 목사이다. 의를 위해 죽음을 기꺼이 맞이한 참된 예언자이다.

4. 신뢰

남강은 도산 안창호의 권면에 영향을 입어 민족을 살리는 길은 교육에 있음을 확신하게 된다. 여기서 남강이 확신한 교육이란 신식 학교 교육을 말한다. 남강이 어린 시절 서당에서 배운 내용들은 주로 천자문, 동몽선습, 소학, 맹자 등이었다. 그러나 도산은 남강에게 산술, 지리, 역사 등을 배우는 신식 학교를 세우라고 권면하며, 이에 의해 1907년 세워진 오산학교의 창립 당시 과목은 3년제로서 수신, 역사, 지리, 수학, 물리, 법학통론, 헌법대의, 훈련, 그리고 체조 등이었다. 1910년 남강이 기독교인이 된 이후에는 성경이 정식과목이 되었다.[35]

신식 교육을 위한 오산학교의 제1대 교장으로는 양반 출신으로 백의행, 제2대 교장으로도 양반 출신인 이종성을 각각 초빙했다. 교사들은 우선 체조를 가르칠 체육 교사는 서진순 선생을 초빙했고, 나머지는 도산의 도움으로 교사들을 각각 초빙했다.[36]

---

34) *Ibid.*, 98, 99.

35) 김경옥, 『지조를 지킨 지도자들 남강 이승훈』, 12, 78; 김기석, 『남강 이승훈』, 108, 113, 143, 155. 김기석에 의하면 신교육에서 가장 충격적인 과목 둘은 산술과 체조였음. 숫자를 통한 가감승제와 오와 열을 맞추어 행진하는 체조 등은 이전에는 없었던 충격적인 과목들이었음.

36) 김경옥, 『지조를 지킨 지도자들 남강 이승훈』, 31.

도산의 도움으로 우선 섭외한 교사는 여준으로, 그는 신식 학문인 수신, 산술, 지리, 역사, 법제, 경제 등 당시에 생소한 신식 학문에 능통한 자였다.[37] 교사 여준은 본래 이인환이라는 이름을 남강 이승훈이라는 호와 이름으로 개명해 준 자이고, 오산학교 교가를 짓기도 하며, 교육목적을 제정하기도 하는 등 오산학교 초기 남강의 책사와 같은 역할을 했다.

남강은 비록 오산학교를 설립한 설립자이지만 교사 여준이 제안한 남강이라는 호와 이인환에서 이승훈으로 개명하자는 제안을 기꺼이 받아들였다. 더 나아가 여준이 제안한 교가와 교육철학에 대한 제안에 대해서도 여준의 학식을 인정하고 신뢰한 가운데 기꺼이 받아들이는 인품을 보이고 있다.

남강의 인품은 동지와의 정의가 두터웠고 아랫사람을 의심치 않고 무조건 믿었으며, 사람이 사람을 믿지 못하는 것처럼 불행한 것은 없다는 말처럼 함께 일하는 사람에 대한 무한한 신뢰를 가진 것으로 보인다.[38] 남강이 사업에도 성공한 비결은 사람이 사람을 못 믿으면 그건 지옥과도 같다는 생각에 기초하고 있으며, 이는 남강의 인성을 잘 드러내는 말이기도 하다.

이러한 남강의 인성은 오산학교를 세워 나가는 과정에서도 유감없이 발휘되었다. 남강은 오산학교 학생들로 하여금 모든 생활을 자치적으로 해 나가도록 교육한 것에서도 신뢰의 인성은 잘 드러나고 있다.[39] 학생들은 풍기 단속, 기숙사 규정, 무감독 시험 등을 자치적으로 시행했다. 교사가 문제가 적힌 종이를 칠판에 붙여 놓고 나가면 학생들이 시험을 치고 대표가 그 답안지를 모아서 교사에게 전달한 것이다.

무감독 시험은 교사와 학생 사이에 신뢰가 없이는 어려운 일이다. 오산학교 교사와 학생들이 서로 신뢰하는 가운데 무감독 시험을 치를 수 있었던 것은 우선 설립자인 남강과 교사 사이에 서로 신뢰감이 형성되어 있었기 때

---

37) Ibid., 33-35.
38) Ibid., 23, 26.
39) 이교헌, 『남강 이승훈의 생애와 정신』, 66, 67; 김기석, 『남강 이승훈』, 255, 256.

문이다. 무감독 시험이 교사와 학생들, 학생들과 학생들 사이에 신뢰가 형성되지 않으면 불가능한 것이기에 오산학교에서 이미 무감독 시험을 시도한 것은 오산학교가 서로 간에 신뢰감으로 뭉친 학교라는 것을 입증한다.

5. 겸손

오산학교 출신의 김경옥은 남강의 성품을 "나라를 위하는 일을 추진하는데는 그렇게도 열정적인데도 불구하고 성품은 무척 부끄럼을 잘 타는 겸손한 편"[40]이라고 회고하고 있다. 남강은 민족과 독립을 위하는 강직한 삶을 살았음에도 불구하고 겸손한 인성의 소유자이다.

남강이 도산 안창호의 연설을 듣고 교육을 통하여 독립운동을 하고자 결심한 시기는 1907년 7월이다. 남강의 나이는 만 43세인 반면에, 도산은 1878년생으로 이때의 나이는 만 29세였다.[41] 유교적 가치가 강한 조선시대에 14살 어린 사람의 연설을 듣고 교육의 필요성을 인정하고 받아들이며 그것을 실천하겠노라고 한 것은 쉽지 않은 일이다. 겸손이 기초되어 있기에 가능한 일이다. 이러한 남강의 성품에 대해 오산학교 출신의 함석헌은 "남강이 무엇인고 열(熱)이요 성(誠)이로다. 강(剛)이요 직(直)이러니 의(義)이며 신(信)이시라. 나갈 젠 단(斷)이면서도 그저 겸(謙)이시더라"[42]라고 남강의 겸손한 인성에 대하여 그리운 마음으로 회고하고 있다.

1922년 일제의 신 교육령이 공포되고 1923년 11월 기독교 교육이라는 교육이념이 신 교육령에 의해 삭제된다. 그리고 5년제 고등보통학교가 되어야 대학 진학이 가능하게 되었다. 오산학교는 1925년에 신청을 해서 4년제에서 5년제로 인가되었다. 신 교육령이 공포되고 오산학교가 5년제로 인

---

40) 김경옥, 『지조를 지킨 지도자들 남강 이승훈』, 180.
41) 이교헌, 『남강 이승훈의 생애와 정신』, 43-45.
42) Ibid., 22.

가되기까지 3년이나 지체된 것이다.

5년제 고등보통학교로의 인가가 지체된 이유는 오산학교가 5년제 고등보통학교로 승격하는 대가로 일제가 조건을 하나 제시했기 때문이다.[43] 교장 조만식을 다른 사람으로 교체하라는 것이다. 학생들이 대학을 가기 위해서는 다른 5년제 고등보통학교에 전학을 가야 하는 안타까움과 조만식을 교체하는 문제 사이에 남강의 갈등은 심했다.

이러한 갈등을 어떻게 해결했을까? 교주인 자신의 독단적인 판단으로 결정 내릴 수도 있지만, 남강은 이 문제를 교직원들과 학생들에게 의견을 물어보기로 했다. 교직원들과 학생들은 고당 조만식이 교장을 그만두면 자기들도 그만둔다고 하였고, 남강은 교직원들과 학생들의 의견을 따르기로 한다. 과정을 중요하게 여긴 겸손의 인성이다.

겸손의 인성은 15년 이상 남강과 고락을 함께한 고당 조만식으로 하여금 남강의 장례식 조사에서 눈물을 쏟아 놓게 했다. 조만식은 조사에서 "남강은 조선이 낳았고, 조선을 위하여 울고 웃고 조선을 위하여 죽었다"[44]고 애통해 하였고, 이는 그가 남강의 인성에 많은 영향을 받았음을 알 수 있다. 이러한 남강의 인성이 영향을 끼친 것이 오산학교의 인성교육이었다. 비록 오산학교의 표면적인 교육이념으로 기독교 교육이 신 교육령에 의해 삭제되었지만, 잠재적 교육과정으로 기독교 교육은 남강에 의해 계속해서 이어져 오게 된 것이다.

어떤 거사를 행함에 있어도 사람들의 명예욕이 작용한다. 3.1운동의 독

---

43) *Ibid.*, 83; 김경옥, 『지조를 지킨 지도자들 남강 이승훈』, 167; 김기석, 『남강 이승훈』, 276-278, 361-366. 남강이 일부 청년들로부터 일제와 타협적이라고 비난을 받기 시작한 것은 이 승격 문제에서부터였음. 학교 승격 문제로 도청에 빈번히 출입함으로 오해를 받게 됨. 특히 사회주의 등과 결탁한 항일에 대한 저항정신은 학교 정책에 대한 불만으로 표현됨. 그러나 남강의 독립정신과 민족사랑은 일제가 1924년 남강의 제자들이 편찬한 '남강약전'을 폐기처분한 것과 1942년 12월 죽은 남강을 두려워하여 동상 강제 제거 및 비석 묘비 글자 제거 등을 행한 일제에 의해 반증됨.

44) 김경옥, 『지조를 지킨 지도자들 남강 이승훈』, 188.

립선언서에 서명함에 있어서 누가 먼저 서명할 것인가에 대한 문제로 눈치를 보고 있을 때이다. 남강은 "순서? 그건 죽는 순서야, 죽는 … 손의암(손병희)의 이름을 먼저 적어라"⁴⁵⁾라고 말한다. 남강은 천도교 측의 손병희를 먼저 쓰게 하고 자신은 열여섯 번째로 서명하는 겸손함을 보이기도 했다. 용기와 겸손이 겸비되어 있는 모습이다.

남강은 3.1 독립운동으로 감옥에 갇혔을 때 변기가 있는 구석진 곳에 자리를 잡았다. 누구든지 앉기 싫어하는 곳이지만 남들이 싫어하기 때문에 예수 믿는 사람으로서 희생정신을 가져야 한다고 생각한 것이다. 같은 맥락에서 햇살이 들어오는 창가도 다른 사람에게 양보했다. 같은 방에서 감옥생활을 하는 다른 7, 8명의 죄수들은 처음에는 나이 많은 노인이 남강인 줄 몰랐다고 한다.⁴⁶⁾ 그런데 처음 들어오는 보성전문학교 학생이 남강을 알아보고 인사하자 다른 죄수들도 놀라면서 서로가 예의를 표하고 남강이 하던 변기 청소와 양지바른 곳을 양보하고자 하는 분위기가 형성되었다.

1930년 5월 3일에 오산학교에서 남강의 동상 제막식이 있었다. 여기에서 남강은 답사하기를 "나 같은 한 일도 없는 사람을 이렇게 동상을 세워 주고 제막식까지 해 주니 무엇이라고 감사의 말씀을 드려야 할지 모르겠습니다"⁴⁷⁾로 시작하였다. 남강처럼 민족과 독립을 위해 헌신적으로 일한 사람이 없었음에도 불구하고, 남강은 자신의 삶에 대하여 '한 일도 없는 사람'이라고 말하고 있다.

답사를 계속해서 이어갔다. "내가 민족이나 사회를 위해 조금이나마 한 일이 있다면, 그건 백성 된 도리에서이고 특별한 것이 아닙니다. 나는 하나님을 믿는 것을 가장 자랑스럽게 생각합니다."⁴⁸⁾ 자신은 '한 일도 없는 사

---

45) *Ibid.*, 148.
46) *Ibid.*, 153.
47) *Ibid.*, 180.
48) *Ibid.*, 181.

람'이지만 '하나님을 믿는 것을 가장 자랑스럽게' 여긴 남강이다. 하나님을 높이고 자신은 한없이 낮춘 겸손한 인성을 보여 주며 학생들에게 영향을 끼쳤으며, 이는 당시 오산학교의 졸업생인 김경옥을 통하여서도 증명이 되고 있다.

또한 제막식의 답사가 있은 나흘 후인 5월 7일에 남강은 졸업반 학생 중 한 명의 머리가 긴 것을 보고는 "머리를 깎는 데 대하여는 말하지 않을 터이니 머리를 깎든지 안 깎든지 마음대로 하라. 그러나 머리의 길고 짧은 것보다는 한번 작정했으면 그것을 지켜야 한다"[49]고 함으로 지도자로서 학생들에게 강압적으로 강요하지 않고 학생의 선택을 인정하는 겸손한 인성으로 교육했음을 알 수 있다. 1930년 5월 9일에 남강이 소천을 하였기에 제막식의 답사와 훈화는 남강의 유언이 되었다.

III. 인성교육의 방법

1. 교사

남강은 신앙과 애국심을 겸비한 기독교적 인성을 지닌 통합적 인재를 양성해 나가기 위해 교육에 헌신하였다. 이의 출발점은 1907년 대동강 모란봉 기슭에서 도산 안창호의 연설을 들으면서 서당이 아닌 신식학교를 세우기로 결심하게 된 것이다.

유명한 학교에는 유명한 교사들이 있다. 남강이 세운 오산학교에는 신식교육을 받은 유명한 교사들이 있었다. 남강의 인성교육이 오늘까지 언급되는 것은 본이 되는 인성을 지닌 오산학교의 교사와 이에 의해 영향을 받은

---

49) 이교헌, 『남강 이승훈의 생애와 정신』, 174.

학생들이 있었기 때문이다.

남강은 무엇보다 오산학교에 명망 있는 교사를 초빙하는 데 적극적이었다. 명망 있는 교사들 특히 민족을 사랑하는 굳은 지조를 지닌 애국자들을 주로 모았다. 이광수, 유영모, 홍명희, 신채호, 윤기섭, 장지영 등의 오산학교 교사들은 민족 사랑의 애국자들이기도 했다.[50] 우선 문학 교사인 이광수는 조선 유학생의 삼대 천재로 여겨지던 인물이다. 동경 유학생들에 의한 2.8 독립선언서를 기초하기도 했다. 이광수를 학교로 초빙하기 위해 그가 경의선 고읍역에 도착할 무렵 학생과 여준 및 체조 교사인 서진순 등의 80여 명과 함께 역에 환영하기 위해 직접 마중을 가기도 했다.[51]

남강은 처음 부임한 이광수를 여준과 서진순 교사의 양해를 구하고 학교 교장 대리로 임명했다. 이광수는 단 한 사람밖에 없는 가족인 할아버지가 별세하자 낙심하여 교사로서 본이 되지 않는 모습을 보인 기간이 있기도 했다. 그러나 남강은 그가 스스로 정신을 차리고 새로운 삶을 살 때까지 기다렸다. 교회에 꾸준히 출석하면서 마음을 가다듬은 이광수는 다시 교육에 열심을 내기도 하고 교가를 짓기도 하는 등의 본분에 책임을 다했다. 이광수는 김억, 김여제, 이희철 등과 같은 제자를 양성해 내기도 했다.

이 중에서 '해파리의 노래'라는 창작시집과 '오뇌의 무도'라는 번역시집 등으로 후대에 잘 알려진 김억은 나중에 오산학교에 조선어 교사로 부임하고 가르쳤다. 조선어 교사인 김억은 소월로 알려진 김정식을 길러냈다. 김정식이 오산학교에 오게 된 것은 남강이 친구의 사랑방에서 초등학교를 갓 졸업한 어린아이를 보고 영특하게 생겨 오산학교로 오라는 권면을 하고, 김정식이 이를 받아들여 오산학교에 입학했다. 김정식도 어릴 때부터 남강의 가르침을 이어받아 어린 학생이었지만 민족의식을 가지고 있었다.

---

50) 김경옥, 『지조를 지킨 지도자들 남강 이승훈』, 49, 50.
51) Ibid., 41.

그러나 기독교 교육이라는 교육이념으로 4년제에서 5년제로 승격하지 못해 대학 진학에 어려움을 갖고 스승 김억과 고민을 토로하면서 갈등을 풀어 나가기도 했다.[52] 후에 김정식은 5년제인 배재고등보통학교에 편입해서 졸업하고, 일본에 유학하는 과정에 관동대지진의 모함 가운데 조선으로 돌아왔다. 그 후 소월이라는 호로 '진달래꽃', '못잊어', '초혼', '개여울', '금잔디' 등과 같은 민족적이며 서정적인 시들을 후대에 남겼다.

다석 유영모는 미국 선교사 언더우드가 설립한 경신학교에서 물리 실험에 능통한 수재로 알려져 있다. 유영모가 오산학교에 올 때는 20세의 나이였다. 나중에는 동경 물리학교를 정식으로 졸업하고 다시 오산학교로 부임하였다. 유영모는 물리뿐만 아니라 더 잘 알려져 있는 것은 그가 동서양 철학에 조예가 깊었다.[53] 동서양 철학에 조예가 깊다고 해서 한글과 민족 사랑을 등한시한 것은 아니다. 어려운 한자를 한글로 번역하여 사용하기도 했다. 만물(萬物)을 잘몬으로, 노자는 늙은이라고 우리말로 고쳐 불렀다고 한다.[54] 그만큼 민족을 사랑하는 데 철저했다. 유영모의 민족 사랑과 생명 존중 사상은 1960년대 민주화 운동의 정신적인 지주 역할을 한 함석헌을 양성했다.

미술 교사인 임용련과 백남순 부부 교사는 미국 예일대학에서 미술을 전공한 인재로서 오산학교에서 학생들을 가르쳤다. 이 부부 교사는 이중섭이라고 하는 유명한 화가를 길러 내는 데 공헌하였다. 이중섭은 유복자로서 초등학교 때부터 글공부에는 흥미가 없는 대신에 그림 그리는 일에는 열심이었다. 마침 오산학교에 유명한 임용련과 백남순 부부 미술 교사가 알려져 있어서 이중섭은 평안남도 평원군에서 오산학교에 유학을 온 것이다. 이중섭은 임용련, 백남순의 집에서 살다시피 하면서 그림을 열심히 그

---

52) Ibid., 213-217.
53) Ibid., 49.
54) Ibid.

렸다.[55] 이중섭의 대표작 중에 하나는 '소'이다. 이중섭의 '소' 그림이 남강의 사상과 관련된 이유는 다음과 같다.

하루는 남강이 자신 앞에 혈색 없는 아이가 소를 끌고 지나가는 것을 보고 "조선의 소는 소까지도 저렇게 말랐구나"[56]라고 하면서 백성들도 혈색이 없고 산도 마르고 천지가 황폐하였음을 탄식하기도 했다. 남강의 영향에 의해 이중섭이 그린 소는 앙상하게 여윈 조선의 소이다. 이 소는 다름 아닌 일제 당시의 조선을 상징한다.

일제에 착취당한 여위고 뼈만 남은 조선 백성을 상징한다. 소를 통해 수탈당하고 있는 민족을 알리고, 독립을 위한 민족혼을 일깨우고자 한 것이다. 이는 무엇보다 남강의 교육이념을 이어받고 함석헌으로 이어지는 민족 사랑의 정신을 잘 보여 주는 그림이다. 뼈만 남은 소이지만 좌절하지 않고 꿋꿋하게 세대를 책임지는 조선이고 민족이어야 함을 보여 주고 있다.

2. 실천

실천적 인성교육이 남강이 지향하는 인성교육이며 방법이다. 남강의 인성은 실천궁행의 인성이다. 실천궁행은 이론적이고 말로만의 지식이 아닌 직접 몸소 행함으로 실천하고자 함을 말한다. 남강은 형식적이고 이론적인 교육이 아니라 실천을 통한 인성교육을 한 것이다. 오산학교 16회 졸업생이면서 서울대학교 사범대 교수와 학장을 역임한 김기석은 "남강은 오산의 설립자요, 교사요, 실무 책임자요, 교장이요, 심부름하는 사환이요, 배우는 학생이요, 목수요, 청소부요, 연락원이다"[57] 라고 회고한다.

오산학교는 기숙학교로서 남강을 비롯한 교사와 학생이 함께 기숙사에

---

55) *Ibid.*, 192.
56) 김기석, 『남강 이승훈』, 93.
57) 이교헌, 『남강 이승훈의 생애와 정신』, 53.

서 생활하며 교육이 이루어지는 것이 특징이었다. 기숙사에서 함께 생활하며 교육함에 있어 남강은 직접 운동장의 돌을 줍거나 장작을 패는 등의 일을 학생에게 시키지 않고 직접 실천한 사람이다.[58] 특히 남강은 청결을 위해 청소를 강조했다. 교실 청소, 자기 방 청소, 화장실 청소 등 언제나 솔선수범이었다. 특히 남들이 꺼려하는 화장실 청소를 옥중에서도 도맡아 하면서 "주여 감사합니다. 바라옵건대 이 문을 나가는 날까지 이 백성을 위해서 변기 소제를 잊지 말게 해 주옵소서"[59]라는 실천적 인성의 기도를 했다.

남강이 3.1독립운동으로 감옥에 들어갔을 때 그의 자리는 그가 자원하여 변기가 있는 구석진 곳에 자리잡았다.[60] 누구나 싫어하는 곳이지만 예수를 믿는 사람으로서 마땅히 희생의 봉사 정신으로 변기를 청소하는 일을 감당한 것이다. 또한 햇살이 들어오는 창가를 다른 사람에게 양보하였다.

힘들고 어려운 일들을 지도자로서 자신이 직접 양보하고 헌신하며 실천한 것이 남강의 인성이다. 감옥에서 이런 모습을 본 장년 및 청년들까지도 나중에는 그렇게 청소하는 이가 독립운동을 선도한 남강인 줄 알고는 자기들이 먼저 변기 청소를 하고자 했으며, 햇살이 들어오는 자리도 양보하려고 했다. 이러한 인성은 오산학교 교사와 학생들에게도 당연히 영향을 주었다.

남강이 1930년에 소천하고 난 뒤에 오산학교의 이사장을 맡아 감당한 이는 김기홍이다. 김기홍은 일찍이 3.1운동 때 일제에 의해 학교와 교회가 불타 없어지자, 23세의 나이로 조부의 사비를 들여 학교를 다시 복원한 인물이다. 34세의 김기홍은 남강이 소천한 이후 남강이 하던 대로 학교의 일들을 손수 돌보았다.

---

58) 김기석, 『남강 이승훈』, 174, 181, 190; 김도일, "남강 이승훈의 삶과 교육활동에 대한 기독교교육적 고찰," 『기독교교육논총』 제38집(2014), 78, 79.
59) 이교헌, 『남강 이승훈의 생애와 정신』, 53, 54.
60) 김경옥, 『지조를 지킨 지도자들 남강 이승훈』, 151.

화장실을 청소하는 일부터 학교의 유리창이 깨지면 그것을 고쳐 끼우는 일까지 감당하면서 봉사의 일을 손수 감당하였다.[61] 남강의 실천적인 교육자의 모습이 김기홍에게도 나타나고 있음을 볼 수 있다. 남강과 김기홍이 강조한 청소는 오늘날 대부분 청소하는 사람과 버리는 사람으로 구분되어 있다시피 한 교육 현실에 경종을 울리는 인성교육이며, 인성교육의 방법이다.

3. 교육환경

남강이 교육환경의 중요성을 안 것은 그가 하던 사업과 관련된다. 그가 오산학교를 시작하기 전, 행상을 그만두고 납청정에서 유기 공장을 운영하던 시절에 그의 공장 환경은 다른 공장과는 차이가 있었다. 다른 유기 공장 노동자들은 "옷이 새까맣고, 모양이 귀신같고, 불결하고, 일을 되는 대로 하고, 희망이 없고, 청승맞은 노래만 뽑고, 잡담하고, 싸우고, 물건을 훔쳐내고"[62] 등의 모습이었다.

이런 모습과 환경을 개선하고자 한 남강은 "우선 돈을 들여 공장의 구조를 햇볕이 많이 들어오도록 고치고, 먼지가 나지 않게 깨끗이 치우게 하고, 일할 때의 옷과 일 마친 뒤의 옷을 따로 입게 하고, 일정한 쉬는 시간을 주고, 노임을 높여 주고, 그 밖에 그들을 모아놓고 이야기하는 시간을 가짐"[63] 등의 노동 개선을 추진한 것이다. 물론 다른 공장에서는 젊은 경영자인 남강에 대하여 비난하기도 했지만 노동 환경을 개선해 나갔다.

남강의 오산학교 교육시설은 당시의 다른 중등학교와 차이가 있었다. 당

---

61) *Ibid.*, 66; 김기석, 『남강 이승훈』, 248-253.
62) 김기석, 『남강 이승훈』 (경기: 한국학술정보, 2005), 45.
63) *Ibid.*, 45; 하동안, "삶의 자리에서 본 남강 이승훈," 『신학이해』 (1992) Vol. 10, 85.

시의 중등학교는 교실 중심으로 시설들이 구성되어 있었지만, 오산학교는 통전적인 양육을 위한 교육시설을 갖추고 있었다.[64] 남강이 설립한 당시의 오산학교에는 다른 중등학교에서 볼 수 없던 의무실이 있었고, 학생 목욕탕 시설이 있었다. 그리고 기숙사 시설을 갖추었다.

당시 오산학교는 기숙학교로서 남강을 비롯한 교사와 학생이 함께 기숙사에서 생활하며 전인교육을 한 것이다. 14, 15개의 방이 있는 기숙사였으며, 한 방에 3-4명씩 60여 명을 수용할 수 있었다. 학생과 교사는 낮에는 교실에서 함께 공부하고, 밤에도 함께 생활하며 같이 먹고 자고 하는 사제동행에 의한 기숙학교를 통한 전인교육을 한 것이다.[65] 김기석에 의하면 당시 기숙학교인 오산학교는 마치 하나의 정다운 가정과 같았다. 아침에 함께 기상하고, 구보와 체조로 시작했으며, 기숙사를 자치적으로 청소할 정도로 청결 의식도 함양하였다.

이렇게 교육시설에도 관심을 가지며 교육에 열정을 기울인 이유를 그의 제자인 김기석은 이렇게 분석했다. "유기 공장의 그릇 만드는 공정처럼 사람 자체가 새로운 그릇이 되어야 하는 일"[66]이 나라의 독립을 위한 길이라는 확신에 의해서이다.

당시 백성들의 수준 자체가 천민에 가까웠고, 이에 의한 나라의 형편은 약육강식의 국제질서와는 동떨어진 상황이었다. 나라의 독립을 위해 무장혁명을 하거나 단순히 공장을 운영하여 먹고살게 하기보다는 근본적으로는 사람을 새롭게 해야 한다는 교육철학을 갖고 있었다. 이는 그가 유기 공장을 경영하면서 단순한 쇳물이 본에 따라 그릇 모양이 나온 것을 뚜들기거나 깎거나 다듬어서 나중에는 명품 유기로 만들어지는 과정을 보면서 깨달은 것과 맥을 같이 한다.

---

64) 이교헌, 『남강 이승훈의 생애와 정신』, 66, 67.
65) 김기석, 『남강 이승훈』, 256.
66) *Ibid.*, 50.

4. 거버넌스

거버넌스(governance)는 다양한 인력들이 협력하여 목표를 성취하고자 하는 리더십을 말한다. 남강은 오늘날의 관점에서 보면 거버넌스의 인성을 지니고 있다. 남강은 오산학교의 중등교육을 넘어서 평생교육 차원에서 성인들에게 거버넌스의 인성교육을 한 것이다.[67]

남강이 조선 제일의 거부가 된 것도 그가 세상의 변화에 대한 흐름에 민감했기 때문이다. 그는 당시 국제정세와 국내정세를 잘 대변해 주며 신민회의 기관지와 같은 역할을 한 '대한매일신보'을 정기구독했고, '대한매일신보'에 난 소식들을 마을의 다른 사람들과 나누기를 즐겼다. 마을목회를 한 것이다.

남강이 교육한 내용은 시대의 변화에 따라 우리도 변화되어야 하며 "예전처럼 아무 일도 안 하고 양반으로 살아가려고 하지 말고 장사도 하고 공업도 하고 하여 힘써 일해야 우리도 남의 나라를 따라갈 수 있음"[68]에 대해서이다. 유교의 영향으로 당시에 천하게 여기던 상업과 공업의 중요성과 이러한 변화의 물결을 수용할 것에 대한 교육을 통하여 새 사람을 양성하고자 한 것이다.

국내에서의 3.1운동이 1919년 1월 안동 장로교회의 장로 박승봉의 자택에서 기독교 지도자들과 천도교 지도자들이 모여 의논하면서 발단되었다는 설이 있다.[69] 그러나 이교헌과 김기석에 의하면 1918년 12월 상해에서 온 독립운동가 선우혁이 남강을 찾으면서 시작되었다.[70]

---

67) *Ibid.*, 91, 301-307. 남강은 1922년 11월 민립대학 설립을 위해서도 동아일보 등의 미디어를 활용하여 주도적으로 기여함.

68) *Ibid.*, 73.

69) 임희국, "거룩한 교회, 일제 강점기 민족 독립을 위해 3.1운동(1919)을 주도한 교회," 『영적 부흥으로 민족의 동반자 되게 하소서』 (서울: 한국장로교출판사, 2018), 177.

70) 이교헌, 『남강 이승훈의 생애와 정신』, 122; 김기석, 『남강 이승훈』, 201. 2.1

상해에서 독립운동하던 선우혁에 의해 무오(戊午)독립선언에 대한 소식을 듣고 조선에서도 독립선언을 하고자 결심하면서 "이제야 죽을 자리를 얻었구나"[71]라고 기뻐한 것이다. 이처럼 3.1운동은 중국 만주 지역 선양에서 2.1무오독립선언, 일본 동경 조선기독교청년회관에서 2.8독립선언 등으로 활동한 국내와 국외의 독립운동가와의 거버넌스에 의한 결과였다.

　3.1운동은 기독교를 대표한 남강에 의해서 장로교와 감리교의 교단 연합으로 추진한 것은 평생교육 차원에서 의미 있는 인성교육이다.[72] 처음에 남강이 장로교의 길선주 목사에게 독립선언에 참여할 것을 권면했을 때, 길선주 목사 등은 하나님의 종인 목사로서 3.1운동과 같은 정치에 참여하기는 꺼려진다고 말하자, 남강은 자기 나라를 사랑하는 신앙과 목회자가 되어야 함을 강조했다.[73]

　우선 장로교 목사들을 독립선언에 참여하도록 했으며, 더 나아가 감리교와 연합으로 독립선언을 추진했다. 그 결과 장로교 측은 평양 장대현교회 길선주 목사, 감리교 측은 서울 정동교회 이필주 목사 등이 연합하여, 장로교는 주로 서북지역을 담당하고, 감리교는 주로 서울 지역을 담당해서 추진한 점에서 3.1독립운동은 교단을 초월한 거버넌스의 특성이 있다.

　더 나아가 남강이 3.1독립운동을 종교의 차이를 넘어서 천도교, 불교 등

무오독립선언과 2.8독립선언은 3.1독립선언에 앞선 독립선언임. 대한민국임시정부는 상해에서 1919년 4월 11일에 수립되었음. 채인택, 2019. 2. 1. "'육탄혈전으로 독립' 100년 전 2.1대한독립선언, 무장독립투쟁 불붙이다," https://news.joins.com/article/23342890, 접속일 2019.2.4.

71) 이교헌, 『남강 이승훈의 생애와 정신』, 122; 김기석, 『남강 이승훈』, 134.
72) 김치성, "영적 부흥으로 민족의 동반자 되게 하소서: 거룩한 교회, 민족의 동반자," 『영적 부흥으로 민족의 동반자 되게 하소서』 (서울: 한국장로교출판사, 2018), 31; 이교헌, 『남강 이승훈의 생애와 정신』, 125; 김기석, 『남강 이승훈』, 206-218.
73) 김경옥, 『지조를 지킨 지도자들 남강 이승훈』, 143. 1920년 10월 30일 경성복심법원에서 선고된 형량 판결 명단에 이승훈은 3년 형을 선고받았으나, 길선주 목사는 무죄로 명단에 없음.

과 연합해서 추진한 것은 또한 평생교육 차원에서 의미 있는 인성교육이다. 독립선언은 구체적으로 기독교, 천도교, 그리고 불교 등이 종교 연합으로 추진되었다. 독립선언서 대표 33인은 기독교인 16명, 천도교인 15명, 불교인 2명으로 구성되었다.

독립선언서와 전국으로 보내는 서류와 미주와 유럽 지역에 보낼 서류를 만드는 등을 민족 대표 48명과 같이 했지만 "남강의 치밀한 계획과 힘찬 추진력이 없었다면 도저히 불가능했을 것이다. 남강의 열성과 판단력, 민첩한 활동과 의연한 태도가 이 일을 결행시킨 것"[74]이라는 평가처럼 남강의 거버넌스는 3.1운동에 기여한 바가 크다. 남강은 3.1운동에 2,000만 조선 인구 중에서 300만의 천도교와 20-30만의 기독교인이 종교를 초월하여 적극 참여하도록 하는 거버넌스 리더십의 인성을 보여 주기도 한 인물이다.

<주요토론내용>

1. 남강이 평북에서 살게 된 이유를 담화적 상상력으로 구성해 보자.
2. 남강의 인성교육 내용이 오늘날 청소년 인성교육에 주는 의미는 무엇인가?
3. 남강의 청소년 인성교육 방법에 나타난 특징들은 무엇인가?
4. 오산학교의 해방 이전 역사적 인물들을 청소년 인성교육용으로 만들어 보자.
5. 파면당한 주기철 목사와 면직 처분을 받은 남강에 대한 자신의 생각을 나누어 보자.

---

74) 이교헌, 『남강 이승훈의 생애와 정신』, 122; 한규무, "민족과 교회를 같이 품은 남강 이승훈," 『농촌과 목회』(2013), Issue 4, 통권 60. 남강의 공적을 기려 정부에서는 1962년 대한민국건국공로훈장을 추서함.

12장   디지털 세대와 가상성

    매체(media)는 시대에 따라 음성언어매체, 문자와 인쇄매체, 라디오와 텔레비전 방송 등을 비롯한 대중매체, 그리고 전자과학으로 말미암는 디지털 매체 등으로 발달하고 있다. 가상성(virtuality, 假想性)은 디지털 매체와 관련을 갖고 있다. 가상성은 가상적 실재(virtual reality; VR)의 줄임말이다.

    가상성을 일차원적으로 이해하자면 아날로그 방식에 의한 텔레비전, 비디오 등에서의 영상 또는 이미지로 이해할 수 있다. 이차원적으로는 일차원적 매체와 달리 상호작용적이며 참여적인 특징을 지닌 인터넷, 스마트폰, 유튜브 등을 비롯한 다양한 디지털 방식에 의한 이미지이다.

    삼차원적으로는 입체(3D) 안경을 비롯한 HMD(Head Mounted Display) 등을 통하여 텔레비전이나 영화와 같은 일정한 프로그램에서의 입체적 이미지이다. 또는 구글 등을 통하여 원하는 지역을 입체적인 영상으로 볼 수 있거나, 홀로그래피의 원리를 이용한 홀로그램(hologram) 등과 같은 이미지이다. 오늘에 이르기까지 인간의 상상력을 과학적으로 가장 잘 구현하고 있는 것은 삼차원 이미지로서의 가상성의 디지털 매체이다.[1]

---

* 본 내용은 한국기독교교육정보학회, "기독교교육과정에서의 가상성," 『기독교교육정보』 46 (2015), 223-250에 게재된 논문을 수정 및 보완한 것임.

1) 하임에 의하면 가상성은 7가지의 특성이 있음. 모의실험(simulation), 상호작용(interaction), 인위성(artificiality), 몰입(immersion), 가상임재

정리하자면 가상성이란 인간의 상상력을 디지털 매체를 통하여 일차원, 이차원, 그리고 삼차원 또는 입체적(cubistic)으로 표현하는 이미지이다. 다양한 디지털 매체를 통하여 실재를 다차원적인 이미지로 보고 듣고 지각하는 등의 경험을 한다.

달리 표현하면 가상성은 디지털 매체를 활용하여 다양한 감각으로 경험할 수 있는 다차원적 실재라고도 할 수 있다. 따라서 가상성은 디지털 매체에 의하여 제시되어진 내용을 비롯하여 디지털 매체에 의한 다차원적 실재 또는 다차원적 실재로서의 교육내용이다.

가상성은 실물처럼 보이는 거짓 형상이 아니다. 오히려 디지털 매체를 통한 다차원적 실재라고 할 수 있다. 디지털 매체로 말미암아 사용자의 시각이나 청각, 촉각 등을 자극해 다차원적으로 존재하는 것처럼 느끼게 만드는 가상의 현실이다. 따라서 가상성은 현실과 비현실, 대면과 비대면의 병행이며 통합이기도 하다.

가상성은 교육과정 유형에서 변혁적 과정에 의한 지식을 추구한다는 점에서 재개념화에 속한다. 전통주의적 유형이 교육목적과 목표를 강조하고, 개념-경험주의적 유형이 학습결과를 강조하는 반면에, 재개념화 유형에서는 지식을 구성해 나가는 과정을 강조한다. 기독교교육과정에서 재개념화 유형으로는 정당성과 통합성이 연구되어 왔다.

가상성은 재개념화 유형의 정당성과 통합성 등과 같이 새로운 세계관을 갖게 하는 변혁적이라는 점에서 재개념화의 유형에 속한다. 그러나 차이점

(telepresence), 전인적 임재(full body immersion), 다면적 의사소통(networked communications). 이는 밀러가 말하는 디지털 미디어의 7가지 특성과 관련됨. 상호연결(interconnection), 복합성(complexity), 가속성(acceleration), 불가촉성(intangibility), 융합성(convergence), 즉시성(immediacy), 비예측성(unpredictability). Michael Heim, *The Metaphysics of Virtual Reality* (New York, Oxford: Oxford University Press, 1993), 109; M. Rex Miller, *The Millennium Matrix: Reclaiming the Past, Reframing the Future of the Church* (San Francisco: Jossey-Bass, 2004), 4, 77.

은 가상성에서는 무엇보다 디지털 매체로 말미암아 지식이 구성되는 생성적 과정과 교육과정 구성 요소들 사이에 상호주관적인 의사소통이 강조된다는 점이다.[2] 또한 디지털 매체에 의한 가상적 이미지를 교육내용으로 한다는 점이다.

가상성과 관련하여 제기되는 주요한 질문은 다음과 같다. 가상성을 의미하는 가상적 실재로서의 가상적 이미지는 오늘의 신앙생활을 변화시킬 수 있는가? 가상적 이미지의 이론적 기초는 무엇인가? 가상적 이미지로서의 교육과정이 지닌 특징은 무엇인가? 가상적 이미지로서의 교육과정으로 말미암는 새로운 교육경험은 무엇인가?

본 저서에서 디지털 세대란 연령에 따른 생물학적인 개념을 일차적으로 중요하게 여긴다. 그러나 그 범위를 넘어서서 기술적인 변화에 공감하며 익숙한 부류를 일컫는 개념이다.[3] 따라서 디지털 세대는 주로 아동과 청소년이 이에 해당하지만 디지털 매체에 익숙한 성인도 이에 포함된다.

I. 가상성의 이론적 기초

1. 가상적 텍스트

콜롬비아 신학교 명예교수로 있는 월터 브루그만은 모더니즘에 의한 역

---

[2] Neil Holm, "Educating The Net Generation for Transformation and Transcendence," *Journal of Christian Education*, Vol 54 No. 2 (2011), 10-17; Mary Kalantzis and Bill Cope, "Designs for Learning," *E-Learning* (The Journal is now *E-Learning and Digital Media*), Volume 1. Number 1 (2004), 38-93.

[3] Howard Gardner and Katie Davis, *The App Generation* (New Haven and London: Yale University Press, 2014), 50.

사비평에 대한 대안으로 포스트모더니즘에 의한 문학비평을 언급하고 있다. 이에 대한 구체적인 방안으로 실재(reality)를 일종의 드라마로서 받아들여야 함을 말한다. 텍스트는 그 드라마를 위한 일종의 대본(script)으로 여긴다. 드라마로서의 대본이 갖는 특징들은 다음과 같다.[4]

1) 드라마로서 성경을 해석하고자 하는 관점은 해당하는 시간과 공간에 적절한 해석을 부여하고자 하는 하나의 방법이다. 이는 계몽주의의 영향 아래 있는 진리의 절대성을 강조하는 18세기의 근본주의 신학에 대한 대안적인 해석이다.

또한 다원주의에 영향을 받아 진리의 상대성을 주장하는 19세기의 자유주의 신학에 대한 대안적 해석이기도 하다. 무엇보다 근본주의 신학이나 자유주의 신학과 달리 텍스트에서의 전체 내용을 역사 비평학적인 관점이 아닌 문학 비평학적 관점을 인정하고 수용하는 해석의 방법에 기초한다. 이를 통하여 시간적 그리고 공간적 요소들이 포함된 상황적인 요소들과의 관련으로 적절한 해석을 하고자 하는 방법론이다.

또한 드라마로서의 성경에 대한 관점은 자신의 삶에서의 일상적이며 살아 있는 실재에 대한 것을 중요하게 여기는 신앙과 관계된다. 라인홀드 니버가 '자아와 역사의 드라마'(the self and the dramas of history)에 대해서 말한 것에 대하여 부르그만은 '역사와 자아의 드라마'(history and the dramas of self)에 대한 연구가 필요함을 말한다. 왜냐하면 자기 자신의 삶은 일상생활 속에서의 다양한 인물과 다양한 내용으로 얽혀 있는 일종의 콜라주(collage)이기 때문이다.

2) 텍스트와 자신의 삶을 일종의 드라마로 읽고 해석하는 방법은 자신의 삶을 전통과 변화의 과정에서 계속 구성되어 가는 것으로 이해하게 한다. 또한 타자에 대한 인정이다. 타자가 있음으로 해서 나라고 하는 자기 자신

---

4) Walter Brueggemann, *Texts under Negotiation: The Bible and Postmodern Imagination* (Minneapolis: Fortress Press, 1993), 64-69.

의 존재가 가능하다.

성경이라는 대본에서의 일차적 타자는 하나님이다. 하나님은 성경 드라마에서 결정적인 역할을 이끌어 가는 주권자로서의 타자이다. 타자로서의 하나님과 더불어 드라마로서의 자신의 삶을 이해한다는 것은 역으로 자신의 중요성을 이해하는 것이기도 하다.

일차적인 타자인 하나님에게 나 자신은 또한 중요한 타자이다. 하나님에 의해 하나님의 드라마에 참여하기를 원하는 타자로서의 자기 자신에 대한 이해이다. 하나님의 드라마에 참여하는 가장 분명한 방법은 기도이다. 하나님의 섭리적 프락시스를 말한다고 해서 타자로서의 자신을 배제하는 것이 아니라 오히려 기도하는 자신은 하나님의 섭리적 프락시스에 있어서 우주적인 중요성을 가진 존재이다.

사역은 이러한 하나님의 드라마에 회중들이 참여하도록 초청하고 인도하는 것이다. 사역에서 설교는 주장되는 강의가 아니라 텍스트의 드라마를 재연하는 것이며 개방적이고 치유적이다. 회중은 드라마로서의 사역에서 책임적인 소명과 리더십을 갖도록 격려된다.

3) 성경과 삶이라고 하는 텍스트의 핵심 드라마를 구속의 드라마(drama of salvation)인 창조, 죄, 구속, 그리고 새로운 삶 등으로 강조하는 것에 대한 비판적 성찰이 필요하다. 개혁신학에서 강조되는 구속의 드라마는 스콜라주의에 영향을 받아서 다양한 드라마로서의 성경 텍스트를 환원주의적으로 이론화한 것으로 부르그만은 이해한다. 따라서 성경은 대단위로 획일적인 드라마로만 구성되어 있기보다는 다양하고도 작은 갈등들로 엮어진 드라마들로 구성되어 있는 것으로 이해할 필요가 있다.[5]

그러나 이러한 부르그만의 비판은 성경을 해석하는 큰 흐름을 잃어버리게 할 가능성이 있다. 성경해석의 원리를 위해 성경을 구속의 드라마로 이

---

5) *Ibid.*, 71.

해해야 한다. 하나님은 구속의 드라마를 펼쳐 나가시는 기획자이시다. 그러나 구속의 드라마를 나와의 관계 속에서 개인적인 삶의 다양성과 독특성이라는 관점에서도 함께 이해해야 한다. 개인적인 삶을 환원주의적인 틀에만 의존하기보다는 다양하고 특색 있는 드라마들로 이해하도록 해야 한다.

성경과 개인의 삶은 대단위 드라마와 다양하고 특색 있는 드라마 사이의 긴장 관계에 있으며 형성 과정 가운데 있다. 성경에서 다양하고 특색 있는 드라마들이 구속의 드라마라고 하는 중심적인 담화로 향하여 나아가고 있지만 획일적인 내용과 방법은 아니기 때문이다. 따라서 성경에서의 다양하면서 사소한 드라마라고 할지라도 중요하게 여겨야 한다.

이와 같은 맥락에서 부르그만이 말한 거대담화의 종말과 이에 대한 대안으로서 다양한 장르로부터의 '작은 텍스트들'(little texts)에 대한 이해가 필요하다. 작은 텍스트들은 합리성을 위한 것이 아닌 상상력을 위한 자료로서 이야기되어질 필요가 있는 것을 말한다. 작은 텍스트들로서의 구체적인 담론은 서로 분리된 담론을 의미하는 것이 아닌 더 큰 진리를 보여 주는 성례전적인 담론을 의미한다.

2. 가상교회

오늘날 교회는 웹사이트, 블로그, 팟캐스트(podcast), 그리고 스마트폰 애플리케이션(app) 등과 같은 디지털 매체를 활용하고 있다. 비록 디지털 매체를 활용하고 있지만 공간적인 차원에서 보면 지역적 위치에 기초하고 있다는 점에서 일정한 건물에 의한 전통교회의 연장선상에 있다. 지역이라고 하는 물리적 공간에 기초한 전통적인 교회의 한계를 보완하고 강화하는 차원에서 디지털 매체가 활용되고 있다.

그러나 여기서 더 나아가 21세기의 교회는 공간적인 차원에서 지역적인 위치에 기초하는 것으로부터 가상공간이라고 하는 새로운 세계인 가상적 세계(virtual world)에 기초하는 방향으로 나아가고 있다.

이를 '가상교회'라고 한다. 가상교회는 Second Life와 같이 가상적인 일정한 3D 공간에 모여서 삼위일체 하나님의 임재로 말미암아 신앙고백을 하는 사람들의 모임이다.[6] 전통적인 교회 이해와 가장 큰 차이점은 '가상적'이라는 것이다.

전통적 교회는 지리적이며 가시적인 공간에 기초하지만, 가상교회에서는 가상공간이라는 말이 강조된다. 이는 교회는 가시적인 건물이나 장소가 일차적으로 중요한 것이 아님을 말한다. 또는 일차적으로 중요한 것은 의례, 친교, 활동도 아니다. 이는 교회의 기능이기 때문이다. 교회는 무엇보다 성령의 능력으로 신앙을 고백하는 자들의 모임이다.

가상공간에도 성령이 임재하는가? 라이틀(Julie Lytle)에 의하면 디지털 시대는 가상공간을 통하여 공동체의 새로운 의미와 함께 새로운 방식으로 성령의 임재 경험을 하도록 하고 있다. 임재 여부의 문제가 아니라 방식의 차이에 지나지 않는다는 것이다. 따라서 가상교회는 가상이라고 하는 일정한 공간에서 성령의 임재로 신앙을 고백하는 자들의 모임이다.

에스테스에 의하면 가상교회는 대표적인 선교적 교회이다.[7] 가상교회는 교회에 다니지 않지만 디지털 매체에 매우 친숙한 디지털 세대에게 쉽게 다가갈 수 있는 장점이 있다. 또한 기독교 선교를 금지하고 있는 회교권 지역이나 여타지역에 대하여서도 선교적 교회로서의 가상교회를 통하여 접근할 수 있는 장점이 있다.

---

6) Metropolitan Community Church's(MCC), Sunshine Cathedral (www.sunshinecathedral.org)과 Anglican Cathedral of Second Life(AoSL)(http://slangcath.wordpress.com/about) 등이 대표적인 가상교회임. Douglas Estes, *SimChurch: Being the Church in the Virtual World* (Michigan: Zondervan, 2009), 37; "Julie Anne Lytle, Virtual Incarnations: An Exploration of Internet-Mediated Interaction as Manifestation of the Divine," *Religious Education* Vol. 105 No. 4 July-September (2010), 403-411.

7) Douglas Estes, *SimChurch: Being the Church in the Virtual World*, 199.

성령의 임재에 대한 중요성과 공간 및 시간의 제한에 대한 극복이라는 장점에도 불구하고 가상교회에 대하여 한 가지 비판이 되는 문제는 성례에 대한 것이다. 가상교회에서 성찬과 세례가 가능한가? 가상 성찬과 세례의 경우 네 가지 방법으로 가능하다.[8]

1) 상징적 가상 성찬과 세례. 성례에 참여하고자 하는 대상자들로 하여금 관련된 성경구절을 제시하고 각자 성찬과 세례에 대한 성경 구절을 읽고 성찬과 세례의 상징적 의미를 묵상하도록 한다. 이 경우 직접 성례에 참여하지 않는다는 점에서 비판의 여지가 많다.

2) 아바타를 통한 가상 성찬과 세례. 가상교회에서 성찬이 행해질 때 자신의 아바타에게 세례를 받게 하고, 더 나아가 가상적인 떡과 잔을 먹고 마시게 한다. 아바타를 통한 세례와 가상 성찬 등은 성찬을 신체적으로 참여하지 못한다는 한계가 있다. 그러나 중동지역과 같이 세례와 성찬에 대한 위험 부담이 큰 지역에서 아바타로 하여금 세례와 성찬을 받도록 하는 것도 하나의 대안이 될 수 있다.

3) 확장적인 가상 성찬과 세례. 목회자에 의해 가상적으로 세례를 집례하지만 세례받는 자에게 도우미를 두어서 그 도우미는 가상 화면에서의 목회자를 따라 실제의 물로 세례가 집례되도록 한다. 이는 유아세례의 경우 부모를 도우미로 하는 세례가 가능하다.

성찬의 경우 빵과 잔을 가정에서 개인적으로 실제로 준비하거나 또는 근처 교회로부터 배달된 빵과 잔으로 가상교회에서의 진행에 따라 성찬을 행한다. 이 경우는 병자 또는 임종이 가까운 교인들도 참여할 수 있는 유익한 방법으로서 고대 교회에서도 인정된 방법이기도 하다. 그러나 가상교회의 경우 건강한 교인들을 대상으로도 가상으로 할 수 있다는 점에서 비판의 여지가 있다.

---

[8] *Ibid.*, 118-129.

4) 외주에 의한 가상 성찬과 세례(outsourcing communion and baptism). 가상교회가 지역 교회와 세례 및 성찬에 대하여 협약을 맺는 방법이다. 세례와 성찬을 위해서는 가상교회의 교인들이 지역 교회에서 행해지는 세례와 성찬에 참여하도록 한다. 이 경우 지역 교회와 가상교회와의 신뢰 관계 가운데 시행하는 것이 중요하다.

3. 가상사역

제도적이며 교권 중심적 사역으로부터 하나님의 나라와 통치를 향한 하나님 백성들의 공동체 중심의 사역이라고 하는 흐름 가운데서 가상교회를 통한 사역에는 다음과 같은 특징들이 있다.[9]

1) 가상교회에서의 제자화 사역: 대표적으로 영상화면 대화(video conferencing)를 통한 사역이 있다. 디지털 세대는 사역의 수여자이기보다는 사역을 함께 감당해 나가는 공동체의 일원이다. 영상화면을 통한 성경공부는 신체에 장애가 있거나, 병약하거나, 여행이 잦은 사람들 가운데서의 디지털 세대가 주 대상이 된다.

온라인 영상화면 대화를 통한 성경공부는 개인적인 친밀감을 높일 수 있는 기회이기도 하다. 처음 시작할 때부터 디지털 매체를 복잡하게 활용하려고 하기보다는 영상화면 시설과 들을 수 있는 시설 등으로 시작할 수 있다. 성경공부 기간은 장기간으로 하기보다는 5-6주 정도의 단기간으로 시행함으로써 집중력을 높이도록 하며, 이 기간의 정해진 시간에 반드시 참석할 수 있도록 협약한다. 성경의 의미를 다양한 관점에서 나누도록 하며 함께 기도하는 시간을 갖도록 한다.

2) 가상교회에서의 디지털 세대에 대한 교육상담 사역: 디지털 세대를 비

---

9) *Ibid.*, Chap. 9.

롯하여 대인공포증(social phobias) 및 자폐증(autism)을 가지고 있거나 성 (gender), 인종차별, 이성 문제 등으로 말미암아 내면적으로 갈등하는 내담자를 대상으로 익명성을 전제로 하는 이메일 또는 페이스북 등의 다양한 디지털 매체를 통하여 교육상담 사역을 할 수 있다.

특히 익명성을 강화하는 차원에서 아바타를 통한 교육상담 사역도 가능하다. 내담자는 자신이 원하는 아바타를 선택하고 상담자는 이와 더불어 상담을 해 나가도록 함으로써 대면에 의한 상담 못지않게 유익한 상담의 결과를 얻을 수 있다.

3) 주변인(marginalized people)에 대한 사역: 디지털 매체로 말미암는 세계화 시대에 삶의 자리는 다인종 또는 다문화되어 가고 있다. 세계화로 인하여 지역 교회와 공동체에서는 주변인이 확대되어 가는 가운데 있다. 세계화로 말미암는 주변인에 대한 극복 방안의 하나는 가상세계를 통해서이다. 지역 교회와 공동체에서는 인종, 계층, 연령, 신체적 장애 등으로 말미암아 주변인의 가능성이 있는 반면에 가상세계에서는 아바타 등을 사용함으로 이를 극복할 수 있다. 자기가 원하는 아바타를 활용하여 가상교회에 적극적으로 참여함으로써 주변인의 문제를 극복할 수 있기 때문이다.

II. 가상성과 정체성

정체성 이론은 자율적(autonomous) 정체성, 관계적(relational) 정체성, 그리고 다중적(plural) 정체성 등의 변화 과정을 거치면서 발전하고 있다. 에릭슨에 의해 강조된 자율적 정체성 이론에 의하면 성숙한 자아는 자율적인 인격(who am I?)과 관계된다.

캐롤 길리건으로 대표되는 관계적 정체성 이론에 의하면 성숙한 자아는 관계적 성숙이다. 상호주관성에 의한 인격적인 관계 형성(whose am I?)을 중요하게 여긴다.

그리고 다중적 정체성은 포스트모더니즘에 기초한 것으로 모자이크와 같이 여러 개의 정체성이 함께 내재되어 있다. 프리드리히 슈바이처에 의하면 이는 직물공예 정체성(patchwork identities)이다.[10]

이는 다중적 정체성 또는 모자이크 정체성과 맥을 같이 한다. 오늘날 디지털 세대와 관련하여서는 컨버전스 정체성 또는 가상적 정체성(virtual identity)이다. 특히 가상적 정체성은 3D로 말미암는 가상교회와 가상세계에서는 아바타(avatar)와 관련된다.

아바타는 다른 사람들에게 보이기를 원하는 가상적 자기 자신이다. 아바타는 자기 자신을 나타내고 자기 자신을 보이도록 하는 상징이다. 근대적인 관점에 의하면 아바타는 코스프레(흉내 내기)와 같이 자신의 모습을 감춘다는 점에서 또한 비현실적이며 비윤리적이라는 점에서 거짓된 것으로 비판의 대상이다.

그러나 마스크(탈)와 정체성의 문제는 오랜 역사를 거친 문제이며 단지 아바타에만 국한되는 문제는 아니다. 그리고 디지털 시대에 이르러 디지털 매체를 사용함에 있어서 아바타는 자신의 무의식을 의식적으로 나타내고자 하는 관점에서 긍정적으로 여겨지고 있다.[11]

디지털 세대는 전자 메일, 홈페이지, 페이스북 등의 주소, 파워포인트에서의 내용과 구성 등의 초보적인 아바타를 비롯하여 3D 공간에서의 복합적이며 다양한 아바타를 사용하고 있다. 디지털 세대는 복합적인 아바타들(multiple avatars)을 통하여 자신을 대신하기도 한다. 디지털 세대를 위해서는 아바타의 사용을 거부하거나 당연시하기보다는 아바타에 대한 비판적 성찰을 통하여 왜곡이나 편견을 극복하고 정체성의 혼란을 넘어서 다중적

---

10) Friedrich L. Schweitzer, *the Postmodern Life Cycle: Challenges for Church and Theology* (St. Louis, Missouri: Chalice Press, 2004), 50.

11) Douglas Estes, *SimChurch: Being the Church in the Virtual World*, 167-168.

정체성 형성을 위한 아바타의 사용이 필요하다.

따라서 가상적 정체성은 현실적이며 지역적인 기초 위에 있는 나와 가상 세계 안에 있는 나 자신의 아바타들의 사이에 위치하도록 하는 정체성이어야 한다. 달리 서술하면 가상적 정체성은 경계선상에서의 과정적이며 변혁적이어야 함을 말한다.[12]

변혁적인 가상적 정체성을 위해 사용되고 있는 아바타에 대하여 교육과정의 관점에서 비판적으로 성찰해야 할 물음들은 다음과 같다.

내가 사용하는 아바타의 특징은 무엇인가? 무엇을 상징하는 아바타인가? 자신의 정체성과 어떤 관계가 있는가? 교회와 어떤 관계가 있는가? 신앙교육을 위해 어떤 아바타를 제시하고 있는가? 남성이 여성 아바타를 사용하거나 반대로 여성이 남성 아바타를 사용하는 것은 잘못된 것인가? 등이다.

이외에도 로봇을 아바타로 사용하는 것과 이성(異性)을 아바타로 사용하는 것 중 어느 것이 더 나쁘다고 생각하는가? 그 이유는? 아바타는 속임이나 거짓의 문제인가? 내가 사용하고 있는 아바타를 통하여 어떤 윤리적인 문제가 발생할 수 있는가? 아바타를 통하여 어떤 사회적 관계성을 갖도록 하고 있는가? 아바타를 통하여 영적 성장을 경험할 수 있는가? 등의 물음이 가능하다.

III. 가상성과 내용선정 및 조직

1. 내용선정

---

[12] Neil Holm, "Educating The Net Generation for Transformation and Transcendence," *Journal of Christian Education*, Vol 54 No. 2, Sep. (2011), 10.

1) 가상적 관계성. 디지털 세대의 대화는 가상적인 특징이 있다. 스마트폰 애플리케이션(앱)에서 '가상 친구'와의 대화를 통하여 문제를 나누고 위로를 받고자 하기도 한다. '실친'(실제 친구)이 없거나 불안정한 친구 관계로 말미암아 친구에게 위로받지 못하는 경우 앱에서의 '가친'(가상의 친구)과 대화를 나눈다.[13]

오늘날 앱을 통하여서도 친밀한 다중적 관계성을 형성하고 있음을 알 수 있다. 또한 이와 관련하여 디지털 시대에는 개인적인 차원을 넘어서 우정, 이타적 삶, 관계성, 협력, 상호 의존성 등의 관계적 인성교육이 필요함을 말해 준다.[14]

같은 맥락에서 가상적 관계성은 앱을 통해서뿐만 아니라 가상교회 및 가상사역으로 확대되어야 한다. 앱을 통해서는 개인적인 가상 관계성이 형성되는 반면에 가상교회와 가상사역은 공동체적인 가상 관계성 형성이 강조되기 때문이다.

가상적 관계성으로서의 인성 덕목들과 더불어 세계화 시대에는 외형적이며 형식적인 가치보다는 자기 자신의 내면적인 '진정성'에 가치를 부여하는 시대이다. 외적인 양보다는 품질에 더 가치를 부여하는 시대이다. 따라서 디지털 세대로 하여금 은폐나 왜곡보다는 자기 자신의 진정성이라고 하는 자신의 독특성을 표현할 수 있도록 격려되어야 한다.

디지털 시대에는 모든 것이 개방되어 있고 관계성과 협력을 강조하다 보면 자신의 독특성 또는 특수성을 경시하기도 한다. 삼위일체 하나님은 하나님이라는 보편성과 각 위격의 특수성이 공존하듯이, 디지털 세대로 하여금 관계성과 더불어 진정성으로서의 특수성에 대한 이해를 함께 추구해 나가도록 해야 한다. 하나님의 섭리적 프락시스에 의한 소명으로서의 진정성

---

13) http://news.zum.com/articles/21507513
14) Neil Holm, "Educating The Net Generation for Transformation and Transcendence," *Journal of Christian Education*, Vol 54 No. 2. Sep. (2011), 6.

에 대한 추구로 말미암아 자신의 삶에서의 독특한 사명을 발견하도록 한다.

2) 가상적 하이퍼텍스트. 드라마로서의 성경 이해는 인간이 가지는 갈등을 이해하고 해결하는 데 장점이 있다. 갈등 중심의 신앙적인 주제들을 하이퍼링크를 통하여 가상성의 텍스트와 연결되도록 하는 것을 가상적 하이퍼텍스트라고 한다. 갈등에 대하여 입체적으로 접근하도록 하는 가상적 하이퍼텍스트는 다음의 특징을 지니고 있다.

첫째, 내러티브에 의한 드라마로서의 성경 이해는 성경에 대한 인지적인 차원으로만 접근하기보다는 정서적이며 행동적인 차원에서의 접근을 요구한다. 이러한 성경 이해는 하나님 이해와도 관련된다. 인지적이고 사변적인 하나님으로 환원하여 이해하기보다는, 인간의 고난과 갈등에 관심을 가지며, 느낌을 가지고 있으며, 또한 실천적 프락시스의 특성을 지닌 하나님으로 이해하도록 한다.

이는 하나님의 프락시스에 의해 소명을 받은 하나님의 백성에 대한 이해에 있어서도 마찬가지이다. 인지적인 이해를 넘어서서 정서적이며, 실천적인 하나님 백성으로서의 이해이다. 또한 성경에서의 창조, 타락, 구속, 그리고 개인과 공동체의 책임적인 삶 등의 구속의 드라마는 갈등과 극복의 드라마로 이해하게 된다.[15]

그리고 '작은 텍스트들'이라고 하는 관점에서 볼 때 드라마로서의 성경 내러티브는 사회적이며 구조적인 갈등뿐만 아니라, 평범한 한 개인이 일상생활에서 겪는 갈등과 그 갈등을 해결해 나가는 과정에 대한 내용들이다.[16]

둘째, 오늘날 디지털 매체로 말미암아 규범적이고 권위적이며 고정된 전

---

15) Derek C. Schuurman, *Shaping a Digital World: Faith, Culture and Computer Technology* (Illinois: IVP Academic, 2013), Chaps. 2, 3, 4, 5.

16) Wagner, Rachel Wagner, *Godwired: Religion, Ritual and Virtual Reality* (London and New York: Routledge, 2012), 73, 74.

통적인 텍스트는 하이퍼텍스트로 변화되어 가는 가운데 있다. 하이퍼텍스트는 전통적인 텍스트와 달리 비선형적이다. 전통적인 텍스트에서 강조되는 논리적인 단계들을 뛰어넘어 하이퍼텍스트는 포스트모던적 사고의 특성과 같이 직관적 도약으로의 움직임이 가능하다.

셋째, 독자가 원하는 곳에서 시작할 수 있으며 하이퍼링크를 통하여 가상성이 있는 텍스트와의 만남이 가능하다.[17] 가상성을 촉진하는 하이퍼텍스트는 텍스트와 독자의 상호작용을 통하여 계속 만들어 나가는 텍스트라는 특징을 지니고 있다. 독자는 자신의 상상력을 통하여 텍스트를 변경할 수 있는 또 다른 한 명의 저자가 될 수도 있다. 따라서 신앙적인 상상력을 통하여 성경을 가상성의 텍스트와 연결되어 나가는 과정을 통하여 구성적이며 창의적인 신앙인으로서의 정체성을 갖게 된다.

넷째, 신앙적 상상력을 함양하기 위한 가상성의 텍스트는 간접적인 표현에 강조를 두어야 한다. 양을 그려 달라는 어린 왕자의 요청에 대하여 양을 직접 그려 주는 대신에 양의 집을 그려 주고 이 안에 양이 있다고 할 때 어린 왕자는 양에 대한 상상력이 촉발되는 것과 같은 간접적인 표현이다. 빈 공간이 있는 하이퍼텍스트이다. 빈 공간을 통한 간접적인 표현은 드라마의 특성을 지닌 것으로서 내러티브에 의한 표현이라고도 한다. 간접적인 표현에 의해 성경 텍스트와 신앙적 주제 등이 상상력을 촉진하는 가상성의 텍스트와 연결되도록 할 때 독자는 텍스트의 메마르고 건조한 문자적 내용들이 마음에 살아 움직이는 가상적 체험을 갖게 된다.

다섯째, 가상적 하이퍼텍스트는 복합성을 지닌 멀티미디어로 구성되고 있다. 가상현실에 대하여 오감적인 가상체험을 갖도록 하기 위해서이다.

---

17) Kim Young-Rae. "The Virtualization of Theological Education in the Information Age," *Journal of Christian Education & Information Technology*, June Vol. 2 (2001); Michael Heim, *The Metaphysics of Virtual Reality* (New York, Oxford: Oxford University Press, 1993), 29.

가상적 하이퍼텍스트에서의 가상적 박물관을 통하여 고대 이스라엘과 근동의 유적지와 유물들을 돌아보고 만져 볼 수도 있다. 성지순례도 가상현실에서 교육적인 안내자의 재미있는 이야기를 들으며 안전하고 유익한 체험학습이 가능하다. 또한 창조세계의 신비를 체험하기 위해 가상의 인체 속에 들어가 볼 수 있고 가상의 우주여행을 떠날 수도 있다.[18] 가상적 하이퍼텍스트는 가상체험이 가능한 가상적 텍스트이다.

3) 가상적 매체 문해력. 오늘날 디지털 문화를 형성하고 있는 디지털 매체에서의 가상적 실재는 다양한 상징들을 사용하고 있다. 상징(symbol)이라는 말의 어원은 sum(…과 함께)과 ballow(던지다)라는 두 단어의 합성어로서 '비슷하지만 꼭 같지 않은 것들을 함께 던져 놓는다'는 의미이다.[19] 따라서 상징이란 비슷하지만 꼭 같지 않은 두 개의 실재를 함께 제시함으로써 그 둘로 말미암아 하나의 새로운 실재를 형성해 내는 것을 말한다.

상징은 일종의 은유적인 기능을 한다. 그러나 교회교육의 현장에서 어떤 상징이 하나님의 세계와 인간의 세계를 연결시키면서 인간으로 하여금 하나님의 세계를 경험하도록 촉진하기보다는 특정의 행위만을 지시하거나 지칭하는 '표시'(sign)의 기능만을 하기도 한다. 상징이 표시로 전락할 때 이로 말미암아 의도하는 실재에 참여하도록 작용하는 상징의 본래적 특성을 상실하기 때문에 결과적으로 효과적인 교육 매체로서 적합하지 않게 된다.

가상적 실재에서 사용하고 있는 아바타를 비롯한 다양한 상징들은 단순한 표시의 기능을 하고 있는가? 아니면 상징으로 기능하고 있는가? 상징으로서의 기능을 하고 있다면 어떤 은유적인 기능을 하고 있는지에 대하여 비판적 성찰이 필요하다.

---

18) 전영미, "디지털 스토리텔링의 종교교육적 활용," 『기독교교육정보』 28 (2011), 158.
19) 강희천, 『기독교교육사상』 (서울: 연세대학교출판부, 1991), 89.

가상적 실재에서 은유적 상징은 인종(race), 성(gender), 계층(class), 나이(age), 또는 신체적 결함(handicap) 등의 이데올로기에 대한 비판적 성찰을 가능하게 한다. 가상적 상징에 대한 비판적 성찰로서의 매체 문해능력(media literacy)을 함양함으로 말미암아 가상적 상징에 내재되어 있는 이데올로기에 대한 트라우마와 중독에서 자유하게 된다.[20]

또한 세계화 시대에 지역적인 문화에 대한 가상적 실재로 말미암는 비판적 성찰이 요구된다. 세계화 시대에 가상적 실재에서의 상징들을 통하여 타문화에 대한 가치를 이해하기 위해 다른 나라의 지리적, 문화적, 사회적, 그리고 종교적인 측면들에 대한 이해를 높일 수 있다. 이러한 가상적 실재에서의 다양한 상징들에 대한 비판적 성찰로 말미암아 피상적인 사고를 극복하고 하나님의 가상임재(telepresence)를 경험하게 한다.

더 나아가 가상적 실재에서 다양한 상징에 의한 메시지로서의 내용들에 대해서도 비판적 성찰이 필요하다. 디지털 문화를 구성하고 있는 매체들에 대하여 문해능력이 필요한 이유는 미디어 메시지는 구성되며, 똑같은 미디어라고 하더라도 사람에 따라 다르게 경험하며, 미디어에는 가치와 관점이 내재되어 있으며, 미디어의 메시지들은 이익이나 권력과 관련되어 있기 때문이다.[21]

따라서 디지털 매체로 말미암는 가상적 실재에서의 메시지에 대한 비판적 성찰을 위한 질문은 다음과 같다.

누가 그 메시지를 만들었는가? (저작권, 생산자) 왜 그것을 만들었는가? (목적) 누구를 대상으로 하고 있는가? 그 메시지가 어떻게 나의 관심을 끌

---

20) Douglas Estes, *SimChurch: Being the Church in the Virtual World*, 192.
21) Frank W. Baker, Media Literacy: 21st Century Literacy Skills, in Heid Hayes Jacobs (Ed.), *Curriculum 21: Essential Education for a Changing World* (Virginia: ASCD, 2010), 139; Eileen M. Daily, "The Promise of Mobile Technology for Public Religious Education," *Religious Education*, Vol. 108 No. 2 March-April (2013), 120.

었는가? 그 메시지를 신뢰할 수 있도록 사용한 방법은 무엇인가? 나와 다른 사람은 이 메시지를 어떻게 다르게 이해하는가?

이 메시지에는 어떤 가치, 삶의 스타일, 관점들이 포함되어 있거나 배제되어 있는가? 어디에서 나는 이 메시지와 관련하여 좀 더 많은 정보, 다른 관점들을 얻을 수 있거나 또는 그 정보를 확인할 수 있는가? 나는 이 정보와 관련하여 무엇을 할 수 있는가? 어떤 의사결정을 할 수 있는가?

2. 내용조직

교육과정의 조직 유형은 계단식 유형, 나선형 유형, 그리고 거미줄 유형 등으로 발전하고 있다. 디지털 교육내용을 체계적인 계단식으로 조직하거나 효율적인 나선형으로 조직할 수 있다. 또 때로는 일정한 주제를 정해 놓고 그 주제에 따라 다양한 간학문적인 거미줄 유형으로 조직하기도 한다.

그러나 디지털 매체와 더불어 제시할 수 있는 또 다른 하나의 유형은 융합(convergence)으로서의 유형이다. 융합유형은 입체적인 비선형적 조직이다. 또는 입체적이며 네트워크(network) 유형의 조직이다.[22] 대중매체가 일정한 하나의 방향으로 그리고 위로부터 아래의 방향으로 조직이 강조되는 반면에 디지털 매체에서는 탈중심적이며 다양한 방향으로의 상호 흐름이 가능한 네트워크 유형의 조직이 강조된다.

융합유형은 다양한 내용과 매체에 대한 입체적이며 네트워크로서의 융합이다. 우선 교육내용에 대한 융합이다. 세계화 시대에 개인 및 공동체적인 문제 중심의 주제에 대해 전통과 경험, 디지털과 빈티지, 성경과 삶 등으로의 융합이다. 그리고 인적 자원의 융합이다. 사역자와 교사, 교사와 교

---

22) Elizabeth Drescher, *Tweet If You Love Jesus: Practicing Church in the Digital Reformation* (New York: Morehouse Pub., 2011), 128-129.

사, 교사와 학생 등의 융합은 또 하나의 중요한 과정내용이다.

다음으로 매체 활용에 있어서 음성언어 매체, 인쇄매체, 대중매체, 그리고 디지털 매체를 함께 사용함으로써 매체의 융합을 통한 교육이다. 예배에 있어서도 예배 전체가 일종의 드라마가 되도록 하며, 이를 위해서 내용적으로 그리고 매체 활용에 있어서 융합에 의한 조직이 가능하다.

가상내용에 있어서의 융합은 내용과 매체의 융합을 넘어선다. 이벤트 중심의 교회로부터 쌍방향적인 공동체로서 교제가 있는 융합 중심의 교회(convergence church)이다. 공동체 가운데서 상호주관적인 교제로 말미암는 교육이다. 교제를 위해서는 인적인 요소 못지않게 융통성이 있는 건물의 구조와 환경도 디지털 시대를 반영하도록 하는 것이 중요하다.[23] 교회 공동체와의 교제를 통한 융합은 지역사회와의 융합으로 나아간다.

지역사회의 박물관, 미술관 등의 다양한 교육 시설들과의 융합을 통한 신앙교육이 일어날 수 있도록 조직할 수 있다. 이러한 융합은 지역적인 차원에서의 융합뿐만 아니라 디지털 매체의 가상세계를 통하여서도 일어나게 함으로 입체적인 융합이 되도록 한다. 가상세계와의 연결을 통한 융합이다.

융합을 위해서 인터넷을 비롯한 디지털 매체의 일차적인 과업은 사명 선언문, 일정표, 그리고 사역자들의 사진을 게시하는 것이 아니다. 오히려 공동 관심사에 대하여 사람들과 연결하는 것이며, 대화가 가능하도록 하는 것이며, 공동체적인 학습이 가능하도록 융합하는 것이다. 특히 디지털 매체는 그 이전에 시간, 위치, 성(gender), 연령, 인종, 장애, 그리고 전통 등의 장애물들을 넘어서 융합이 가능하도록 한다. 교육내용으로서의 디지털 환경에 대한 융합이다.

---

23) M. Rex Miller, *The Millennium Matrix: Reclaiming the Past, Reframing the Future of the Church* (San Francisco: Jossey-Bass, 2004), 203, 215.

IV. 가상성과 학습방법 및 리더십

1. 발생적(genetic) 질문에 의한 학습방법[24]

학습에 대한 관점에 있어서 20세기의 전통적 또는 기계적인 모델(traditional or mechanistic model)에 의하면 학습은 공장의 생산라인과 유사하다. 교사는 객관적이라고 여겨지는 지식 또는 정보를 학습자에게 전달하는 역할을 한다. 학습자는 그 지식 또는 정보를 흡수하고 동화되어야 하는 존재이다. 이는 종교적 지식이 시간의 변천에도 불구하고 변하지 않음을 전제로 한다.

그러나 디지털 세대에 대한 가상적 학습방법은 학습자로 하여금 전통적인 텍스트, 이야기, 지혜 등과 변화하는 일상생활과의 대화적 과정을 통한 학습방법이다. 학습자로 하여금 질문에 대하여 답을 발견한 다음에는 끝나버리는 단답형의 학습방법이 아니다. 교사의 질문에 대하여 학습자가 답을 탐색한 결과로 답을 찾아내고, 이어서 새로운 다양한 질문을 제기해 나가는 발생적 질문에 의한 학습방법이다.

2. 집단적 탐색(collective Inquiry)[25]

디지털 매체로 말미암는 가상적 학습방법은 개인 대 개인(peer-to-peer)의 학습을 촉진한다. 더 나아가 학습자들은 자신이 만들어 낸 지식 또는 정보를 다양한 디지털 매체를 통하여 개인에게 또는 다수에게 전달할 수 있다. 그리고 전달받은 사람은 자신의 의견을 또다시 표현할 수 있으며 이는 댓

---

24) Eileen M. Daily, "The Promise of Mobile Technology for Public Religious Education," *Religious Education*, Vol. 108 No. 2 March-April (2013), 119, 120.
25) *Ibid.*, 120, 121.

글 등의 방법을 통하여 집단적으로 표현이 가능하다.

처음에 지식 또는 정보를 전달한 사람은 이러한 상호방향성을 통하여 처음의 것에서 개선된 새로운 지식 또는 정보를 획득할 수 있다. 디지털에 의한 신앙 공동체는 자발적 모임(voluntary association)이라는 특성이 있다. 자발적 모임은 소속을 목적으로 하기보다는 오히려 탐색(inquiry)을 목적으로 형성된다. 디지털 세대는 수업 시간 이외의 시간에 함께 모여 학습하며, 그들이 깨달은 것을 교사에게 가르치고자 하는 경향이 있다.

3. 상상력과 놀이(imagination and play)[26]

디지털 문화에서 앱(app)을 많이 사용하는 디지털 세대는 획일적이고 기계적인 전달 학습보다는 즐겁게 배우는 학습을 원한다. 디지털 세대 또는 앱 세대는 새로운 장소, 사물, 그리고 개념(ideas) 등을 접할 때 무엇보다 상상력을 촉진하는 놀이를 사용한다. 상상력을 촉진하는 놀이는 사람으로 하여금 창의성을 발휘하게 하는 원동력이다.

앱 세대에게 상상력을 촉진하는 대표적인 것으로 게임 및 예술 등이 있다. 위대한 예술은 신앙적인 상상력으로 말미암아 가능하듯이 다양한 예술을 통한 기독교교육 역시 상상력으로 말미암아 가능하다. 권위로 교리를 받아들이도록 강요하기보다는 디지털 게임 및 예술에 의해 교리를 학습하게 할 수 있다. 여기서의 게임은 디지털 매체와 더불어 단막극이나 만들

---

26) *Ibid.*, 121, 122. 상상력, 놀이, 그리고 종교교육에 대해서는 다음을 참고하라. Thomas and J. S. Brown, *A New Culture of Learning: Cultivating the Imagination for a World of Constant Change* (Charleston, SC: Create Space, 2011); S. Cavalletti(1992), *The Religious potential of the child: Experiencing scripture and liturgy with young children*, in 2nd ed. Translated by P. M. Coulter and J. M. Coulter (Chicago: Liturgy Training Pub., 1992); J. H. Evans, Jr., *Playing: Compass Christian Explorations of Daily Living* (Minneapolis: Fortress Press, 2010).

기 등을 비롯한 다양한 놀이와의 융합으로서의 게임이다.[27] 상상력에 의한 놀이로서의 디지털 문화에 가운데 살아가는 앱 세대에게 게임(예술)과 예배 (분반 학습)는 이분법적이기보다는 융합의 차원을 갖고 있다.[28]

4. 가상적 리더십

가상적 리더십은 배가 바다를 항해할 때 시시각각으로 변화를 거듭하는 바다의 상황을 분별하여 무사히 항구에 도착하도록 하는 것과 같이 상황 또는 시대의 변화를 분별하여 하나님의 프락시스에 동참하도록 하는 것을 중요하게 여긴다. 시대에 따라 요구되는 리더십에 차이가 있듯이, 디지털 시대에 디지털 세대를 위한 가상적 리더십의 특징들은 다음과 같다.

1) 매체 이해의 리더십. 맥루한에 의하면 매체가 메시지이다. 매체는 단순한 의사전달의 수단이 아니다. 학습자들로 하여금 의사소통에서 내용 자체를 특이하게 해석하게 하는 내용적 구성요소(메시지)로 인식되어야 함을 말한다. 따라서 교육내용은 교사에 의해 학생에게 본래의 모습대로 전수되는 것이 아니라, 어떤 매체를 통해서 그것을 전하느냐에 따라 그 본래적인 내용이 변형된다.

달리 서술하면, 동일한 교육내용을 선정해 놓았다 할지라도, 어떤 매체를 통하여 이를 전달하느냐의 차이는 결과적으로 학습 결과의 차이를 유발

---

27) Howard Gardner and Katie Davis, *The App Generation* (New Haven and London: Yale University Press, 2014), 181.
28) 조지아주에 있는 프리미터 교회(www.perimeter.org)와 노스포인트교회(North Point Community Church(www.northpoint.org) 등에서의 디지털 세대를 위한 예배와 분반 학습. 프리미터 교회에서의 예배를 위해서는 KidsQuest 자료를 활용함. KidsQuest's Children's Worships themes/lessons. www.whatisorange. org 그리고 분반 학습을 위해서는 다음의 자료를 활용함. GCP's *Show Me Jesus* Curriculum. www.gcp.org/pages/custom/show-me-Jesus-curriculum.aspx

한다는 것이다. 따라서 디지털 세대를 위해서는 무엇보다 매체를 이해하고자 하는 리더십이 요구된다. 내용이 방법을 결정하기보다는 방법이 내용을 결정하기 때문이다. 인터넷을 비롯한 디지털 매체는 수평적 의사결정이라는 형태의 리더십을 요구한다.

2) 관계적 리더십. 디지털 세대에게는 인터넷 미디어의 수평적 구조에 가장 잘 들어맞는 메시지만 살아남는다. 인터넷을 비롯한 디지털 매체의 핵심은 수평적 의사소통과 쌍방향성에 있기 때문이다. 쌍방향적이며 참여적 리더십은 팔머가 말하는 공동체 모델과 맥을 같이 한다.[29] 도구적이며 선형적 모델에 대한 대안으로서의 공동체 모델은 교사와 학습자가 모두 인지자(knower)가 됨으로써 인지자들이 서로와의 관계에서 네트워크를 형성해 나가며 인지자들 사이의 관계성에 의해 앎이 형성되어 나간다. 다중적인 관계성과 이를 통한 입체적인 앎의 형성이다.

상호작용적이며 참여적 리더십은 메리 헤스에 의하면 로널드 하이페츠가 말하는 적응적 도전과 유사한 점이 있다.[30] 하이페츠가 말한 두 가지 도전은 기술적 도전(technical challenges)과 적응적 도전(adaptive challenges)이다. 기술적 도전은 골절된 팔을 고치는 것과 같은 반면에, 적응적 도전은 마음의 상처를 치유하는 것과 같다고 할 수 있다. 기술적 도전은 의사의 치료 과정에 환자에게 최대한 방해를 받지 않고 의사가 치료하는 과정과 같으며 치료를 위해서는 의사의 능력에 좌우된다.

그러나 적응적 도전은 마음의 상처에 대하여 치료자와 환자가 함께 조화를 이루어 나가는 것이 중요하다. 필요한 변화를 위해 함께 적응해 나가는

---

29) Parker Palmer, *The Courage to Teach: Exploring the Inner Landscape of a Teacher's Life* (San Francisco: Jossey-Bass, 1998), 107, 108.
30) Mary E. Hess, "Rescripting Religious Education in Media Culture," in Peter Horsfield, Mary E. Hess, Adán M. Medrano (Eds.), *Belief in Media: Cultural Perspectives on Media and Christianity* (Burlington: Ashgate Pub. Co., 2004), 153-157.

것이 중요함을 말한다. 이를 위해서는 기술적인 방법에 의해서가 아닌 관계성, 의미형성, 습관, 그리고 행동 등과 관련하여 함께 일을 해 나가는 것이 필요하다. 메리 헤스에 의하면 21세기 종교 교육가들이 직면하고 있는 디지털 미디어 문화와 이에 대한 리더십은 적응적 도전의 관점에 의한 적응적 리더십이다.

 3) 전가(impartation)의 리더십. 디지털 시대의 리더십의 특징은 대중매체 시대에서 일인에 의한 권위적인 리더십과 달리 다른 구성원들에게 능력을 부여하여 리더로 세운다는 점에서 전가의 리더십이다.

 대중매체 시대에 대형교회의 카리스마를 가진 사역자에 의한 리더십이 중요하게 여겨진 반면에, 디지털 시대에는 성령의 은사를 따라 사역을 감당하는 사역 공동체가 되도록 하는 리더십이 중요하다.[31] 이를 위해 리더는 구성원들로 하여금 자신들의 잠재력을 깨닫도록 도와주는 촉진자로서의 리더십이 필요하다.

 대중매체 시대의 사역자의 교회는 교리 대신에 사명 선언문을 제시하지만, 이머징 디지털 문화에서 살아가고 있는 디지털 세대에게는 색깔, 그래픽, 그리고 상징적인 아이콘을 통하여 마음의 눈에 보이는 비전을 보여 주어야 한다. 귀로만 듣는 하나님의 말씀을 마음의 눈으로 봄으로써 영적 역량은 함양된다.

 또한 디지털 세대가 요구하는 리더십은 디지털 세대가 접근 가능하고 (high-tech/ high-touch), 투명하며, 진정성이 있는 리더십이다. 달리 서술하면 자신들과 함께 신앙의 여정을 걸어가는 진정성(authenticity)이 있는 리더십(요 10:14, 15)이다. 전가의 리더십은 설득에 의해서가 아닌 진정성으로 말미암는 본보기에 의한 리더십이다.

---

31) M. Rex Miller, *The Millennium Matrix: Reclaiming the Past, Reframing the Future of the Church*, Chap. 6.

<주요토론내용>

1. 디지털 세대에 대한 신앙교육에서 가상성이 중요한 이유는 무엇인가?
2. 체계성, 효율성, 정당성, 통합성의 맥락에서 가상성의 이론적 기초를 정리해 보자.
3. 아바타에 대하여 본문에서 제기하고 있는 물음들에 대하여 답해 보자.
4. 가상적 내용에서 메시지와 관련된 물음들에 대하여 답해 보자.
5. 가상적 리더십으로 청소년 교육목회를 할 수 있는 방안들은 무엇인가?

13장 포스트 디지털 세대와 교육목회 유형

실천신학으로서의 기독교교육학은 하나의 통일된 접근 방법론보다는 다양한 접근 방법론으로 연구되고 있는 현재 진행형의 학문이다. 기독교교육학에 대한 실천신학적 접근에서 사역의 주체인 목회자, 교회의 회중, 그리고 하나님의 프락시스 등을 중심으로 하여 목회자적 유형, 회중적 유형, 하나님의 프락시스 유형 등으로 구분하기도 한다.

그러나 폴링과 밀러, 그리고 이에 영향을 받은 학자들에 의하면 실천신학의 유형을 간학문적 관련 정도에 따라 분류하고 있다. 이에 의하면 기독교 전통과 일반학문 중에 어느 쪽에 강조를 두느냐에 따라 유형을 분류한다. 강조에 따라 비판적 과학적 방법, 비판적 고백적 방법, 그리고 비판적 상관관계적 방법 등이며, 이를 세로축으로 삼는다.

가로축은 교회, 사회 등으로의 분류로서 교회를 중심축으로 하는 경우와 사회를 중심축으로 하는 경우이다. 교회와 사회는 둘 중에 어느 부분이 배제되기보다는 어느 부분을 강조하느냐에 따라 유형이 구분된다. 이러한 세로축과 가로축으로 말미암는 경우의 수로 인하여 실천신학은 여섯 가지 유형으로 분류되어진다.[1]

---

[1] * 본 내용은 한국기독교교육학회, "포스트 디지털 세대에 대한 교육목회 유형," 『기독교교육논총』 70 (2022), 11-35에 게재된 논문을 수정 및 보완한 것임.

이러한 유형 분류는 실천신학의 다양한 접근들을 포괄하고 있는 점에서 긍정적이나, 시대의 변화를 수용하고 있지 못하는 한계점도 있다. 특히 오늘날 인공지능으로 말미암은 정보화 사회에서 개인의 중요성이 강조되는 시대에 가로축으로서 교회와 사회만을 중심축으로 삼고 있는 것은 문제점으로 지적할 수 있다.

따라서 본 글에서는 폴링과 밀러가 이미 제시하고 있는 교회와 사회라고 하는 중심축 이외에 개인적 자아의 차원도 실천신학 유형 분류를 위해 하나의 축으로 삼아야 하며, 이에 따라 아홉 가지의 교육목회 유형을 제시하고자 한다.

개인적 자아의 차원은 철학적이며 신학적인 관점에서 팔리의[2] 개인적-실존적 차원, 발달심리학적 관점에서 슈바이처의[3] 삶의 주기 신학 등으로 이미 언급되기도 했지만, 본 글에서는 무엇보다 시대적 변화의 측면을 고려하여 사회문화적 관점에서 포스트 디지털 시대(Post Digital Age)의 개인적 자아의 차원에 대하여 언급하고자 한다.

오늘의 시대를 디지털 시대를 넘어선 디지털 이후의 시대라고도 한다. 본 글에서 제기하고자 하는 물음들은 포스트 디지털 시대가 갖는 특징들과 포스트 디지털 시대를 살아가고 있는 포스트 디지털 세대들의 특징들은 무엇인가? 이에 따른 교육목회 유형의 특징들은 무엇이며, 실천신학으로서의

---

1) James Poling & Donald Miller, Foundations for a Practical Theology of Ministry (Nashville: Abingdon Press, 1985); 강희천, 『기독교교육의 비판적 성찰』 (서울: 대한기독교서회, 1999); 이원일, 『성인기독교교육의 재개념화』 (서울: 한들출판사, 2014).

2) Edward Farley, "Theology and Practice Outside the Clerical Paradigm," Practical Theology: The Emerging Field in Theology, Church, and World, (Ed.), Don S. Browning (San Francisco: Harper & Row Publishers, 1983), 21-41.

3) Friedrich Schweitzer, the Postmodern Life Cycle: Challenges for Church and Theology (Missouri: Chalice Press, 2004), 124, 125.

교육목회 유형들은 어떻게 분류될 수 있는가? 이러한 교육목회 유형들에 따른 핵심역량들은 무엇인가? 등이다.

I. 포스트 디지털 세대

모더니즘, 포스트모더니즘 등이 주로 과학에 영향을 받았듯이, 포스트 디지털 시대도 과학 기술의 변화에 영향을 받았다. 전자과학에 영향을 받은 디지털과 디지털 이후의 시대를 의미하는 포스트 디지털의 차이점은 디지털이 두 손가락을 주로 사용한다면, 포스트 디지털은 열 손가락을 모두 활용한다는 점에서 차이가 있다.

이는 포스트 디지털은 과학 기술의 발전만을 말하는 것이 아니라, 디지털 기술과 예술의 만남을 통하여 형성되는 '친인간적' 디지털 문화를 말하며, 이해는 인간의 신체성과 감성이 포함된 의식으로 말미암는다는 인식론에 기초하고 있다.[4]

달리 언급하자면, 포스트 디지털은 과학, 예술, 그리고 전인적 인간의 만남으로 말미암는 문화를 말한다. 이러한 디지털, 문예, 그리고 영성 등의 상호작용으로 말미암는 디지털 기술의 인간화(humanization)를 '포스트 디지털'이라고 한다.

또한 포스트 디지털은 디지털과 비디지털(non-digital), 하이테크와 하이터치(high touch), 가상공간과 현실공간, 물리학과 생물학, 지역과 세계 등

---

4) Mel Alexenberg, *The Future of Art in a Postdigital Age* (UK/Chicago, USA: intellect Bristol. 2011), 9, 33, 35; Petar Jandrić, "Postdigital Science and Education," in *Postdigital Dialogues: On Critical Pedagogy, Liberation Theology and Information Technology* (New York: Bloomsbury Academic, 2020), 254; Spencer Jordan, *Postdigital Storytelling: Poetics, Praxis, Research* (London & New York: Routledge, 2020), 61, 77.

이 상호보완적 관계에 의해 상호작용으로 형성되는 현상이기도 하다.

이와 관련하여 알렉센버그에 의하면 오늘날은 포스트 디지털 시대이며, 포스트 디지털 시대는 포스트모던의 경험과 헤브라이즘(Hebraism) 또는 유다이즘(Judaism) 사고의 접합점(confluence)의 시대이다.[5] 이는 안정적, 획일적, 체계적, 그리고 닫힌 체제 등을 특징으로 하는 모더니즘과 헬레니즘(Hellenism) 등의 접합점과는 달리 다양성, 불안정, 비선형 네트워크, 그리고 열린 체제 등을 특징으로 한다. 알렌센버그가 헤브라이즘을 강조하는 것은 헤브라이즘이 헬레니즘에 비해 전인적인 참여에 의한 이해를 강조하기 때문이다.

더 나아가서 알렉센버그는 접합점 이론에 기초하는 포스트 디지털 시대의 특징을 포스트 디지털 관점(postdigital perspective)이라고도 한다. 이는 디지털 기술의 인간화를 말하며, 디지털 기술에 의해 온라인과 오프라인의 병행, 지역과 세계화의 상호작용, 일상생활과 영성의 소통, 인간의 감각과 경험의 상호작용, 예술과 디지털 등의 융합을 탐색하고자 하는 관점 등이다.

그러나 위에서 언급한 양자 간의 관계에 있어서 디지털 시대와는 달리 포스트 디지털에서는 디지털 기술에 주도권이 있으며, 디지털이 아닌 영역을 포괄한다.[6] 달리 말하자면, 계절이 바뀌면 그 계절에 따라 삶의 양식이 바뀌듯이, 인간 삶의 문화가 아날로그, 디지털, 그리고 포스트 디지털 등으로 변화하고 있으며, 오늘날은 디지털의 인간화로 말미암는 포스트 디지털 시대임을 말한다.

포스트 디지털 시대에 익숙한 세대를 가리켜 '포스트 디지털 세대'(Post

---

5) Mel Alexenberg, *The Future of Art in a Postdigital Age*, 18.
6) John Naisbitt, Nana Naisbitt, and Douglas Philips, *High Tech High Touch*, 안진환 옮김, 『하이테크 하이터치』 (서울: 한국경제신문, 2000), 18-24; Mel Alexenberg, *The Future of Art in a Postdigital Age*, 35; Spencer Jordan, Spencer, *Postdigital Storytelling: Poetics, Praxis, Research*, 63-64, 233.

Digital Generation)라고 한다. 영문의 첫 글자를 모아서 PDG세대라고 할 수 있으며, 밀레니엄 세대와 관련해서는 MP세대 또는 간략히 P세대라고 할 수 있다. 포스트 디지털 세대는 "무의식적인 디지털 환경과 문화 속에서 성장한 세대"[7]이다.

그러나 좀 더 정확하게 언급하자면 디지털 환경을 어색하게 여기기보다는 자연스럽게 여기는 디지털 세대를 넘어서서 '친인간적' 디지털 환경과 문화에 익숙한 세대를 말한다. 21세기 인공지능 시대를 넘어서 인공감정 시대를 강조하는 포스트 디지털 시대를 살아가는 포스트 디지털 세대의 특징들을 아홉 가지로 정리하자면 다음과 같다.[8]

첫째, 포스트 모더니즘이 거대 담론의 모더니즘에 대한 해체를 말하고, 포스트 휴머니즘이 보편적 인간 본성의 가치를 말하는 휴머니즘에 대한 해체를 통하여 인간의 차이성, 특수성, 다층성 등을 통틀어 인간의 개별성을 긍정하듯이, 포스트 디지털은 디지털이라는 보편성에 대한 해체를 통하여 개별성을 지닌 디지털을 의미한다.[9] 포스트 디지털 세대는 포스트 모더니즘을 넘어서는 메타 모더니즘의 가치를 가지고 있다.

둘째, 개인 중심을 특징으로 하지만 자기 개인에 대한 새로운 이해를 갖고 있다. 고립적이고 이기적인 개인주의로부터 새로운 개인주의이다. 관계적 개인이다. 관계적 개인이란 디지털 시대라고 하는 객관화된 시대에 살고 있지만, 인간의 따뜻한 정서적인 관계를 지향하는 개인을 말한다. 인간의 정을 나눌 수 있는 매체로서의 디지털을 사용하는 세대이다. 그리고 디

---

7) 안현정·송민희, "디지털 후세대(Post Digital Generation)에 따른 시각 커뮤니케이션 표현 전략," 『한국디자인트랜드학회』 Vol. 13 (2005), 221.

8) 천현득, "인공지능에서 인공감정으로: 감정을 가진 기계는 실현가능한가?," 『한국철학회』 131 (2017), 217-243; 안현정·송민희, "디지털 후세대(Post Digital Generation)에 따른 시각 커뮤니케이션 표현 전략," 『한국디자인트랜드학회』 Vol. 13 (2005).

9) 주현식, "포스트디지털 퍼포먼스의 미학-<천사: 유보된 제목>과 혼합 현실(Mixed Reality)의 비전," 『드라마연구』 제55호 (2018), 134.

지털 매체를 사용하면서도 개별성을 지닌 자기만의 특성을 잃지 않으려고 한다.

셋째, 인간성의 핵심을 정서적인 차원에서 찾으려고 한다. 디지털 매체를 통한 소통(communication)에 있어서 인지적인 차원을 넘어서 정서적인 차원을 중요하게 여긴다. 정서를 고려하는 소통을 위해 시각적인 이미지(visual image)는 문자를 보완하는 차원이 아니라 필수적인 차원이다. 문자를 사용하는 경우에도 단순히 문자만으로 제한하기보다 역동적인 청각 등의 다양한 이미지를 사용하려고 한다. 지식 전달 차원에서의 설명보다는 이미지와 은유가 포함된 이야기에 관심을 가지는 세대이다.[10]

넷째, 지금 그리고 여기에서 나에게 주어진 일상을 긍정하며, 그 일상에서 의미를 찾고자 한다. 미래에 대한 가치를 부여하기보다 현재에 대한 의미 부여를 통하여 일상생활을 가치 있게 여긴다.[11] 미래의 어느 곳 또는 다른 곳에서 가치 있는 것을 추구하기보다는 삶의 자리인 여기서 내가 할 수 있는 것을 가치 있게 여긴다. 또한 트렌드를 맹목적으로 따르기보다는 자기만의 것으로 전유하기를 원한다. 계속되는 변화 가운데서도 자기에게 의미 있는 변화를 추구한다.

다섯째, 수동적인 관객의 위치에 있기보다는 디지털 매체를 통하여 몰입하는 참여자가 되기를 원한다. 이분법적 파편화로부터 융합적 관계로의 변화를 말하며, 능동적인 목회자와 수동적인 교인이라는 전통적인 관점으로부터 목회자와 교인은 상호협력자가 됨을 말한다. 심지어 어린이라고 할지라도 더이상 단순하게 눈으로 보기만 하거나, 귀로 듣기만 하기보다 전인적으로 직접 체험하고 참여하면서 배우려고 한다.[12] 포스트 디지털 세대는

---

10) Spencer Jordan, *Postdigital Storytelling: Poetics, Praxis, Research*, 2.
11) Mel Alexenberg, *The Future of Art in a Postdigital Age*, 82.
12) Nicholas Negroponte, "Beyond Digital." Wired. accessed in http://web.media.mit.edu/~nicholas/Wired/WIRED6-12.html; Mel Alexenberg, *The*

학습에 있어서 디지털 세대보다 더 능동적으로 전인적인 참여자가 되기를 원한다.

여섯째, 포스트 디지털 세대의 특징은 MZ세대의 특징과 유사한 측면들이 있다. MZ세대는 1981-1996년에 출생한 밀레니엄 세대와 1997-2000년 초반에 출생한 Z세대를 통칭하는 용어이다. 이들은 "변화에 유연하고 새롭고 이색적인 것을 추구하며, 자신이 좋아하는 것에 쓰는 돈이나 시간을 아끼지 않는 특징"[13]을 보인다. MZ세대는 "우리라는 집단의식의 발달로 나의 시간을 공유재로 활용하며 미래의 행복을 위해 현재를 볼모로 인내하며 사는 것"[14]을 특징으로 하는 베이비붐 세대의 가치관과는 차이가 있다.

일곱째, MZ세대와 유사하게 포스트 디지털 세대는 글이나 사진 등의 콘텐츠와 영상이나 디지털 미디어 콘텐츠 등과의 트랜스 미디어에 익숙하며, 이를 통하여 자기의 개성과 취향을 드러내는 데 거리낌이 없으며, 자기의 개인적인 즐거움을 추구하고, 더 나아가서 사회적 가치라고 여겨지는 환경, 동물보호, 인권 등에도 적극적인 관심을 가진다.[15]

여덟째, 포스트 디지털 세대는 디지털 매체의 상호작용성과 개방성에 익숙한 MZ세대보다 디지털 생활 속에서도 더 인간적인 관계에 가치를 두고 있는 디지털 문화를 추구한다는 점에서 차이가 있다.[16] 친인간적 디지털 문

Future of Art in a Postdigital Age, 83, 117; 주현식, "포스트디지털 퍼포먼스의 미학-<천사: 유보된 제목>과 혼합 현실(Mixed Reality)의 비전," 『드라마연구』 제55호 (2018), 135-150.

13) 오수연, "MZ세대를 잡아라!," 『마케팅』 55(7)(2021), 52.
14) 최은희, "MZ세대와의 소통은 다른가요?," 『충북 Issue & Trend』 45 (2021), 29.
15) Spencer Jordan, *Postdigital Storytelling: Poetics, Praxis, Research*, 2; 이주영·조경숙, "MZ세대 특성이 나타난 패션 브랜드 콜라보레이션 사례 연구," 『복식』 71(6) (2021), 38; 홍소희, "MZ세대 특성에 따른 커뮤니케이션 메소드에 관한 연구," *The Treatise on The Plastic Media*, Vol. 24 No. 1 (2021), 114.
16) 안현정·송민희, "디지털 후세대(Post Digital Generation)에 따른 시각커뮤니케이션 표현 전략," 『한국디자인트랜드학회』 Vol. 13 (2005), 223.

화에 관심을 가지고 있는 세대가 곧 포스트 디지털 세대이다. 디지털의 인간화 현상을 추구하는 세대이다.[17] 디지털 문화에서 느껴지는 차가움에 대한 반응으로 사람이 살아가는 감정이 있는 따듯한 디지털 문화, 더 나아가 영성적인 측면도 함께 추구하는 점에서 특징이 있다.

아홉째, 포스트 디지털 세대는 2000년 초반 이후에 출생한 미래세대를 포함한다. 디지털 문화에 익숙한 것을 넘어서 사이보그라는 디지털과 인간의 결합체 문화를 형성해 나가는 세대이다. 베이비붐 세대(1946-1964 출생) 이후의 X세대(1970년 이후 출생), Y세대(1980년 이후 출생), 그리고 Z세대(1997년 이후 출생)를 비롯하여 더 어린 나이인 오늘날의 아동 및 청소년 등의 미래세대도 포함한다.[18]

II. 포스트 디지털 세대 교육목회 유형

포스트 디지털 시대를 살아가는 포스트 디지털 세대는 자기 개인을 중요하게 여긴다. 개인이 가지고 있는 독특성, 참여성, 정서와 영성을 비롯한 전인성, 개인의 삶에서 느껴지는 일상의 소중함 등에 가치를 부가하며 관계적 개인을 추구하고 있다. 따라서 폴링과 밀러 등이 제시한 실천신학 유형 분류 중에서 가로축에 해당하는 교육목회의 현장으로 신앙 공동체로서의 교회, 교회의 사회 변혁과 책임을 강조하는 의미에서 사회 등의 구분만으로는 포스트 디지털 세대를 포용하기 어렵다. 교회로 하여금 영성으로 말

---

[17] 주현식, "포스트디지털 퍼포먼스의 미학-<천사:유보된 제목>과 혼합 현실(Mixed Reality)의 비전," 『드라마연구』 제55호, 129.
[18] 김정준, "미래세대와 영성교육," 『미래시대·미래세대·미래교육』, 김도일 책임편집 (서울: 한국기독교교육학회, 2016), 527; 김영래, 『기독교교육과 미래세대』 (서울: 통독원, 2021), 88, 94, 99.

미암는 관계적 개인으로의 양육도 실천신학으로서 교육목회 현장의 중요한 하나의 축으로 삼아야 하는 시대이다.

실천신학 유형 분류에 있어서 관계적 개인에 대하여 세로축은 성경 및 기독교 전통과 일반 학문 및 문화와의 관계 설정에 따라 비판적 과학적 방법, 비판적 고백적 방법, 그리고 비판적 상관관계적 방법 등으로 구분할 수 있다. 여기서 비판적이라는 용어는 기존에 알고 있는 지식과 전통을 무비판적 또는 기계적으로 적용하는 것이 아니라 내재되어 있을 수 있는 성적, 경제적, 문화적, 그리고 권력 등에 대한 은폐, 왜곡, 편견 등을 개인적, 집단적 성찰을 통해 새로운 이해를 추구해 나감을 의미한다.

세 가지의 세로축 중에서 비판적 과학적 방법은 일반 학문들이 실천신학을 위한 규범을 제공하고 신학적 전통은 부차적 역할을 하는 경우이며, 비판적 고백적 방법은 기독교 전통이 실천신학을 위한 규범이 되고 일반 학문들은 그 영향력을 최소화해서 조심스럽게 사용된다. 그리고 비판적 상관관계적 방법은 기독교 전통과 일반 학문과의 상호주관적 대화를 지향하며, 서로 동등한 위치에서 대화를 통해 더 깊은 이해에 도달하고자 한다.

1. 비판적 과학적 방법

경험과 문화에서 출발하는 아래로부터의 접근이라고도 하는 귀납법적 접근에 해당하는 교육목회 유형이다. 비판적 과학적 방법에 의한 교육목회는 신앙의 개방성(openness)을 중요하게 여기며, 발달심리학을 비롯한 사회과학에 기초한 목회상담 등을 통하여 자아실현 및 개인적 갈등 해결을 위한 교육목회를 추구한다.

개인으로 하여금 과학 기술의 발전을 긍정적으로 수용하도록 하고, 포스트 디지털 시대의 예술을 포함한 디지털 문화를 비판적으로 수용하며, 이를 통하여 다른 포스트 디지털 세대와의 소통이 중요함을 인식하게 한다.

또한 사이버 공간에서 아바타를 자신의 정체성으로 여기며, 아바타를 통해 현실의 자신과는 다른 자신으로 변형하며, 자기 자신으로의 역할을 적극적으로 수행하는 것에 대해 긍정적이게 한다.[19]

비판적 과학적 방법에서 포스트 디지털 시대 학습내용으로는 개인의 회복탄력성(resilience) 함양을 비롯하여, 개인으로서 독특성 및 개인의 적성에 따른 신앙적 직업교육 등이 요구된다. 학습방법으로는 직접 참여와 경험으로 말미암는 인식론에 의한 교육목회 유형이다. 또한 개인에 대한 관찰 및 들음으로 말미암는 신앙 대상자의 흥미, 관심, 필요 등을 중요한 가치로 여기며, 이를 근거로 하여 교육목회를 추구한다.

2. 비판적 고백적 방법

철학적 및 신학적 전제에서 출발하는 위로부터의 접근이라고도 하는 연역법적 접근에 해당하며, 신앙으로 말미암는 소속감(belonging)을 강조한다. 하나님의 말씀에 대한 초월성 강조에 기초하여 개인의 회심을 중요하게 여기는 교육목회의 유형이다. 교회 역사적으로는 대각성 운동을 비롯하여 이에 영향을 받은 한국에서의 부흥 운동에 근거하고 있다.

비판적 고백적 관점에 의하면 과학 기술의 발전으로 말미암는 포스트 디지털 문화를 살아가는 미래세대는 자신들의 삶에 방향을 찾기 위해 영적 의미를 추구하는 특징이 있다. 달리 언급하자면 포스트 디지털 시대는 영성의 시대라고도 할 수 있으며, 포스트 디지털 세대는 하이터치로서의 영성을 추구하는 미래세대이다. 교회의 목회에 있어서 하이테크의 시대에도 신앙공동체적 영성 형성을 추구하는 것을 강조하며, 영적 의미를 갖게 하는

---

19) Mel Alexenberg, *The Future of Art in a Postdigital Age*, 70.

교육목회이다.[20]

비판적 고백적 관점에 의하면 포스트 디지털 시대에는 신앙 대상자와 관련된 목회자, 교사 등의 신앙 지도자 및 부모의 리더십으로 말미암는 개인의 신앙지도를 강조하며 교회에 소속감으로 말미암는 신앙적 정체성을 갖도록 한다. 신앙 지도자들의 설교 및 전달 중심에 의한 인식론을 중요하게 여기며, 하나님의 초월성에 대한 강조로 말미암는 개인의 회심과 영성을 중요하게 여긴다. 하나님의 말씀에 대한 은유적, 상징적, 문자적 이해를 비롯하여 교회의 전통을 중요하게 여기면서 포스트 디지털 문화를 활용한다.

3. 비판적 상관관계적 방법

파편화되고 이분법적인 특성을 극복하기 위하여 해석학적이며 상관관계적 접근에 의한 방법론이며, 그리스도의 인성과 신성의 조화 및 삼위일체 하나님의 존재양식에 기초하는 방법론이다.[21] 신앙인으로 하여금 소속감과 개방성 사이에 균형을 이루도록 한다. 개인으로 하여금 삶의 자리로서 교회 범위를 넘어서서 세상에서 하나님의 소명을 강조하며, 기독교적 인성교육을 중요하게 여기는 방법론이다.

개인으로 하여금 포스트 디지털 세대의 특징으로 여겨지는 융합성이라고도 하는 접합점을 이해하고 형성하는 것을 특징으로 한다. 넓게는 세계화와 지역화의 접합점이며, 하이테크와 하이터치, 디지털 기술과 인간, 그리고 개인, 교회, 그리고 사회 등의 교집합에 해당하는 경계성 형성을 특징으로 한다.

개인으로서의 신앙 지도자와 신앙 대상자 사이에 상호주관성을 중요하

---

20) Mel Alexenberg, *The Future of Art in a Postdigital Age*, 145; 김정준, "미래세대와 영성교육," 『미래시대·미래세대·미래교육』, 2016.

21) Mel Alexenberg, *The Future of Art in a Postdigital Age*, 90.

게 여기며, 이들 사이에 의사소통을 중요하게 여기는 대화적 상호주관성으로 말미암는 인식론의 이해를 갖는다. 더 나아가 실재(reality)는 결과적으로 이해하기보다는 계속적으로 실재를 형성해 나가는 순례자적 과정성을 가치 있게 여기는 관점이다.

포스트 디지털 시대에 삶의 다양한 문제를 극복해 나가는 창의적인 신앙인으로 형성하기 위해서 무엇보다 포스트 디지털 시대의 특성인 간학문성으로 말미암는 간학문적 교육과정으로 양성하고자 하는 교육목회 유형이다.

4. 종합적 논의

포스트 디지털 시대는 디지털 시대를 넘어서지만 디지털 다음의 시대라고 하기보다는 디지털의 특성이 다방면으로 심화되는 시대이다. 디지털이 가시적 또는 비가시적으로 사람다운 삶에, 심지어 정서적인 측면에까지 스며들어 있고 표현되는 시대를 말한다.

포스트 디지털 시대를 살아가는 포스트 디지털 세대는 무엇보다 관계적 개인의 시대이다.[22] 이기적이고 고립적인 개인이 아닌 공동체의 유익을 생각하는 감성을 지닌 개인이다. 이는 보편성을 지닌 디지털이라는 관점에서 개별성을 지닌 디지털로의 변화에 의해서이다. 따라서 오늘날 실천신학으로서의 교육목회 현장은 교회형성과 사회형성뿐만 아니라 개인형성에 대한 고려가 필요하다.

그러나 교육목회 현장으로서 개인형성을 고려하는 측면의 세 가지 유형의 교육목회는 디지털 매체에 내재될 수 있는 이데올로기에 대한 비판적 성

---

[22] Paul Ricoeur, *Oneself as Another* (Chicago and London: The University of Chicago Press, 1992), 140, 163, 168.

찰이 요구된다.[23]

포스트 디지털 매체의 내용에 내재되어 무의식적으로 조종되고 통제되어질 수 있는 심리지배(gaslighting), 외모, 재정, 인종, 성, 폭력 등에 대한 정서적 학대, 은폐, 왜곡, 편협, 그리고 편견 등에 대하여 포스트 디지털 세대에게 무엇보다 미디어 리터러시 역량에 대한 함양이 요구된다.[24]

더 나아가 인공지능에서도 서구화된 문화를 보편적으로 정당하게 여기는 관점으로 개인적이며 특수한 문화적인 차이를 분별하기 어렵기 때문에 포스트 디지털 세대들로 하여금 디지털의 보편성에서 개별성을 추구하는 역량에 대한 함양이 요구된다.[25]

이상에서 언급한 개인을 대상으로 하는 세 가지의 방법론 및 교육목회 유형과 폴링과 밀러 등이 언급한 기존의 여섯 가지 유형을 종합하면, 교육목회를 위한 아홉 가지의 유형이 가능하며, 각 유형마다 특성과 한계점이 있다. 아홉 가지의 유형들을 다음과 같이 도표화하고, 다음 장에서 구체적으로 언급하고자 한다.

〈표 1〉 교육목회 유형

간학문성 및 사역현장	개인	교회	사회
비판적 과학적 방법	(1)	(2)	(3)
비판적 고백적 방법	(4)	(5)	(6)
비판적 상관관계적 방법	(7)	(8)	(9)

---

23) Peter McLaren & Petar Jandrić, *Postdigital Dialogues: On Critical Pedagogy, Liberation Theology and Information Technology* (New York: Bloomsbury Academic, 2020), 31-36.

24) 이원일. "코로나19와 교회교육 커리큘럼: 미디어 리터러시 핵심 역량," 『코로나19를 넘어서는 기독교교육』, 김정준 책임편집 (서울: 동연, 2020), 127-139.

25) Peter McLaren & Petar Jandrić, *Postdigital Dialogues*, 31-36.

III. 포스트 디지털 세대 교육목회 유형들의 핵심역량

포스트 디지털 세대를 위하여 실천신학으로서의 교육목회에 대한 아홉 가지의 유형들과 이에 따른 핵심역량을 언급함에 있어 각각의 주된 목적은 개인형성, 교회형성, 사회형성 등이다. 세 가지의 주된 목적과 관련하여 세 가지의 방법론과 세 가지의 교육현장의 조합으로 말미암아 아홉 가지 유형으로 분류할 수 있으며, 이에 따라 추구해야 할 핵심역량[26]으로 구체화된다. 아홉 가지 유형에서 언급하고 있는 핵심역량들은 포스트 디지털 세대가 지녀야 할 전인적 차원에 의한 역량들이다.

1. 비판적 과학적 방법 & 개인

일반학문을 규범으로 하여 교회로 하여금 포스트 디지털 세대의 정체성 형성 및 자아실현을 목적으로 하는 실천신학으로서의 교육목회 유형이다. 일반 심리학에 기초하여 개인으로 하여금 성숙한 신앙인으로 살아가도록 한다. 오늘날 인공지능으로 말미암는 사이버 공간에서 아바타를 통한 개인의 정체성 형성을 도와 나간다.

핵심역량으로는 인지적인 차원에서 포스트 디지털 문화의 잠재적 교육과정을 비롯하여 개인의 메타 데이터로서의 정보 유출로 말미암아 개인에 대하여 인공지능의 심층학습에 의해 조종과 통제의 가능성에 대한 비판적 성찰을 할 수 있는 미디어 리터러시 역량이다.[27]

정의적 차원에서의 핵심역량은 상상력으로 말미암는 감성 및 창의성 함

---

26) Vasilica Negrut & Mirela Arsith, *Designing and Implementing Competency-Based Curriculum* (Las Vegas, NV: Lambert Academic Publishing, 2013); 소경희,『교육과정의 이해』(서울: 교육과학사, 2017).

27) Peter McLaren & Petar Jandrić, *Postdigital Dialogues*, 55-57.

양으로 인하여 하이터치 영성을 추구하고자 하는 역량이다. 행동적 차원에서의 핵심역량은 포스트 디지털 시대에 끊임없는 경쟁과 업적강조 등으로 말미암는 피로사회로 인하여 탈진해 가는 포스트 디지털 세대로 하여금 개인적 차원에서 영적인 회복탄력성이다.

2. 비판적 과학적 방법 & 교회

일반학문을 규범으로 하지만 교회의 일차적 관심은 사회과학에 기초하여 교회 정체성과 사명을 형성해 나가는 것을 목적으로 하는 교육목회 유형이다. 사회의 변화로 포스트 디지털 세대가 고통을 당하고 있다면, 교회는 사회과학에 기초하여 그들을 도우려고 한다. 역동심리학이나 정신분석학 등의 심리학에 기초한 목회상담이나, 사회학에 기초하여 교회의 사명을 새롭게 제시하려고 한다.[28]

목회자는 교회 정체성과 사명 형성을 위하여 사회과학으로서의 심리학 등에 기초한 목회상담학으로 교회에 출석하고 있는 포스트 디지털 세대의 갈등과 고민 등에 대한 치유를 중요하게 여긴다. 이상적인 목회자상은 교회에서 상담가로서의 치유자, 음악가, 소그룹 지도자, 문화 사역자, 그리고 놀이 지도자 등이며, 이들과 함께 포스트 디지털 세대를 위한 포스트 디지털 교회를 형성하려고 한다.

핵심역량은 사회학, 심리학 등의 사회과학에 기초하여 교회의 정체성과 사명을 재개념화할 수 있는 역량, 교회의 과거 전통을 벗어나서 포스트 디지털 세대의 사회와 문화를 이해하고자 하며 포스트 디지털 세대 간의 문화사역을 공유할 수 있는 역량, 그리고 교회로 하여금 성인 중심 사역에서 포스트 디지털 세대 중심 사역으로의 패러다임 변화를 추구하고자 하는 역

---

28) 강희천, 『기독교교육의 비판적 성찰』(서울: 대한기독교서회, 1999), 33.

량 등이다.

3. 비판적 과학적 방법 & 사회

해방신학의 관점과 유사하게 일반학문을 규범으로 하여 교회로 하여금 사회 개혁을 주도해 나가고자 하는 것을 목적으로 하는 실천신학으로서의 교육목회 유형이다. 교육목회의 일차적 관심은 교회로 하여금 포스트 디지털 시대에 가정의 다양화에 주목하게 하며, 다문화 가정, 한부모, 조부모 가정 등에 속한 포스트 디지털 세대에 관심을 갖도록 한다. 또한 포스트 디지털 세대로 하여금 자신들이 살아갈 미래시대의 생태계의 변화, 기후변화 등의 환경문제, 그리고 사회적 약자들에 대하여 복지 등에 대한 관심과 역량을 갖추도록 한다.

교육목회를 위해 목회자뿐만 아니라, 평신도 지도자 및 비기독교인 전문가와도 협력하여 포스트 디지털 세대로 하여금 가정 밖 및 학교 밖 청소년을 비롯하여 사회문제와 갈등 해결을 추구하고자 하는 열린 관점을 갖도록 하는 유형이다. 그러나 교회를 하나의 사회개혁의 수단으로 사용하고자 함으로, 교인들과 포스트 디지털 세대로 하여금 교회와 사회기관 및 비영리단체 사이의 구분에서 오는 혼동을 극복하도록 해야 한다.

핵심역량은 삶의 현장에 대한 관찰 및 서술하기, 그리고 현장에 대한 분석 등의 역량, 삶의 현장에서 현존하고 있는 다양한 포스트 디지털 세대의 정서에 대한 이해 역량, 그리고 삶의 현장에서 다양한 포스트 디지털 세대와 열린 마음으로 대화를 나눌 수 있는 의사소통 역량 등이다.[29]

---

[29] Vasilica Negrut & Mirela Arsith, *Designing and Implementing Competency-Based Curriculum*, 45.

4. 비판적 고백적 방법 & 개인

성경과 교회 전통을 규범으로 하여 교회로 하여금 포스트 디지털 세대의 신앙 성장을 추구하고자 하는 실천신학으로서의 교육목회 유형이다. 이 유형에서는 초월적인 성령의 능력으로 말미암는 회심을 강조한다. 교회사적으로는 대각성이나 부흥운동이 이 유형에 속한다. 오늘날에는 개인의 영성 생활을 위한 영성훈련을 중요하게 여긴다.

포스트 디지털 시대를 살아가고 있는 포스트 디지털 세대를 위해 오늘날 어린이 영성교육을 비롯하여 다양한 연령을 대상으로 하는 영성교육이 연구되고 있으며, 어린이를 중요한 사역의 대상으로 여김으로 말미암는 어린이 신학[30] 등이 연구되고 있다. 각 교단별로 유아세례에 대한 비판적 성찰로서 유아성찬을 비롯하여 아동세례 및 아동세례 이후 교육 등에 대해서도 긍정적으로 수용하고 시행해 나가고 있는 가운데 있다.

핵심역량은 포스트 디지털 세대로 하여금 성경에서의 하나님의 초월성에 대한 이해 역량, 하나님의 초월성과 관련하여 개인적으로 영적인 삶을 살아가고자 하는 영성이해 역량, 첨단 과학의 시대로 여겨지는 포스트 디지털 시대에도 여전히 영적인 삶의 필요성을 인정하며 이와 관련하여 자신의 삶에 대한 비판적 성찰의 역량 등이다.

5. 비판적 고백적 방법 & 교회

성경과 교회 전통을 규범으로 하여 교회의 정체성을 형성하고자 하며, 만인제사장직에 기초한 교회형성을 주목적으로 하는 교육목회 유형이다.

---

30) Jerome W. Berryman, *Children and The Theologians: Clearing the Way for Grace* (New York: Morehouse Publishing, 2009); Stuart Brown, *Play* (New York: The Penguin Group, 2009).

사회변화를 추구하는 교회이기보다 성경 그 자체와 교회의 전통적 해석에 성실하며, 이로 말미암아 회중으로서의 교회형성과 운영을 교회의 본질적 사명으로 정의한다.

성경의 재해석 등을 중요한 과업으로 여긴 종교개혁자 마틴 루터의 교회 사역과 한국에서는 은준관 박사의 실천신학 방법론이 여기에 속한다.[31] 안수 받은 목회자에 의해서 주도되는 교육목회보다는 포스트 디지털 세대와 소통이 가능한 사역자에 의한 예배, 가르침, 친교, 봉사, 선교 등으로 말미암는 교육목회를 강조한다.

포스트 디지털 세대에게 요구되어지는 핵심역량은 성경과 교리적 전통에 대한 전수 및 이단 사이비 등에 대한 분별 역량, 실천적 교회로서의 다섯 가지 기능에 대한 이해와 역할을 수행하기 위한 역량 등이다.[32] 그리고 그리스도의 제자로서의 정체성을 확립하고 증인으로 살아가고자 하는 사명을 깨달음으로 교회를 세워 나가기 위한 전도 및 선교에 대한 사명 수행 역량 등이다.

6. 비판적 고백적 방법 & 사회

교회는 사회적 및 문화적 맥락 속에서 신앙공동체로 정의되며, 성경을 비롯한 교회와 전통을 재해석하는 것을 규범으로 하여 교회로 하여금 사역의 범위를 일상생활의 변화를 중요하게 여기는 것으로 나아간다. 사회과학을 비롯한 일반학문을 교회의 정체성에 벗어나지 않을 정도로 적용함으로

---

31) 은준관, 『실천적 교회론』(서울: 대한기독교서회, 1999).
32) Jin Kyung Park, "An Educational Ministry for Children through the Community of Faith- Enculturation Paradigm: The Case of G Church," *Journal of Christian Education in Korea*, 49 (2017), 211-244; Sung-Won Kim, "Educational Ministries in Korean Churches amid the COVID-19 Pandemic," *Journal of Christian Education in Korea*, 65 (2021), 103-131.

제네바를 하나님의 말씀으로 변혁하고자 한 종교개혁자 칼뱅의 사역이 이 유형에 속한다.

포스트 디지털 세대로 하여금 하나님의 나라를 위한 하나님의 사람으로 양육하는 것을 목적으로 하며, 이를 위하여 교회의 핵심 구성요소인 예배, 가르침, 교제, 봉사, 선교 등의 상호작용을 통한 교육목회를 추구하지만, 이 중에서 관계성 형성을 위하여 포스트 디지털 세대 간의 교제를 우선시하며, 교제에 있어서도 교회 내의 교제 범위를 벗어나서 교회 밖과의 교제를 봉사와 선교 차원에서 추구하는 유형으로서의 교육목회이다.

포스트 디지털 세대를 하나님의 사람으로 양육하기 위한 핵심역량은 삶의 자리에서의 하나님 나라를 위한 성경과 교회 전통 재개념화 및 이단 사이비에 대한 비판적 성찰 역량, 포스트 디지털 세대의 주요한 삶의 자리인 가정과 학교에서 신앙적 관계성 형성을 위한 의사소통 역량, 그리고 포스트 디지털 시대의 매체를 적극적으로 활용하여 교회 밖의 포스트 디지털 세대와 소통할 수 있는 포스트 디지털 매체 활용 역량 등이다.[33]

7. 비판적 상관관계적 방법 & 개인

일반학문과 개인에 대한 비판적 상관관계로 말미암아 경계성(liminality)을 추구하는 교육목회 유형이다. 포스트 디지털 시대에는 국가, 시장, 그리고 개인 등의 가시적 경계가 약화되는 반면에 전통과 혁신, 교회와 사회, 디지털과 인간, 말씀과 삶, 감성과 영성 등의 융합으로 말미암는 경계성이 추구된다.[34]

포스트 디지털 세대의 신앙 성숙에 관한 기독교의 전통적 해석과 발달심

---

33) Vasilica Negrut & Mirela Arsith, *Designing and Implementing Competency-Based Curriculum*, 47, 48.
34) Peter McLaren & Petar Jandrić, *Postdigital Dialogues*, 47.

리학적 이론 사이의 대화로 말미암아 소명을 다루고 있는 신학이 이 유형에 속한다. 포스트 디지털 세대로 하여금 신앙 성숙으로서 자신에게 주어진 삶의 자리에서 신체성과 감성이 포함된 전인적이며 통합적인 참여로 말미암아 하나님의 소명을 찾도록 도와 나가는 유형이다.

핵심역량은 포스트 디지털 세대로 하여금 삶의 자리에서의 관계적 소명에 기초하여 기독교적 인성을 추구하고자 하는 역량, 자신의 독특한 감성과 영성의 만남을 추구하는 역량, 신앙과 삶의 균형을 추구함에 있어서 삶에서 발생하는 다양한 갈등을 다루기 위한 관계적 기술에 대한 역량 등이다.[35]

8. 비판적 상관관계적 방법 & 교회

실천신학적 교회를 위하여 일반학문과 교회 전통의 비판적 상관관계로 말미암아 교육목회를 추구하고자 하는 유형이다. 포스트 디지털 매체를 적극적으로 활용하여 교회의 다양한 사역을 수행하고자 하는 목회이다.[36] 폴링과 밀러에 의하면 여기에 해당하는 대표적인 실천신학자는 파울러(James Fowler)이다.

알렉센버그에 의하면 포스트 디지털 매체는 창세기 1장 1절의 "하늘과 땅"에서 '과'에 해당하며, 하늘로서의 영성과 땅으로서의 자연 등의 융합을 언급하고 있다.[37] 포스트 디지털 세대를 위한 교회학교의 경우 예배는 디지털 매체가 포함된 놀이 중심으로 드려지지만, 분반 학습의 경우는 몰입을

---

35) Friedrich Schweitzer, *the Postmodern Life Cycle: Challenges for Church and Theology* (Missouri: Chalice Press, 2004), 39.

36) James Poling & Donald Miller, *Foundations for a Practical Theology of Ministry* (Nashville: Abingdon Press, 1985), 47.

37) Mel Alexenberg, *The Future of Art in a Postdigital Age*, 145.

위해 내부를 어둡게 하는 반면에 촛불을 켜놓는 등의 빈티지의 환경 가운데 소그룹으로 영성을 추구하는 등의 교육목회 유형이다.

핵심역량은 교회 전통과 사회과학의 상관관계를 통한 교회의 재개념화를 위한 비판적 성찰의 역량, 교회형성을 위하여 포스트 디지털 세대가 익숙하게 다루는 포스트 디지털 매체를 실천적 교회형성을 위한 매체로 활용하고 제작하는 역량, 포스트 디지털 세대 교회의 문제 해결을 함께 추구하는 협업 능력(collaboration ability) 역량 등이다.[38]

9. 비판적 상관관계적 방법 & 사회

기독교 전통과 일반 학문의 비판적 상관관계로 말미암아 사회변화를 추구하고자 하는 실천신학적 접근에 의한 교육목회이다. 포스트 디지털 세대로 하여금 신학과 일반학문의 간학문적 접근에 의해 교회 내에서뿐만 아니라 사회라는 삶의 자리에서 그리스도인으로 살아가도록 도와 나가는 목회이다.

마을목회로 일컬어지는 공적신학에 의한 목회 유형이며, 더 나아가 지역사회의 건강에 대한 문제를 매개로 하여 지역사회개발선교(CHE, Community Health Evangelism), 디지털 문화, 교육, 환경문제 등의 융합에 의해 지구 온난화와 기후변화에 대한 해결책을 모색하고자 하는 환경 정의 운동(Ecological Justice Movement) 등이 이 유형에 속한다.[39]

포스트 디지털 세대의 주된 삶의 자리인 가정 및 학교 등에서 갈등을 일으키는 요인과 이에 대한 해결책 모두가 애매모호한 경우, 무엇이 갈등의 요소인지와 이에 대한 해결책은 무엇인지를 공동으로 추구하는 거버넌스

---

38) *Ibid.*, 33.
39) Peter McLaren & Petar Jandrić, *Postdigital Dialogues*, 40-43.

리더십에 해당하는 적응적 리더십(adaptive leadership)을 중요하게 여긴다. 교육목회자는 경계성을 추구하는 모험가로 여겨지며, 교인들과 함께 사회적 및 문화적 회복 탄력성 함양을 비롯하여 지역사회의 문제 해결을 위해 대화적이며 수평적 관계성을 가진다.[40]

핵심역량으로는 포스트 디지털 문화에서 데이터와 정보는 객관적인 지식을 제공하는 반면에 묵시적 지식(tacit knowledge)을 경시하는 경향으로 말미암는 왜곡된 데이터 정보와 은유적 언어들이 재생산될 수 있는 가능성에 대한 비판적 성찰 역량, 익숙함과 낯설음의 경계선에서 신앙적 사회문화를 형성해 나가고자 하는 역량[41], 포스트 디지털 세대 중에서 다문화 가정의 아동 및 청소년들로 하여금 가정, 학교, 그리고 사회 공동체의 회복탄력성을 능동적으로 함께 추구하는 역량 등이다.

<주요토론내용>

1. 포스트 디지털 세대 이전 세대들의 특징들은 무엇인가?
2. 포스트 디지털 세대의 특징들에 대하여 정리해 보자.
3. 포스트 디지털 세대에 대한 교육목회 유형들을 정리해 보자.
4. 포스트 디지털 세대에 대한 교육목회 유형들에서 핵심역량들은 무엇인가?
5. 자신에게 가장 적합하다고 여겨지는 교육목회 유형은 무엇인가? 그 이유는?

---

40) Spencer Jordan, Spencer, *Postdigital Storytelling: Poetics, Praxis, Research* (London & New York: Routledge, 2020), 237.

41) Vasilica Negrut & Mirela Arsith, *Designing and Implementing Competency-Based Curriculum*, 50; Hyeok-Su Chae, "Nature-Based Educational Ministry with Youth based on Maria Harris," *Journal of Christian Education in Korea, 57* (2019).

III부 부록

14장. 기독교교육(학)과의 커리큘럼 분석

15장. 기독교교육과정 논문 분석 및 전망

14장 기독교교육(학)과의 커리큘럼 분석

  기독교교육학과의 커리큘럼을 분석함에 있어 대상은 주로 신학대학교 내에서 기독교교육(학)과(이하 '기교과')가 설치되어 있는 학교들이다. 감신대학교(이하 '감신대'), 고신대학교(이하 '고신대'), 서울신학대학교(이하 '서신대'), 아세아연합신학대학교(이하 '아신대'), 안양대학교(이하 '안양대'), 영남신학대학교(이하 '영신대'), 장로회신학대학교(이하 '장신대'), 총신대학교(이하 '총신대'), 침례신학대학교(이하 '침신대'), 한신대학교(이하 '한신대') (이상 '가나다순' 10개교) 등이다.

  분석 방법은 자료 분석을 하고자 하며, 분석을 위한 자료는 2012년 현재 각 학교의 홈페이지에 실려 있는 내용들을 활용하였다.[1] 현재 교육과정을 개정 중에 있는 학교도 있고, 홈페이지에 있는 내용과 실제 사용하고 있는 교육과정과 다소 차이가 있는 학교도 있지만 객관적으로 확인해 볼 수 있는 자료를 활용하기 위해 현재 각 학교 또는 각 학과 홈페이지의 내용들을

---

* 본 내용은 한국기독교교육학회, "기독교교육(학)과의 커리큘럼 분석," 『기독교교육논총』 33 (2013), 175-200에 게재된 논문을 일부 수정 및 보완한 것임.

1) 위의 내용에서 언급한 대학교들의 순서에 따라 참고한 홈페이지는 다음과 같음. www.mtu.ac.kr; www.kosince.org; www.stu.ac.kr; www.acts.ac.kr/design/index.asp; www.anyang.ac.kr; wwww.ytus.ac.kr; www.pcts.ac.kr; www.chongshin.ac.kr; www.kbtus.ac.kr; www.hs.ac.kr

활용하였다.

분석을 위한 교육과정의 개념은 일차적으로는 교과목을 중심으로 하지만 교과목 이외에 학습자들이 경험할 수 있는 모든 교육내용을 포괄하고 있는 계획으로 이해하고자 한다. 교육과정에 대한 용어 사용은 '커리큘럼'과 '교육과정'을 혼용하여 사용하고자 한다. 어느 쪽이든 대중화되어 있어 이해하는 데 혼동이 없기 때문이다.[2] 10개 대학교 기독교교육(학)과 교육과정 분석을 통하여 기독교교육(학)과 교육과정의 개선 방향을 살펴보고자 한다.

I. 분석의 틀

기독교교육(학)과의 교육과정을 분석하기 위한 틀로는 파이너(William F. Pinar)가 분류한 교육과정의 분류에 근거하고자 한다. 이는 기독교 교육과정이 일반 교육과정에 많은 영향을 받았기 때문이다. 또한 기독교 교육과정의 자료개발은 활발하게 이루어지고 있지만, 이론적인 면에서는 취약하기 때문이다. 파이너가 분류한 교육과정의 유형은 전통주의적 접근, 개념-경험주의적 접근, 그리고 재개념화 접근이다.[3]

---

[2] 신학교육 관련한 교육과정을 다양한 용어로 사용한 대표적인 연구들은 다음을 참고. 유은희, "북한의 상황을 고려한 신학교육 커리큘럼과 교수-학습과정에 대한 고찰," 『기독교교육논총』 32집 (2012); 김정효, "기독교학교 교육과정 개발과 적용 사례," 『기독교교육논총』 24집 (2010); 이금만, "인격 재형성을 위한 신학교육의 방향," 『기독교교육논총』 27집 (2011); 오현선, "하나의 신학교육 사례로서의 '문화 간 성서 읽기'," 『기독교교육논총』 제23집 (2010); 손원영, "기독교교육과정 이론과 프락시스적 접근," 『기독교교육논총』 제6집 (2000); 여성훈, "종교교육에 있어서 Hidden Curriculum의 의미와 그 미래로서의 미시 종교교육학," 『기독교교육논총』 제4집 (1999).

[3] Henry A. Giroux, *Curriculum & Instruction* (California: McCutchan Pub., 1981); 이성호, 『교육과정과 평가』 (서울: 양서원, 1994), 101-119; 강희천, 『기독교

전통주의적 접근에서는 교육과정의 '체계성'(systematicity)을 강조한다. 교수자의 관점이 강조되는 교육과정 목표의 성취를 위해 교육내용을 체계적으로 구성하고자 하는 교육과정이다. 목표중심적이며 단계적으로 내용이 구성된다. 체계적이라는 말은 논리적이라는 말로도 이해할 수 있다.

개념-경험주의적 접근에서는 '효율성'을 강조한다. 바람직한 학습 결과로서의 학습자 행동 변화에 관심 갖는다. 이를 위해 학습자가 이해하기 쉽고 경험할 수 있으며 검증할 수 있는 개념과 구조를 중심으로 내용이 구성된다. 그리고 학습자의 연령, 학습 환경, 학습 시간 등 학습자의 행동 변화를 이끌어 낼 수 있는 요소들을 시스템으로 구성한다. 개념, 구조, 그리고 시스템으로의 구성 등을 통하여 효율성(efficiency)을 높이고자 하는 교육과정이다.

재개념화 접근에서는 역사적 비판, 정신분석학적 비판, 사회적-정치적 비판, 미학적-철학적 비판 등의 유형들이 있다. 이 중에서 역사적 비판과 사회적-정치적 비판의 관점은 학교 또는 교회와 정치, 경제, 사회구조 등과의 관계에 대하여 비판적 성찰을 하고자 한다. 이 둘은 학교 또는 교회의 교육과정이 사회적 환경에 영향을 받고 있음을 강조하고 있는 점에서 유사함을 보이고 있다. 이를 '정당성'(legitimacy)의 교육과정이라는 말로 나타낼 수 있다. '정당성'의 교육과정은 잠재적 교육과정이라고 할 수 있다. 이데올로기로 인해 왜곡과 편견에 대한 프락시스로서의 교육과정이다.

재개념화 접근 중에서 나머지의 정신분석학적 비판과 미학적-철학적 비판의 관점은 왜곡과 편견에 대한 비판적 성찰로 말미암아 개인의 독특성, 그리고 상호주관적인 대화로 구성되어지는 공동체에 대한 가치 등을 강조하는 유사한 맥락을 보이고 있다. 이를 '통합성'(integration)의 교육과정이라는 말로 나타낼 수 있다. '통합성'의 교육과정은 영(null) 교육과정과 밀접하

교육의 비판적 성찰』(서울: 대한기독교서회, 1999), 49-113.

게 관련된다. '통합성'의 교육과정은 세계화의 시대에 다양성에 대한 가치를 인정하면서 포스트모더니즘의 속성을 지닌 교육적 상상력을 통하여 생태적인 삶의 자리에서의 문제 또는 주제와 이에 대한 해결 또는 논의를 위한 간학문적인 교육과정이다.

이상에서 언급한 내용들을 정리하자면 분석을 위한 틀은 네 가지이다. 체계성의 관점, 효율성의 관점, 정당성의 관점, 그리고 통합성의 관점 등이다. 네 가지의 관점은 각각 기독교 교육과정과 관련을 가지고 있으며, 기독교교육(학)과의 교육과정을 총체적으로 분석하기 유용한 틀이기도 하다.

II. 커리큘럼 분석

1. 졸업학점 및 이수 구분

1) 졸업 이수 학점

졸업학점이 140학점 이상(이하 '이상' 생략)인 경우와 130학점인 경우로 구분된다. 140학점인 학교는 감신대, 고신대, 안양대, 영신대, 장신대, 그리고 한신대 등이다. 매 학기 이수학점 범위는 한신대의 경우 15-21학점, 고신대와 안양대 등은 18-21학점이다. 130학점인 경우는 서신대, 아신대, 총신대, 그리고 침신대 등이다. 매 학기 이수학점 범위는 침신대의 경우 15-19학점, 서신대는 18학점을 기준으로 하되 15-21학점의 범위를 정하고 있으며, 아신대는 16-19학점 등이다. 현재 일반종합대학의 경우 졸업학점을 이미 120-130학점 등으로 조정했거나, 2013년부터 시작되는 교원 신분 제도의 변경에 따라 시간강사제도가 없어지게 됨에 따라 졸업학점을 줄이는 방향으로 개정되어 나가고 있다.

2) 이수 구분 및 학점

대학마다 졸업학점에 따른 이수 구분이 다양하듯이 10개의 기독교교육학과에서도 졸업학점에 따른 이수 구분에는 차이가 있다. 분류하자면 3가지의 유형으로 나눌 수 있다.

첫째, 교양필수, 교양선택, 전공필수, 전공선택, 일반(자유)선택, 교직 등 기본적인 6개로 구분하고 있는 학교는 감신대, 서신대, 침신대, 한신대 등 4개 학교이다. 각 학교에서 구분에 따른 학점 배정을 보면 감신대는 교양필수 31학점, 교양선택 18학점, 전공필수 43학점, 전공선택 27학점, 자유선택 또는 교직 21학점 등이다. 서신대는 교양필수 28학점(이 중에서 교책 6학점), 교양선택 10학점(이 중에서 전공 소양 4학점, 일반선택 6학점) 등이다. 전공필수 29학점, 전공선택 21학점, 일반선택 18학점, 그리고 교직 24학점 등이다. 침신대는 교양필수 16학점, 교양선택 12학점, 전공필수 36학점, 전공선택 24학점, 자유선택 30학점, 그리고 교직 34학점이다. 한신대는 교양필수 4학점, 교양선택 31-41학점, 전공필수 25학점, 전공선택 40학점, 일반선택 30학점, 교직 29학점 등이다.

둘째, 이수 구분을 교양의 경우 필수와 선택으로 구분하고 있으나 전공의 경우 필수와 선택으로 구분하고 있지 않는 경우도 있다. 즉 교양필수, 교양선택, 전공, 일반(자유)선택, 교직 등의 5개로 구분하고 있는 유형이다. 이에 해당하는 학교는 고신대, 안양대, 총신대 등 3개 학교이다. 고신대의 경우 교양필수 18학점, 교양선택 12학점, 전공 50학점, 교직과정을 포함한 일반선택 60학점이다. 안양대는 교양필수 20학점(이 중에서 대학별 교양필수 3학점 포함), 교양선택 12학점, 전공 66학점, 일반선택 20학점, 교직 22학점이다. 총신대는 교양필수 22학점, 교양선택 12학점, 전공 58학점, 자유선택 16학점, 교직 22학점이다.

셋째, 이수 구분을 교양필수, 전공필수, 선택 등 3개로 하는 경우이다. 아신대, 영신대, 장신대 등 3개 학교이다. 아신대는 교양필수 42학점, 전공필수 45학점, 선택 43학점이다. 영신대는 교양필수 35학점, 전공필수 40학점, 선택 65학점이다. 장신대는 교양필수 35학점, 전공필수 70학점, 선택 35학점이다. 3개 학교에서 이수 구분을 교양필수, 전공필수, 선택으로 구분할 경우 장점은 교직과정을 비롯하여 학생들에게 선택의 기회를 다양하게 부여한다는 점이다. 그러나 단점으로는 학점 취득이 용이하다고 여겨지는 교양 쪽으로만 집중해서 선택함으로써 전공에 대한 이해가 부족할 수 있다는 점이다.

2. 체계성의 관점

1) 교육목적과 교육목표의 상응성

각 대학 기교과 교육과정의 방향을 제시해 주는 교육목적은 무엇보다 소속된 대학의 교육이념인 교단의 신학에 기초해 있다. 교단의 신학에 근거한 대학의 교육이념과 이에 의한 기교과의 교육목적과 교육목표인 것이다. 교단 신학 --〉 대학의 교육이념 --〉 기교과의 교육목적 등으로 이어지는 체계성을 지니고 있다. 더 나아가 기교과의 교육목적을 고려하여 교육목표를 제시함으로써 교육목적과 교육목표 사이의 체계성을 높이고 있다.

교육목적과 교육목표의 체계성을 위해 교육목적과 교육목표를 함께 제시해 주고 있는 대학은 서신대, 아신대, 안양대, 영신대, 총신대, 한신대 등이다. 각 대학 기교과의 교육목적과 교육목표를 지면상 요약해서 나타내 보면 다음과 같다. 서신대의 경우 대학의 교육이념인 '진리와 성결'에 기초하여 기교과의 교육목적은 '교회교육 및 중등학교 교직을 위한 창조적 지도자 양성'이며, 교육목표는 '영성에 기초한 기독교교육' '교육전문가' '창조적 교육전문가' '교육을 통한 봉사인' 등이다.

아신대는 '신본주의' '복음주의' '아세아 및 세계 복음화'라고 하는 대학 이념에 근거하여 기교과의 교육목적은 '예수 그리스도를 믿음으로 구원에 이르는 신앙고백에 기초한 기독교교육 전문가 양성'이며, 교육목표는 '기독교교육의 이론과 실제를 갖추도록 함' '교육을 계획하고 실천하는 능력을 배양하게 함' '다양한 교육현장에 역동적으로 대처할 수 있는 능력 배양' 등이다.

안양대의 교육목적은 '개혁주의적인 기독교세계관에 기초한 교육자 양성'이며, 교육목표는 '그리스도인 교사 양성' '기독교교육의 이론을 학문적으로 탐구할 수 있는 능력 배양' '창의적인 응용력을 배양' '지역사회 및 세계 복음화와 교육사역에 기여할 수 있는 인재 배양' 등이다.

영신대의 교육목적은 '장로교 신앙에 근거한 교육 지도자 양성'이며, 교육목표는 '전인적인 인간 양성' '기독교적 영성을 지닌 신앙인 양성' '기독교교육적 전문성을 지닌 교육자 양성' '실천적 봉사자 양성' 등이다.

총신대의 교육목적은 '개혁주의 신학적 교육관에 기초한 기독교교육 지도자 양성'이며, 교육목표는 '성경적 세계관을 기초로 하는 인성교육' '기독교교육과 타학문과의 관계에 기초한 기독교교육 지도자 양성' '종교교사와 기독교교육 지도자로서의 사명감과 소명의식' '이론과 실천을 통합적으로 연구하는 지도자 교육' '인성, 영성, 지성의 균형적인 성장을 통한 기독교적 도덕성과 글로벌 마인드 연마' 등이다.

한신대의 교육목적은 '한국기독교장로회의 선교목적에 기초한 교육전문요원 양성'이며, 교육목표는 '서양에서 전파된 기독교 복음을 단순히 전도하고 가르치는 것을 넘어 학문 이론적 토대 위에서 신학 및 일반교육학과의 학제 간 대화 속에서 연구하고 실천적 방법을 모색함'이다.

교육목적 또는 교육목표 중에 어느 한쪽만 제시되어 있는 경우는 감신대, 고신대, 장신대, 침신대 등이다. 감신대가 제시하고 있는 교육목표는 '교회와 사회현장에서 복음의 진리를 교육하고 그리스도의 인격을 함양시키는 기독교교육 전문지도자 양성'이다. 고신대는 교육목적을 제시하고 있는 경우로서 '개혁주의 신앙에 기초한 교육의 이론과 실제, 기독교 신앙교육에 대한 연구를 통해 기독교적 세계관을 지닌 기독교 교육자 양성'이다.

장신대의 교육목적은 '기독교교육의 여러 영역에 헌신할 교육전문가 양성'이다. 침신대의 교육목적은 '기독교의 가치관에 기초한 영성과 인성을 갖추고 전문적 지식과 기술을 풍부하게 지닌 교육지도자 양성'이다. 침신대는 특히 현장사역을 위한 전문성과 실용적 교육에 중점을 두고 있음을 덧붙이고 있다.

2) 교육목적(목표)과 교육내용(영역 및 교과목) 선정의 상응성

교양과목들은 영역으로 구분하고 있지만 전공과목들은 영역으로 구분하고 있지 않는 경우이다. 서신대는 교양필수와 교양선택필수로 구분하고 있으며, 교양선택필수의 경우 5개 영역에서 3개 이상의 교과목을 이수하도록 하고 있다.

감신대	인간과 문화, 인간과 사회, 인간과 과학, 문학과 예술, 종교와 사상, 역사와 전통, 교회와 실천
서신대	(교필)영성, 덕성, 지성덕성융합, 지성, 학문기초 (교양선택필수)기독교와 세계, 인간과 사회, 문화와 예술, 과학과 기술문명, 언어와 표현
영신대	철학과 문학, 역사와 사회, 과학과 문화, 어학과 외국어, 컴퓨터와 인터넷
장신대	전인적 인격도야, 기초학문과 전공의 기초, 언어, 도덕·역사의식·세계관 형성, 21세기 교과(*과목: 정보와 컴퓨터, 기독교와 미디어, 정보사회론)

교양과목들을 영역으로 구분하고 있지 않지만 전공과목들은 영역으로 구분하고 있는 경우는 고신대, 안양대, 총신대, 침신대 등이다.

고신대	(기독교)교육학의 연구, 교회 및 학교의 신앙 교육, 상담(교육) 심리학, 교직 및 평생교육가 양성과정, 교직과정
안양대	종교, 성경·역사·철학, 과정·방법·상담, 응용·실제
총신대	철학, 과정방법론, 상담, 교회교육
침신대	교회행정 및 미디어관리, 예배 및 문화 사역자, 아동 및 청소년 사역, 영유아보육교사, 평생교육사, 중등학교교사

나머지 아신대, 한신대 등은 교양 및 전공에 대한 영역의 구분 없이 교과목만을 소개하고 있다. 장신대의 경우 전공영역으로 구분한 대신에 '교육내용 특성'이라고 언급하고 있다. 여기에 해당하는 것으로는 '기독교적 인성교육' '교육현장과 연계한 실습교육' '전문 교수방법 교육' '세계화 시대에 적합한 어학교육' '첨단 매체 및 멀티미디어를 통한 기독교 교육' 등이다. 특성이라는 말은 영역을 구분하는 원리와 같은 의미를 지니는 것으로 영역 그 자체로 간주하기는 어렵다.

이상에서 살펴본 각 학교의 기교과에서 구분한 전공 영역과 교육목적과의 상응성을 발견할 수 있는 대표적인 경우는 침신대이다. 침신대는 현장 사역을 위한 전문성과 실용적 교육에 중점을 두고 있음을 교육목적 서술에서 강조하고 있으며, 이에 상응하도록 전공영역을 구분하고 있음을 알 수 있다.

이외의 대부분의 대학 기교과에서 제시하고 있는 교양영역과 전공영역으로는 각 학교에서 제시하고 있는 교육목적 또는 교육목표와 상응성을 발견하기 어렵다. 특히 대부분의 대학 기교과의 전공영역은 각 대학의 교육목적 또는 교육목표에 근거하기보다 기독교교육학이라고 하는 학문적 특성에 따라 영역을 구분한 것으로 보인다.

정리하자면 교양영역의 경우는 영역구분을 위한 뚜렷한 준거를 발견하기 어렵고, 전공영역의 경우는 교과구조에 근거하여 영역구분을 하고 있다.

그러나 교육목적(목표)에 상응하는 단일 교과목을 필수로 선정하고 있는 경우로서 고신대는 교양필수로 '개혁주의사상'을 선정하고 있으며, 침신대는 '침례교의 역사' '침례교 신앙과 신학' 등을 1학년 1, 2학기에 배우도록 하고 있다. 총신대는 '칼빈주의개론(1)' '칼빈주의개론(2)' 등을 선정하고 있다. 이외에 학교에 따라 '경건회' '경건실천' '예배실습' '예배와 실습' '기독교교육영성훈련' 등의 이름으로 채플 또는 공동체 활동에 의무적으로 참석하도록 함으로써 나름대로 교육목적(목표)을 성취하고자 하고 있다.

3) 교육내용(교과목) 조직의 순차성

교양필수를 1, 2학년에 집중적으로 조직하고 있는 경우는 감신대, 고신대, 안양대, 영신대, 장신대, 총신대, 침신대 등이며, 서신대는 학년 구별 없이 조직하고 있다.

감신대	대학영어1,2, 심리학의 이해, 사회학의 이해, 인류와 종교, 철학사
고신대	글로벌 영어1,2, 글로벌 영어회화1,2, 정보활용능력, 소명과 학문, 기독교교리와 윤리, 개혁주의사상
서신대	국어1,2,3, 영어회화1,2, 대학영어(독해)1,2, 대학과 학문1,2, 철학입문, 인간과 윤리, 기독교의 이해, 성서의 이해, 현장실습, 심리학개론, 사회학개론, 미래학
안양대	아리새내기 세미나(대학생으로서 자율적인 삶의 태도를 확립하고 주체적인 학습능력 및 방법을 함양할 뿐 아니라 진로 및 비전을 수립하도록 하는 교과목)
영신대	영어1,2, 영어회화3,4, 기타 외국어, 문화사, 생명과학과 현대사회, 사회학개론
장신대	영어1,2, 독어1,2, 대학생활, 철학입문, 구약성경, 신약성경
총신대	구약개요1,2, 신약개요1,2, 칼빈주의개론1,2, 영적지도자훈련1,2

| 침신대 | 대학영어, 영어회화1,2, 토론과 발표, 침례교의 역사, 침례교 신앙과 신학, 경건생활지도1,2 |

전공필수로서 기독교교육학 이외의 신학분야에 대한 교과목을 2, 3, 4학년에 조직하고 있는 경우이다. 신대원 진학자를 염두고 있는 교과목들이다.

감신대	구약이해, 신약이해, 기독교윤리학의 이해1,2, 교회사1,2, 조직신학
영신대	구약개론, 신약개론, 조직신학개론
장신대	신학개론, 교회사, 교회란 무엇인가?(2009학번의 경우)
침신대	구약성서개론, 신약성서개론, 교회사개론, 조직신학개론

전공필수로서 기독교교육 분야를 2, 3, 4학년에 조직하고 있는 경우이다. 2학년의 경우 교양과목과 필수과목들이 겹친다. 침신대의 경우 교직과정에 해당하는 교과목들을 전공필수로 조직하고 있으며, 한신대의 경우 교육목적 및 목표가 교과목에 반영되어 있음을 쉽게 할 수 있는 선정과 조직이다. 총신대는 2009학번의 경우이다.

감신대	기독교교육고전, 교육기행, 교육학적 사유, 기독교교수학습, 기독교교육과정, 교육학과 신학, 교육과 목회
아신대	신앙과 기독교교육, Christian Education, 기독교교육개론, 교수학습이론, 기독교교육사, 기독교교육과 문화, 기독교교육과 성화론, 기독교교육과정의 이론과 실제, 기독교교육철학, 기독교교육과 설교, 현대기독교교육, 교회의 교육사역

안양대	성경과 기독교교육, 기독교교육사, 기독교교육과정, 한국교회교육사, 기독교교육방법, 기독교교육과 리더십, 기독교교육영문강독(1), 기독교교육영문강독(2), 주일학교행정, 기독교교육철학, 기독교교육과 커뮤니케이션, 21세기와 제자훈련, 성경해석과 기독교교육, 현대기독교교육사조, 기독교가정교육, 기독교교육세미나, 교육신학, 성경교수법
영신대	기독교교육개론, 실습1,2,3, 기교원강1,2, 기독교교육사상사, 기독교교육과정, 교육신학
장신대	기독교교육학개론, 기독교교육사상사(1), 기독교교육교수방법, 기독교교육사상사(2), 기독교교육방법, 기독교교육세미나, 기독교교육과정
총신대	기독교교육학개론, 기독교교육사, 기독교교육과 인간발달, 교육신학, 기독교교육영문강독, 교회교육사, 기독교교육과 정신사상, 기독교교육과정, 기독교교육철학, 성경교수법, 기독교교육과 인간학, 기독교교육방법론, 교육과 컴퓨터, 교육목회, 교육지도자론, 기독교교육세미나, 현대기독교교육사상연구, 기독교교육행정, 전자교육과정개발
침신대	교육학개론, 기독교교육론, 교육목회론, 교과교재연구 및 지도법, 교육과정, 기독교가정생활교육, 교과교육론, 교육방법 및 교육공학, 교육실천1,2, 교과논리 및 논술
한신대	기독교교육영성훈련1,2,3,4, 기독교교육개론, 전공영어1,2, 교육신학, 기독교교육과정과 방법, 교육목회, 기독교교육철학, 생태학적 기독교교육, 기독교평화교육

이상에서 살펴본 필수과목들의 경우 조직의 순차성에 있어서 대부분의 기교과에서는 교양과목들을 1, 2학년에, 전공과목들은 2, 3, 4학년에 각 학교의 기교과에서 판단한 기독교교육학의 학문적인 체계에 따라 조직하고 있다. 그러나 서신대의 경우 교양필수를 학년 구별 없이 조직하고 있다. 전공필수를 학년에 구분 없이 필요 학점을 이수하도록 하고 있는 경우는 고신대와 서신대이다. 고신대는 '기독교교육개론' '기독교세계관' '기독교교육

사' '교회교육' '기독교교육철학' 등이다. 서신대는 '성서교육론' '기독교교육교재론' 등을 제외하고 나머지 교과목들은 교직과정에서 요구하는 과목들을 선정 및 조직하고 있다.

3. 효율성의 관점

1) 교육목표와 졸업 후 진로

각 대학의 기교과는 교육목표에 대한 효율성을 높이기 위해 '졸업 후 진로'를 구체적으로 제시하고 있다. 감신대는 '전문교육목회자' '교육사' '종교교사' '평생교육사' 등이다. 고신대는 '종교교사' '교회교육의 전문지도자' '기독교 상담가' '교육목회의 비전을 가진 목회자' '평생교육사' 등이다. 서신대는 '기독교교육전문인' '중등학교 종교교사' '대학원 진학' 등이다. 아신대는 '목회자 또는 선교사' '복음사역자' '일반 대학원 진학' 등이다.

안양대는 '교회교육전문가' '중등교사(종교)' '유치원 및 어린이집 교사(복수전공 시)' '언론 및 출판사' 등이다. 영신대는 '목회자, 종교교사, 기독교 교육기관에서 교육지도자' 등이다. 장신대는 '목회자' '신학대학 교수 및 중·고등 교사' '아동 및 청소년 교육전문가' '기독교 계통 각 기관의 교육전문가' 등이다.

침신대는 '교회사역' '기관사역' '선교사역' '외국유학' '외국 신학원' 등이다. 총신대는 '종교교사' '목회자' '교회 등의 기독교교육 지도자' '대학원 진학' 등이다. 한신대는 '신대원 과정을 이수한 후에 목사나 교회교육 전문가, 선교사' '종교교사' '어린이집 교사' '평생교육사' 등이다.

2) 교육내용(교과목) 선정 및 조직의 구성

효율성을 높이기 위해서는 개념의 명료화, 발달수준 고려, 체제적 구성 등을 고려해야 한다. 이 가운데서 교과목들이 체제적으로 구성되어 있는지를 중심으로 살펴보고자 한다. 세 가지 분야의 체제(system)[4]를 살펴보고자 한다. 발달, 상담, 그리고 환경 등이다.

효율성을 높이기 위해 인간발달과정에 대한 교과목을 교양필수와 교양선택에 체제적으로 구성하고 있는 경우이다.

감신대	(교필)심리학의 이해 (교선)결혼과 가족, 성과 사랑, 발달심리, 인간관계론
장신대	(교선)정신위생, 청소년위기와 상담, 기독교와 성, 심리학입문

효율성을 높이기 위해 인간발달과정을 전공필수 또는 전공선택 등에서 체제적으로 구성하고 있는 경우이다.

감신대	(전선)기독교어린이교육, 기독교청소년교육, 기독교성인교육론
고신대	(전필 또는 전선)아동교육개론, 청소년교육론, 청소년교육특강, 기독교성인교육
서신대	(전선)아동교육론, 아동설교의 이론과 실제, 청소년교육론, 장년교육론, 청소년설교, 기독교어린이교육, 기독교유아교육, 기독교노인교육, 기독교청소년교육
안양대	(전필 또는 전선)기독교청소년교육, 기독교유아교육, 기독교아동교육, 세계화와 기독교성인교육
영신대	(전필)유아/아동교육, 청소년교육과 상담, 성인기독교교육
장신대	(전필)성장발달론 (전선)유아아동교육, 청소년교육, 성인교육
총신대	(전필)어린이교육, 청소년교육, 성인교육론

---

[4] 체제(system)과 체계성(systematicity)의 차이는 다음과 같음. 체제는 다양한 요소들의 상호작용으로 이상적인 결과를 도출해 내고자 함. 체계성은 다양한 요소들의 질서, 순서, 연계, 그리고 논리 등을 중요하게 여김.

침신대	(전필)아동교육론, 청소년교육론, 성인교육론 (전선)캠프와 레크레이션, 아동교육방법론, 청소년생활지도론
한신대	(전선)기독교어린이교육, 기독교청소년/성인교육

효율성을 높이기 위해 교육현장(가정, 교회, 학교, 사회 등)에 대한 교과목을 교양필수 또는 교양선택에 체제적으로 구성하고 있는 경우이다. 감신대의 아래의 교양선택은 '인간과 사회' 영역에 속하는 과목들이다.

감신대	(교선) 한국사회와 문화, 세계화와 지역화, 정보화 사회와 뉴미디어
장신대	(교선) 북한학, 경제와 사회, 기독교사회봉사, 세계문화사

효율성을 높이기 위해 교육현장(가정, 교회, 학교, 사회 등)에 대한 교과목을 전공필수 또는 전공선택에서 체제적으로 구성하고 있는 경우이다.

서신대	(전선) 가정환경과 어린이, 가정사역, 교회교육프로그램, 사회문제와 사회교육, 기독교교육과 대중문화
총신대	(전필) 기독교교육과 가정사역, 교회교육의 이론과 실제, 기독교교육과 사회, 정보화 사회와 기독교교육

효율성을 높이기 위한 교과목으로 상담(교육)심리학 분야를 체제적으로 선정하고 조직한 경우이다. 전공필수 또는 전공선택으로서 상담영역에 대한 교과목들을 1-4학년에 조직하고 있는 경우이다.

고신대	(전선)상담심리학, 발달심리학, 교육심리학, 심리검사, 어린이임상심리, 가족치료학, 가정사역론, 부모교육, 성격심리학, 집단상담의 이론과 실제

서신대	(전필)교육심리학 (전선)발달심리학, 상담심리학, 적응심리, 가정사역, 부모교육론
아신대	(전필)청소년 상담, Pastoral Counseling, 상담의 이론과 실제, 아동상담론, 다문화상담
안양대	(전필)기독교교육상담개론, 기독교교육상담세미나
영신대	(전필)청소년교육과 상담, 상담과 실습
총신대	(전필)기독교상담심리, 기독교교육상담, 상담의 실제

3) 수업과 강의평가의 적절성

효율성의 측면에서는 교육과정의 체제적인 측면을 강조한다. 수업과 강의평가에 대한 분석을 효율성의 부분에서 분석해 보고자 하는 이유이다. 효율성의 관점에서 수업과 강의평가에 대한 분석을 위해 학습자의 연령에 대한 고려, 시간 또는 기간에 대한 배려, 학습 환경과의 적합성 등에 대한 문항들에 대하여 살펴보고자 한다.

우선 평가서의 제목을 통해서 의도하고 있는 수업에서의 교육방법이다. 평가서의 제목이 '강의평가서'(감신대, 고신대, 아신대, 영신대, 총신대)인 경우와 제목에서 '수업평가서'(안양대, 장신대)로 되어 있거나 실제적으로 '수업평가'(침신대)인 경우 등 두 종류로 분류된다. '강의평가'인 경우 교수의 강의에 초점이 맞추어져 있음으로 해서 교수 중심의 강의법이 중요하게 여겨지고 이에 대하여 평가하도록 하는 반면에, '수업평가'는 강의방법 이외에 학습효율을 높이기 위해 수업에서의 다양한 방법을 활용한 것에 대한 평가를 할 수 있다.

그러나 평가하고자 하는 항목은 학교 간에 큰 차이를 보이고 있지는 않다. 대체로 체계성에 대한 평가항목이 많은 가운데, 효율성에 대한 평가항목도 포함되어 있다. 강의평가서 또는 수업평가서에서의 효율성을 높이기 위한 항목들은 다음과 같다.

감신대의 경우 '이 강의를 통하여 학습 의욕과 흥미가 유발되었다' '이 강의는 창의력과 사고력의 발전에 도움이 되었다' 등이다. 고신대는 '교수님은 학생들의 질문에 잘 답변하는 등 교육에 대한 깊은 열정과 학생에 대한 관심을 가지고 있었다' '교수님은 강의내용을 효과적으로 전달하며 강의 제목과 내용이 일관되게 강의하였다' 등이다. 아신대는 '이 강의는 지식습득 또는 창의력과 사고력 발전에 도움이 되었다' '강의실, 강의도구 등 강의환경은 수업에 적절하였다' 등이다.

영신대는 '교수님은 학생들이 이해하기 쉽게 강의하였다' '이 교과목의 강의내용은 실제적인 활용성을 향상시켰다' 등이다. 장신대는 '수업은 학생들의 수준을 고려하여 진행되었으며, 과목 이수 후 학습수준이 향상될 것으로 기대됩니까?' '교수의 수업내용에는 교회, 학계, 사회 등 현장과의 관계가 충분히 고려되었습니까?' 등이다.

평가의 효율성을 위해 실험으로 수업이 진행되는 경우와 이론 중심으로 수업이 진행되는 경우를 각각 분리하여 평가하도록 한 경우는 안양대, 총신대, 침신대 등이다. 안양대는 '실험실습중심수업평가'를 '이론중심수업평가'와 구별하여 제시하고 있다. '이론중심수업평가'에서 '교수는 수업내용을 명료하고 이해하기 쉽게 전달하였는가?' '수업을 통해 이 분야에 대한 이해와 능력이 증진되었는가?' 등이다. '실험실습중심수업평가'에서는 '실험실습 실기 시간은 적절하였고 수업의 시간 배분이 잘 이루어졌는가?'이다.

총신대는 이론중심의 '강의평가'와 실습과목 중심의 '강의평가'를 구분하고 있다. 이론중심의 강의평가에서는 '교재, 참고 자료 등은 적절하게 제시되었다'와 같은 효율성에 대한 문항과 더불어 '강의는 성에 관한 편견이나 고정관념 없이 성평등한 관점에서 진행되었다' 등도 포함되어 있다. 실습과목 중심의 강의평가에서 효율성을 위한 항목은 '교수님은 학생의 학습수준을 고려하여 실습을 진행하였다'와 같은 문항이다. 침신대는 '강의중심평가'와 '실기중심평가'로 구분하고 있다. '강의중심'에서는 '내가 이 수업에 기대하는 학점은?' '수업에 사용된 교재(자료)의 내용 및 수준은 전체 학생들에게 적당하였다' 등이며, '실기중심'에서는 '수업 중 시범은 학습에 도움이 되었다' 등이다.

4. 정당성의 관점

1) 헤게머니

누가 교육과정에서의 교과목들을 선정하고 조직하는가? 교육과정의 실마리는 '무엇'에 있지만 조금 깊이 들어가 보면 교육과정은 '누가'라고 하는 '정치적 행위'이다. ㄱ교과의 교육과정 '결정'은 '누구'에 의해 이루어지고 있는가? ㄱ교과의 교육과정은 대학의 교육이념에 기초하고 있으며, ㄱ교과의 학과 교수들에 의해서 결정된다고 할 수 있다.

더 나아가 대부분의 대학에서 교육과정에 대한 결정권은 '교육과정위원회'에 있다. '교육과정위원회'는 교수들의 모임이기 때문에 교육과정은 교수에 의해서 결정된다고 할 수 있다. 오늘날 정부의 교육과학기술부에서도 대학의 교육과정은 대학에서 자율적으로 운영하도록 하고 있기 때문에 대학의 교육과정은 해당하는 교수에 의해서 결정되고 있다.

고신대의 규정에 나타난 '교육과정위원회'의 기능은 '학부(과)에서 상정한 교육과정 편성 및 운영에 관한 사항' '교육과정 개편에 관한 사항' '강의평가계획 수립 및 시행에 관한 사항' '수료 및 졸업학점에 관한 사항' '교과목의 학점 및 이수변경에 관한 사항' '기타 위원장이 필요하다고 인정하는 교육과정에 관한 사항' 등이다. 고신대는 교양과정을 위해 '교양교육위원회'를 따로 구성하고 있다. 그 운영규정을 보면 '교양기초 교육과정의 교육의 개편 계획 수립에 관한 사항' '교양기초 교과과정의 제정 및 운영에 관한 사항' '교양필수과목, 교양선택과목 개·폐에 관한 사항' '기타 위와 관련된 제반사항' 등이다.

서신대 '교과과정위원회규정'의 경우 위원회의 기능은 '교육목표 실현을 위한 교육과정 편성' '교육과정 개편을 위한 계획수립 및 심의' '교과목개정' '교육과정 및 교수방법 혁신방안 수립 및 심의' '기타 위와 연관된 제반 사항 연구 및 심의' 등이다. 특히 서신대의 '교과과정위원회규정'에는 '교육과정 변경'을 위해 '3년 주기로 강의수강 및 강의평가 등을 참고하여 본교의 전반적인 교육과정을 검토하며 필요에 따라 새로운 교과목을 추가 혹은 삭제한다'는 것이다. 교육과정 개정의 주기를 3년으로 명시하여 정기적으로 교육과정을 개선할 필요성을 분명하게 하고 있다. 그러나 대부분의 대학과 기교과의 경우 교육과정 개·폐에 대하여 추천할 수 있는 권한을 학생에게 일부라도 부여하고 있는 경우는 찾아보기 어렵다.

2) 잠재적 교육과정

적극적인 차원에서의 잠재적 교육과정은 학교의 교육이념과 관련하여 정치, 경제, 사회적인 측면과 관련된 교과목이 선정되고 조직된 경우이다. 한신대의 경우 '하나님의 선교'라는 대학의 이념에 따라 전공필수는 '생태학적 기독교교육' '기독교평화교육' 등이며, 전공선택으로는 '성서와 생명문화운동' '에큐메니칼운동과 기독교교육' '기독교민중교육' 등이다. 감신대의 경우 교양선택으로는 '생명과 정치' '통일운동과 기독교' '북한이해' '여성과 사회' 등이며, 전공선택으로는 '생태평화 기독교교육' '다문화교육주제연구' 등이다.

소극적인 차원에서의 잠재적 교육과정은 선정 및 조직된 교과목에서 이데올로기에 대해 왜곡, 편견, 그리고 경시하는 요소와 측면이 있을 수 있다는 것을 가정하는 것에서 출발한다. 고신대, 서신대, 아신대, 안양대, 영신대, 장신대, 총신대, 침신대 등은 이데올로기와 관련된 교과목 선정에 소극적이다.

기교과의 경우 여학생의 숫자가 남학생에 비해 상대적으로 많은 가운데 있지만 이들을 위한 교육과정은 비판적 성찰의 대상으로 꾸준히 문제가 제기된다. 그러나 여학생을 고려하여 여성과 관련한 교과목을 선정 및 조직하고 있는 학교는 감신대로서, 교양선택의 '여성학' '여성과 종교' '여성과 사회' '여성과 교육' 등이다. 그러나 전공필수와 전공선택에서는 10개 학교 모두 소극적인 측면을 보여 주고 있다.

3) 영 교육과정과 특성화

각 대학의 기교과는 나름대로 독특성을 지니고 있으며, 그 자체가 특성화된 학과라고 할 수 있다. 그러나 학과의 홈페이지에 학과의 특성화를 구체적으로 명시해 놓은 경우는 총신대 기교과이다. 총신대의 다른 여러 학과에서는 특성화에 대한 표기를 하고 있지 않지만 기교과는 독특하게 '학과 특성화 목표'를 제시하고 있다. 이는 총신대 전체의 '교육목표' 중에서 '1. 본교가 지향하는 성경적 세계관을 기초로 하는 인성교육 강화'에 해당하는 것을 좀 더 구체화한 것이다. 즉, 총신대는 대학 교육목표로서 '지성, 영성, 인성'을 제시하고 있다.

이 중에서 '학과특성화 목표'는 '칼빈주의 세계관을 실현하여 사회와 교회에 봉사할 인재 양성'에 해당하는 '인성'을 강조하고 있다. 그 서술을 보면 '인성과 기독교적 도덕성을 함양하여 사회에 헌신하는 기독교 종교교사를 양성'하는 것이다.

이를 위한 구체적인 특성화의 목표는 '인간 품성의 함양' '인간 존중의 교육과정 개발 및 운영' '사회봉사역량 강화' 등이다. 그러나 비록 인성함양이라고 하는 특성화 목표를 제시하고 있지만 이런 특성화의 목표들이 어떤 교과목들로 구성되고 있는지에 대한 언급은 없다. 인성함양을 위한 학과 특성화에 따른 교과목들을 구성할 필요가 있다.

특성화라고 되어 있지는 않지만 서신대의 경우 학교 전체의 특성화를 추진하기 위한 방안으로 졸업인증제 가운데 '독서인증' '사회봉사 인증' 프로그램을 교양교과과정으로 운영하고 있다. '독서인증'은 학교에서 선정한 교양 도서 30권을 읽고 각 도서에 대한 독후감을 제출하도록 하고 있다. '사회봉사 인증'은 사회봉사센터에서 봉사 시간 100시간 이상을 하도록 하고 있다.

5. 통합성의 관점

1) 이론과 실습

각 대학 기교과의 전공선택과 전공필수에 선정되어 있는 실습에 대한 내용들을 살펴보면 다음과 같다. 감신대는 전공선택으로 '대안교육실습' '교사교육 워크숍' 등이 있으며, 전공공통필수에 '예배와 실습' 등이 있다. 아신대는 '프로젝트'가 있으며, 영신대는 '상담과 실습' '실습(1,2,3)' 등이 있다.

장신대는 '학습활동 워크숍' '기독교교육실습(1, 2)' '특수실습' '상담의 실제' '해외교육현장실습' 등이 있으며, 신대원에서 수강할 수 있는 과목으로 '견습선교사실습(1,2)' '선교현장연구와 실습(1,2)' 등이 있다. 침신대의 경우 전공필수로 '교육실천(1,2)'이 있으며, 전공선택으로 '캠프와 레크레이션' '예배 드라마와 율동' 등이다.

한신대는 매 학년 초 학교생활에 들어가기 전에 전학년이 교수들과 함께 자신, 전공, 신앙 등의 주제를 중심으로 신앙공동체 훈련을 하는 '기독교교육 영성훈련(1,2,3,4)'이 전공필수로 선정 및 조직되어 있다. 그러나 고신대, 안양대, 총신대 등에서는 실습과 관련된 교과목을 찾기가 어렵다.

2) 타 학문과의 관계

기독교교육학은 간학문적인 성격을 지니고 있다. 따라서 타 학문과의 관계에 대부분의 교과목이 포함된다고 할 수 있다. 그러나 전공필수와 전공선택에서 타 학교에 비하여 새롭게 간학문적인 시도를 하고 있는 특징적인 교과목들은 다음과 같다. 감신대는 '영성과 교육' '다문화교육주제연구' 등이 있으며, 아신대는 '다문화상담'이 있다.

서신대의 경우 '기독교교육과 영성훈련' '기독교복지 교육론' '기독교교육 인류학' 등이 있으며, 장신대의 경우 '사회복지와 선교교육'이 있다. 이외에 졸업논문의 경우 간학문적인 특성을 경험할 수 있는 기회를 제공한다고 볼 때에 고신대, 안양대, 그리고 한신대 등은 졸업을 위해 논문을 쓰도록 하고 있다.

3) 복수전공(연계전공), 학점교류(대학 간), 해외대학과의 연계

각 대학의 기교과는 학교 내에 관련학과와 복수전공 또는 부전공의 길을 열어 놓고 있다. 타 학과 학생이 기교과를 복수전공 또는 부전공할 시에 필요한 학점들은 다음과 같다. 서신대는 복수전공을 위해 40학점을 이수하도록 하고 있으며, 부전공에 대한 언급은 없다. 침신대는 복수전공을 위해 36학점(필수 18학점 이상)을 이수하도록 하고 있다. 아신대와 영신대의 경우 복수전공을 위해 35학점을 이수하도록 하고 있으며, 부전공의 경우는 21학점을 이수하도록 하고 있다.

이외에 각 학과는 타 대학과 학점교류를 하고 있기도 하다. 서신대의 경우 신학계대학(교)과의 학점교류에 관한 지침을 마련해 놓고 있다. 학점교류에 참여하고 있는 대학으로는 나사렛대, 성결대, 한세대, 안양대, 협성대 등이다. 지침서에 의하면 학점교류학생이 취득한 학점은 소속대학의 학칙이 규정하는 동일과목 개설여부와 관계없이 교양과목을 인정받을 수 있음을 말하고 있다. 그러나 전공과목의 경우 소속대학의 학과(부)장의 심의를 거쳐 총장의 허가를 받도록 함으로 사실상 인정받기 어렵도록 하고 있다.

해외대학과의 연계프로그램을 하고 있는 경우로서 침신대는 1학기 이상 재학한 학생이면 자격이 주어진다. 대상 학교에서 취득한 학점을 1학기의 경우 18학점, 2학기의 경우 32학점의 범위 내에서 인정을 받을 수 있음을 말하고 있다. 그러나 본 대학에서 이미 이수한 과목과 동일한 과목은 인정

하지 않고 있다.

III. 분석에 대한 종합적 정리 및 평가

10개의 신학대학교 기독교교육(학)과에서 운영 중인 교육과정을 체계성, 효율성, 정당성, 그리고 통합성의 관점에서 분석하였다. 각 항목에 대한 분석 결과와 이에 대한 해석으로 말미암는 평가는 다음과 같다.

체계성의 관점에 의한 분석에 따르면 각 기교과 교육과정의 목적과 목표까지는 학교에 따라 뚜렷한 차이를 보이고 있지만 교육과정의 내용부터는 학교 간의 차이가 약하다. '교육목적과 교육목표의 상응성'은 서신대, 아신대, 안양대, 영신대, 총신대, 한신대 등에서는 교육목적과 교육목표를 함께 제시함으로써 목적과 목표 사이의 체계성을 높이고 있다.

그러나 '교육목적(목표)과 교육내용(영역 및 교과목) 선정의 상응성'에서는 전공영역의 경우 교육목적(목표)과의 상응성보다는 교수자가 생각하는 기독교교육학이라고 하는 학문적 특성에 따른 교과 구조에 의해 영역을 구분하고 있다.

비록 고신대, 침신대, 총신대 등의 학교에서는 교양필수로 학교의 교육이념을 반영하는 교과목을 선정하고 있지만, 나머지 7개교에서는 교양 또는 전공에서 학교의 교육이념을 반영하여 선정하고 있지 않고 있다. 목적(목표)과 내용선정이 불일치하다는 점에서 체계성에 문제를 드러내고 있다.

또한 교과들 사이의 체계성을 위해서는 로드맵을 작성할 필요가 있다. '교육내용(교과목) 조직의 순차성'의 경우 8개 학교에서는 1, 2학년에 교양필수를, 2, 3, 4학년에는 전공필수를 중점적으로 조직하고 있다. 그러나 고신대와 서신대의 경우 전공필수를 학년 구분 없이 졸업에 필요한 학점을 이수하도록 하고 있다.

효율성의 관점에서 보면 전공영역의 경우 대부분 대학에서는 교과구조에 대한 분석과 이에 따라 내용을 선정하고 있으나, 학습자의 경험으로 검증되기 어려우며 이론 중심적인 교과목들의 비중이 높다. 그러나 이외에서 효율성을 높이기 위한 하나의 방안으로 10개 학교 모두 '졸업 후 진로'를 구체적으로 제시하고 있다.

'교육내용(교과목) 선정 및 조직의 구성'을 보면 대부분의 학교에서는 인간발달과정에 대한 교과목을 체제적으로 구성함으로써 이와 관련된 교과목에 대한 효율성을 높이고 있다. 이외에 감신대, 장신대, 서신대, 총신대 등은 교육현장을 체제적으로 구성함으로, 또한 고신대, 서신대, 아신대, 총신대 등은 상담 관련 교과목을 체제적으로 구성함으로써 각각 효율성을 높이고 있다.

'수업과 강의평가의 적절성'에서는 평가하고자 하는 항목은 학교 간에 큰 차이를 보이고 있지는 않으며, 대체로 체계성에 대한 평가항목이 많은 가운데, 효율성에 대한 평가항목도 일부 포함되어 있다. 실험으로 수업이 진행되는 경우와 이론 중심으로 수업이 진행되는 경우를 각각 분리하여 평가하도록 한 경우는 안양대, 총신대, 침신대 등이다.

정당성의 관점에 의한 분석에 따르면 10개 대학 모두 교육과정의 개·폐에 대한 '헤게머니'는 교육과정위원회를 구성하고 있는 교수들에게 있다. '잠재적 교육과정'에서 적극적인 차원은 감신대와 한신대에서 찾아볼 수 있다. 학과의 특성화는 총신대를 제외한 나머지 학교에서는 영 교육과정으로 나타나고 있다. 그러나 총신대의 경우에도 구체적인 교과목을 제시하고 있지 않음으로 해서 10개 대학이 전체적으로 특성화에 대한 부분은 영 교육과정으로 남아 있다.

통합성의 관점에 의한 분석에 따르면 '이론과 실습'은 감신대, 아신대, 영신대, 장신대, 침신대, 한신대 등에서 강조되어 있다. '타 학문과의 관계'는 감신대, 아신대, 서신대, 장신대 등에서 특징적으로 나타나 있다. '복수전공, 학점교류, 해외대학과의 연계' 등에서는 대부분의 대학에서 운영하고 있지만, 학점교류의 경우 교류대학이 제한적이며, 더군다나 교양과목 중심이다.

지금까지의 분석과 이에 대한 해석으로서의 평가에서는 체계성, 효율성, 정당성, 그리고 통합성 등의 관점들이었다. 그러나 가까운 미래에 인공지능과 인공감성의 발달로 인하여 기독교교육과정의 제5유형은 '가상성'(virtuality)이 될 것이다. 가상성은 단순히 온라인과 오프라인의 병행 차원을 넘어선다. 가상성은 포스트 디지털 중심 사회에서 기독교교육과정이 나가야 할 방향이다. 각 신학대학교의 기독교교육(학)과는 학과의 발전을 위해서나 신학대학교의 발전을 위해서 가상성의 방향으로 교육과정을 개선해 나가야 한다.

<주요토론내용>

1. 체계성과 관련하여 기독교교육(학)과의 교육과정을 개선해 보자.
2. 효율성과 관련하여 기독교교육(학)과의 교육과정을 개선해 보자.
3. 정당성과 관련하여 기독교교육(학)과의 교육과정을 개선해 보자.
4. 통합성과 관련하여 기독교교육(학)과의 교육과정을 개선해 보자.
5. 가상성과 관련하여 기독교교육(학)과의 교육과정을 만들어 보자.

15장 기독교교육과정 논문 분석 및 전망

한국기독교교육학회(이하 학회 또는 본 학회) 창립 60주년을 맞이하여 2021년 2월 28일까지 학회지인 『기독교교육논총』에 게재된 커리큘럼 또는 교육과정 논문들을 대상으로 역사적 관점에서 회고와 전망을 하고자 한다. 본 학회는 1961년에 창립되었지만, 학회지인 『기독교교육논총』은 1996년 도에 창간되어 현재 64집까지 발행되었다.

역사적 관점에서 시기에 대한 구분은 학회지에 게재된 논문 분량과 연구 동향 등을 고려하여 1996-2010년, 2011-2015년, 2016-2020년 등으로 하고자 한다. 본 학회의 온라인 홈페이지(http://www.kscre.org)에 탑재된 기독교교육논총에서 '교육과정' '커리큘럼' 'curriculum' 등의 세 가지 검색어를 중심으로 하여 검색된 32편의 논문으로 하며, 이를 통해 기독교교육과정의 학문적 방향성을 모색하고자 한다.

60주년에 이르는 긴 세월 동안 『기독교교육논총』에 발표된 기독교교육과정 연구에 대한 회고와 전망을 위하여 성찰할 내용들은 다음과 같다.

첫째, 교육과정 이론에 대한 논문으로서 교육과정 접근 유형과 이에 따른 구성요소이다. 교육과정 접근 유형으로는 교육과정 개발이냐? 교육과정 이해이냐? 등의 관점을 접근 유형으로 분류하면 전통주의적 접근, 개념-경험주의적 접근, 재개념화 접근 등으로 구분되며, 접근 유형들을 특성으로 분류하면 체계성, 효율성, 정당성, 통합성 등이다.[1] 교육과정 구성요소로는 목적과 목표, 내용선정 및 조직, 교수학습 과정 및 방법, 평가 및 행정 등이다. 본 글에서는 접근 유형 및 교육과정 구성요소를 중심으로 연구한 경우 교육과정 이론에 대한 연구로 간주한다.

둘째, 교육대상에 대한 논문은 영아, 유아, 아동, 청소년, 청년, 중년을 비롯한 성인, 그리고 특수한 교육대상 등이다. 교육현장과 유사하거나 겹칠 수 있는 경우에 분별의 기준은 해당 논문에서의 강조점이 교육대상에 있는 경우에 이에 해당하는 것으로 분류했다.

셋째, 교육현장과 관련한 논문은 가정, 교회, 학교, 사회, 세계, 사이버, 그리고 특수한 교육현장 등이다. 끝으로 역사적 관점에 의한 회고를 기초로 기독교교육과정 연구가 지향해야 할 방향을 전망하고자 한다.

I. 기독교교육과정 연구 여명기: 1996-2010년

한국기독교교육학회의 기독교교육과정 연구의 여명기에 해당하는 시기로서, 이 시기에 기독교교육과정과 관련된 논문들과 그 특징들은 다음과 같다.

---

* 본 내용은 한국기독교교육학회, "커리큘럼 논문 분석 및 전망: 기독교교육논총을 중심으로," 『기독교교육논총』 66 (2021), 49-74에 게재된 논문을 수정 및 보완한 것임.

1) Herbert M. Kliebard, "The Metaphorical Roots of Curriculum Design," in William Pinar (Ed), *Curriculum Theorizing: The Reconceptualists* (Berkeley: McCutchan Pub Corp, 1975); Henry A. Giroux, *Curriculum & Instruction* (California: McCutchan Publishers, 1981); Robert W. Pazmiño, *Foundational Issues in Christian Education: An Introduction in Evangelical Perspective* (Grand Rapids: Baker Book House, 1994); 강희천, 『기독교교육의 비판적 성찰』 (서울: 대한기독교서회, 1999); 이원일, 『해석학적 상상력과 기독교교육과정』 (서울: 한국장로교출판사, 2004).

1. 교육과정 이론

기독교교육과정 이론에 대한 연구는 "종교교육에 있어서 Hidden Curriculum의 의미와 그 미래로서의 미시 종교교육학"[2]이 있다. 여성훈은 Hidden Curriculum에 대한 정의를 엘리엇 아이즈너가 말하는 세 종류의 교육과정 중에서 implicit curriculum, null curriculum을 포함한 개념임을 밝히고 있다.[3] 종교교육과 관련한 잠재적 교육과정은 학습실 구조 및 환경, 교육방법, 교사의 가치관, 교육이념 및 교육신학 등이다. 미시 종교교육학으로 교육실천 현장의 필요와 관심에 따른 종교교육학 재구성, 중교교육 실천 현장에 대한 귀납적이고 실용적 차원의 접근, 물리적 환경 및 정서적 차원을 중시하는 종교교육 등을 제시하고 있다.[4]

기독교교육과정 이론에 대한 또 다른 연구는 "기독교교육의 새 패러다임: 새로운 교육과정의 모색: 휴브너(D. Huebner)의 커리큘럼 이론을 중심으로"[5]가 있다. 기독교교육과정의 재개념화 접근에 대한 연구이며, 휴브너의 교육과정 이론을 중심으로 하고 있다.

해석학적 관점에서 세계-내-존재로서의 인간이해에 기초하며 교육활동을 촉진할 수 있는 교육환경의 중요성에 대하여 언급하고 있다. 교육과정 개념 정의에 있어 교육과정이란 교육하는 환경적 조건들의 총체이며, 총체에 포함되는 것으로는 교사, 학생, 자료들, 경제, 정치, 역사 등이다.[6]

총체적인 교육환경으로 말미암아 가치 있는 교육활동으로서의 교육과

---

[2] 여성훈, "종교교육에 있어서 Hidden Curriculum의 의미와 그 미래로서의 미시 종교교육학," 『기독교교육논총』 4 (1999), 169-192.

[3] Ibid., 172.

[4] Ibid., 187-190.

[5] 고용수, "기독교교육의 새 패러다임: 새로운 교육과정의 모색," 『기독교교육논총』 6 (2000), 11-49.

[6] Ibid., 23.

정이어야 한다. 고용수에 의하면 교육과정의 동향은 교회 내 교회학교 교육을 위한 프로그램 내지 교재(공과)라고 하는 협의의 개념으로부터 교회라고 하는 신앙공동체 전체에 영향을 끼치는 가치 있는 교육활동, 관계 및 자원의 총체라고 하는 광의의 개념으로 확대하고 있다.

기독교교육과정 이론에서 개념 정의를 본격적으로 다룬 연구로는 "기독교교육과정 이론과 프락시스 접근"[7] 이다. 손원영은 교육과정의 문제는 교육과정에 대한 개념 정의의 문제임을 말하는데, 그가 말하는 교육과정 개념은 프락시스(praxis)이다. 교육과정에 대한 재개념화로서의 프락시스 접근이다.

구체적으로는 테오프락시스 접근이다. 이는 하나님, 교사, 학생, 교재, 환경, 행정가 등의 다양한 교육 주체들이 간주관적 협력을 통해 하나님 사랑과 이웃 사랑이라고 하는 교육목적을 실천해 가는 순례자들의 전 과정을 의미한다.[8] 이의 개념 정의에 기초하여 해방적 프락시스와 해석학적 프락시스의 통합을 제안하고 있다.

2. 교육대상

교육대상으로서 여성에 대한 교육과정 연구는 김혜숙의 "자전적 글쓰기 교육과정을 통한 여성주의 기독교교육"[9]이 있다. 김혜숙은 전통주의의 수업계획, 개념-경험주의의 학습결과와 달리 수업의 상호작용 과정을 강조하는 재개념화의 한 유형인 자서전적 교육과정을 말하고 있다. 교육과정의

---

7) 손원영, "기독교교육과정 이론과 프락시스 접근," 『기독교교육논총』 6 (2000), 248-275.
8) Ibid., 269.
9) 김혜숙, "자전적 글쓰기 교육과정을 통한 여성주의 기독교교육," 『기독교교육논총』 21 (2009).

개념은 "여성의 삶 전체가 하나의 교육과정"[10]이라고 정의하며, 이에 의해 교육과정 연구는 여성의 삶의 이야기를 연구하는 것이다.

여성의 자아를 확인하고 성숙하도록 돕기 위한 자서전적 글쓰기 교육과정의 교육내용으로는 여성의 경험, 성서 이야기, 사회적 전기 등이다. 교수-학습과정은 자신의 경험을 글쓰기 텍스트로 표현하는 과정, 자신의 텍스트를 학습 공동체와 나누는 대화의 과정, 영적 자기 정체성을 재형성하는 과정 등이다. 의식화 및 심미적 교육, 대화교육, 영성교육 등으로 진행되며, 교사의 이미지는 동반자, 후원자, 지식 창조자 등이다.

3. 교육현장

기독교교육과정을 연구함에 있어서 접근유형과 구성요소, 교육대상, 교육현장이 엄격하게 구분되기보다는 서로 연관된 가운데 연구가 이루어진다. 구분을 분별하는 기준은 어느 부분을 강조하고 있느냐에 둔다.

교육현장으로서 교회와 관련된 교육과정 논문으로는 고용수의 "21세기와 교회의 교육과정"[11]이 있으며, 이 논문에서는 교회가 맞이하게 될 21세기의 사회문화적 변화에 능동적으로 대처하는 교회 교육과정을 제시하고 있다. 제시하고 있는 교육과정 개념은 교회학교의 교재나 자료 등과 같은 협의 개념을 벗어나 광의의 개념이다. 교육과정을 지닌 교회라는 말에서 알 수 있듯이 교육목회 차원에서 교육과정이다. 교육과정에 대하여 개발이라는 차원이 아닌 현상학적이며 해석학적인 이해의 차원에서 접근해야 함을 말하고 있다.

교회에 대해 인간의 의도적인 계획으로서의 교회 교육과정 개발이 아니

---

10) *Ibid.*, 342.
11) 고용수, "21세기와 교회의 교육과정," 『기독교교육논총』 2 (1997), 77-104.

라 이미 교육과정을 지닌 교회로서의 교회를 이해하는 차원에서 교육과정 이해로 교육과정이 재개념화되어야 함을 말한다. 따라서 교회 교육과정은 교육과정을 지닌 교회로서 이미 존재하고 있는 교회생활의 전 과정에 대한 이해여야 하며, 이해해야 할 교육과정의 원형은 초대교회(행 2:42-47)이다.[12] 교육목회 교육과정은 교회의 교육, 예배, 친교, 봉사, 전도 및 선교 등의 다양한 목회 구성요소들을 교육적 관점으로 재구조화하는 교육과정을 말한다.

감리교 교단 교육과정과 관련한 논문으로서 감리교 교육과정 개발에 대해서는 손원영의 연구가 있다. 그는 "새로운 감리교 교육과정 개발을 위한 기초연구: 교육목적과 구조를 중심으로"[13]에서 재개념화 접근으로 감리교 교육과정이 개발되어야 함을 말한다. 재개념화 접근에서 교육과정 개념은 교육 참여자의 실천적 삶(praxis)이며, 기독교적 삶 또는 교회생활의 전체과정이라는 교육목회의 맥락에서 교육과정이 개발되어야 함을 말한다.[14]

새롭게 교육과정을 개발하기 위해 제시하고 있는 교육목적은 "진정한 기독교회, 진정한 감리교회, 진정한 한국교회"[15] 등으로 감리교인으로서의 정체성 형성을 강조하고 있다. 새 교육과정의 구조로는 교육과정 내용선정과 조직의 준거를 제시하고 있다. 내용선정의 준거로는 감리교 신앙의 강조점, 감리회 신앙고백, 사회신경 등이며, 내용조직의 원리는 감리교 교리에 준거하여 성경, 전통, 체험, 이성, 토착문화이다.

기독교 초등학교와 관련한 연구로는 "기독교학교 교육과정 개발과 적용 사례: E초등학교를 중심으로"[16]가 있다. 김정효는 이 논문에서 예배 및 성

---

12) *Ibid.*, 84, 87.
13) 손원영, "새로운 감리교 교육과정 개발을 위한 기초연구: 교육목적과 구조를 중심으로," 『기독교교육논총』 14 (2007), 255-290.
14) *Ibid.*, 262, 263.
15) *Ibid.*, 264.
16) 김정효, "기독교학교 교육과정 개발과 적용 사례: E초등학교를 중심으로," 『기독교

경에 대한 내용과 다른 교과들과의 분리에 대한 극복 방안을 연구하고 있다. 분리에 대한 통합 방안으로 기독교 세계관에 의한 기독교교육과정 개발을 제안하고 있다. 구체적으로는 4학년을 대상으로 하는 경제에 대한 교육과정을 제안하고 있다.

신학대학교 교육현장과 관련된 교육과정 논문으로는 "여성신학 교육과정: 우머니스트 접근"[17]이 있다. 이 논문은 신학대학교의 신학대학원에 여학생 수가 증가함에 따라 신대원 여학생에게 적합한 신학교육과정을 개발해야 할 필요성에 의해서 연구되어졌음을 밝히고 있다. 이 논문은 교육과정의 재개념화의 관점에서 연구되었고, 이론적 기초는 사회문화적 측면의 상황성을 고려한 우머니스트 신학이다.[18]

재개념화 관점에 의한 여성신학 교육과정에서 제시하고 있는 교육목적은 춤추시는 하나님의 이미지이며, 교육목표로는 성령의 춤을 추는 자이며, 이는 교사, 학습자, 텍스트, 교육현장의 역동적 상호작용에 의한 신학교육과정이다. 내용선정과 조직으로는 여성의 자기이해, 다문화 사회에서의 여성과 삶, 생명공동체와 여성목회 등이며, 이에 대한 거미줄 유형의 통합적 조직원리를 말하고 있다.

II. 기독교교육과정 연구 성장기: 2011-2015년

한국기독교교육학회의 기독교교육과정 연구의 성장기에 해당하는 시기로서, 이 시기에 기독교교육과정과 관련된 논문들과 그 특징들은 다음과

『교육논총』 24 (2010), 325-361.
17) 이원일, "여성신학 교육과정: 우머니스트 접근," 『기독교교육논총』 20 (2009), 211-237.
18) *Ibid.*, 220.

같다.

1. 교육과정 이론

교육과정을 개발의 관점이 아닌 이해의 관점으로 접근해야 할 것에 대한 연구로는 "인식론의 전환에 기초한 생태학적 기독교 커리큘럼"[19]이 있다. 남은경은 현상학적 관점에서 자기중심적 인식론으로부터 관계중심적 인식론으로의 변화가 필요하며, 이에 의한 기독교 교육과정을 말하고 있다. 이성 중심적이며 분리에 의한 목적 및 결과 지향적 교육과정이기보다는 관계적 앎을 기초로 하는 과정 지향적 교육과정이다.[20] 남은경은 이를 '생태학적 기독교 교육과정'이라고 하며, '통전적 교육과정'(holistic curriculum)이라고도 한다. 이는 세계와 인간 경험 사이의 상관관계를 변증법적 과정을 통해 해석하는 신학방법론, 통전적 관계 맺기, 교육환경의 확장 등으로 구체화할 것을 제안하고 있다.

2. 교육대상

미주 한인교회에 소속된 평신도를 교육대상으로 한 교육과정 논문은 "한국교회 안에서 평신도의 신학하기를 함양하기 위한 성경연구방법"[21]이 있다. 성인으로서의 평신도에 대한 이해는 은준관의 평신도 신학에 기초하고 있으며, 평신도로 하여금 신앙과 삶의 통합을 추구하는 일터 리더십 함양

---

19) 남은경, "인식론의 전환에 기초한 생태학적 기독교 커리큘럼," 『기독교교육논총』 38 (2014), 121-145.

20) *Ibid.*, 134.

21) 김인옥, "한국교회 안에서 평신도의 신학하기를 함양하기 위한 성경연구방법: 쉐어드 프락시스(shared praxis) 접근에 근거한 커리큘럼 창조경험을 바탕으로 한 쉐어드 프락시스의 실용화에 대하여," 『기독교교육논총』 26 (2011), 307-341.

을 제안하고 있다. 구체적으로는 토마스 그룹의 쉐어드 프락시스의 방법으로 일터 리더십을 함양하도록 하는 성경공부 교재 개발을 언급하며, 개발한 교재를 소개하고 있다.

3. 교육현장

교육현장 중에서 가정과 관련한 교육과정 논문으로는 "기독교 유아 홈스쿨링 교육과정 분석"[22]이 있다. 국제 기독교학교연맹 분석기준, 누리과정 분석기준 등을 통합한 분석기준을 제시하고 있으며, 미국에서 대표적인 밥 존스, 알파 오메가, 크리스천 리버티 등의 기독교 유아 홈스쿨링 교육과정에 대한 분석을 하고 있다.

분석 결과로 한국형 기독교 유아 홈스쿨링 교육과정을 개발하기 위한 방안을 제시하고 있다. 구체적으로 한국형 기독교 유아 홈스쿨링 교육과정은 신학, 학습자, 사회, 국가 등의 요구를 고려해야 함, 한국의 교육문화와 환경에 맞는 기독교적 통합교육내용, 다양한 경험과 오감을 자극하는 미래지향적인 학습방법, 다면적 평가 등을 제안하고 있다.

교육현장 중에서 교회와 관련한 교육과정 논문으로는 "주5일 수업제에 따른 교회토요학교 교육과정에 대한 제언"[23]이 있다. 박현정은 2012년 3월부터 주5일 수업제 전면 실시에 능동적으로 대처하기 위한 교회 교육과정을 연구한 것이다. 제안하고 있는 교회 토요학교 교육과정은 구원의 확신과 그리스도의 제자 양육 목적, 주제 중심의 교육과정, 기초학습 및 숙달 학습 프로그램 제공, 교과연계 창의적 체험학습, 사회봉사 및 직업탐방 프로

---

22) 유희진·정희영, "기독교 유아 홈스쿨링 교육과정 분석," 『기독교교육논총』 44 (2015), 307-337.
23) 박현정, "주5일 수업제에 따른 교회토요학교 교육과정에 대한 제언: 초등교육을 중심으로," 『기독교교육논총』 34 (2013), 121-145.

그램 등이다.

교육현장 중에서 기독교학교와 관련한 교육과정 논문으로는 "기독교학교의 정체성에 근거한 종교학 교육과정의 문제점"[24]이 있다. 기독교학교에서 종교와 관련된 교과목의 명칭이 '생활과 종교'에서 '종교학'으로 바뀜으로 인하여 신앙교육의 가능성이 제거됨에 따른 문제에 대하여 기독교학교의 정체성을 단서로 대응방안을 연구하고 있다. 박상진의 대안은 국공립학교와 종교계 사립학교를 구분하는 종교교육 정책 마련, '생활과 종교'와 '종교학' 모두를 포함, 신앙교과 개설, 학교공동체를 통한 종교교육 등이다.[25]

교육현장 중에서 학교교육과 관련한 논문으로는 "인성교육의 종교적 가치와 잠재적 교육과정을 통한 실천"[26]이 있다. 남은경은 오늘날 인성교육을 위한 교육과정을 위해 인성교육의 종교적 가치를 루소, 코우, 뒤르깽, 흐블 등의 교육철학에 기초하고 있다. 이를 통하여 도덕교육 또는 윤리교육과 종교교육을 통합하고자 한다.

인성교육을 위한 교수-학습을 위해서는 공식적인 수업시간에 배우도록 하는 표면화된 교육을 통하기보다는 웹 미첼의 몸짓의 페다고지 이론에 기초한 잠재적 교육과정의 접근 방식을 제안하고 있다.[27]

이외에도 남은경은 학교 교육과정을 위해 소크라테스의 문답법에 의한 과정(process) 기반 교육과정을 연구하고 있기도 하다.[28] 유교문화가 강한 한국 학교교육에서의 교육목표 성취를 위한 결과 지향적 교육과정으로 말

---

24) 박상진, "기독교학교의 정체성에 근거한 종교학 교육과정의 문제점," 『기독교교육논총』 36 (2013), 35-63.

25) Ibid., 55-59.

26) 남은경, "인성교육의 종교적 가치와 잠재적 교육과정을 통한 실천," 『기독교교육논총』 44 (2015), 49-76.

27) Ibid., 63.

28) Eun Kyoung Nam, "PÉDAGOGIE DE MAÏEUTIQUE DE SOCRATE ET SA MISE EN OEUVRE AU CURRICULUM," Journal of Christian Education in Korea, Vol. 39 (2014), 193-209.

미암는 이론과 현장의 이분화는 교사와 학생의 대화를 기반으로 하는 과정 지향적 교육과정으로 극복되어야 함을 말하고 있다.[29]

교육현장에서 기독교대학과 관련한 연구로는 "기독교대학 교양교육과정 개발의 융합적 접근"[30]이 있다. 이정기는 지식정보화사회에서 기독교대학은 전공과정과 교양과정 사이에 균형이 있어야 하며, 교양 교육과정의 새로운 요구로서 융합적 교양 교육과정을 말하고 있다. 교양과정의 융합적 접근을 위해 교양교육의 융합적 접근의 필요성, 융합교육 정의, 융합 교과목 개발 원칙 및 방향, 융합 교육과정의 성공적 운영을 위한 조건, 융합 교육과정을 운영하게 될 때 예상되는 문제점, 융합 교과목 개발 및 운영사례 등을 제안하고 있다.

기독교대학과 관련한 논문으로는 "기독교 대학에서의 리더십 역량 개발을 위한 교육과정 연구: K대학교를 중심으로"[31]가 있다. 조철현은 최근 교육과정 연구 경향인 역량에 대한 연구를 하고 있다. 구체적으로는 기독교대학에서의 리더십 역량 개발이다.

리더십 커리큘럼을 위해 섬김의 리더십, 리더로서의 상담능력, 문제해결과 갈등관리 능력, 격려 및 인정해 주는 인정감 부여능력, 자기관리 능력, 대인관계 능력, 기독교적 영성 함양 등이다. 리더십 교육방법으로는 강의, 코칭 등의 다양한 방법이 필요함을 말하고 있다. 그리고 신학대학 계열 학생들과 일반계열 학생들을 위한 리더십교육 프로그램을 구분할 것을 제안하고 있다.

북한의 상황을 고려한 교육과정 논문으로는 "북한의 상황을 고려한 신학

---

29) Ibid., 194.
30) 이정기, "기독교대학 교양교육과정 개발의 융합적 접근," 『기독교교육논총』 37 (2014), 53-81.
31) 조철현, "기독교 대학에서의 리더십 역량 개발을 위한 교육과정 연구: K대학교를 중심으로," 『기독교교육논총』 37 (2014), 261-293.

교육 커리큘럼과 교수-학습방법에 대한 고찰"[32]이 있다. 탈북민으로서 신학생 및 졸업생을 대상으로 인터뷰를 통하여 신학교에서 교육을 받고 있는 신학생들을 위한 교육과정과 교수-학습방법 개발에 대한 논문이다. 탈북민 신학생들을 위해 언어와 철학을 비롯한 인문학, 지식 중심의 신학에서 정서적 관계성의 신학, 이론과 실천의 통합적 신학, 그리고 비판적 사고에 의한 교수-학습방법 등을 제안하고 있다.

신학대학교 또는 종합대학교 내의 기독교교육(학)과 커리큘럼에 대한 다수의 논문들이 있다. 한국기독교교육학회는 2012년 추계학술대회에서 기독교교육(학)과 커리큘럼을 주제로 하여 집중적으로 다루었다.

기독교교육(학)과와 관련된 논문으로는 우선 "기독교교육과 커리큘럼의 진단과 제안: A대학교 기독교교육과 사례를 중심으로"[33]가 있다. 장화선은 학과 소속 재학생들을 대상으로 한 설문조사와 면담으로 커리큘럼을 진단하고 있다. 진단을 통해 기독교교육(학)과의 커리큘럼은 간학문적 시도, 강의 또는 수업의 향상, 기독교교육의 정체성 회복, 진로 및 취업지도, 교육현장의 연결 등이 필요함을 말하고 있다. 더 나아가 개혁주의 신앙에 기초한 하나님 중심, 성경 중심, 교회 중심, 교리와 삶의 일치, 기독교적 인생관과 세계관의 지속적 탐구 등을 제안하고 있다.

기독교교육(학)과와 관련된 논문으로 "기독교교육(학)과의 커리큘럼 분석"[34]이 있다. 이원일은 국내 10개의 기독교육(학)과의 커리큘럼을 분석하여 장단점을 파악한 후 발전방향을 제안하고 있다. 분석을 위한 틀로는 전통주의적 접근의 체계성, 개념-경험주의 접근의 효율성, 재개념화의 정당성

---

32) 유은희, "북한의 상황을 고려한 신학교육 커리큘럼과 교수-학습방법에 대한 고찰," 『기독교교육논총』 32 (2012), 1-36.
33) 장화선, "기독교교육과 커리큘럼의 진단과 제안: A대학교 기독교교육과 사례를 중심으로," 『기독교교육논총』 33 (2013), 121-143.
34) 이원일, "기독교교육(학)과의 커리큘럼 분석," 『기독교교육논총』 33 (2013), 175-200.

및 통합성 등이다. 분석 결과 10개교는 체계성, 효율성에서는 강점을 보이고 있지만, 정당성, 통합성에서는 약점을 드러내고 있으며, 가장 큰 문제는 10개교 기독교교육(학)과의 특성화이다. 서로 유사한 커리큘럼으로 운영되고 있는 관계로 학교에 따른 특성화가 가시적으로 드러나지 않고 있다는 점이다.

기독교교육(학)과 관련 논문으로 "기독교교육학의 정체성에 근거한 기독교교육(학)과의 커리큘럼 진단"[35]이 있다. 기독교교육학의 정체성에 기초하여 기독교교육(학)과의 커리큘럼을 진단하고 새로운 방향을 모색하기 위한 연구이다. 박상진은 기독교교육학의 정체성을 신학과 사회과학을 통합하는 간학문적 속성으로 파악하면서 기독교교육(학)과의 커리큘럼을 진단하고 있다.

기독교교육학의 하위영역으로는 기독교교육기초학, 기독교교육실천학 등으로 구분한다. 이에 의하여 기독교교육기초학으로는 교육신학, 기독교교육철학, 기독교교육사회학, 기독교교육심리학, 기독교교육방법론, 기독교교육사 등이 있다. 기독교교육실천학은 기능별, 발달단계별, 장별로 분류하고 있다. 진단 결과 기독교교육과 종교교육은 혼합되어 있으며, 기독교교육학과 사회과학이 통합된 기독교교육(학)과의 커리큘럼을 제안하고 있다.

종합대학교에서 학부제로 운영하는 전공으로서의 기독교교육학에 대한 커리큘럼 분석으로는 "학부제 대학교에서 기독교교육학전공 커리큘럼 비교 분석"[36]이 있다. 6개 대학의 커리큘럼을 비교 분석하고 있으며, 이는 교양교육을 통해 기초학문의 역량을 갖추면서도 전문적인 기독교교육 지도

---

35) 박상진, "기독교교육학의 정체성에 근거한 기독교교육(학)과의 커리큘럼 진단," 『기독교교육논총』 33 (2013), 201-239.

36) 남은경, "학부제 대학교에서 기독교교육학전공 커리큘럼 비교 분석," 『기독교교육학논총』 34 (2013), 199-223.

자로 양성될 수 있는지를 평가하려는 의도이다.

분석에 의하면 기독교교육학 전공 커리큘럼은 기독교교육학의 기초학문보다는 적용학문 분야에 치중되어 있는 경향이다. 그리고 각 교과목도 간학문적으로 설계되어 있기보다는 교과중심이다. 기독교교육학 전공 커리큘럼은 각 대학에 따라 특성화를 추구하고 있지만 창의적 문제해결 역량을 함양하기에는 부족한 것으로 평가하고 있다. 개선을 위해 사회학, 철학, 경제학, 인류학 등과의 교류를 통해 간학문적 교과목 개설을 제안하고 있다.

III. 기독교교육과정 연구 성숙기: 2016- 2020년

한국기독교교육학회의 기독교교육과정 연구의 성숙기에 해당하는 시기로서, 이 시기에 기독교교육과정과 관련된 논문들과 그 특징들은 다음과 같다.

1. 교육과정 이론

교육과정 이론에 해당하는 논문으로는 "예술영성 형성을 위한 기독교교육과정 개발에 관한 연구: 위험사회론을 중심으로"[37]가 있다. 손원영은 후기 현대사회를 위험사회로 규정하고 이에 대응하기 위해 예술영성을 휴브너 이론에 기초하여 잉여성, 타자성, 생활영성 등으로 재개념화하고 있다. 이 중에서 생활영성은 초월성을 지닌 하나님에 의해 이끌려진다는(educare, to lead out) 의미에서의 생활영성을 말한다.[38]

---

37) 손원영, "예술영성 형성을 위한 기독교교육과정 개발에 관한 연구: 위험사회론을 중심으로," 『기독교교육논총』 46 (2016), 79-117.
38) *Ibid.*, 99.

예술영성 형성을 위해 기독교 교육과정 개발에서 고려해야 할 사항들로는 현대성의 문제로서 파편화의 위기를 고려할 것, 한국사회는 위험사회라는 점을 인식하여 기독교교육 목적을 하나님 나라에 대하여 평화, 생명, 예술영성의 맥락으로 재개념화할 것, 위험사회에서 추구해야 할 기독교적 인간상은 예술영성을 지닌 인간으로 할 것, 교육내용을 선정할 때 위험사회에서 겪게 되는 다양한 불안을 치유하기 위한 예술영성 프로그램을 고려할 것, 재개념화 이론에 의해 기독교교육과정을 예술영성 형성을 위한 쿠레레로 이해할 것, 교육과정의 개선을 위해 종합학문적 접근을 할 것 등이다.

교육과정 이론으로서 교육과정 설계와 관련한 연구로는 "Teachers' Roles in Curriculum Design for Christian Education"[39]이 있다. 우선 교육과정은 교수-학습 상황에서 실제로 일어난 것이며, 교육과정 계획은 자료 및 인쇄물 등으로 구성되어진다는 점에서 차이가 있음을 말한다.[40] 교사는 교육과정 인쇄물과 자료들을 교수-학습에서 직접 사용하기 때문에 교육과정 계획에 참여해야 한다.

교육과정 계획에 참여할 때 교사는 다음에 대한 이해가 있어야 한다.[41] 교사는 교육과정의 목적 및 목표를 명확하게 알아야 하며, 목적 및 목표는 평가와 관련해야 하고, 교사 자신의 관점을 교육과정의 목적 및 목표와 조화되게 해야 한다. 교사는 교육내용의 영역을 정하는 데 기여해야 하며, 교사는 학습자를 이해해야 하며 효과적인 학습을 할 수 있어야 한다. 교사 자신은 가장 중요한 교육과정 자료임을 알고, 교육과정에 대한 이해와 교사로서의 발전을 위해 노력해야 함 등을 언급하고 있다.

교육과정 이론으로서 핵심역량과 관련한 연구로는 "2015 개정 교육과정

---

39) Jaewoo Kim, "Teachers' Roles in Curriculum Design for Christian Education," *Journal of Christian Education in Korea*, Vol. 57 (2019), 135-162.
40) *Ibid.*, 136.
41) *Ibid.*, 137-157.

의 6개 핵심역량에 대한 기독교교육적 함의"⁴²⁾가 있다. 2015년 개정 교육과정에서 창의융합형 인재 양성을 위한 6개 핵심역량은 자기관리 역량, 심미적 감성 역량, 공동체 역량, 의사소통 역량, 지식정보처리 역량, 창의적 사고 역량 등이다. 6개 핵심역량에 대한 기독교교육적 함의는 우선 핵심역량들의 기반이 되는 기본 핵심역량으로서 '신앙'을 제시하고 있다.⁴³⁾ 신앙을 구성하고 있는 요소들은 기독교적 자아정체성, 성경적 가치관, 기독교 세계관 등이다. 기독교적 핵심역량으로 제시한 신앙이라는 관점으로 6개의 핵심역량을 기독교교육적으로 재해석하고 있다.

2. 교육대상

유아들을 대상으로 한 교육과정 논문으로는 "기독유아교사가 경험한 기독교 유아교육과정에 대한 탐구"⁴⁴⁾가 있다. 현장에서 사역하고 있는 기독교 유아교사들이 기독교 유아교육과정을 분석한 논문이다. 분석 결과 기독교 유아교사들이 기독교 유아교육과정을 운영하면서 경험한 어려움들은 다음과 같다.⁴⁵⁾ 교회교육을 누리과정에 적용, 누리과정을 교회교육에 적용, 유아 이해에 기초한 교회교육과 누리과정 통합 등의 어려움이다. 유아 이해의 경우 학습자와 긍정적 상호작용의 중요성을 언급하고 있다.

여성에 관한 교육과정 논문으로는 "기독교 교육과정에 내재한 여성혐오 분석과 대안 모색"⁴⁶⁾이 있다. 교회 내의 여성혐오적인 전통과 문화에 대하

---

42) 서미경, "2015 개정 교육과정의 6개 핵심역량에 대한 기독교교육적 함의," 『기독교교육논총』 63 (2020), 221-253.

43) *Ibid.*, 230.

44) 김민정·정경미, "기독유아교사가 경험한 기독교 유아교육과정에 대한 탐구," 『기독교교육논총』 64 (2020), 323-345.

45) *Ibid.*, 330, 338.

46) 백은미, "기독교 교육과정에 내재한 여성혐오 분석과 대안 모색," 『기독교교육논

여 명시적, 내재적, 영 교육과정 차원으로 분석하고 있다. 명시적 교육과정에서는 성경, 교리, 기독교 전통 등에 내포되어 있으며, 내재적 교육과정에서는 교육기관의 조직 체계, 보상 체계, 권력 관계, 의사소통과 의사결정 과정 등에서 나타나고 있다.

영 교육과정에서는 여성의 몸과 섹슈얼리티 등이 교육과정에서 배제되거나 부정적으로 언급되고 있다는 분석이다. 이러한 문제들에 대한 극복 방안으로는 비판적 기억과 창조적 상상력을 위한 명시적 교육과정, 포용과 평등의 문화 형성을 통한 내재적 교육과정, 여성의 몸, 성, 그리고 여성들의 이야기 등의 영 교육과정이 명시적 교육과정으로 개발되어야 함을 제안하고 있다.[47]

부모를 대상으로 한 교육과정 논문으로는 "부모 발달단계에 따른 기독 학부모 교육과정 연구"[48]가 있다. 기독 학부모 교육과정은 기독교 학부모의 정체성을 지니고 기독교 학부모로서의 역할을 제대로 감당하도록 돕는 교육과정이다. 기독교 학부모의 발달단계에 맞는 교육과정이 개발되어야 할 필요성과 기독 학부모의 관계 구조인 하나님, 자신, 자녀, 교육(학업), 가족(배우자), 학교(교사), 다른 학부모, 하나님 나라와의 관계에 따른 교육내용을 제안하고 있다.

3. 교육현장

한국의 교단들은 나름대로의 교육과정을 개발하여 사용하고 있지만, 교단에 따른 공통점과 차이점을 분석하여 타산지석의 효과를 염두에 두고 연

총』 51 (2017), 41-73.
47) *Ibid.*, 61-68.
48) 박상진, "부모 발달단계에 따른 기독 학부모 교육과정 연구," 『기독교교육논총』 55 (2018), 11-46.

구한 논문으로는 "교단별 교육과정 비교분석"⁴⁹⁾이 있다. 2013년 한국기독교교육학회의 추계학술대회에서 각 교단별 교재개발에 대한 발표를 기초로 하여 체계성, 효율성, 정당성, 그리고 통합성의 지표에 따라 분석하고 개선 방안을 제시하고 있다.

교단별 교육과정에서 공통적으로 개선해야 할 내용들은 체계성의 경우 교육목표와 학습결과에 대한 평가의 상응성을 높여야 하며, 효율성의 경우 학습자의 경험과 교수-학습과정의 적합성을 높여야 한다. 정당성의 경우 교재 내용에서 사회구조의 변화를 추구하는 내용의 비중을 높여야 하며, 통합성의 경우 분석 대상 모든 교단의 경우 교육목회를 지향하고 있으나, 오프라인과 온라인 학습을 병행하는 정도는 매우 낮으므로 이를 개선하는 방향으로 나가야 함 등을 제안하고 있다.

기독교학교와 관련한 교육과정 논문으로는 "기독교 학교의 종교교과 교육과정 개선을 위한 기초 연구: 교육과정 숙의를 통한 신조(platform) 구축"⁵⁰⁾이 있다. 신앙교육과 종교교육의 갈등을 해결하기 위해 교육과정 숙의 방법을 통해 종교교과서 개선을 위한 신조의 구축을 제시하고 있다. 종교교과서 개선을 위한 신조들은 다음과 같다.⁵¹⁾ 종교교과서는 신앙교육의 교과기반이 되도록 바뀌어야 하며, 객관주의적 접근보다는 내부적 관점을 이해할 수 있도록 바뀌어야 하며, 신앙적 양심을 고려하여 배타주의보다는 계시적 특별주의로 전환되어야 하며, 교수학습의 측면에서도 교리 강조를 넘어서서 학생들의 관심과 실제 문제를 다룰 수 있도록 바뀌어야 한다는 것 등이다.

해외 기독교학교에 대한 논문으로는 "해외 한국계 기독교학교 교사들의

---

49) 이원일, "교단별 교육과정 비교분석," 『기독교교육논총』 54 (2018), 49-83.
50) 김정효·허지선·한신영, "기독교 학교의 종교교과 교육과정 개선을 위한 기초 연구: 교육과정 숙의를 통한 신조(Platform) 구축," 『기독교교육논총』 52 (2017), 181-220.
51) Ibid., 204, 209.

교육과정 참여 특성에 관한 연구: 케냐 희망초등학교를 중심으로"[52]가 있다. 한국인에 의해 설립된 케냐의 한 초등학교를 대상으로 연구하였으며, 현지인 교사들의 교육과정 참여 특성에 관한 연구이다. 현지인 교사들의 교육과정 참여 특성들은 신앙과 학문이 분리되어 있다는 인식으로 국가 수준 교육과정과 예술 및 신앙교육은 이원화된 것으로 이해하고 있으며, 예술 및 신앙 교육과정에는 타율적인 참여의 경향을 지니고 있으며, 행정가 중심의 교육과정 운영 등의 특성을 보여 주고 있으므로 현지인 교사들에게 자율적 참여를 위한 지원이 필요함을 제안하고 있다.

기독교대학의 학과 교육과정에 대한 연구로는 "기독교교육상담학과와 교육상담학과의 교육과정 분석 및 연구"[53]가 있다. 교육과정 개념 정의는 교육목표 달성을 위해 선정된 교육내용과 교육활동을 체계적으로 편성하고 조직한 계획이다.[54] 기독교교육상담학과와 일반교육상담학과의 교육목표, 교과목, 상담실습 등을 중심으로 비교 분석하여 기독교교육상담학과의 균형 잡힌 교육과정을 제시하고 있다. 융합전공 학과의 특성을 가지고 임상 시스템의 체계화와 상담자 교육을 위한 다양한 상담분석 및 슈퍼비전의 교과목들이 확대되어야 할 것을 제안하고 있다.

IV. 학문적 전망

한국기독교교육학회의 『기독교교육논총』에 게재된 커리큘럼 또는 교육

---

52) 임고은·김정효, "해외 한국계 기독교학교 교사들의 교육과정 참여 특성에 관한 연구: 케냐 희망초등학교를 중심으로," 『기독교교육논총』 56 (2018), 273-316.
53) 박미라, "기독교교육상담학과와 교육상담학과의 교육과정 분석 및 연구," 『기독교교육논총』 62 (2020), 135-160.
54) Ibid., 144

과정 관련 논문들을 분석하면서 기독교교육과정에 대한 전망을 제시해 보고자 한다. 우선 학회지 창간호부터 최근까지 발표된 논문을 도표로 정리해 보면 다음과 같다.

시기 및 분야	교육과정 이론	교육대상	교육현장	합 계
여명기	3	1	4	8
성장기	1	1	12	14
성숙기	3	3	4	10
합 계	7	5	20	32

본 학회의 학회지가 창간된 이후 2021년 2월 28일까지『기독교교육논총』에 게재된 논문들을 대상으로 '교육과정' '커리큘럼' 'curriculum' 등으로 검색한 결과 32편의 논문이 실렸다. 그러나 이는 2021년 2월 28일까지『기독교교육논총』에 게재된 논문의 총합계인 722편에 비하면 4.43%에 불과하다. 그리고 논문의 수 합계 대비 역사적 관점의 기간 구분에 따라 발표된 논문은 여명기에는 8편으로 25%, 성장기에는 14편으로 43.75%, 성숙기에는 10편으로 31.25% 등으로 하향하고 있다. 전체 논문 대비한 소수의 비율과 논문 발표 하향 추세 등으로 볼 때 기독교교육학의 핵심 중의 하나인 기독교교육과정을 더 적극적으로 연구할 필요가 있다.

발표된 논문의 분야들을 정리해 보면 기독교교육과정 이론은 7편, 기독교교육대상은 5편, 기독교교육현장은 20편이다. 우선 기독교교육과정 이론에 대해 살펴보자면 재개념화 이론에 대한 논문이 5편을 차지할 정도로 교육과정 이론 연구에 하나의 경향으로 나타나고 있다. 이는 신학을 포함한 간학문적 성격을 지닌 기독교교육학의 특성과도 관련되어 있는 것이 주요한 원인으로 보이며, 이에 따라 기독교교육과정에서 재개념화 이론에 대한 연구도 지속적인 경향이 될 것으로 보인다. 재개념화 접근 이외에도 전통주의 이론과 개념-경험주의 이론에 대한 교육과정은 각각 1편씩이다.

교육대상으로는 여성(2), 평신도, 유아, 부모 등이며, 이 중에서 어느 특정 대상을 주로 하는 경향은 나타나지 않고 있다. 게재된 논문의 수에 있어서도 교육과정의 다른 분야와 비교해 볼 때 많지 않은 가운데 있다. 따라서 기존에 연구된 교육대상들뿐만 아니라 영아, 아동, 청소년, 청년, 중년, 장년, 노년 등을 비롯하여 특수 교육대상자들을 포함한 다양한 교육대상에 대한 기독교교육과정 연구가 필요하다.

교육현장에서는 가정 교육과정에 대한 논문 1편, 교회 교육과정에 대한 논문 4편, 학교 교육과정에 대한 논문 15편 등이다. 교회 교육과정과 관련한 연구가 많을 것으로 예상했으나, 오히려 학교 교육과정과 관련한 연구가 많아서 하나의 경향으로 나타나고 있다. 학교 교육과정 연구가 많은 이유 중의 하나는 신학교육의 난맥을 해결하고자 신학 교육과정이 포함된 것이 주요한 원인으로 보인다.

기독교교육과정 관련 논문들의 백분율은 교육과정 이론은 21.88%, 교육대상은 15.63%, 교육현장은 62.5%이다. 교육현장을 대상으로 하는 논문이 절반 이상 차지한 것은 교육과정을 연구하기에 상대적으로 더 구체적으로 연구할 수 있는 점이 원인으로 작용한 것으로 보인다. 그러나 교육현장 못지않게 교육대상 및 교육과정 이론 등에 대한 연구에서도 활발해야 할 것이다. 교육대상과 교육과정 이론이 없는 교육현장은 부실할 수밖에 없으므로 교육현장에 대한 연구는 교육대상과 교육과정 이론을 포함해야 한다.

그러나 최근의 성숙기에는 교육과정 이론 3편으로 30%, 교육대상 3편으로 30%, 교육현장 4편으로 40% 등으로 균형 있게 연구되고 있으며, 오늘날 교육과정 연구의 주요한 경향인 역량중심 교육과정(competency-based curriculum)에 대한 연구를 비롯하여, 교육과정의 중요한 기초인 시대적인 흐름을 적극적으로 반영하는 연구를 하고 있는 점 등은 향후 기독교교육과정의 발전 가능성을 보여 주고 있다.

역량중심 교육과정은 역량이라는 핵심어를 이론적 기초로 하여 교육현장에서 교육대상에게 역량 함양을 위한 교육과정을 말하는 것으로서, 빠르게 변화하고 있는 시대적 흐름과 삶의 자리를 더 구체적으로 연결시키고 있다. 따라서 기독교교육과정은 쉼 없이 변화하고 있는 삶의 자리를 하나님의 나라로 이루어 나가는 데 쓰임받는 학문이 되기 위해서, 그리고 삶의 현장에서 강한 사역자 양성을 위해 역량중심 교육과정으로 구체화되어 나가야 한다.

<주요토론내용>

1. 연구논문들의 교육과정 이론에 대하여 세 시기를 종단적으로 비교 및 분석해 보자.
2. 연구논문들의 교육대상에 대하여 세 시기를 종단적으로 비교 및 분석해 보자.
3. 연구논문들의 교육현장에 대하여 세 시기를 종단적으로 비교 및 분석해 보자.
4. 언급된 기독교교육과정 연구의 학문적 전망에 대한 자신의 생각은 무엇인가?

참고문헌

1장. 애착형성과 영아부 교육목회

권미란. "영아기 타인 양육 경험과 모자 애착 안정성 정도." 『나사렛논총』 Issue 10, 2005, 197-198.

김명실. "유아세례자의 성찬참여의 권리." 『선교와 신학』 제39집 (2016. 6).

박재필. "교회(敎會)에서 교회(交會)로." 『선교와 신학』 제39집 (2016. 6).

이순형 외. 『보육교사론』. 서울: 양서원, 2016.

이원일. 『성인기독교교육의 내러티브』. 서울: 한들출판사, 2017.

유선희. "기독교교육을 위한 어린이 영성론 연구." 『선교와 신학』 제30집 (2012. 8).

함영주. "어린이의 하나님 개념 형성에 있어서 아동기 애착관계의 역할과 기독교교육적 함의." 『성경과 신학』 65 (2013).

현상규. "애착이론에 대한 성경적 비평과 목회적 돌봄을 위한 적용." 『국제신학』 Issue 16, 2014, 305.

홍종우. "'애착'은 언제나 중요합니다." 『정신의학신문』(2018. 10. 09). http://www.psychiatricnews.net/news/articlePrint.html?idxno=11038(접속. 2019. 2. 10)

Bowlby, John. *Attachment*. 김창대 역. 『애착: 인간애착행동에 대한 과학적 탐구』. 파주: 나남, 2009.

Clinton, Tim. and J. Straub. *God Attachment*. New York: Howard Books, 2010.

Cohen, D. A. "Child-mother attachment of six-year-olds and social competence at school." *Child Development* 61(1) (1990), 152-162.

De Roos, Simone A. "Young Children's God Concepts: Influences of Attachment and Religious Socialization in a Family and School Context." *Religious Education* Vol. 101. No. 1 Winter 2006, 85-86.

De Roos, S.. S. Miedema. and J. ledema. "Effects of Mothers' and Schools' Religious Denomination on Preschool Children's God Concept." *Journal for the Scientific Study of Religion* 42 (2003), 171-174.

Dickie, J., A. Eschleman. A. Merasco. M. Vander. and M. Johnson. "Parent-Child Relationships and Children's Images of God." *Journal for the Scientific*

Study of Religion 36 (1997), 31.

Granqvist, P. and Jane R. Dickie. "Attachment and Spiritual Development in Childhood and Adolescence." in *The Handbook of Spiritual Development in Childhood and Adolescence*. ed.. Eugene C. Roehlkepartain. et. al. California: Sage Pub. Inc., 2006.

Hertel, B. and M. Donahue. "Parental Influences on God Images among Children: Testing Durkheim's Metaphoric Parallelism." *Journal for the Scientific Study of Religion* 34 (1995), 194-196.

Holmes, Jeremy. *John Bowlby & Attachment Theory*. 이경숙 역.『존 볼비와 애착이론』. 서울: 학지사, 2013.

Hwang, M. "Understanding Korean-American Children's Christian Identity Development in Relation to Their Concept of God." Unpublished Ph. D. dissertation. Biola University, 2003.

Kaufman, Gordon D. *The Theological Imagination: Constructing the Concept of God*. Philadelphia: The Westminster Press, 1981.

McAdams, Dan P. *The Stories We Live By: Personal Myths and The Making of the Self*. New York: William Morrow And Company, Inc., 1993.

Spiro, M. E. Kibutz: Venture in Utopia. 이효재 역.『유토피아로의 모험: 이스라엘 협동촌』. 서울: 대한기독교서회, 1985.

Yadlin, Aharon. "The Principles of Kibutz Education." 김태건 역. "키부츠의 교육의 원칙."『농촌과 목회』통권 17(1) 2003, 122-127.

<교육과정 자료>

대한예수교장로회총회교육자원부 편.『하람빛의 두 번째 성경이야기 영아부 교사 Ⅱ-2』. 서울: 한국장로교출판사, 2016, 47-48.

2장. 유아세례와 유아부 교육목회

김명실. "유아세례자의 성찬참여의 권리."『선교와 신학』39집 (2016), 11-45.

이원일.『해석학과 기독교교육현장』. 서울: 한국장로교출판사, 2008.

_____.『해석학적 상상력과 기독교교육과정』. 서울: 한국장로교출판사, 2004.

정웅섭. "어린이의 신학: 어린이에 대한 교육신학적인 한 이해."『신학연구』19집 (1977).

Calvin, John. *Institutes of the Christian Religion*. 김종흡 외 3인 공역. 『기독교강요(하)』. 서울: 생명의말씀사, 1988.

Barth, Karl. *Die Kirchliche Dogmatik*. 이형기 옮김. 『교회교의학IV/4』. 서울: 기독교서회, 2007.

Baumbach, Gerard F.. *Experiencing Mystagogy: The Sacred Pause of Easter*. New York: Paulist Press, 1996.

Covino, Paul. "Our Roots and Our Rites." Paul Covino. et, al.. *Catechesis And Mystagogy*. Chicago: Tabor Pub. Co., 1996.

Enns, Fernando. "The Exclusivity of Adult Baptism and the Inclusivity of Infant Baptism-Dialoguing with Mennonites: Consensus, Convergences and Divergences, Differences, and Desiderata." *The Ecumenical Review*. Vol. 67. Issue 3 (2015).

Jeon, Chan Hee. "Infant Baptism and Korean Methodism." Theology and Praxis. Volume 55. Issue 3 (2017), 121-125.

Johnson, Maxwell E.. "Introduction to 'Infant Baptism Reconsidered'." *Vision: The Scholarly Contributions of Mark Searle to Liturgical Renewal*. ed.. Anne Y. Koester. Barbara Searle. Minnesota: Liturgical Press, 2004.

Jun, Sung-Yong. "Karl Barth's Controversy over Infant Baptism." *Korea Journal of Theology*, Issue 2 (2000), 132, 140.

Lucinio, Jeanette. "From Maintenance to Mission: The Rite of Christian Initiation of Children and Their Families." *Finding Voice to Give God Praise*. ed.. Kathleen Hughes. Minnesota: The Liturgical Press, 1998.

Moltmann, Jürgen. *Kirche in der Kraft des Geistes*. 박봉랑 외 4인 역. 『성령의 능력 안에 있는 교회』. 서울: 한국신학연구소, 1984.

Moudry, James. "The Reform of Christian Initiation: An Introduction." *Catechesis and Mystagogy*. Paul Covino. et. al.. Chicago: Tabor Pub. Co., 1996.

Osterholt, Jane Marie. "A Proposed Method of Liturgy and Catechesis." Paul Covino. et, al.. *Catechesis and Mystagogy*. Chicago: Tabor Pub. Co., 1996.

Sokol, Frank C.. "The Catechumenate for Children of Catechetical Age: What, Who How, Why?." *Issues in the Christian Initiation of Children: Catechesis and Liturgy*. ed.. Kathy Brown & Frank C. Sokol. Chicago: Liturgy Training Publications, 1989.

Wehrheim, Carol A.. *The Baptism of Your Child: A Book for Presbyterian Families*. Louisville, Kentucky: Geneva Press, 2006.

Westerhoff, John H.. "Evangelism, Evangelization, and Catechesis: Defining Terms and Making the Case for Evangelization." *The Study of Evangelism: Exploring a Missional Practice of the Church*. ed.. Paul W. Chilcote and Laceye C. Warner. Grand Rapids, Michigan: William B. Eerdmans Pub. Co., 2008.

3장. 교회학교 아동부와 성령이해

이원일. 『성인기독교교육의 재개념화』. 서울: 한들출판사, 2014.

_____. "교회학교 청소년 교재에서의 성령이해." 『신학과 목회』 제44집 (2015. 11), 163-165.

Berryman, Jerome W.. *Teaching Godly Play: How to Mentor the Spiritual Development of Children*. Denver: Morehouse Education Resources, 2009.

David Hay and Rebecca Nye. *The Spirit of the Child*. 유명복 옮김, 『어린이 영적 세계의 탐구』(서울: 대서, 2011), 140.

Dulles, Avery. *Models of the Church*. New York: Image, 2002.

Hart, Tobin. "Spiritual Experiences and Capacities of Children and Youth." in *The Handbook of Spiritual Development in Childhood and Adolescence*. eds.. Eugene C. Roehlkepartain. et. al. London: Sage Pub., 2006.

Hauerwas, Stanley and Willimon, William H.. *The Holy Spirit*. Nashville: Abingdon Press, 2015.

Kärkkäinen, Veli-Matti. *Pneumatology: The Holy Spirit in Ecumenical, International, and Contextual Perspective*. Michigan: Baker Academic, 2002.

Luther E. Smith Jr. "When Celebrating Children Is Not Enough," in *Children, Youth, and Spirituality in a Troubling World*, eds., Mary E. Moore and Almeda M. Wright. St. Louis, Missouri: Chalice Press, 2008.

Moltmann, Jürgen. *Die Ersten Freigelassenen Der Schöpfung*. trans. Reinhard Ulrich. *Theology of Play*. New York: Harper & Row, Pub., 1971.

Pazmiño, Robert W.. *God Our Teacher: Theological Basics in Christian Education*. Grand Rapids, MI: Baker Academic, 2001.

Zuck, Roy B.. *Spirit-Filled Teaching: The Power of the Holy Spirit in Your*

　　　　　Ministry. Nashville: Thomas Nelson Pub., 1998.

<교육과정 및 기타자료>

총회교육부편. 『저학년 어린이』. 서울: 한국장로교출판사, 2013.
총회교육부편. 『고학년 교사』. 서울: 한국장로교출판사, 2013.
총회교육부편. 『아동부 지도자 가이드북(Ⅱ-1, 2)』. 서울: 한국장로교출판사, 2014.
총회교육부편. 『저학년 어린이』. 서울: 한국장로교출판사, 2015.
총회교육부편. 『저학년 교사』. 서울: 한국장로교출판사, 2015.
총회교육부편. 『고학년 교사』. 서울: 한국장로교출판사, 2015.
총회교육부편. 『아동부 지도자 가이드북』. 서울: 한국장로교출판사, 2015.
총회교육부편. 『저학년 어린이』. 서울: 한국장로교출판사, 2016.
총회교육부편. 『저학년 교사』. 서울: 한국장로교출판사, 2016.
총회교육부편. 『고학년 교사』. 서울: 한국장로교출판사, 2016.
총회교육부편. 『아동부 지도자 가이드북』. 서울: 한국장로교출판사, 2016.
대한예수교장로회총회 헌법개정위원회. 『헌법』. 서울: 한국장로교출판사, 2010.

4장. 남성 한부모 아동과 영적 회복탄력성

기경희·김광수. "부모상실감을 경험한 한부모 가정 아동의 회복탄력성 분석." 『서울교육대학교 한국초등교육』 제27권 제3호 (2018), 17.
김은지 외. "2018년 한부모가족 실태조사." 여성가족부(2018), 33. www.mogef.go.kr/index.do (최종접속일, 2021년 8월 4일).
류금란·최은실. "아동의 회복탄력성에 영향을 미치는 요인." 『한국가정관리학회 학술대회 자료집』(2016), 224.
이선형·문수백. "학령기 아동의 회복탄력성에 영향을 미치는 요인." 『한국가정관리학회 학술대회자료집』(2017), 209.
이원일. 『해석학적 상상력과 기독교 교육과정』. 서울: 한국장로교출판사, 2004.
_____. "남성한부모와 자녀교육사역." 『성인기독교교육의 내러티브』. 서울: 한들출판사, 2017.
_____. "루돌프 슈타이너의 신지학에 대한 이해." 『기독교교육논총』 제62집 (2020).

75-99.

Berryman, Jerome W.. *Children and The Theologians: Clearing the Way for Grace*. New York: Morehouse Publishing, 2009.

_____. *Teaching Godly Play: How to Mentor the Spiritual Development of Children*. Nashville, TN: Abingdon Press, 2009.

Brown, Stuart. *Play*. New York: The Penguin Group, 2009.

Calvin, John. *Institutes of the Christian Religion*(2). Trans. Ford Lewis Battles. Philadelphia: The Westminster Press, 1960.

Crain, William. *Theories of Development: Concepts and Application*. 송길연·유봉형 옮김. 『발달의 이론』. 서울: 시그마프레스, 2012.

Froebel, Friedrich. *The Education of Man*, Trans. W. N. Hailmann, A. M.. New York and London: D. Appleton and Co., 1887.

Gadamer, Hans Georg. *Truth and Method*. New York: The Seabury Press, 1975.

Groome, Thomas H.. *Will There Be Faith?*. 조영관·김영이·임숙희 옮김. 『신앙은 지속될 수 있을까?』. 서울: 가톨릭대학교출판부, 2014.

Jordan, Judith V.. "Relational Resilience in Girls." in Sam Goldstein, Robert Brooks ed., *Handbook of Resilience in Children*. NY: Springer, 2013.

Joslyn, Erica. *Resilience in Childhood: Perspectives, Promises & Practice*. London: Palgrace, 2016.

Kuhn, Thomas S.. *The Structure of Scientific Revolutions*, 김명자 역,『과학혁명의 구조』. 서울: 동아출판사, 1996.

Walker, Braian. Salt, David Salt. *Resilience Thinking: Sustaining Ecosystems and People in a Changing World*. Washington: Island Press, 2006.

5장. 주일학교의 발전과정과 정체성

곽안전. 『한국교회사』. 서울: 대한기독교서회, 1961.

김광. "강신명의 아동가요곡선 300곡에 관한 연구: 주일학교 노래를 중심으로." 『장로회신학대학교 교회음악대학원』. 1999.

김경호 외 4인. 『대구중앙교회 70년사』. 대구: 경북인쇄, 1995.

노영숙. "개화기 선교사들의 기독교교육이 근대 교육·문화에 기여한 교육적 의의." 『기독교교육 논총』(2013. 6), 368-383.

민경배.『한국기독교교회사』. 서울: 대한기독교출판사, 1985.

_____.『교회와 민족』. 서울: 대한기독교서회, 1992.

박소연. "한국교회 주일학교 예배음악에 관한 연구."『장로회신학대학교 교회음악대학원』(2003. 12), 4.

손원영. "조선적 주일학교의 선구자 배덕영의 기독교교육."『기독교교육정보』(2002년 Issue 5), 314.

_____. "한국 초기 주일학교의 특성에 대한 연구."『기독교교육논총』제18집 (2008), 153-178.

이원일.『해석학적 상상력과 기독교교육과정』. 서울: 한국장로교출판사, 2004.

_____.『해석학과 기독교교육현장』. 서울: 한국장로교출판사, 2008.

이정기. "한국교회 초기 주일학교 교육에 관한 역사적 고찰."『부·경교회사연구』(2011년 Issue 4), 12-14.

임채식 외 5인 공저.『교육철학 및 교육사』. 경기: 수양재, 2017.

은준관.『삶, 여정, 이끄심』. 서울: 도서출판 동연, 2022.

장종철.『한국교회와 기독교교육』. 서울: 감리교신학대학출판부, 1991.

정웅섭.『현대 기독교교육의 과제와 방법』. 서울: 대한기독교서회, 1991.

한승돈. "초기 한국 교회 교육과 각 교단의 교육목표 설정을 통한 대한신학대학원대학교의 기독교교육(교회교육)의 방향설정."『대한논총』제4호 (2012), 329-331.

Eavey, C. B.. *History of Christian Education*. Chicago: Moody Press, 1964.

Gregory, Alfred. *Robert Raikes*. London: Forgotten Books, 2012.

Lynn, Robert W.. and Wright, Elliott. *The Big Little School: 200 Years of the Sunday School*. Nashville: Abingdon, 1980.

Seymour, Jack L.. *From Sunday School To Church School*. Washington: University Press of America, 1982.

Towns, Elmer. "Robert Raikes." *A History of Religious Educators*. Michigan: Baker Book House, 1975.

Towns, Elmer. *The Successful Sunday School and Teachers Guidebook*. 신원삼 역.『주일학교교육백과』. 서울: 국제문서선교회, 1980.

Walker, Williston. *A History of the Christian Church*. 강근환 외.『세계기독교회사』. 서울: 대한기독교서회, 1984.

Willis, W. R.. *200 Years and Still Counting*. 유화자 역.『주일학교 200년사』. 서울: 생명의말씀사, 1981.

<교회교육사 자료>

110주년 편찬위원회, 『대구제일교회백년사』 (대구: 대명문화인쇄소, 2004), 128, 129, 168.

6장. 칼뱅주의와 기독교 인성교육

강희천. "기독교교육과 도덕성." 『기독교교육사상』. 서울: 연세출판사, 1991.

양금희. "종교개혁기의 학교, 교회, 그리고 국가의 관계에 관한 연구." 『장신논단』 Vol. 44 (2012. 12), 345-372.

이원일. "비영리 학교법인 이사회에 대한 적응적 리더십 교육: 신학대학교를 중심으로." 『장신논단』 Vol. 48 No. 2 (2016. 6), 305-330.

_____. 『성인 기독교교육의 내러티브』. 서울: 한들출판사, 2017.

이춘·고병호. 『인성교육의 이해와 지도』. 서울: 교육아카데미, 2015.

이형기. 『역사 속의 내러티브 신학』. 서울: 한들출판사, 2005.

정진홍. 『종교문화의 이해』. 서울: 청년사, 2004.

조용훈. "칼뱅의 정치사상과 사회윤리적 함의에 대한 한 연구." 『장신논단』 Vol. 38 (2010. 8), 215-236.

Browning, Don. "Family and Moral and Spiritual Development." In *Developing A Public Faith: New Directions in Practical Theology.* Edited by Richard Osmer and F. Schweitzer. ST. Louis, Missouri: Chalice Press, 2003.

_____. *Reviving Christian Humanism: The New Conversation on Spirituality, Theology, and Psychology.* Minneapolis: Fortress Press, 2010.

Bushnell, Horace. *Nature and The Supernatural: As Together Constituting the One System of God.* London: Strahan & Co., Pub., 1872.

_____. *Sermons for The New Life.* New York: Charles Scribner's Sons, 1891.

_____. *Christian Nurture.* New Haven: Yale University press, 1960.

_____. *Horace Bushnell Sermons.* Edited by Conrad Cherry. New York: Paulist Press, 1985.

Calvin, John. *Institutes of The Christian Religion.* Philadelphia: The Westerminster Press, 1960.

Dykstra, Craig. *Vision and Character: A Christian Educator's Alternative to*

Kohlberg. Eugene. OR: Wipf and Stock Pub., 1981.

Harper, George W.. "Calvin and English Calvinism to 1649: A Review Article." *Calvin Theological Journal*. Vol. 20. 2 (1985. 11), 255-262.

Makowski, Lee J.. *Horace Bushnell On Christian Character Development*. New York: University Press of America, Inc.. 1999.

Kendall, R. T.. *Calvin and English Calvinism To 1649*. New York: Oxford University Press, 1981.

Mullin, Robert Bruce. *The Puritan as Yankee: A Life of Horace Bushnell*. Grand Rapids, MI: William B. Eerdmans Publishing Co., 2002.

Weigle, Luther A.. "Horace Bushnell." *Christian Nurture*. Horace Bushnell. New Haven: Yale University Press, 1960.

Walker, Williston. "Horace Bushnell." *Christian Nurture*. Horace Bushnell. New Haven: Yale University Press, 1960.

_____. *A History of the Christian Church*. 이영헌 외 편역. 『세계기독교회사』. 서울: 대한기독교서회, 1984.

7장. 발도르프 대안학교의 이론적 기초

손문. "국내 외국인 학교의 종교교육과 학습활동에 관한 연구." 『기독교교육논총』 60 (2019), 99-120.

신문철. "기독교적 상상력을 활용한 성서학습 모델." 『기독교교육논총』 29 (2012), 87-122.

유은희. "James. K. A. Smith가 제안하는 기독교교육 및 형성에 관한 고찰." 『기독교교육논총』 60 (2019), 153-193.

이주형. "예술목회를 위한 영성수련: 상상적 관상을 중심으로." 『기독교교육논총』 46 (2016), 319-351.

이원일, "톨스토이의 대안학교 교육." 『해석학과 기독교교육현장』. 서울: 한국장로교출판사, 2008.

이현철. "한국교회 청소년 수련회에 대한 내러티브 탐구." 『기독교교육논총』 47 (2016), 219-253.

정희영. "영지주의와 슈타이너의 인지학의 유사성에 대한 비판적 고찰." 『기독교교육논총』 52 (2017), 107-147.

Jaffke, Freya. *Spielen und arbeiten im Waldorfkindergarten*. 윤선영 옮김. 『발도르프 킨더가 르텐에서의 놀이와 직업』. 서울: 창지사, 2000.

Petrash, Jack. *Understanding Waldorf Education: Teaching from the inside out by Jack Petrash*. 강도은 옮김. 『발도르프 교육 이해하기』. 서울: 무지개다리너머, 2018.

Querido, René Max. *Creativity in Education: The Waldorf Approach*. 김훈태 옮김. 『발도르프 공부법 강의』. 서울: 도서출판 유유, 2019.

Steiner, Rudolf. *Theosophie, Einführung in übersinnliche Welterkenntnis und Menschenbestimmung*. Translated by Catherine E. Creeger. *Theosophy: An Introduction to the Spiritual Processes in Human Life and in the Cosmos*, MA: Anthroposophic Press, 1994.

_____. *The education of the child and early lectures on education* (a collection), NY: Anthroposophic Press, 1996.

_____. *The Essential Rudolf Steiner*, VA: Wilder Pub, 2008.

_____. *Whitsun and Ascension*. 박병기·김민재 옮김. 『기독교적 세계관』. 경기: 도서출판 인간사랑, 2009.

_____. *Idee und Praxis Waldorfschule*. 최혜경 옮김. 『발도르프 학교와 그 정신』. 서울: 도서출판 밝은 누리, 2015.

_____. *Theosophy*. 양억관·다카하시 이와오 옮김. 『신지학』. 서울: 물병자리, 2016a.

_____. *Das Johanes-Evangelium*. 양억관·다카하시 이와오 옮김. 『요한복음 강의』. 서울: 물병자리, 2016b.

8장. 교회학교 청소년과 인성

이원일. 『해석학적 상상력과 기독교교육과정』. 서울: 한국장로교출판사, 2004.

_____. "차이의 심리학," 『성인기독교교육의 재개념화』. 서울: 한들출판사, 2014, 73-76.

_____. "칼뱅주의에서 기독교 인성교육." 『장신논단』 Vol. 49 No.2 (2017), 351.

최동규. "성품공동체로서의 선교적 교회-하우어워스의 교회윤리에 근거하여." 『장신논단』 Vol. 48 No. 4 (2016. 12), 311-337.

Adams, Richard. *Watership Down*. 햇살과 나무꾼 옮김. 『워터십 다운의 열한 마리 토끼』. 서울: 사계절, 2003.

Coles, Robert. *The Moral Intelligence of Children: How To Raise A Moral Child*. New York: A Plume Book, 1998.

Hauerwas, Stanley. *A Community of Character: Toward a Constructive Christian Social Ethics*. Notre Dame, 1981.

_____. *Vision and Virtue*. Indiana: University of Nortre Dame Press, 1986.

_____. *Character and the Christian Life*. Indiana: University of Nortre Dame Press, 1994.

Hauerwas, Stanley & Vanier, Jean. *Living Gently in a Violent World*. Illinois: IVP Books, 2008.

Hauerwas, Stanley and Willimon, William H.. *Resident Aliens: Life in the Christian Colony*. Nashville: Abingdon Press, 1992.

_____. *The Holy Spirit*. Nashville: Abingdon Press, 2015.

McAdams, Dan P.. *The stories We Live By: Personal Myths and the Making of the Self*. New York: William Morrow and Company, 1993.

<교육과정 자료>

총회교육자원부편, 『중등부교재(학생용) IV-1: 청소년 성품』. 서울: 한국장로교출판사, 2015.

총회교육자원부편, 『중등부교재(교사용) IV-1: 청소년 성품』. 서울: 한국장로교출판사, 2015.

총회교육자원부편, 『중등부교재(교역자용) IV-1: 청소년 성품』. 서울: 한국장로교출판사, 2015.

총회교육자원부편, 『중등부교재(학생용) IV-2: 청소년 성품』. 서울: 한국장로교출판사, 2015.

총회교육자원부편, 『중등부교재(교사용) IV-2: 청소년 성품』. 서울: 한국장로교출판사, 2015.

총회교육자원부편, 『중등부교재(교역자용) IV-2: 청소년 성품』. 서울: 한국장로교출판사, 2015.

9장. 교회학교 청소년과 성령

이원일. 『해석학적 상상력과 기독교교육과정』. 서울: 한국장로교출판사, 2004.

_____. "코로나19와 교회교육 커리큘럼: 미디어 리터러시 핵심 역량." 『코로나 19를 넘어서는 기독교교육』. 김정준 책임편집. 서울: 동연, 2020, 127-139.

Barth, Karl. *Dogmatik im Grundriβ*. 신준호 옮김. 『칼 바르트 교의학 개요』. 서울: 복 있는 사람, 2015.

Bischoff, Claire. "With New Eyes to See." *Children, Youth, and Spirituality in a Troubling World*. ST. Louis, Missouri: Chalice Press, 2008.

Dean, Kenda C.. "God Versus Glitz: Globalization, Youth and the Church in the United States." Richard R. Osmer, Kenda C. Dean, *Youth, Religion and Globalization: New Research in Practical Theology*. New Brunswick and London: Transaction Pub., 2006.

Gardner, Howard and Davis, Katie. *The App Generation*. New Haven and London: Yale University Press, 2014.

Greene, Maxine. "The Artistic-Aesthetic and Curriculum." Curriculum Inquiry 6:4 (1977).

Hastings, Thomas John. "Negotiating Identity in a Global Age: The Situation of Japanese Youth." Richard R. Osmer, Kenda C. Dean, *Youth, Religion and Globalization: New Research in Practical Theology*. New Brunswick and London: Transaction Pub., 2006.

Jones, Tony and Dean, Kenda Creasy. "The Ambiguities of "Growing Up Global": Sowing Hope in an Ambivalent Age." Richard R. Osmer, Kenda C. Dean, *Youth, Religion and Globalization: New Research in Practical Theology*. New Brunswick and London: Transaction Pub., 2006.

Johnson, Susanne. "Subversive Spirituality in Youth Ministry at the Margins." *Children, Youth, and Spirituality in a Troubling World*. ST. Louis, Missouri: Chalice Press, 2008.

Knight, Jennie S.. "Transformative Listening." *Children, Youth, and Spirituality in a Troubling World*. ST. Louis, Missouri: Chalice Press, 2008.

Larty, Emmanuel Y.. "Globalization, Youth and the Church: Views from Ghana." *Youth, Religion and Globalization: New Research in Practical Theology*. eds.. Richard R. Osmer, Kenda C. Dean. New Brunswick and London: Transaction Pub., 2006.

Loder, James E.. Neihardt, W. Kim. *The Knight's Move*. 이규민 역. 『성령의 관계적

논리와 기독교교육 인식론』. 대한기독교서회, 2009.

Mercer, Joyce Ann. "Sometimes I Feel Like a Fatherless Child." *Children, Youth, and Spirituality in a Troubling World*. ST. Louis, Missouri: Chalice Press, 2008.

Miles, Veronice. "Living Out Loud in a World That Demands Silence." *Children, Youth, and Spirituality in a Troubling World*. ST. Louis, Missouri: Chalice Press, 2008.

Miller-McLemore, Bonnie J.. "Children and Religion in the Public Square." *Children, Youth, and Spirituality in a Troubling World*. ST. Louis, Missouri: Chalice Press, 2008.

Moltmann, Jürgen. *Trinität und Reich Gottes*. 김균진 역.『삼위일체와 하나님의 나라』. 서울: 대한기독교서회, 1982.

_____. *Der Geist des Lebens: Eine ganzheitliche Pneumatologie*. 김균진 옮김.『생명의 영: 총체적 성령론』. 서울: 대한기독교서회, 1992.

Moore, Mary E.. "Children and Youth Choosing Life." *Children, Youth, and Spirituality in a Troubling World*. eds.. Mary E. Moore, Almeda M. Wright. ST. Louis Missouri: Chalice Press, 2008.

_____. "Yearnings, Hopes, and Visions." *Children, Youth, and Spirituality in a Troubling World*. ST. Louis, Missouri: Chalice Press, 2008.

Nishioka, Roger. "Violence, Boy Code, and Schools: Adolescent Males Making It through Life." *Children, Youth, and Spirituality in a Troubling World*, eds., Mary E. Moore, Almeda M. Wright. ST. Louis Missouri: Chalice Press, 2008.

Osmer, Richard Robert. *A Teachable Spirit: Recovering the Teaching Office in the Church*. Louisville: Westminster/John Knox Press, 1990.

Parker, Evelyn L.. "Sanctified Rage." *Children, Youth, and Spirituality in a Troubling World*. ST. Louis, Missouri: Chalice Press, 2008.

Postman, Neil. *The Disappearance of Childhood*. New York: Vintage Books, 1994.

Schipani, Daniel S.. "Youth and Youth Ministry in a time of severe Crisis." *Youth, Religion and Globalization: New Research in Practical Theology*. eds.. Richard R. Osmer. Kenda C. Dean. New Brunswick and London: Transaction Pub., 2006.

Schweitzer, Friedrich L.. *the Postmodern Life Cycle: Challenges for Church and Theology*. St. Louis, Missouri: Chalice Press, 2004.

Smith Jr., Luther. "When Celebrating Children is not Enough." *Children, Youth, and Spirituality in a Troubling World*. ST. Louis, Missouri: Chalice Press, 2008.

Verhey, Allen. "The Spirit of God and The Spirit of Medicine: The Church, Globalization, and A Mission of Health Care." *God and Globalization Vol 2: The Spirit and The Modern Authorities*, ed., Max L. Stackhouse and Don S. Browning. Harrisburg: Trinity Press International, 2001.

Wright, Almeda M.. "Choosing Life Requires Action." *Children, Youth, and Spirituality in a Troubling World*. ST. Louis, Missouri: Chalice Press, 2008.

Yust, Ka ren Marie. "(Non)Cosmetic Ministry." *Children, Youth, and Spirituality in a Troubling World*. ST. Louis, Missouri: Chalice Press, 2008.

<참고 사이트 및 교육과정 자료>
cafe.daum.net/leewil. 기독교교육자료실. #63.
총회교육자원부편.『중고등부교재(학생용)』. 서울: 한국장로교출판사, 2012.
총회교육자원부편.『중고등부교재(교사용)』. 서울: 한국장로교출판사, 2012.
총회교육자원부편.『중고등부교재(학생용)』. 서울: 한국장로교출판사, 2013.
총회교육자원부편.『중고등부교재(학생용)』. 서울: 한국장로교출판사, 2014.

10장. 교단별 청소년 교육과정

강미랑. "관계적 자아 정체성 개발을 위한 리꾀르의 Narrative 정체성 이론 연구."『기독교교육논총』32 (2012), 323-356.

강희천.『기독교교육의 비판적 성찰』. 서울: 대한기독교서회, 1999.

남은경. "리꾀르의 성서적 해석학의 관점에서 본 내러티브 읽기와 구성주의 페다고지."『기독교교육논총』23 (2010), 353-373.

백은미. "청소년기 소녀들을 위한 여성주의 기독교교육의 과제들."『기독교교육논총』26 (2011), 429-456.

손원영. "새로운 감리교 교육과정 개발을 위한 기초 연구: 교육목적과 구조를 중심으로."『기독교교육논총』14 (2007), 255-290.

이원일. "학교교육에서의 종교 교육과정."『해석학과 기독교 교육현장』. 서울: 한국장로교출판사, 2008.

_____. "기독교교육(학)과의 커리큘럼 분석."『기독교교육논총』 33 (2013), 175-200.

Giroux, Henry A. (1981). *Curriculum & Instruction*. California: McCutchan Publishers.

Kliebard, Herbert M. (1975). The Metaphorical Roots of Curriculum Design. In William Pinar (Ed.), *Curriculum Theorizing: The Reconceptualists* (pp. 84-85). Berkeley: McCutchan Pub Corp.

Robert W. Pazmiño (1994). *Foundational Issues in Christian Education: An Introduction in Evangelical Perspective*. Grand Rapids: Baker Book House.

<교육과정 자료>

기독교대한감리회 교육국.『청소년 성경공부 교재(학생용): 폭풍을 일으키는 사람을 세우는 파워스톰 시리즈 3: 문화.com.』. 서울: 도서출판 KMC, 2007.

_____.『청소년 성경공부 교재(학생용): 폭풍을 일으키는 사람을 세우는 파워스톰 시리즈 1: 후 엠 아이?(Who am I?)』. 서울: 도서출판 KMC, 2009.

기독교한국침례회교회진흥원.『성경으로의 여행 j2B (Ⅱ-1. 중고등부 교사용)』. 서울: 요단출판사, 2017a.

_____.『성경으로의 여행 j2B (Ⅱ-1 중고등부 학생용)』. 서울: 요단출판사, 2017b.

대한예수교장로회총회.『생명의 빛: 중등부1(교역자용)』. 서울: 대한예수교장로회총회교육출판국, 2010.

_____.『생명의 빛: 중등부1(교사용1, 2학기)』. 서울: 대한예수교장로회총회교육출판국, 2016a

_____.『생명의 빛: 중등부1(학생용)』. 서울: 대한예수교장로회총회 교육출판국, 2016b.

_____.『생명의 빛: 중등부3(학생용1, 2학기)』. 서울: 대한예수교장로회총회교육출판국, 2016c.

대한예수교장로회 총회교육원.『클릭 바이블 Ⅱ 중고등부 시리즈 복음과 문화 5: 문화길라잡이(학생용)』. 서울: 대한예수교장로회 총회출판국, 2013.

_____.『클릭 바이블 Ⅱ 중고등부 시리즈 복음과 문화 1: Good News (교사용)』. 서울: 대한예수교장로회 총회출판국, 2016a.

_____.『클릭 바이블 Ⅱ 중고등부 시리즈 복음과 문화 1: Good News (학생용)』. 서울: 대한예수교장로회 총회출판국, 2016b.

여의도순복음교회 교육국교육개발팀.『오중복음에 기초한 중등부 공과(교사용 1-2)』. 서

울: 서울말씀사, 2006.

_____.『오중복음에 기초한 중등부 공과 (학생용 1-1)』. 서울: 서울말씀사, 2014.

총회교육자원부.『중등부교재(교사용) VI-1: 청소년을 위한 BIBLE』. 서울: 한국장로교출판사, 2017b.

_____.『중등부교재(학생용) VI-1: 청소년을 위한 BIBLE』. 서울: 한국장로교출판사, 2017b.

한국기독교교육학회.『한국기독교교육학회 하계 학술대회: 각 교단별 교재개발 현황과 연구 과제』. 서울: 장로회신학대학교, 2013.

한국기독교장로회 총회교육원.『예수님 따라 다섯 걸음 (학습자용)』. 서울: 만우와 장공, 2009.

_____.『예수님 따라 한 걸음 (교사용)』. 서울: 만우와 장공, 2010a.

_____.『예수님 따라 한 걸음 (학습자용)』. 서울: 만우와 장공, 2010b.

_____.『예수님 따라 여섯 걸음 (교사용)』. 서울: 만우와 장공, 2010c.

_____.『예수님 따라 여섯 걸음 (학습자용)』. 서울: 만우와 장공, 2010d.

_____.『예수님 따라 세 걸음 (학습자용)』. 서울: 만우와 장공, 2011.

_____.『예수님 따라 네 걸음 (학습자용)』. 서울: 만우와 장공, 2012.

한국성결교회연합회.『성결과 비전 교육교재: Click, 2018년 전반기 성결클릭 (중등부 교사 지침서)』. 서울: 예수교대한성결교회출판부, 2017a.

_____.『성결과 비전 교육교재: Click, 2018년 전반기 성결클릭 (중등부 학생용)』. 서울: 예수교대한성결교회출판부, 2017b.

<참고 사이트>

고신총회교육원.『클릭 바이블 II』. 2017. 4. http://www.edpck.org/sub2/sub2_2.php 에서 인용.

기독교대한감리회교육국.『파워스톰 교사매뉴얼』 2017.4. http://kmcedu.or.kr/pud/index.php?group_code=pud&category_id=114&p_cate_id=112&m_id=73 에서 인용.

기장총회교육원.『예수님 따라 교재』. 2017. 4. http://www.emik.org에서 인용.

11장. 남강 이승훈과 인성교육

김기석. 『남강 이승훈』. 경기: 한국학술정보, 2005.

김경옥. 『지조를 지킨 지도자들 남강 이승훈』. 서울: 도서출판 월인, 2011.

김도일. "남강 이승훈의 삶과 교육활동에 대한 기독교교육적 고찰." 『기독교교육논총』 제38집 (2014).

김승태. "남강 이승훈의 신앙 행적에 관한 몇 가지 문제." 『한국기독교와 역사』(2002), Issue 2, 7-28.

김치성. "영적 부흥으로 민족의 동반자 되게 하소서: 거룩한 교회, 민족의 동반자." 『영적 부흥으로 민족의 동반자 되게 하소서』. 서울: 한국장로교출판사, 2018.

이교헌. 『남강 이승훈의 생애와 정신』. 서울: 남강문화재단출판부, 2003.

임희국. "거룩한 교회, 일제 강점기 민족 독립을 위해 3.1운동(1919)을 주도한 교회." 『영적 부흥으로 민족의 동반자 되게 하소서』. 서울: 한국장로교출판사, 2018.

하동안. "삶의 자리에서 본 남강 이승훈." 『신학이해』 Vol. 10 (1992).

한규무. "민족과 교회를 같이 품은 남강 이승훈." 『농촌과 목회』(2013), Issue 4 통권 60.

<참고 사이트>

http://blog.daum.net/sangchul24/100

https://news.joins.com/article/23342960

12장. 디지털 세대와 가상성

강희천. 『기독교교육사상』. 서울: 연세대학교출판부, 1991.

전영미. 디지털 스토리텔링의 종교교육적 활용. 『기독교교육정보』 28 (2011), 143-166.

Baker, Frank W.. Media Literacy: 21st Century Literacy Skills. In Heid Hayes Jacobs(Ed.), *Curriculum 21: Essential Education for a Changing World*. Virginia: ASCD, 2010, 133-154.

Brueggemann, Walter. *Texts under Negotiation: The Bible and Postmodern Imagination*. Minneapolis: Fortress Press, 1993.

Daily, Eileen M.. The Promise of Mobile Technology for Public Religious

Education. *Religious Education*, Vol. 108 No. 2 March-April (2013), 112-128.

Drescher, Elizabeth. *Tweet If You Love Jesus: Practicing Church in the Digital Reformation*. New York: Morehouse Pub, 2011.

Estes, Douglas. *SimChurch: Being the Church in the Virtual World*. Michigan: Zondervan, 2009.

Gardner, Howard and Davis, Katie. *The App Generation*. New Haven and London: Yale University Press, 2014.

Heim, Michael. *The Metaphysics of Virtual Reality*. New York, Oxford: Oxford University Press, 1993.

Hess, Mary E.. Rescripting Religious Education in Media Culture. in Peter Horsfield, Mary E. Hess, Adán M Medrano(Eds.). *Belief in Media: Cultural Perspectives on Media and Christianity*. Burlington: Ashgate Pub. Co., 2004, 153-164.

Holm, Neil. "Educating The Net Generation for Transformation and Transcendence." *Journal of Christian Education*. Vol 54 No. 2, Sep. (2011), 5-18.

Kalantzis, Mary and Cope, Bill. "Designs for Learning." *E-Learning*(The Journal is now *E-Learning and Digital Media*). Volume 1. Number 1 (2004), 38-93.

Kim, Young-Rae. "The Virtualization of Theological Education in the Information Age." *Journal of Christian Education & Information Technology*. June Vol. 2 (2001), 115-140.

Lytle, Julie Anne. "Virtual Incarnations: An Exploration of Internet-Mediated Interaction as Manifestation of the Divine." *Religious Education* Vol. 105 No. 4 July-September (2010), 395-412.

McLuhan, Marshall. *Understanding Media: The Extensions of Man*. New York: McGraw-Hill Book Co., 1964.

McLuhan, Marshall and Bruce R. Powers. *The Global Village: Transformations in World Life and Media in the 21st Century*. Oxford: Oxford University Press, 1989.

Miller, M. Rex. *The Millennium Matrix: Reclaiming the Past, Reframing the Future of the Church*. San Francisco: Jossey-Bass, 2004.

Palmer, Parker. *The Courage to Teach: Exploring the Inner Landscape of a Teacher's Life*. San Francisco: Jossey-Bass, 1998.

Postman, Neil. *The Disappearance of Childhood*. New York: Vintage Books,

1994.

Schuurman, Derek C.. *Shaping a Digital World: Faith, Culture and Computer Technology*. Illinois: IVP Academic, 2013.

Schweitzer, Friedrich L.. *the Postmodern Life Cycle: Challenges for Church and Theology*. St. Louis, Missouri: Chalice Press, 2004.

Wagner, Rachel. *Godwired: Religion, Ritual and Virtual Reality*. London and New York: Routledge, 2012.

<참고 사이트>

http://news.zum.com/articles/21507513

www.gcp.org/pages/custom/show-me-Jesus-curriculum.aspx

www.northpoint.org

www.perimeter.org

www.whatisorange.org

www.wwwords.co.uk/elea/index.asp

13장. 포스트 디지털 세대와 교육목회 유형

강희천. 『기독교교육의 비판적 성찰』. 서울: 대한기독교서회, 1999.

김정준. "미래세대와 영성교육." 『미래시대, 미래세대, 미래교육』. 김도일 책임편집. 서울: 한국기독교교육학회, 2016.

김영래. 『기독교교육과 미래세대』. 서울: 통독원, 2021.

소경희. 『교육과정의 이해』. 서울: 교육과학사, 2017.

안현정·송민희. "디지털 후세대(Post Digital Generation)에 따른 시각 커뮤니케이션 표현 전략." 『한국디자인트랜드학회』. Vol. 13 (2005), 218-224.

오수연. "MZ세대를 잡아라!." 『마케팅』. 55(7) (2021), 52-58.

은준관. 『실천적 교회론』. 서울: 대한기독교서회, 1999.

이원일. 『성인 기독교교육의 재개념화』. 서울: 한들출판사, 2014.

_____. "코로나19와 교회교육 커리큘럼: 미디어 리터러시 핵심 역량." 『코로나19를 넘어서는 기독교교육』. 김정준 책임편집. 서울: 동연, 2020.

이주영·조경숙. "MZ세대 특성이 나타난 패션 브랜드 콜라보레이션 사례 연구."『복식』 71(6) (2021), 37-53.

주현식. "포스트 디지털 퍼포먼스의 미학-<천사:유보된 제목>과 혼합 현실(Mixed Reality)의 비전."『드라마연구』. 제55호(2018), 125-155.

천현득. "인공 지능에서 인공 감정으로: 감정을 가진 기계는 실현가능한가?."『한국 철학회』. 131 (2017), 217-243.

최은희. "MZ세대와의 소통은 다른가요?."『충북 Issue & Trend』45 (2021), 28-32.

홍소희. "MZ세대 특성에 따른 커뮤니케이션 메소드에 관한 연구." *The Treatise on The Plastic Media*. Vol 24 No 1 (2021), 113-120.

Alexenberg, Mel. *The Future of Art in a Postdigital Age*. UK/Chicago, USA: intellect Bristol, 2011.

Berryman, Jerome W.. *Children and The Theologians: Clearing the Way for Grace*. New York: Morehouse Publishing, 2009.

Brown, Stuart. *Play*. New York: The Penguin Group, 2009.

Chae, Hyeok-Su. "Nature-Based Educational Ministry with Youth based on Maria Harris." *Journal of Christian Education in Korea*, 57 (2019), 109-133.

Farley, Edward. "Theology and Practice Outside the Clerical Paradigm." *Practical Theology: The Emerging Field in Theology, Church, and World*. (Ed.), Don S. Browning. San Francisco: Harper & Row Publishers, 1983.

Kim, Sung-Won. "Educational Ministries in Korean Churches amid the COVID-19 Pandemic." *Journal of Christian Education in Korea*, 65 (2021), 103-131.

McLaren, Peter & Jandrić, Petar. *Postdigital Dialogues: On Critical Pedagogy, Liberation Theology and Information Technology*. New York: Bloomsbury Academic, 2020.

Naisbitt, John. Naisbitt, Nana. and Philips, Douglas. *High Tech High Touch*. 안진환 옮김. 하이테크 하이터치. 서울: 한국경제신문, 2000.

Negrut, Vasilica & Arsith, Mirela. *Designing and Implementing Competency-Based Curriculum*. Lambert Academic Publishing, 2013.

Jandrić, Petar. "Postdigital Science and Education." in *Postdigital Dialogues: On Critical Pedagogy, Liberation Theology and Information Technology*. New York: Bloomsbury Academic, 2020.

Jordan, Spencer. *Postdigital Storytelling: Poetics, Praxis, Research*. London & New York: Routledge, 2020.

Park, Jin Kyung. "An Educational Ministry for Children through the Community of Faith-Enculturation Paradigm: The Case of G Church." *Journal of Christian Education in Korea*, 49 (2017), 211-244.

Poling, James & Miller, Donald. *Foundations for a Practical Theology of Ministry*. Nashville: Abingdon Press, 1985.

Ricoeur, Paul. *Oneself as Another*. Chicago and London: The University of Chicago Press, 1992.

Schweitzer, Friedrich. *the Postmodern Life Cycle: Challenges for Church and Theology*. Missouri: Chalice Press, 2004.

<참고 사이트>

Negroponte, Nicholas. "Beyond Digital." Wired. accessed in http://web.media.mit.edu/~nicholas/Wired/WIRED6-12.html.

http://blog.naver.com/PostView.nhn?blogId=chemission&logNo=10139504703

14장. 기독교교육(학)과의 커리큘럼 분석

이성호. 『교육과정과 평가』. 서울: 양서원, 1994.
강희천. 『기독교교육의 비판적 성찰』. 서울: 대한기독교서회, 1999.
대한예수교장로회총회교육부편. 『기독교교육과정론』. 서울: 한국장로교출판사, 2003.
Henry A. Giroux. *Curriculum & Instruction*. California: McCutchan Pub., 1981.

<참고 사이트>

www.mtu.ac.kr

www.kosince.org

www.stu.ac.kr

www.acts.ac.kr/design/index.asp

www.anyang.ac.kr

wwww.ytus.ac.kr

www.pcts.ac.kr

www.chongshin.ac.kr
www.kbtus.ac.kr
www.hs.ac.kr

15장. 기독교교육과정 논문 분석 및 전망

강희천.『기독교교육의 비판적 성찰』. 서울: 대한기독교서회, 1999.
고용수. "21세기와 교회의 교육과정."『기독교교육논총』 2 (1997), 77-104.
_____. "기독교교육의 새 패러다임: 새로운 교육과정의 모색."『기독교교육논총』 6 (2000), 11-49.
김민정·정경미. "기독유아교사가 경험한 기독교 유아교육과정에 대한 탐구."『기독교교육논총』 64 (2020), 323-345.
김인옥. "한국교회 안에서 평신도의 신학하기를 함양하기 위한 성경연구방법: 쉐어드 프락시스(shared praxis) 접근에 근거한 커리큘럼 창조경험을 바탕으로 한 쉐어드 프락시스의 실용화에 대하여."『기독교교육논총』 26 (2011), 307-341.
김정효. "기독교학교 교육과정 개발과 적용 사례: E초등학교를 중심으로."『기독교교육논총』 24 (2010), 325-361.
김정효·허지선·한신영. "기독교 학교의 종교교과 교육과정 개선을 위한 기초 연구: 교육과정 숙의를 통한 신조(Platform) 구축."『기독교교육논총』 52 (2017), 181-220.
김혜숙. "자전적 글쓰기 교육과정을 통한 여성주의 기독교교육."『기독교교육논총』 21 (2009), 341-363.
남은경. "학부제 대학교에서 기독교교육학전공 커리큘럼 비교 분석."『기독교교육학논총』 34 (2013), 199-223.
_____. "인식론의 전환에 기초한 생태학적 기독교 커리큘럼."『기독교교육논총』 38 (2014), 121-145.
_____. "인성교육의 종교적 가치와 잠재적 교육과정을 통한 실천."『기독교교육논총』 44 (2015), 49-76.
박미라. "기독교교육상담학과와 교육상담학과의 교육과정 분석 및 연구."『기독교교육논총』 62 (2020), 135-160.
박상진. "기독교교육학의 정체성에 근거한 기독교교육(학)과의 커리큘럼 진단."『기독교교육논총』 33 (2013), 201-239.

_____. "기독교학교의 정체성에 근거한 종교학 교육과정의 문제점." 『기독교교육논총』 36 (2013), 35-63.

_____. "부모 발달단계에 따른 기독 학부모 교육과정 연구." 『기독교교육논총』 55 (2018), 11-46.

박현정. "주5일 수업제에 따른 교회토요학교 교육과정에 대한 제언: 초등교육을 중심으로." 『기독교교육논총』 34 (2013), 121-145.

백은미. "기독교 교육과정에 내재한 여성혐오 분석과 대안 모색." 『기독교교육논총』 51 (2017), 41-73.

서미경. "2015 개정 교육과정의 6개 핵심역량에 대한 기독교교육적 함의". 『기독교교육논총』 63 (2020), 221-253.

손원영. "기독교교육과정 이론과 프락시스 접근." 『기독교교육논총』 6 (2000), 248-275.

_____. "새로운 감리교 교육과정 개발을 위한 기초연구: 교육목적과 구조를 중심으로." 『기독교교육논총』 14 (2007), 255-290.

_____. "예술영성 형성을 위한 기독교교육과정 개발에 관한 연구: 위험사회론을 중심으로." 『기독교교육논총』 46 (2016), 79-117.

여성훈. "종교교육에 있어서 Hidden Curriculum의 의미와 그 미래로서의 미시 종교교육학." 『기독교교육논총』 4 (1999), 169-192.

유은희. "북한의 상황을 고려한 신학교육 커리큘럼과 교수-학습방법에 대한 고찰." 『기독교교육논총』 32 (2012), 1-36.

유희진·정희영. "기독교 유아 홈스쿨링 교육과정 분석." 『기독교교육논총』 44 (2015), 307-337.

이원일. 『해석학적 상상력과 기독교교육과정』. 서울: 한국장로교출판사, 2004.

_____. "여성신학 교육과정: 우머니스트 접근." 『기독교교육논총』 20 (2009), 211-237.

_____. "기독교교육(학)과의 커리큘럼 분석." 『기독교교육논총』 33 (2013), 175-200

_____. "교단별 교육과정 비교분석." 『기독교교육논총』 54 (2018), 49-83.

이정기. "기독교대학 교양교육과정 개발의 융합적 접근." 『기독교교육논총』 37 (2014), 53-81.

임고은·김정효. "해외 한국계 기독교학교 교사들의 교육과정 참여 특성에 관한 연구: 케냐 희망초등학교를 중심으로." 『기독교교육논총』 56 (2018), 273-316.

장화선. "기독교교육과 커리큘럼의 진단과 제안: A대학교 기독교교육과 사례를 중심으로." 『기독교교육논총』 33 (2013), 121-143.

조철현. "기독교 대학에서의 리더십 역량 개발을 위한 교육과정 연구: K대학교를 중심으로." 『기독교교육논총』 37 (2014), 261-293.

Giroux, Henry A.. *Curriculum & Instruction*. California: McCutchan Publishers,

1981.

Nam. Eun Kyoung. "PÉDAGOGIE DE MAÏEUTIQUE DE SOCRATE ET SA MISE EN OEUVRE AU CURRICULUM." *Journal of Christian Education in Korea* Vol. 39 (2014), 193-209.

Kim, Jaewoo. "Teachers' Roles in Curriculum Design for Christian Education." *Journal of Christian Education in Korea*. Vol. 57 (2019), 135-162.

Kliebard, Herbert M.. "The Metaphorical Roots of Curriculum Design." in William Pinar (Ed). *Curriculum Theorizing: The Reconceptualists*. Berkeley: McCutchan Pub Corp, 1975.

Pazmiño, Robert W.. *Foundational Issues in Christian Education: An Introduction in Evangelical Perspective*. Grand Rapids: Baker Book House, 1994.

<참고 사이트>

https://kscre.jams.or.kr

Future Generation & Christian Education
미래세대와 기독교교육

초판발행	2023년 8월 10일

지은이	이원일
발행인	박창원
발행소	한국장로교출판사
주 소	03128/서울 종로구 대학로3길 29, 신관 4층(연지동, 총회창립100주년기념관)
전 화	02-741-4381 팩스 02-741-7886
등 록	No. 1-84(1951.8.3.)

ISBN 978-89-398-4482-7
값 20,000원

※ 이 출판물은 저작권법에 의해 보호를 받는 저작물이므로 무단전제와 무단복제를 할 수 없습니다.